Ferdinand Grassauer

Landeskunde von Österreich-Ungarn

Mit geographisch-statischen und anderen einschlägigen Literaturanzeigen

Ferdinand Grassauer

Landeskunde von Österreich-Ungarn
Mit geographisch-statischen und anderen einschlägigen Literaturanzeigen

ISBN/EAN: 9783743326392

Hergestellt in Europa, USA, Kanada, Australien, Japan

Cover: Foto ©ninafisch / pixelio.de

Manufactured and distributed by brebook publishing software (www.brebook.com)

Ferdinand Grassauer

Landeskunde von Österreich-Ungarn

LANDESKUNDE

VON

OESTERREICH-UNGARN.

MIT GEOGRAPHISCH-STATISTISCHEN
UND ANDEREN EINSCHLÄGIGEN LITERATUR-ANZEIGEN.

VON

Dr. FERD. GRASSAUER
K. K. SCRIPTOR AN DER UNIVERSITÄTS-BIBLIOTHEK ZU WIEN.

WIEN, 1875.
WILHELM BRAUMÜLLER
K. K. HOF- UND UNIVERSITÄTSBUCHHÄNDLER.

Vorrede.

Es ist eine auffällige Erscheinung, dass das Studium der Geographie, jener Wissenschaft, welche die Mitte zwischen ihren realistischen, humanistischen und politischen Schwestern einnimmt, in unserer Gegenwart, wo die Naturwissenschaften so herrlich emporblühen und die humanistischen und politischen nicht ungepflegt bleiben, so wenig Beachtung findet. Nicht einmal, um blos von ihrer Stellung in Oesterreich zu sprechen, an allen Mittelschulen hat sie ein eigenes Heim und meist ist sie bei der Geschichte zu Miete. Auch nicht an allen österreichischen Universitäten sind selbständige Lehrkanzeln für sie creirt; so vegetirt sie wie ein Aschenbrödel fort, besseren Zeiten entgegensehend. Daher die traurige Erscheinung, dass Manche unserer Abiturienten aus den Mittelschulen und besonders aus den Gymnasien weniger als bescheidene Kenntnisse in geographischen Dingen haben und so geringen Bescheid in ihrem Vaterlande wissen, nachdem sie eingehend jahrelang die römischen und griechischen Antiquitäten studirt, dass man wohl sagen kann, dass sie mehr in Alt-Rom und Athen zu Hause seien, als in Oesterreich.

Eine Folge der allgemeinen Gleichgiltigkeit gegen die Geographie ist der kleine Umfang ihrer jährlichen Literatur. Während wir fast von allen einzelnen wissenschaftlichen Gebieten Handbücher mit oft erschöpfenden Literaturangaben haben, existirt bisher über Oesterreich-Ungarn kein solches. Da ein derartiges Buch ein Bedürfniss ist, habe ich mich der Mühe der Sammlung der Literatur, welche, da gar keine Vorarbeiten bisher geschehen sind, eben keine geringe war, unterzogen, und zur

Herausgabe der vorliegenden Arbeit entschlossen. Die Titel der Bücher und Karten sind genau angegeben, mit Wahl und Voranstellung des Ordnungswortes nach jenem ziemlich allgemein giltigen Principe, in welchem in der Wiener k. k. Universitäts-Bibliothek die Werke katalogisirt werden. Fast allen Titeln ist das Format und die Seitenzahl zugefügt. Ich hielt dies für zweckmässig, damit sich der Leser alsogleich eine Vorstellung von dem Umfange des Werkes und der Quantität des Inhaltes machen kann. Nur bei wenigen Angaben wird die Seitenzahl vermisst werden; es ist dies der Fall bei jenen Werken, welche mir nicht zugänglich waren und über welche keine bibliographischen Behelfe die gewünschten Aufschlüsse gaben. Die Literaturanzeigen im historischen Teile hielt ich für überflüssig, da solche in Pölitz-Lorenz und in Mayer's jüngst erschienener österreichischer Geschichte enthalten sind.

In der Einteilung des Hochlandes hielt ich mich im Allgemeinen an die bezüglichen Arbeiten und Vorträge Sonklar's und Simony's, gab aber im allgemeinen Teile der Kürze und Uebersicht wegen blos die Hauptgliederung und führte die Untergliederung erst bei den einzelnen Kronländern durch. Dies, sowie die selbständige geographische Beschreibung der einzelnen Kronländer schien mir aus mehreren Gründen zweckmässig, indem die Erbländer sich mehr oder weniger durch ihre Lage, Grösse, Bodenerhebung und Beschaffenheit von einander unterscheiden, und insoferne eine politische Selbständigkeit haben, als ihre Landtage unabhängig vom Reichsrate und Reichstage das Selbstbestimmungsrecht in Landesangelegenheiten ausüben. Ein klares geographisches Bild entsteht nur, wenn das Studium der politischen Geographie sich auf die physikalische stützt.

In den in jüngster Zeit erschienenen geographischen Handbüchern von Oesterreich ist die Topographie meist unsystematisch behandelt. Da ich die willkürliche Aufnahme und Aneinanderreihung der Wohnorte für ungerechtfertigt halte, bearbeitete ich die Topographie auf Grund der politischen Einteilung, und nahm principiell ausser allen Orten, welche Sitze von politischen und Gerichtsbehörden sind, nur noch wenige andere auf. Diese, sowie die Angaben über die öffentlichen Anstalten habe ich den neuesten amtlichen Quellen entnommen. Zugleich ist das Buch so angelegt, dass man sich schnell über die Lage sämmtlicher Gerichtsorte, von welchen manche wenig bekannt sein dürften, unterrichten kann, indem das Register auf die Seite verweist, auf welcher der fragliche Ort in seinem Comitate oder Bezirke eingereiht erscheint.

Die Geschichte ist in Umrissen bis auf die Gegenwart heraufgeführt: Die alte und mittlere Zeit ist möglichst kurz, die Neuzeit, besonders die Regierung Maria Theresia's und Josephs II. etwas ausführlicher behandelt, da ich die Kenntniss dieser Zeit zum Verständnisse der Gegenwart weit notwendiger halte, als die ausführlichere Geschichte etwa der Babenberger und deren unmittelbarer Nachfolger. Damit die Uebersicht der Geschichte und des Anwachses der Monarchie nicht gestört wird, sind die historischen Bilder der einzelnen Länder bis zu deren Anfalle an die Babenberger und Habsburger im geographisch-statistischen Teile den Kronländern beigefügt.

Sollte das Buch als Lehrtext Eingang in Lehranstalten finden, so wird im topographischen Teile leicht der Lehrstoff herauszufinden sein. Ich meinte wohl, vom Kronlande, in welchem die Lehranstalt sich befindet, welche dieses Buch benützt, sind alle Bezirks- und Gerichtsorte zu nehmen; von den anderen Kronländern aber blos die Sitze der Bezirksbehörden, (welche fett gedruckt sind) und jene Orte, welche in anderer Beziehung merkwürdig sind. Damit reducirt sich die Topographie auf ein Minimum, unter welches wohl in den oberen Classen höherer Lehranstalten nicht herabgegangen werden soll. Dass die Literaturangaben nicht zu studiren wären, ist selbstverständlich; dadurch aber, dass der Blick öfter über dieselben hingleitet, wird der Schüler einigermassen eine Vorstellung von den geistigen Leistungen auf den einzelnen Gebieten des gesellschaftlichen Lebens seines Vaterlandes gewinnen, deren Kenntniss jedenfalls im Studium der Vaterlandskunde ebenso die Eine Seite bildet wie das Studium der materiellen Culturbestrebungen die andere Seite ausmacht. Wenn man in den Schulen den Patriotismus pflanzen und pflegen will, so dürfte es wohl angezeigt sein.

etwas eingehender, als es bisher hie und da der Fall ist, die Geographie des Vaterlandes zu nehmen; denn wie kann man einen Gegenstand lieben, denn man nicht kennt?!

Zum Schlusse fühle ich mich noch verpflichtet, dem Herrn Sectionschef Dr. Adolf Ficker für mehrere schätzenswerte Bemerkungen und für die statistischen Daten die er mir lieferte, und dem Herrn Sectionsrate Dr. H. Jireček für die Revision des slavischen Teiles und für mehrere Literaturangaben, sowie meinem Freunde A. Berg, welcher mich bei den mühevollen Correcturen unterstützte, öffentlich den Dank auszusprechen.

Der Verfasser.

Inhalt.

I.
Geographisch-statistischer Teil.

	Seite
Uebersicht der geograph.-statistischen Literatur über die österr.-ungar. Monarchie	3
Lage, Grösse u. politische Gliederung	6
Horizontale Gliederung	7
Verticale Gliederung und Bodenbeschaffenheit	7
1. Hochland	7
Die Alpen	8
Das hercynisch-sudetische Hochland	12
Das Karpaten-Hochland	14
Der karpat.-uralsche Landrücken	17
2. Tiefland	17
Gewässer	18
1. Das Meer	18
2. Die Seen	18
3. Die Flüsse	20
4. Die Kanäle	22
Klima	22
Bevölkerung	24
Materielle Cultur	27
1. Rohproduction	27
2. Industrie	29
3. Handel	30
4. Förderungsmittel der materiellen Cultur	32
Geistige Cultur	39
Staatsorganismus	42

	Seite
1. Verfassung	42
2. Verwaltung	43
Staatshaushalt	45
Die im Reichsrate vertretenen Königreiche und Länder	46
Bevölkerung	46
Unterrichtswesen	47
Verfassung	47
Verwaltung	51
Osterreich unter der Enns	52
Oesterreich ob der Enns	62
Salzburg	68
Steiermark	73
Kärnten	80
Krain	85
Küstenland	90
Tirol und Vorarlberg	94
Böhmen	103
Mähren	118
Schlesien	125
Galizien	128
Bukowina	134
Die Länder der ungarischen Krone	141
Bevölkerung	141
Unterrichtswesen	141
Verfassung	142
Verwaltung	143
Ungarn	145
Siebenbürgen	161
Das ungarische Litorale	169
Kroatien und Slavonien	169

II.
Geschichtlicher Teil.

	Seite
Aelteste Zeit	177
Zeit der Römerherrschaft	180
Völkerwanderung	182
Avarisches Zeitalter	185
α) Avaren	185
β) Slaven	186
γ) Bajovaren	187
Südöstliche Marken des fränkischen Reiches	188
Babenberger	190
Oesterreichisches Interregnum	193
Habsburger	195
Albrecht I.	195
Friedrich I., Leopold I.	196
Albrecht II., Otto	197
Rudolf IV.	198
Albrecht III., IV., V., Leopold III., IV., Wilhelm	199
Ernst, Friedrich IV., V., Albrecht VI.	200
Ladislaus Posthumus, Sigismund	201
Maximilian I.	202
Karl und Ferdinand	204
Ferdinand I.	204
Maximilian II., Ferdinand, Karl	208
Ferdinand II.	209
Rudolf II.	211
Matthias	213
Ferdinand III.	217
Leopold I.	218
Joseph I.	220
Karl VI.	221
Maria Theresia	223
Habsburg-Lothringer	232
Joseph II.	232
Leopold II.	238
Franz I.	238
Ferdinand I.	245
Franz Joseph	248
Register	253

I.

GEOGRAPHISCH-STATISTISCHER TEIL.

Zeichen und Kürzungen.

✢ = Bezirksgericht (in Kroatien und Slavonien gemischtes Bezirksamt und Bezirksgericht).
✶ = Kreisgericht (in Cisleithanien), kgl. Gerichtshof (in Transleithanien).
✢, 2✢, 3✢ = Sitz eines, zweier oder dreier Stuhlrichter in Transleithanien.
O = Kgl. Freistadt.
Ð = Mit Municipalrecht bekleidete Stadt.
G = Vollständiges Gymnasium (in Cisleithanien), Ober-Gymnasium (in Transleithanien).
UG = Unter-Gymnasium.
RG = Real-Gymnasium.
ROG = Real- und Ober-Gymnasium.
R = Vollständige Realschule (in Cisleithanien) Ober-Realschule (in Transleithanien).
UR = Unter-Realschule.
LB = Lehrerbildungsanstalt.
LiB = Lehrerinenbildungsanstalt.
Lp = Lehrerpräparandie.
Lip = Lehrerinenpräparandie.

Uebersicht
der geographisch-statistischen Literatur über die österreichisch-ungarische Monarchie.

Luca, Ign. de. Oesterreichische Staatenkunde im Grundrisse. Wien 1786. 8. 3 Bde.
Luca, Ign. de. Geographisches Handbuch von dem österr. Staate. Wien 1791. 8. 6 Bde.
Hammerdorfer Karl. Geographie und Statistik der ganzen österr. Monarchie. Leipzig 1793. 8.
Demjan Andr. Statistisches Gemälde der österr. Monarchie. Wien 1796. 8. 595 S.
Demjan Andr. Darstellung der österr. Monarchie nach den neuesten statistischen Beziehungen. 1804. 8. 6 Bde.
Hassel Georg. Statistischer Abriss des österr. Kaiserthums. Nürnberg und Leipzig 1807. 8. 299 S.
Bisinger J. C. General-Statistik des österr. Kaiserthums. Wien und Triest 1807. 8. 2 Bde.
Liechtenstern Jos. M. Freih. Grundlinien einer Statistik des österr. Kaiserthums. Wien 1817. 8.
Liechtenstern Jos. M. Freih. Handbuch der neuesten Geographie des österr. Kaiserstaates. Wien 1817. 8. 3 Bde.
Liechtenstern Jos. M., Freih. Kleine Geographie des österr. Kaiserstaates z. Gebr. in d. höh. Klassen der Mittelschulen. Wien 1819. 8.
Rohrer Jos. Statistik des österr. Kaiserthums. Wien 1827. 8. 348 S.
National-Encyclopädie des österr. Kaiserthums. Wien 1835—37. 8. 6 Bde.
Raffelsberger Franz. Topographisches Lexikon. Wien 1836—37. 8. 3 Bde.
Schmidl A. Das Kaiserthum Oesterreich. Mit vielen art. Beigaben. Stuttgart 1837—43. 8. 2 Bde.
Blumenbach W. C. W. Kurzer geogr. Abriss des österr. Kaiserthums. Wien 1840. 8. 128 S.
Springer Joh. Statistik des österr. Kaiserstaates. Wien 1840. 8. 2 Bde.
Oesterreich, Das pittoreske, oder Album der österr. Monarchie. (Weidmann.) Wien 1840—47. 4.
Schimmer C. Aug. Kaiserthum Oesterreich. Darmstadt 1840—42. 8. 2 Bde.
Kaisertum, Das österreichische. Prag 1840. 8. 3 Bände. (Böhmen.)
Kohl J. G. Hundert Tage auf Reisen in d. österr. Staaten. Dresden 1842. 8. 5 Bde. (1. Böhmen, 2. Linz-Wien, 3. u. 4. Ungarn, 5. Steiermark.)
Schmidl A. Handbuch für Reisende in Oesterreich. Mit Karte. Wien 1844. 12. 27½ Bg.
Raffelsberger Frz. Allgem. geogr. statist. Lexikon aller österr. Staaten. Wien 1845—48. 8. 6 Bde.
Meynert Herm., Dr. Geographie und Staatskunde d. K. Oesterreich. Wien 1851. 8. 532 S.

Pütz Wilh. Lehrbuch der österr. Vaterlandskunde. Coblenz 1851. 8. 235 S.
Schmidl Ad. Oesterr. Vaterlandskunde. Wien 1852. 8. 193 S.
Stern Stef. Geogr. u. Gesch. des österr. Kaiserstaates f. Unt.-Realsch. Wien 1852. 8.
Hain Jos. Handbuch der Statistik des österr. Kaiserstaates. Wien 1852/3. 8. 2 Bde.
Meynert H. Handbuch der Geographie u. Staatskunde von Oesterreich. Wien 1853. 8. 249 S.
Bädeker K. Handbuch für Reisende in Oesterreich. Coblenz 1853. 8. (16. Aufl. 1873. 8. 316 S.)
Prasch Vinc. Handbuch der Statistik des österr. Kaiserst. Brünn 1853. 8. 202 S.
Becker M. A. Oesterr. Vaterlandskunde. Wien 1855. 8. 300 S. 1 Karte.
Heufler Lud. Oesterreich. Wien 1854—56. 8. 5 Teile.
Ungewitter F. H. Die österr. Monarchie, geogr.-stat.-top.- u. hist. Brünn 1856. 8. 421 S.
Riedwald Max. Allg. Geogr. u. Statistik des Kais. Oesterreich. Wien 1856. 8. 224 S.
Schmidl A. u. Warhanek W. F. Das Kaiserthum Oesterreich, geogr.-stat.-top. Wien 1857. 8. 641 S.
Brachelli H. Fr. Statistik der österr. Monarchie. Wien 1857. 8. 307 S.
Hofer Jos. Geogr. Darstellung des Kaiserth. Oesterreich. Wien 1858. 8. 176 S.
Czoernig C. Oesterreichs Neugestaltung 1848—58. Stuttgart 1858. 8. 728 S.
Heufler Lud. Reichs- und Länderkunde des Kais. Oesterr. f. Unt.-Gymn. Wien 1859. 8. 411 S.
Lexikon, Topographisches. Wien 1861. 2 Bde. Fol.
Brachelli H. Fr. Handbuch der Geographie und Statistik des Kaiserth. Oesterreich. Leipzig 1861. 8. (Handbuch d. Geogr. u. Stat. v. Stein u. Hörschelmann. IV. 3.)
Gavenda A. B. Militär-Geographie des österr. Kaiserst. Wien 1862. 8. 117 S.
Neuhauser Jos. Handbuch der Geographie und Statistik des Kaiserth. Oesterr. Wien 1864. 8. 280 S.
Schubert K. Darstellung des österr. Kaiserstaates. 9. Aufl. Wien 1869. 8. 172 S.
Kovacs F. Magyarország és Austria statisztikája. Debreczin 1869. 8. 264. S.
Hannak Em. Oesterr. Vaterlandskunde. 2. Aufl. Wien 1871. 8. 136. S.
Křížek V. Statistika císařství Rakouského čili říše Rakousko uherské. Prag 1872. 8. 438 S. 36 Karten und Tafeln.
Steinhauser A. Geographie von Oesterreich-Ungarn. Prag 1872. 8. 286 S.
Schmitt F. Statistik des österr.-ungar. Kaiserstaates. 4. Aufl. Schimmer. Wien 1872. 8. 238 S.
Klun V. F. Kaiserthum Oesterreich. Wien 1873. 8. 64 S.
Hunfalvy Jan., Dr. A magyar-osztrák monarchia rövid statisztikája. Budapest 1874. 8. 288 S.
Trampler Rich. Geographie und Statistik der österr.-ung. Monarchie. Wien 1874. 8. 128 S.
Handbuch der Militär-Geographie der österr.-ung. Monarchie. 3. Aufl. Wien 1874. 8. 284 S.
Brachelli H. Fr., Dr. Statist. Skizze der österr.-ung. Monarchie. 4. Aufl. Leipzig 1874. 8. 53 S.
Hellbach Raf. Führer durch ganz Oesterr. 2 Kart. 2 Pläne. Wien 1875. 8. 440 S.
Tafeln zur Statistik der österr.-ung. Monarchie. Hrsg. v. d. stat. Centr.-Comm., die Jahre 1860—65 umfassend. Wien. 4.
Mittheilungen aus dem Gebiete der Statistik. Von der k. k. stat. Centr.-Comm. Wien 1852—. 8.

Uebersichtsfafeln z. Statistik d. österr. Monarchie f. 1861 u. 1862. Von der k. k. stat. Centr.-Comm. Wien 1863. 8. 475 S.

Jahrbuch, Statist. d. österr. Monarchie. Von der k. k. Centr.-Comm. Wien 1874—. 8.

Karten.

Wanke Joh. Handatlas der österr. Monarchie in 14 Karten. Graz 1841.

Streit F. W., Dr. Atlas der österr. Staaten. Berlin 1848. 16 Blätt.

Traux M. u. Fried. General-Post- und Strassenkarte der österr. Monarchie. Wien 1849. Fol.

Hanser G. Schulatlas der österr. Monarchie. Regensburg 1850. 7 col. Karten.

Weiland C. F. Generalkarte vom österr. Kaiserstaate. Weimar 1851.

Bose Hugo. Vollständiger Specialatlas der österr. Monarchie. Mit Tabellen und Ortsverzeichnissen. Leipzig 1854.

Berghaus Herm. jun. Schulatlas d. öst. Monarchie. Gotha 1855. (Seither oft erneuert.)

Scheda J. Generalkarte d. österr. Kaiserstaates 1:576.000. Wien 1856—63. 20 Sect.

General-Strassen- und Ortskarte des österr. Kaiserstaates. Wien 1863. 4 Blätt. 1 Bl. Text.

Berghaus Herm. Der österr. Kaiserstaat 1:850.000. Gotha 1864. 2 Blätt.

Steinhauser A. Atlas für die erste Stufe des geograph. Unterrichtes (Section Oesterreich). Wien 1868. 9. Blätt. 8 S. Text.

Karte der österr.-ung. Monarchie 1:2,500.000. Weimar 1869.

Holle L. Schulwandkarte der österr.-ung. Monarchie. Wolfenbüttel 1869. 6 Blätt.

Hammer A. M. Karte der österr.-ung. Monarchie 1:2,000.000. Nürnberg 1870.

Kozenn B. Schulatlas der österr.-ung. Monarchie. Olmütz 1870. 11 Blätt.

Doležal A. Schulwandkarte der österr.-ung. Monarchie 1:864.000 in 9 Sectionen. Gotha 1870. 12 S. Text.

Kozenn B. Die österr.-ung. Monarchie 1:1,000.000. 4 Blätt. Wien 1870.

Militärkarte der k. k. Monarchie Oesterr.-Ung. Teschen 1870.

Issleib W. Specialkarte von Oesterr.-Ung. Für Schule und Haus. 12 Karten in Farbendruck. Gera 1870.

Berghaus Herm. u. Stülpnagel F. Das österr.-ung. Reich 1:1,850.000. Gotha 1872. 2 Blätt.

Handtke F. Wandkarte vom österr. Kaiserstaate in 10 chromol. Blätt. Glogau 1873.

Kozenn B. Handkarte der österr.-ung. Monarchie zur Uebersicht der top. u. pol. Einteilung 1:2,500.000. Wien 1874.

Kozenn B. Schulatlas der Monarchie in 12 Karten. Wien 1874.

Ahrens H. Monarchie Oesterr.-Ungarn (Wandkarte). Nach Doležal 1:700.000. Wien 1874.

Baur C. F. Wandkarte der österr.-ung. Monarchie. Für Volksschulen 1:800.000. Wien 1874. 9 Blätt.

Baur C. F. Wandkarte der österr.-ung. Monarchie. Für Mittelschulen 1:800.000. Wien 1874. 9 Blätt.

Baur C. F. (Dieselbe in kroatischer Sprache.)

Baur C. F. Viseci mapa rak.-uherského mocnářství 1:800.000. Wien 1874. 9 Blätt.

Kozenn B. Viseci mapa rak.-uherského mocnářství 1:1,000.000. Wien 1874. 4 Blätt.

Monarchie, Oesterr.-ung. (von Fallon) Aufgelegt vom k. k. mil.-geogr. Institut. 1" = 12.000°. Wien. 9 Blätt.

Lage, Grösse und politische Gliederung.

Die österreichisch-ungarische Monarchie liegt zwischen dem 42. und 51.° n. Br. und zwischen dem 27. und 44.° ö. L., und wird von Sachsen, Preussen, Russland, der Türkei und ihren Schutzstaaten, dem adriatischen Meere, Italien, Schweiz, Liechtenstein und Baiern begrenzt. Da ihr Flächenraum 11.333 geogr. ☐Ml. oder 624.044 ☐Kilom. beträgt, nimmt sie nach ihrer Grösse den zweiten Rang unter den europäischen Staaten ein, und steht in dieser Beziehung nur Russland (m. 90.514 ☐Ml.) zurück. Sie zerfällt in zwei Reichshälften: 1. in die im Reichsrate vertretenen Königreiche und Länder, und 2. in die Länder der ungarischen Krone, wovon jene der Kürze wegen die cisleithanische, diese die transleithanische genannt wird.

Die im Reichsrate vertretenen Königreiche und Länder haben einen Flächenraum von 5451·78 ☐Ml. oder 300.190·9 ☐Kilom. und sind folgende:

1. Das Erzherzogtum Oesterreich unter der Enns (Nieder-Oesterreich).
2. „ „ „ ob der Enns (Ober-Oesterreich).
3. „ Herzogtum Salzburg.
4. „ „ Steiermark.
5. „ „ Kärnten.
6. „ „ Krain.
7. „ Küstenland.
8. Die gefürstete Grafschaft Tirol mit Vorarlberg.
9. Das Königreich Böhmen.
10. Die Markgrafschaft Mähren.
11. Das Herzogtum Schlesien.
12. „ Königreich Galizien.
13. „ Herzogtum Bukowina.
14. „ Königreich Dalmatien.

Die Länder der ungarischen Krone haben eine Area von 5881·53 ☐Ml. oder 323.853·99 ☐Kilom. und sind:

1. Das Königreich Ungarn.
2. Fiume mit Gebiet.
3. Das Grossfürstentum Siebenbürgen.
4. Das Königreich Kroatien-Slavonien.

Horizontale Gliederung.

Unter den europäischen Grossstaaten hat Oesterreich-Ungarn die geringste Küstenentwicklung, indem es blos auf eine Länge von circa 200 Meilen vom adriatischen Meere bespült wird und nur zwei grössere Halbinseln, Istrien und Sabioncello besitzt. Von den der kroatischen und dalmatischen Küste vorgelagerten und dem Kaiserstaate angehörigen Inseln sind die grösseren: Veglia, Cherso, Lussin, Unje, Arbe, Pago, Ulbo, Melada, Isola lunga (oder grossa), Ugljan, Pasman, Incoronata, Solta, Brazza, Lesina, Lissa, Curzola, Lagosta, Meleda. Von dem continentalen Teile des Kaiserstaates sind im äussersten Süden zwei Teile (die dalmatischen Kreise von Ragusa und Cattaro) dadurch getrennt, dass sich zwei schmale türkische Gebietsstreifen bis an das Meer fortziehen. Eine Folge der grossen Längen- und Breitenausdehnung der Monarchie ist, dass den Bewohnern der Ostgrenze die Sonne um 1^h 8^m früher aufgeht, als den Vorarlbergern und dass zur Zeit der Sommer-Sonnenwende der Tag an der Nordspitze Böhmens um $1^1/_4$ Stunde länger ist, als an der Südgrenze Dalmatiens.

Verticale Gliederung und Bodenbeschaffenheit.

Scheda Jos. Geognost. Karte des österr. Kaiserstaates. Wien 1847. Fol.
Bach Heinr. Geolog. Karte von Central-Europa. Stuttgart 1859.
Fötterle Frz. Geolog. Atlas des österr. Kaiserstaates. Gotha 1860. 4 Blätt.
Hauer Frz. Geolog. Uebersichtskarte der österr. Monarchie in 12 Blättern. Wien 1867. Fol.
Hauer Frz. v. Die Geologie und ihre Anwendung auf die Kenntniss der Bodenbeschaffenheit der österr.-ung. Monarchie. Wien 1874. 8. (Im Erscheinen.)
Jahrbuch der k. k. geolog. Reichsanstalt. Wien. 4.
Verhandlungen der k. k. geolog. Reichsanstalt. Wien. 8.
Kozenn B. Oro-hydrographischer Atlas der österr.-ung. Monarchie in 12 Karten. Wien 1874.
Baur C. F. Oro-hydrogr. Wandkarte von Oesterr.-Ung. Wien 1874. 9 Blätt.
Kozenn B. Berg- und Flusskarte der österr.-ung. Monarchie 1:2,500.000. Wien 1874.

Drei Vierteile des Areals von Oesterreich-Ungarn sind Hochland, der Rest entfällt auf das Tiefland.

1. Hochland.

Urlinger P. 20.000 Höhenbestimmungen der österr.-ung. Monarchie. Krems 1873. 8. 459 S.

Die ganze Hochlandsmasse Oesterreich-Ungarns wird durch eine westöstliche Flusslinie, die Donau, und durch die meridionale Talfurche der March, Bečwa und Oder in drei Teile geschieden: 1. in das Alpenhochland, südlich und westlich von der Donau; 2. in das hercynisch-sudetische Hochland (den südlichsten Teil des deutschen Berglandes) nördlich von der Donau, westlich von der March, der unteren Bečwa, der Weisskirchner Wasserscheide und der Oder, und 3. in das karpatische Hochland, östlich von den obigen. In plastischer Beziehung unterscheiden sich diese drei deutlich von einander. Das Alpenhochland zeigt viele nordöstlich ziehende Gebirgsketten, bildet keine Plateaux und zeichnet sich durch eine grosse Längenerstreckung und geringere Breitenausdehnung aus. Das hercynisch-sudetische präsentirt sich als eine nach allen Seiten gleichmässig ausgebreitete Masse mit Plateaubildung. In den Karpaten findet sich die alpine und hercynisch-sudetische Gebirgsform vereinigt.

Die Alpen.

Kohl J. G. Alpenreisen. Leipzig 1850. 12. 3 Bde.
Schlagintweit A. Ueber Talbildung und Formen der Gebirgszüge in den Alpen. Leipzig 1850. 8. 26 S.
Starklof L. Durch die Alpen. Leipzig 1850. 8. 367 S.
Cotta Bernh.. Prof. Die Alpen. Leipzig 1850. 8. 328 S.
Beitzke. Die Alpen. Coblenz 1851. 8. 902 S.
Witte K., Prof. Die Alpenpässe. Berlin 1854. 16. 42 S.
Schlagintweit Ad. u. Herm. Untersuchungen über die phys. Geographie und Geologie der Alpen. Mit Atlas. Leipzig 1854. 4. 630 S.
Müller K. Aus den deutschen Alpen. Halle 1858. 452 S.
Kohl J. G. Naturansichten a. d. Alpen. Leipzig 1861. 8. 412 S.
Mittheilungen des österr. Alpenvereines. Wien 1863—. 8.
Ruthner A. Berg- und Gletscherreisen. Wien 1864. 8. 414 S.
Verhandlungen des österr. Alpenvereines. Wien 1864. 8.
Jahrbuch des österr. Alpenvereines. Wien 1865—73. 8.
Schaubach A. Die deutschen Alpen. 2. Aufl. Jena 1865. 8. 5 Bde.
Noe H. Neue Studien aus den Alpen. München 1868. 8. 321 S.
Banck O. Alpenbilder. 2. Aufl. Leipzig 1868. 8. 2 Bde.
Amthor E. Führer in die Alpen. Gera 1869. 8. 515 S.
Berlepsch H. A. Die Alpen in Natur- u. Lebensbildern. 4. Aufl. Jena 1870. 8. 511 S.
Alpenfreund, Der. Von Amthor. Gera 1870—. 8.
Zeitschrift des deutschen Alpenvereines. München 1869—. 8.
Klipstein A. Beiträge zur geol. und topogr. Kenntniss der östl. Alpen. Giessen 1843—71. 4.
Noe H. In den Voralpen. München 1871. 8. 468 S.
Whymper Ed. Berg- und Gletscherfahrten. Braunschweig 1872. 8. 538 S.
Kalender und Notizbuch für Alpenreisende. Leipzig 1872. 8. 441 S.
Tyndall Joh. In den Alpen. Braunschweig 1872. 8. 420 S.
Grube A. W. Alpenwanderungen. Oberhausen 1873. 8. 2 Bde.
Emmerich H. Geologische Geschichte der Alpen. Jena 1873. 16.

Karten.

Ausser den Karten des k. k. General-Quartiermeister-Stabes und des k. k. militär-geografischen Institutes von den einzelnen Alpenkronländern:

Stur D. Geologische Uebersichtskarte der neogen-tertiären, diluv.-alluv. Ablagerungen im Gebiete der nordöstl. Alpen. Wien 1855. Fol.
Berghaus Herm. Strassenkarte der Alpen 1:1,850.000. Mit Text. 24 S. Gotha 1859.
Mayr G. Atlas der Alpenländer 1:450.000. Gotha 1863. 9 Blätt.
Maschek R. Topogr. Führer in die Alpen von Oesterreich. Wien 1870.
Alpen, Die, photolith. Weimar 1871.
Berghaus Herm., Dr. Karte der Alpen aus Mayr's Alpen-Atlas zusammengestellt und vollständig umgearbeitet. 8 Blätt. 1:450.000. Gotha 1871—2.
Steinhauser A. Hypsometr. Uebersichtskarte der Alpen. Wien 1873. 1:1·7 Mill.

Vom ganzen Alpengebiete[1]) entfallen auf den österreichischen Kaiserstaat circa 3000 ☐Ml. Die grösste Erhebung in Oesterreich hat dieses Hochland in seiner westlichen Mitte, von welcher aus die einzelnen Hauptketten in ihrem östlichen Zuge sich allmälig erniedrigen. Nach N. und S. fällt das Hochland ungleich ab, u. z. sanft und wellenförmig in das österreichische Vorland, in steilen Stufen aber in das italienische Tiefland. Die Alpen sind ausgezeichnet durch eine ausserordentliche Mannigfaltigkeit des landschaftlichen Charakters, welche einerseits aus ihrer grossartigen Höhenentwicklung, anderseits aus geognostischen Verhältnissen hervorgeht. Ihre Höhen sind mit ewigem Schnee, mit Firn und Eis bedeckt. Weit in die Täler hinab strecken die Gletscher in saftige Triften ihre eisigen Zungen. Nicht selten finden wir unmittelbar an der Grenze des Schnees und Eises an den Abhängen üppige Matten, welche mit den nahrhaftesten Futterkräutern bedeckt sind und dadurch die Grundlage der Alpenwirtschaft bilden, die eine Hauptnahrungsquelle der Aelpler ist.

Gliederung der Alpen. In verticaler Beziehung werden die Alpen eingeteilt in **Voralpen** (von 700 bis 1700^m Höhe, d. i. vom Beginne der Alpennatur bis zur Grenze des Baumwuchses), in **Mittelalpen** (zwischen 1700 und 2700^m, bis zur Schneegrenze) und in **Hochalpen**, deren Gipfel mit ewigem Schnee bedeckt sind. Die horizontale Gliederung[2]) der Alpen wird bestimmt durch die Längen- und Quertäler, von welchen jene eine nordöstliche, diese eine meridionale Richtung haben. Zunächst wird das ganze Alpenhochland durch Längstäler in **drei Zonen** geteilt, in eine **mittlere**, eine **nördliche** und eine **südliche**, womit auch die geognostische Einteilung in die Urgebirgszone und in die nördlichen und südlichen Kalkalpen ziemlich übereinstimmt.

---

[1]) 4500 ☐Meilen.
[2]) Sonklar C. v. Die Einteilung der schweizer und der deutschen Alpen. Mit Karte. (Petermann's Mittheilungen. 16 Bd. Gotha 1870. S. 313.) Mit dieser Einteilung stimmt im Allgemeinen auch jene überein, welche Prof. Simony in Wien, eine Auctorität in der Alpenkunde, seinen Vorträgen zu Grunde legt.

Die mittlere Alpen- oder die Urgebirgszone wird durch folgende Täler von den nördlichen und den südlichen Kalkalpen geschieden, nördlich: Ill- und Klostertal, Arlpass, Stanzer- (oder Rosanna-) Tal, Inn-, Ziller-, Gerlostal, Gerlospass, Pinzgau (Ob. Salzachtal), kleine Arltal, Wagreinerhöhe, Ennstal, Salzachtal, Aschbach, Niederalpelpass, Mürztal, Raxenbachtal, Gschaid, Schwarza- und Leithatal; südlich: Stilfserjoch, Trafoier-, obere Etschtal, Eisack-, Rienztal, Toblacherfeld und Drautal. Durch Quertäler wird die mittlere Alpenzone in folgende Gebirgsstöcke und Züge geteilt: 1. in die aus der Schweiz nach Oesterreich streichenden rhätischen Alpen[1], welche ihre östliche Abgrenzung im Stilfserjoch, Trafoiertal, obersten Etschtale, Reschenscheideck, stillen Tale, Inn- und Stanzertale finden. 2. Die Oetztaler Alpen[2] östlich bis zum Silltale, Brenner- und Eisacktale. Oestlich davon 3. die Zillertaler Alpen bis zur Kriml, Birnlücke und Ahrentale. 4. Die hohen Tauern[3] bis zum grossen Arltale, Arlscharte, Malta- und Liesertale. Im östlichen Ende der hohen Tauern gabelt sich der Hauptkamm in zwei Züge, von welchen der eine eine nordöstliche Richtung einschlägt, nämlich 5. **die niederen oder Radstädter und Rottenmanner Tauern** östlich sich erstreckend bis zum Paltentale, Walderhöhe und Liesingtale, südlich von der Mur begrenzt und sich fortsetzend 6. im **Hochschwab**, der von der Mürz und der Mur umflossen ist. Die andere anfangs ziemlich geradlinige Fortsetzung der hohen Tauern nach Osten ist 7. **das kärntner-steirische Urgebirge**, nördlich und östlich von der Mur, südlich von der Drau begrenzt. 8. **Das steirisch-ungarische Urgebirge** mit allmäliger östlicher Abdachung zur Donau. Der mittlere Alpengürtel ist, wie oben angedeutet wurde, Urgebirge und besteht aus krystallinischem Gesteine, Gneiss, Glimmerschiefer, Tonschiefer, körnigem Kalke mit vereinzelten Serpentinen. Sowohl in Kamm- als Gipfelhöhe übertrifft er weit die nördlichen und südlichen parallelen Kalkalpenzüge. Seine Ketten haben eine mehr oder weniger zusammenhängende, dachförmige Gestalt, Hauptkamm und Nebenkämme laufen meist rechtwinklig auseinander, die Spitzen erscheinen als Pyramiden. Das Urgebirge präsentirt sich in dunkler Farbe, die einerseits vom grauen Gesteine, anderseits von der Vegetation, deren sich dieses Gebirge erfreut, herrührt[4]). Diese

---

[1] Theobald G., Prof. Naturbilder aus den rhät. Alpen. Chur 1860. 8. 296 S.

[2] Sonklar v. Innstädten. Die Oetzthaler Gebirgsgruppe. Mit Atlas. 13 Karten. Gotha 1860. 8. 292 S.

[3] Sonklar v. Innstädten. Gebirgsgruppe d. hohen Tauern. Wien 1866. 8. 408 S. — Sonklar K. Karte d. hohen Tauern 1 : 144.000. Wien 1867.

[4] Simony Frdr. Physiognomischer Atlas der österr. Alpen. Gotha 1862. Fol. 6 chromolith. Blätter und 32 S. Text. (Das beste Kartenwerk zum vergleichenden Studium der drei Alpenzonen.)

ist nämlich verhältnissmässig sehr üppig, so dass wir noch auf Höhen von 8—9000' ausgedehnte Triften finden.

Die nördliche Alpenzone oder die nördlichen Kalkalpen werden durch Quertäler in folgende Gruppen geteilt: 1. die Rhein — Lech-Gruppe (Algauer Alpen)[1]) östlich bis zum Lech und Arlberg. 2. Die Lech — Inn-Gruppe (Tirol-bairische Alpen) östlich bis zum Durchbruchtale des Inn. 3. Die Inn—Salzach-Gruppe (Tirol-salzburgische Alpen) bis zum Salzachtale. 4. Die Salzach—Enns-Grupe (Salzburg-oberösterreichische Alpen) östlich bis zum Quertale der Enns und 5. Die Enns—Leitha-Gruppe (die niederösterreichischen Alpen).

Die südliche Alpenzone oder die südlichen Kalkalpen zerfallen in folgende Gruppen: 1. die Oglio—Etsch-Gruppe (Lombardo-tirolische Alpen) umgrenzt vom mittleren und oberen Oglio, dem Passe von Aprica, dem oberen Addatale, dem Stilfserjoch und dem Etschtale. 2. Die Etsch—Piave-Gruppe (Tirol-venezianische Alpen, Cadorische auch Fassaneralpen genannt) östlich bis zum Sextentale, Kreuzbergpass und Piavetale. 3. Die Piave—Tagliamento-Gruppe (Westkarnische Alpen) bis zum unteren Gailtale, Gailitztale, Saifnitzpass, Fella- und Tagliamentotale. 4. Die westliche Drau—Save-Gruppe (Ostkarnische Alpen) begrenzt von der Drau, der Eisenbahnlinie von Marburg nach Steinbrück, der Save, der Ratschacher Höhe, dem Gailitz- und dem Gailtale. 5. Die östliche Drau—Save-Gruppe (kroatisch-slavonische Alpen) der östlichste Alpenzug, westlich von den ostkarnischen Alpen, nördlich von der Drau, östlich von der Donau, südlich von der Save begrenzt. Von der Berührungsstelle der unter 3 und 4 genannten zwei Gruppen dehnt sich nach Süd 6. die Tagliamento—Save-Gruppe (die Julischen Alpen) aus. Ihre Umgrenzung bilden das Tagliamento-Fellatal, der Saifnitzpass, die Ratschacherhöhe, das obere Savetal, die Laibach, die Unz, die Strasse von Adelsberg zur Wippach und das Isonzotal hinab bis zum italienischen Tieflande. Die Kalkalpen zeigen sich uns wie eine zusammenhängende Mauer mit vielen Einschnitten und Durchbruchtälern. Die Gebirgsmassen sind steil und schroff, oft sehr zerrissen, was besonders von den Dolomitmassen[2]) des südlichen Alpengürtels gilt. Sie erscheinen in ihrer Zerrissenheit wie Ruinen und wegen der vielen nackten, vegetationslosen Stellen licht gefärbt. Der nördliche Alpengürtel ist Kalkformation. In dem südlichen Alpengürtel finden wir nicht den Kalk in solcher Masse

---

[1]) Waltenberger A. Orographie der Algauer Alpen. Mit 2 Karten. Augsburg 1872. 4. 20 S. — Waltenberger A. Hypsometr. Karte der Algauer Alpen, chromolith. Augsburg 1872.

[2]) Im südöstlichen Tirol.

auftretend wie in der nördlichen Zone, nur im Osten erscheinen Kalkbildungen, sonst ist das Gestein Granit, Porphyr, rother Sandstein und Dolomit. Die Färbung der Porphyrgebirge ist eine ziegelrote. Die Vegetation ist in den Kalkalpen gering. In Höhen von 7 und 8000' ist selten ein kleines Rasenplätzchen zu finden.

Der Karst. Südlich an die julischen Alpen schliesst sich das Karstland an. Seine Grenzen sind: der Isonzo, die Wippach, die Strasse nach Adelsberg, die Unz, Laibach, Save, die Kulpa und die Strassenlinie von Karlstadt nach Fiume. Der Karst unterscheidet sich wesentlich von den Alpen. In diesen sahen wir lange Gebirgsketten mit bedeutenden Kamm- und Gipfelhöhen, entwickelte Längen- und Quertäler und noch in bedeutenden Erhebungen vegetatives Leben. Von all dem zeigt uns der Karst das Gegenteil. Dieser ist ein Hochland mit unbedeutenden Gipfelbildungen und zahlreichen Dolinen und Mulden, welche meist unterirdisch im Zusammenhange stehen. Er ist in Folge der unverständigen Waldverwüstung eine monotone Oede, auf welcher eine unheimliche Ruhe lagert, die nur verscheucht wird von der Bora, einem heftigen Nordostwinde, welcher das geringe vegetative Leben, das der dürre Boden kümmerlich gestattet, fast ganz vernichtet. Eine Fortsetzung des Karstlandes ist

Das kroatisch-dalmatische Gebirgsland, welches einerseits in geognostischer Beziehung und in der Oberflächegestaltung mit dem Karste übereinstimmt, anderseits aber sich von demselben durch eine ausgesprochene Kettenbildung unterscheidet. Es bildet bereits einen Teil des Balkangebirgssystems.

Das hercynisch-sudetische Hochland.

Der Flächenraum des hercynisch-sudetischen Hochlandes beträgt 1600 ◻Ml. Die grösste Breite zwischen der oberen Eger und der Oder misst 56 Ml., während die Linie Schlukenau—Linz 43 Ml. lang ist. Im Allgemeinen betrachtet bildet dieses Gebirgssystem ein von Randgebirgen eingeschlossenes trapezförmiges Hochland. Die äussere Abdachung des Hochlandes ist nach SW. und NO. steil, gegen NW. und SO. sanft. Das Randgebirge, welches in NO. und SW. am höchsten aufsteigt, erreicht nicht 6000'. Im Innern des Plateaus ist kein Punkt, der die Höhe der Umwallung erreicht. Fast alle Gewässer innerhalb der Umrandung ziehen in die Mitte des Plateaus und in Einem Durchbruchtale nach N. ab, es ist daher das Hochland zugleich ein Kessel- und ein Terrassenland. In geognostischer Beziehung bestehen die Randgebirge in ihren höheren Teilen vorherrschend aus krystallinischem Schiefer: Gneiss, Glimmerschiefer, Tonschiefer, körnigem Kalk und Serpentin, aber auch aus Massengesteinen: Granit, Granitit, Diorit, Porphyr und Syenit. Gegen das Innere des Hochlandes reihen sich an: krystallinisches Schiefergebirge, Grauwackengebilde und in einzelnen grösseren Becken Steinkohlenformation und Rotliegendes. Das der Tertiärzeit angehörige Mittelgebirge im nordwestlichen Teile des Kessels besteht aus vielen neogenen Tertiärbecken, welche sich um Basalte und Phonolithe gruppiren. Das hercynisch-sudetische Gebirgssystem gliedert sich in folgende 4 Hauptgruppen:

1. Der Böhmerwald[1]) mit der Richtung von NW. nach SO. von der Eger-Tirschenreiter Einsenkung bis südlich zum grossen Michelbach und Schwarzenberg-Kanal. Südöstlich davon dehnt sich zwischen dem Michelbach, Schwarzenberg-Kanal, Moldau, Maltsch, Lainsitz, der Thaya, der Marchebene und der Donau das österreichische Granitplateau, ein aus Granit und Gneiss bestehendes und von Talfurchen durchschnittenes Bergland aus.

2. Der böhmisch-mährische Höhenzug von der Maltsch, Lainsitz und der Thaya sich nordöstlich bis zur Triebitzer Einsenkung[2]) ziehend.

3. Die Sudeten[3]), westlich, südlich und östlich begrenzt von der Elbe, der stillen Adler, Triebitzer Einsenkung, Sasawa, March, Bečwa, Weisskirchner Wasserscheide und Oder, bestehend aus: 1. dem **mährisch-schlesischen Gesenke**, von der Ostgrenze der Sudeten bis westlich zum Goldensteinerpasse[4]) und der Biela[5]), 2. dem **Glatzer Gebirge** nordwestlich bis zur Trautenau-Landshuter Strasse[6]), 3. dem **Riesengebirge**[7]) nordöstlich bis zur Strasse von der Iser nach Hirschberg[8]), 4. dem **Isergebirge**[9]) westlich bis zur Lausitzer Neisse und 5. dem **Lausitzer Tafellande**[10]) bis fast an die Elbe.

---

[1]) Grueber Bernh., Prof. u. Müller. Der bairische Wald (Böhmerwald). 37 Stahlstiche. 1 Karte. Regensburg 1851. 8. 419 S. — Wenzig Jos. u. Krejči Joh. Der Böhmerwald. 55 Holzschn. Prag 1860. 8. 358 S.

[2]) Eisenbahn von der Sasawa (Nebenfl. der oberen March) in das Tal der stillen Adler (Nebenfl. der Elbe).

[3]) Scharenberg W. Handbuch für Sudeten-Reisende. 6 Kärtchen. Breslau 1862. 8. 299 S.

[4]) Strasse vom oberen Marchtale nach Freiwaldau in Schlesien.

[5]) Nebenfluss der Glatzer Neisse.

[6]) Von der Aupa (Nebenfluss der Elbe) zur Bober.

[7]) Müller Ed. Riesengebirge. Berlin 1864. 16. 181 S. (Reisehandbuch.) — Karte v. Riesengebirge 1:100.000. Berlin 1862. — Liebenow W. Specialkarte v. Riesengebirge 1:150.000, chromolith. Breslau 1872.

[8]) In das Tal des Zackenbaches (Nebenfluss der Bober).

[9]) Mosch K. Fr., Prof. Wanderungen durchs Riesengebirge u. Isergebirge. Warmbrunn 1864. 8. 143 S.

[10]) Weiland C. F. Das Lausitzergebirge 1:220.000. Weimar 1862.

4. **Das Erzgebirge**[1]) östlich von der Elbe, südlich von der Biela und der Eger, westlich von der Franzensbader Einsenkung begrenzt. Zwischen der Franzensbader und der Eger-Tirschenreiter Einsenkung schieben sich nach Oesterreich die östlichen Ausläufer des **Fichtelgebirges** herein.

Im Innern des Plateaus ist das **nordböhmische Mittelgebirge**[2]) erwähnenswert, welches von der Biela und Eger umgrenzt wird.

Das Karpaten-Hochland.

Hohenegger Lud. Geognost. Karte der Nordkarpaten. Gotha 1861. Fol. Mit 50 S. Text.
Fuchs Frdr. Central-Karpaten. Pest 1863. 8. 320 S. 1 Karte.
Hildebrandt F. W. Karpatenbilder. 1 Karte. Glogau 1863. 8. 199 S.

Die Karpaten hängen mit den Alpen durch die Hundsheimerberge bei Hainburg und durch das Neograder Gebirge bei Waitzen zusammen. Ihre horizontale Ausdehnung (5000 ☐Ml.) übertrifft etwas die des gesammten Alpengebietes (4500 ☐Ml.). Sie bilden einen Bogen, der sich nach W. öffnet. Geognostisch zerfällt das Karpatengebiet in den nördlichen (galizisch-ungarischen) und südlichen (siebenbürgischen) Teil. Die geognostischen Verhältnisse des nördlichen Gebietes sind im Allgemeinen die gleichen wie im Alpengebiete. Die siebenbürgischen Randgebirge bestehen aus Gesteinen des krystallinischen Schiefergebirges, Gneiss, Glimmer, Tonschiefer u. s. w. zum Teile aus Massengesteinen, wie Granit, Porphyr, Trachyt und Basalt. In der Mitte des Landes sind eocene, aber vorzugsweise neogen-tertiäre Ablagerungen sehr ausgebreitet, in welchen auch Basalt und Trachyte auftreten.

In ihren Höhenverhältnissen stehen die Karpaten den Alpen weit zurück. Während viele Alpengipfel über 10.000' aufsteigen, so überragen die Karpaten nicht 8380'. Trotz der nicht unbedeutenden Gliederung führen nur wenige fahrbare Strassen über die Hauptgebirgslinie der Karpaten. Die geringere Höhenentwicklung (wenige Gipfel erreichen die Schneelinie) und die schroffen Abhänge, auf welchen sich nicht grössere Schneemassen halten können, sowie die geringeren atmosphärischen Niederschläge haben zur Folge, dass keine Gletscherbildungen in den Karpaten vorkommen. Nur in der hohen Tatra finden sich einige Schneefelder. Den Karpaten mangelt ferner eine Hauptzierde der Alpen, grössere Seen. Die wenigen und kleinen karpatischen Seen heissen Meer-

---

[1]) Elfried v. Taura. Wanderung durchs Erzgebirge. Annaberg 1860. 8. 209 S. — Reuss A. E., Prof. Geognost. Karte der Gegend zwischen Komotau-Teschen. Prag 1867.

[2]) Specialkarte der Umgebung von Teplitz und des böhmischen Mittelgebirges. Dresden 1873, lithogr.

augen und liegen auf der Tatra 5–6000' hoch. Da teilweise in Folge des höheren Breitegrades in den nördlichen Karpaten die niedrige Temperatur nirgends in gleicher Höhe wie in den Alpen dieselbe Vegetationsform zulässt, reichen die menschlichen Wohnsitze in den Karpaten nirgends in dieselbe Höhe, wie in den Alpen. Während in diesen nicht wenige Ortschaften über 4000' hoch liegen, einzelne sich in Höhen über 5—6000' finden, darf man in den Karpaten keinen Wohnort mehr in einer Höhe von 3000' suchen.

Die horizontale Einteilung der Alpen (in West-, Ost- und Centralalpen und in einen nördlichen, mittleren und südlichen Gürtel) ist eine zweifache, die Haupteinteilung der Karpaten dagegen, wie ein Blick auf die Karte zeigt, eine einfache. Das ganze Hochland zerfällt in einen nordwestlichen Gebirgsstock, in ein südliches Plateau und in ein diese beiden Gebirgsmassen verbindendes Kettengebirge.

A. In den **Nordwestkarpaten** ist die Hauptmasse des Gebirges im Innern als Kern gelagert, von welchem die Höhe nach aussen hin mehr und mehr abnimmt. Sie reichen östlich bis zur Theiss, zum Bodrog, zur Topla und zum Poprad-Durchbruche.

B. Der südöstliche Theil, das **transsilvanische (siebenbürgische) Hochland** ist ein eminentes, von Randgebirgen umsäumtes Plateau. Während im obigen Gebirgsstocke die Haupterhebung sich in der Mitte befindet, culminirt im südöstlichen Teile die Gebirgsmasse an den Rändern des Plateaus. Es reicht nördlich bis an die Theiss und den Viso, anderseits bis an die goldene Bistriza[1]).

C. Eine Art Gebirgsisthmus mit einfacher Kettenbildung verbindet obige zwei Hochländer und bildet also den mittleren Teil der Karpaten, die **Centralkarpaten.** Er heisst auch die **Waldkarpaten** oder das **karpatische Waldgebirge.**

Die einzelnen Gruppen des nordwestlichen Karpatenhochlandes sind: 1. die kleinen Karpaten von der Donau bei Pressburg nordöstlich streichend bis zu jener Einsenkung, über welche die Strasse von Skalitz nach Tyrnau führt; 2. das weisse Gebirge umgrenzt von der Skalitz-Tyrnauer Einsenkung, der Waag, der Kisuca[2]), der oberen Bečwa, der Bečwa und der March. Bisher strich der Hauptkamm nach NO., von nun an streicht er nach O.; 3. die Beskiden, westlich begrenzt von der Oder, der Weisskirchner Wasserscheide, der Bečwa, der oberen Bečwa, der Kisuca, der Bistriza[3]), der Arva[4]) und dem Dunajec; 4. die Magura, ein den Beskiden südlich vorgelagerter Gebirgszug, ist

---
[1]) Nebenfluss des Sereth.
[2]) Nebenfluss der Waag.
[3]) Nebenfluss der Kisuca.
[4]) Nebenfluss der Waag.

eingeschlossen von der Waag, der Arva, der Bistriza und der Kisuca; 5. das Tatragebirge reicht westlich an die Arva, südlich an die obere Waag und den oberen Lauf des Poprad, östlich an den Poprad, nördlich und nordwestlich an den Dunajec; 6. die Waag—Neutra-Gruppe, westlich und nördlich von der Waag, östlich von der Thurocz[1]) und der Neutra begrenzt, südlich zum Donautieflande abfallend; 7. die Neutra— Gran-Gruppe oder das Kremnitzer Gebirge mit der Fatra, westlich von der Neutra und der Thurocz begrenzt, nördlich von der Waag, östlich von der Revucza[2]), der Strasse nach Neusohl, der mittleren und unteren Gran; 8. das Liptauer Gebirge oder die kleine Tatra, nördlich von der Waag, dem Hernad, westlich von der Revucza, südlich von der oberen Gran und der Göllnitz[3]) umflossen; 9. das Zipser Gebirgsland nördlich vom oberen Poprad, der oberen Topla[4]), östlich durch die Strasse von Bartfeld nach Eperies, der Tarcza[5]), südlich vom Hernad begrenzt; 10. die Gran—Hernad-Gruppe oder das ungarische Erzgebirge, westlich von der Gran, nördlich von der Göllnitz, östlich vom Hernad, südlich von der Donau umrandet; 11. die Hernad—Bodrog-Gruppe, westlich durch die Strasse von Bartfeld nach Eperies, der Tarcza, dem Hernad, südlich vom Sajo, der Theiss, östlich vom Bodrog und der Topla hinauf bis Bartfeld begrenzt.

Die Waldkarpaten werden durch Pässe in 3 Gruppen geteilt: 1. die nordwestlichen oder niederen Waldkarpaten bis zum Duklapass, welcher das Tal des Jasiel[6]) mit dem der Ondawa verbindet; 2. die mittleren Waldkarpaten bis zum Pass Vereczke, welcher vom oberen Stry zur Latorcza führt; 3. die südöstlichen oder die hohen Waldkarpaten bis zu den Quellen des Viso und der goldenen Bistriza.

Die Gebirgsgruppen des transsilvanischen Hochlandes sind folgende: 1. das nordsiebenbürgische Randgebirge, welches seine natürliche Abgrenzung findet in dem Viso, der Theiss, der Kraszna, in der Strasse zur schnellen Körös, der warmen, der kleinen und der grossen Szamos; 2. das westsiebenbürgische Erzgebirge, südlich bis zur Maros, und östlich in seinen Fortsetzungen bis zur mittleren Maros und der Strasse von Sächsich-Regen nach Bethlen an der grossen Szamos; 3. das siebenbürgisch-banater Randgebirge nördlich bis zur Maros, östlich bis zum Strehl, der Banyicza und Schyl, südlich bis zur Donau, westlich in die Theissniederung abfallend; 4. das siebenbürgische

---

[1]) Nebenfluss der Waag.
[2]) Welche bei Rosenberg in die Waag mündet.
[3]) Nebenfluss des Hernad.
[4]) Nebenfluss des Bodrog.
[5]) Nebenfluss des Hernad.
[6]) Nebenfluss der Wisłoka (in Galizien).

Hochgebirge, westlich vom Schyl, der Banyicza, Strehl, nördlich von der Maros, der Strasse von Karlsburg nach Hermannstadt, dem Cibinflusse, der Aluta, dem Burzen, dem Törzburgerpasse und der Dimbowitza begrenzt. Die Aluta teilt durch ihren Durchbruch die Gruppe in eine westliche und in eine östliche Untergruppe: das Cibin- und das Fogaraser Gebirge; 5. das ostsiebenbürgische Randgebirge begrenzt vom Törzburger Passe, dem Burzenbache, der Aluta und der oberen Maros bis zur Strasse von Sächsisch-Regen nach Bethlen und der grossen Szamos; 6. das innere siebenbürgische Hochland ist umrandet östlich von der Aluta, der oberen Maros, nördlich und westlich von der Maros, von der Strasse von Karlsburg nach Hermannstadt, dem Cibinflusse, südlich von der Alt. Der östliche Zug dieses Gebirges heisst Hargitta-Gebirge.

Der karpatisch-uralsche Landrücken.

Vom O. her schiebt sich in den nordöstlichen Teil des Kaiserstaates (Galizien) der karpatisch-uralsche Landrücken herein, der südlich vom Dniester begrenzt wird und westlich mit dem karpatischen Hochlande zusammenhängt.

2. Das Tiefland.

Etwa ein Viertel des österreichischen Areals gehört dem Tieflande an. Die grösste Ausdehnung hat:

1. **das Donau-Tiefland**, welches sich in folgende Teile gliedert:
    a) das **Wagram-Tullner Becken**, westlich von der Donauenge bei Krems beginnend, östlich endend vor der Kahlenberg-Bisamberger Donauenge, nördlich vom österreichischen Granitplateau, südlich vom Alpenvorlande begrenzt.
    b) das **Wiener Becken** zwischen der Kahlenberg-Bisamberger und der Hainburger Donauenge mit bedeutender nördlicher und südlicher Ausdehnung, indem es sich einerseits weit nach Mähren an der March fortzieht und südseits bis an den Semmering reicht. Die Donau teilt es in das Marchfeld[1]) und das Wiener Becken (im engeren Sinne).
    c) das **kleine ungarische Tiefland** von der Pressburger bis zur Graner Donauenge, nördlich in einem Bogen von den Karpaten, südlich von den Ausläufern der Centralalpen (Bakonywalde) begrenzt. Der Flächenraum misst 400☐ Ml.
    d) das **grosse ungarische Tiefland** von der Graner bis zur Orsovaer Donauenge, zwischen den Ausläufern der Alpen und der Karpaten mit 1700☐ Ml. Flächeninhalt.

---
[1]) Werner Frdr. Das Marchfeld. Wien 1864. 8. 70 S.

2. **das sarmatische Tiefland** zwischen den Karpaten und dem karpatisch-uralschen Landrücken am Dniester und an der Weichsel.

3. **das italienische Tiefland** am unteren Isonzo mit wenigen ☐Ml. Oesterreich angehörend.

Gewässer.

1. Das Meer.

Böttger C., Dr. Das Mittelmeer. Leipzig 1858. 8. 400 S. 6 Karten.
Handtke F. Karte des mittelländ. Meeres in 12 Plänen der wichtigsten Häfen. Glogau 1859. Fol.
Atlas des adriat. Meeres. 31 Blätter. I. Band. Text. Vom mil.-geogr. Inst. Wien. s. a.
Oesterreicher F. Küstenkarte des adriat. Meeres 1 : 800.000. Triest 1872. Fol.
Seekarte der Adria. Nach Wutzelburg. Vom mil.-geogr. Inst. Triest 1872. 10 Blätt.
Oesterreicher F. Die österr. Küstenaufnahme im adriat. Meere, über Auftrag des Reichskriegsminist. Triest 1873. 8. 216 S. 5 Karten.

Das adriatische Meer ist das einzige Meer, an welchem Oesterreich-Ungarn Anteil hat. Es bespült 220 Meilen des Festlandes und über 300 Meilen der zu Oesterreich gehörigen Inseln. Die Küste, welche an der Isonzomündung niedrig ist, wird in ihrer südöstlichen Richtung immer höher und steiler, daher auch unzugänglicher. Die Buchten geben allein gute Landungsplätze ab. Trefflicher Ankerplätze erfreuen sich die Inseln. Der wichtigste Seehafen ist der Triester.

Die Farbe des Meeres ist dunkelblau, geht aber in dem Masse, als die Tiefe abnimmt, in Hellgrün über. Die grösste Tiefe 880^m (2800') ist bei der Insel Meleda, die geringste an der illyrischen Küste. Die Strömung ist nordwärts, Ebbe und Flut sind nicht bedeutend. Von den Winden machen sich im Herbste und Winter der Scirocco (Südwind) und die Bora (Nordostwind) geltend. Die bedeutendsten Meerbusen sind der Quarnero und der von Triest; die grössten Meerengen (Kanäle) der Canale della Morlacca zwischen dem Continente und den Inseln Arbe und Pago und der Canale di Zara.

2. Die Seen.

Noe H. Oesterreichisches Seebuch. München 1867. 8. 452 S.

Mit einer grossen Anzahl Seen ist das Alpengebiet ausgestattet. Sie finden sich aber in den drei Gürteln dieses Hochlandes nicht gleichmässig verteilt; die Kalkalpen und die Vorlande erscheinen in dieser Beziehung von der Natur am meisten begünstigt.

In der nördlichen Alpenzone u. z. in der Rhein—Lech-Gruppe finden wir den Bodensee[1]); in der Lech—Inn-Gruppe den Achensee;

---
[1]) Frölich Herm. Der Bodensee. Neu-Ulm 1871. 8. 129 S.

in der Inn—Salzach-Gruppe den Zellersee; in der Salzach—Enns-Gruppe den Mattsee, Wallersee, Altaussersee, den Toplitz-, Grundel-, Hallstädter-, Traun- oder Gmundnersee, den Fuschel-, Zeller-, Mond- und Attersee, den Wolfgangsee, sowie den Almsee; in der Enns—Leitha-Gruppe die drei Lunzerseen und den Erlafsee.

Im südlichen Alpengürtel findet sich in der Oglio—Etsch-Gruppe der Gardasee, in der Piave—Tagliamento-Gruppe der Weissensee, in der Tagliamento—Save-Gruppe der Veldes- und der Wocheinersee. Im Karst der Zirknitzersee.

Die Centralalpen haben wenige grössere Seen. Im kärtnersteirischen Urgebirge sind der Millstädter-, der Ossiacher- und der Klagenfurter- oder Wörthersee. Ausser diesen finden wir keine grösseren Seen mehr, obwohl einst noch mehrere bestanden haben. Diese sind durch die Ablagerungen der Gebirgsflüsse ausgefüllt worden. Dafür bergen die oberen Alpentäler eine grössere Anzahl kleiner Seen, deren wir manche noch in Höhen von 2200^m (7000') finden. In dem östlichen Abfalle der Centralalpen zum Tieflande liegen die zwei grössten österreichischen Seen: der Platten- oder Balatonsee (10 Ml. lang 2 Ml. breit) und der gegenwärtig ausgetrocknete Neusiedlersee (5 Ml. lang 1½ Ml. breit). Bis in die neueste Zeit hat die Sage viel von der unergründlichen Tiefe der Alpenseen erzählt. Die Tiefe ist immerhin sehr bedeutend aber nicht unergründlich. Der Bodensee hat eine Tiefe von 268^m (850'). Der Grundel-, Atter- und Gmundnersee über 190^m (600').

Das Wasser der Alpenseen zeichnet sich durch grosse Klarheit aus. In der Regel ist die Farbe dunkelgrün, wenn aber die Schneeschmelze den Seen viel Schlamm zuführt, trüben sie sich und werden hellgrün.

Die Temperatur der oberen Wasserschichte ist im Sommer verhältnissmässig warm, während die Schichten nach unten eine geringere Wärme zeigen. In der untersten Wasserschichte sinkt das Thermometer auf 3·4° R. Auf der verschiedenen Temperatur der Wasserschichten beruht das seltene und späte Zufrieren der Alpenseen[1]). Die eigentümliche Erscheinung, dass die Seen äusserst selten Leichname ausstossen, gründet sich darauf, dass wegen der geringen Temperatur der untersten Wasserschichte die Körper nicht in Fäulniss übergehen.

---

[1]) Das Wasser hat bekanntlich die Eigenschaft, dass es bei einer Temperatur von 4° C. oder 3·2° R. seine grösste Dichte erreicht. Wenn im Spätherbste die Abkühlung der Luft beginnt, so wird zunächst die obere Wasserschichte abgekühlt und an die Stelle dieser erhebt sich die untere, welche eine höhere Temperatur hat. Erst wenn die ganze Wassermasse auf die Temperatur der grössten Dichte abgekühlt ist, kann sich an der Oberfläche eine Eiskruste bilden.

Auf dem hercynisch-sudetischen Hochlande sowie in den Karpaten ist die Anzahl und Grösse der Seen eine geringe. Die karpatischen Seen sind wegen ihrer pittoresken Lage in Höhen von 1900^m (6000') mitten im Granitgestein und wegen ihrer dunklen Wasserfarbe der Gegenstand vieler Sagen. Das Volk denkt sie mit dem Meere in Verbindung und nennt sie Meeraugen.

3. Flüsse.

Oesterreich erfreut sich in Folge seiner bedeutenden verticalen Gliederung eines grossen und beständigen Wasserreichtums. Seine Flüsse strömen vier Meeren, dem schwarzen, dem adriatischen, dem deutschen Meere und der Ostsee zu. Die grosse europäische Wasserscheide durchzieht den nordwestlichen und nördlichen Teil der Monarchie.

Folgende Uebersicht enthält die wichtigsten[1]) Angaben über das österreichische Flusssystem:

Fluss	Länge des Laufes Meilen	Beginn der Schiffbarkeit	Flussgebiet ☐Ml.	Nebenflüsse links	rechts
\multicolumn{6}{c}{I. Gebiet des schwarzen Meeres.}
Donau	180	Vor dem Eintritte in die Monarchie	799½	March (m. d. Bečwa und Thaya) Waag (m. Arva u. Thurocz) Neutra Gran Eipel Theiss (m. Szamos, Körös, Maros, Béga, Berzsowa, Bodrog, Hernad, Zagyva, Temes) (Alt, Screth, Pruth)	Iller, Lech, Isar, Inn (mit Salzach) Traun Enns Leitha Raab Sar Drave (m. d. Mur) Save (m. d. Kulpa)
Dniester	62	Rozwadów	606	Sered Podhorce	Stry Łomnica Bistritza

---

[1]) Schmitt's Statistik entlehnten.

Fluss	Länge des Laufes Meilen	Beginn der Schiffbarkeit	Fluss- gebiet ▢Ml.	Nebenflüsse links	Nebenflüsse rechts
II. Gebiet der Adria.					
Etsch	30	Bozen	200	Eisack, Avisio	Nos
Isonzo	15	Pieris	65	Idria, Wippach	
Quieto	7	Gastagna	10		
Zermagna	7	Obrovazzo	27		
Kerka	7	Scardona	52		
Cettina	13	Vissech	48		
Narenta	3	Metcovich	25		
III. Gebiet der Nordsee.					
Rhein	4	—	42		Ill
Elbe[1]	50	Pardubitz	1010	Adler, Moldau Eger, Biela	Iser
IV. Gebiet der Ostsee.					
Oder	14	—	110	Oppa	Ostrawitza, Olsa
Weichsel[2]	52	Krakau	728	Raba, Dunajec (mit Poprad) Wisloka, San, Bug	

Wir sehen aus dieser Tabelle, dass die Donau[3] das grösste Flussgebiet hat. Sie ist nach der Wolga der grösste Strom Europas und der

[1] Platt W. Stromkarte der Elbe und Moldau von Prag bis Hamburg 1:100.000. Magdeburg 1863. Fol. 6 Blätt. — Dieterich E. Elbethal und Ufer von Leitmeritz bis Dresden. 1 Karte. Leitmeritz 1862. 16. 111 S.
[2] Weichsel, Die, histor.-topogr.-maler. Marienwerder 1852. 8. 12 Lieferungen.
[3] Mayer Frdr., Dr. Panorama der Donau von Ulm bis Pressburg. Pforzheim 1841. — Donau-Album, Malerisches, von Ulm bis Wien. 45 Stahlstiche. Regensburg 1842. — Müller Adalb. Die Donau vom Ursprung bis zur Mündung. Mit Stromkarten. Regensburg 1846. 2 Bde. — Gross-Hoffinger J. A., Dr. Der Donaustrom vom Ursprung bis zur Mündung. Breslau 1846. Fol. — Grueber B., Prof. Donaupanorama von Ulm bis Wien. Vogelperspective. Regensburg 1847. — Wolff P. Die Donau und ihre Ufer. Leipzig 1847. 8. 12 Stahlst. 63 Holzschn. 244 S. — Kohl J. G. Die Donau bis Pest. Triest 1853. 4. — Schmidl Ad. Die Donau von Ulm bis Wien. 1858. 8. 112 S. — Pasetti Fl. Karte des Donaustromes innerhalb der Grenzen des österr. Kaiserstaates. Hrsgb. v. Staats-Minist. Wien 1862. Fol. 1":400°. 116 Karten. 39 S. Text. (Hauptwerk.)

Hauptstrom des Kaiserstaates. Sie betritt Oesterreich mit einer Wasserspiegelhöhe von 274^m (880′) bei Passau mit dem rechten und bei Engelhardszell mit dem linken Ufer, bewegt sich anfangs zwischen engen und hohen Ufern in reissendem Flusse bis Krems und mässigt hierauf ihren Lauf unter bedeutender Inselbildung und bei Erweiterung ihres Bettes im Wagram—Tullner und Wiener Becken. Mit dem Durchbruche bei Theben (porta hungarica) beginnt ihr unterer Lauf. In der kleinen und grossen ungarischen Tiefebene wird ihr Gefälle stets geringer, ihr Lauf immer träger, bis sie bei Orsova in reissendem Flusse mit einer normalen Wasserspiegelhöhe von 39^m (123′) den Kaiserstaat verlässt.

4. Kanäle.

Die grossen Höhenunterschiede der einzelnen Teile der Monarchie besonders im W. gestatten nicht die Anlage eines grösseren Kanalsystems, wie sich dessen andere europäische Staaten, wie Frankreich, Preussen etc. erfreuen. Die Alpen lassen keine Verbindung des adriatischen Meeres mit dem schwarzen Meere zu. Auch einer Verbindung des schwarzen Meeres mit der Nord- und Ostsee stehen durch das hercynisch-sudetische und durch das karpatische Gebirgssystem sehr grosse Schwierigkeiten entgegen. Die geringsten Terrainhindernisse waren im ungarischen Tieflande zu überwinden, daher auch in diesem teils aus Handels- teils aus Agriculturinteressen mehrere Kanäle angelegt wurden. Diese sind: der **Bégakanal**, welcher Temesvar und Becskerek verbindet, und eigentlich ein neues Bett der **Béga** ist; der **Franzenskanal** zwischen Bécse und Zombor, welcher die Theiss mit der Donau verbindet. Der **Sarvizkanal** (die regulirte Sarviz) und der **Albrecht-Karasiczakanal** in der Baranya dienen zur Entsumpfung des Bodens. Der **Wien—Wiener-Neustädterkanal** hat durch die Südbahn an seiner früheren Bedeutung verloren.

Klima.

Chavanne Jos. Temperaturverhältnisse von Oesterreich-Ungarn. Dargestellt durch Isothermen. Wien 1871. 8. 56 S. 3 Tab. u. 14 Tafeln.

Chavanne Jos. Beiträge zur Klimatologie von Oesterreich-Ungarn. Wien 1872. 8. 76. S.

Zeitschrift der österr. Gesellschaft f. Meteorologie, red. v. Jelinek u. Hahn. Wien. 8.

Jahrbücher der k. k. Central-Anstalt f. Meteorologie und Erdmagnetismus, v. Jelinek. Wien. 4.

Jahrbuch für Balneologie, Hydrologie und Klimatologie, von Dr. H. Kisch. Wien 1873. 8.

Da das Klima hauptsächlich von der geographischen Breite sowie von der verticalen Gliederung abhängt, so müssen sich in Oesterreich-Ungarn bei einer Breitenausdehnung durch 9° und wegen der grossen

Verschiedenheit der Bodenerhebung die klimatischen Verhältnisse in den einzelnen Gebieten sehr verschieden gestalten. Im Allgemeinen nimmt die Temperatur mit einem Breitegrade um circa 0·5⁰, und mit der Erhebung von 208^m (660') um 1⁰ ab. Der Wärmeunterschied zwischen dem äussersten W. und O. beträgt 1⁰.

Man teilt gewöhnlich den Kaiserstaat in drei klimatische Zonen ein.

α) Die südliche reicht vom 42. bis zum 46.⁰ n. Br. Ausser allen Getreidearten und dem Weine gedeihen in derselben der Maulbeer- und der Oelbaum. Die durchschnittliche Jahrestemperatur ist 14—11⁰ C.

β) Die mittlere, von 46.—50.⁰ erzeugt noch, mit Ausnahme von Reis, alle Getreidegattungen und Wein. Temperatur 11—10⁰.

γ) Die nördliche producirt nur noch die niederen Getreidearten: Roggen, Gerste, Hafer; Flachs- und Hanfbau blühen, der Weinbau fehlt gänzlich. Temperatur 8·7⁰—7·5⁰.

Da die materielle und mittelbar auch die geistige Wohlfahrt des Menschen zum nicht geringen Teile vom Klima des Landes abhängt, das er bewohnt, so wollen wir die klimatischen Verhältnisse des Kaiserstaates etwas genauer betrachten.

Wir finden in Oesterreich-Ungarn in Folge der reichgegliederten Configuration und des Bodenreliefs alle Abstufungen vom milden, beständigen Meeresklima bis zum rauhen excessiven Continentalklima.

Auf dem Hochlande hat die grössere Bewaldung eine grössere Regenmenge und die grössere Elevation eine niedrigere Temperatur zur Folge. Die Amplitude ist geringer und daher das Klima minder excessiv. Dagegen hat das Tiefland eine geringere Menge atmosphärischen Niederschlags, eine höhere Temperatur und in Folge der sehr beträchtlichen Amplitude ein sehr veränderliches Klima.

Im Besonderen sind die Alpen ausgezeichnet durch grossen Wasserreichtum und in Folge des endemischen Föhnwindes, der besonders im Winter und Frühling weht, durch milde Winter, ferner in Folge der hohen Lage durch kühlen Sommer, sowie durch ungleich warme Frühlinge und Herbste und in Folge dieser Ursachen zusammengenommen durch eine geringe Amplitude. (Amplitude[1]) in Vent, welches 1883^m hoch liegt, 16·25⁰ C.) Der Charakter des Klimas auf dem hercynischsudetischen Hochlande ist continental. Der Böhmerwald hat auf dem mitteldeutschen Hochlande die grösste Regenmenge. Auf dem Karpatenhochlande ist das Klima im nördlichen Teile rauh, die Winter sehr streng, die Sommer kühl, die Amplitude daher grösser als in den Alpen. Im siebenbürgischen Teile dieses Hochlandes ist das

---

[1]) Unter dieser und den folgenden Amplitudezahlen ist die Differenz des wärmsten und kältesten Monates verstanden.

Klima viel rauher, als im nördlicher gelegenen böhmischen Terrassenlande, die Winter sind sehr schneereich aber kurz, die Sommer heiss, die Amplitude sehr bedeutend. (Amplitude in Mediasch, welches 288^m hoch liegt, 24·60⁰). Das **ungarische Tiefland** hat relativ kalte und strenge Winter, heisse Sommer, kurze gleichwarme Frühlinge und Herbste; die Amplitude ist daher sehr beträchtlich. Da im Winter kalte Winde von den Karpaten herabziehen und grosse Schneemassen mit sich führen, so ist der nördliche Teil der Ebene weit rauher als der südliche. Im Sommer rufen warme Südostwinde auf den waldarmen Strecken eine dem vegetativen Leben schädliche Dürre hervor. Das feuchte Klima der Sümpfe macht den Süden zur Heimat des Fiebers. (Amplitude in Versec [213^m] 24⁰). Das rauheste Klima in ganz Oesterreich-Ungarn hat das **sarmatische Tiefland**. In einer Seehöhe, die jene Wiens nur um 100^m übertrifft, ist der Winter durchschnittlich um 5·8⁰ kälter als zu Wien. Die Excessivität des Klimas ist hier am grössten (über 24⁰).

Wir sehen also, dass die Amplitude im Kaiserstaate wächst, je mehr wir von der Küste in das Innere des Landes vordringen und von S. nach N. und NO. und von W. nach O. schreiten, und dass sie abnimmt, je höher wir uns erheben, so dass also die Amplitude der hochalpinen Gegenden vollkommen der auf den dalmatischen Inseln gleicht.

Oesterreich-Ungarn liegt fast ganz im Bereiche der Westwinde; im Karstgebirge herrscht der Ostwind vor. Der Nordostwind, die Bora und der dieser entgegengesetzte Scirocco richten nicht selten grosse Verwüstungen an. Dieser, auch Föhn genannt, schmilzt oft auf den Alpenhöhen den Schnee so schnell, dass die anschwellenden Wildbäche aus ihren Ufern treten und ihre Umgebung überschwemmen.

Triest hat e. durchschn. Jahrestemp. v. 14·24⁰ C. u. e. Jahr.-Amplit. v. 19·8⁰
Hermannstadt „ „ 8·7 „ „ 23·3
Innsbruck „ „ 8·2 „ „ 20·4
Wien „ „ 9·8 „ „ 22·5
Ofen „ „ 10·9 „ „ 23·7
Prag „ „ 9·3 „ „ 21·3
Lemberg „ „ 8·0 „ „ 23·3

Bevölkerung.

Frölich R. A. National- und Sprachenkarte des österr. Kaiserstaates. Mit Text. Wien 1849. Fol.

Häufler J. V. Versuch einer Sprachenkarte der österr. Monarchie. Pest 1849. Fol.

Berghaus H. Ethnogr. Karte des österr. Kaiserstaates. Glogau 1850. Fol.

Czoernig K. Ethnogr. Karte d. österr. Monarchie. 1 : 864.000. Wien 1855.

Czoernig K. Ethnogr. Karte d. öst. Mon. 1 : 1,584.000. Wien 1856.

Czoernig K. Ethnographie der österr. Monarchie. Hrsgb. durch die Direction der Statistik. Wien 1857. 4. 3 Bde.

Czoernig K. Verteilung der Völkerstämme und Gruppen in der österr. Monarchie.
Wien 1857. 4. 60 S. Mit 1 Karte.
Ficker Ad. Ueber allgemeine Bevölkerungsstatistik mit Bezug auf Oesterr.-Uugarn.
Wien 1860. 4. 9 S. (Sep.-Abdr.)
Kiepert H. Völker-Sprachenkarte von Oesterreich und den unteren Donauländern
1 : 3,000.000. 2. Aufl. Berlin 1869. Fol.
Ficker Ad. Die Völkerstämme der österr.-ung. Monarchie, hist.-geogr.-stat. Mit
4 Karten. Wien 1869. 8. 98 S.
Karte, ethnographische, der österr.-ung. Monarchie. Nach Czoernig's Karte, red.
in 1 Blatt. Text von Ficker. Wien 1870.

Oesterreich-Ungarn hat eine Gesammtbevölkerung von 35,943.000 Menschen, von welchen auf 1 ☐Kilom. 57, auf 1 ☐Ml. 3171 Bewohner entfallen und nimmt nach der Bevölkerungsmenge den vierten Rang unter den europäischen Staaten ein[1]). Die Bevölkerungsdichte ist in Folge der Einflussnahme der Bodenverhältnisse, der Bodenergibigkeit, der Industrie und des Handels und anderer Factoren in den einzelnen Kronländern eine sehr variirende. In Niederösterreich und Böhmen, wo Agricultur, Industrie und Handel auf einer erfreulichen Höhe stehen, sowie in Schlesien ist die relative Bevölkerung am stärksten[2]), während das gebirgige Herzogtum Salzburg, dessen Ackerbauproducte bei Weitem nicht den Bedarf des Landes decken, dessen Handel und Industrie unbedeutend sind, nur 1176 Menschen auf 1 ☐Ml. zählt. In der Bevölkerungsdichtigkeit wird Oesterreich-Ungarn von 7 europäischen Staaten übertroffen[3]).

α) Nationalitäten.

Kein europäischer Staat weist ausser dem russischen Reiche eine solche Verschiedenheit der Nationalitäten auf, als der österreich.-ungarische. Die Bevölkerung desselben gehört den Zweigen dreier grossen Sprachstämme an: des indoeuropäischen, altaischen und semitischen.
1. Zum indoeuropäischen gehören:
1. Die Deutschen (9,155.800), welche die Centralalpen und die nördliche Alpenzone, ferner die West- und Nordränder des hercynisch-sudetischen Hochlandes bewohnen, und sich in zahlreichen Sprachinseln längs der Donau und an beiden Seiten der Karpaten weit nach O. ausdehnen.
2. Die Slaven (16,150.000), welche den östlichen Teil der südlichen Alpenzone, das hercynisch-sudetische Kesselland, das westliche und mittlere Karpatenhochland, das sarmatische Tiefland und den uralkarpatischen Landrücken bewohnen. Sie zerfallen in Nord- und Südslaven. Zu den Nordslaven (11,931.000) gehören: 1. die Čechen (6,401.800 in

---

[1]) Russland 69 Mill., Deutschland 41 und Frankreich 36 Mill. Einwohner.
[2]) In Nieder-Oesterreich 5527, Schlesien 5470, Böhmen 5446.
[3]) Von Belgien, den Niederlanden, Britannien, Italien, Deutschland, Frankreich und der Schweiz.

Böhmen, Mähren, die Slovaken im nordwestlichen Ungarn). 2. Die Polen (2,463.000 in Westgalizien und Ostschlesien). 3. Die Ruthenen oder Klein-Russen (3,062.000 im östlichen Galizien, in der Bukowina und im nordöstlichen Ungarn) und 4. die Gross-Russen (4000 in der Bukowina). Die Südslaven[1]) (4,230.000) teilen sich in 1. Slovenen oder Wenden (1,192.000 in Südsteiermark, Südkärnten, Krain und teilweise im Küstenlande). 2. Kroaten (1,450.000 in Civil- und Militärkroatien). 3. Serben (1,550.300 in Istrien, Dalmatien und in der slavonischen Militärgrenze) und 4. Bulgaren (26.200 im Banat und zerstreut in Siebenbürgen).

3. Die Romanen (3,495.000) im westlichen Teile des südlichen Alpengürtels und im östlichen Karpatenhochlande, daher in West- und Ostromanen zerfallend. Zu den Westromanen (602.600) gehören 1. die Italiener (533.600 in Südtirol). 2. die Ladiner (18.000 im südöstlichen Tirol). 3. die Furlaner oder Friauler (51.000 im Küstenlande). Die Ostromanen (Rumänen), Moldauer und Walachen (2,892.000 in Siebenbürgen, in der Bukowina und in Ungarn).

4. Graeco-Illyrier (6900) u. z. Griechen (3400 in Ungarn zerstreut) und Albanesen (3500 in Dalmatien).

5. Armenier (10.100 in Ungarn, Siebenbürgen, Galizien und Bukowina zerstreut).

6. Zigeuner (151.400 in Ungarn und Siebenbürgen zerstreut).

II. Zum altaischen Sprachstamme gehören:
1. die Magyaren (Ungarn und Siebenbürgen).
2. die Kumanen und Jazygen (Ungarn).
3. die Szekler (in Siebenbürgen).
(Zusammen 5,553.000.)

III. Dem semitischen Sprachstamme gehören:
Die Juden (1,376.000 zerstreut lebend) an.

β) Confessionen.

In Oesterreich-Ungarn ist die katholische Religion die herrschende, indem sich zu ihr fast 78% der Bevölkerung bekennen. Der grösste Teil der Katholiken (von 27,904.000, 23,954.000) gehört dem lateinischen Ritus an, der Rest dem griechischen (3,942.000) und armenischen (8000).

Zu den evangelischen Confessionen bekennen sich 8·5% (3,509.000) zur orientalisch- oder nicht unirt-griech. Lehre 3·8% (3,050.000). Unitarier, gregorianische Armenier sind 0·2% (55.000). Die Anhänger der mosaischen Lehre bilden 3·8% (1,376.000).

---

[1]) Neugebauer J. F. Südslaven. Leipzig 1851. 8. 392 S. — Rajacsich, Das Leben, die Sitten und Gebräuche der im Kaisertume Oesterreich lebenden Südslaven. Wien 1873. 8. 196 S.

Die Zahl der Mitglieder anderer Secten, Lippowaner, Menoniten ist gering (8000) und die der Confessionslosen unbeträchtlich. Diese Bevölkerung lebt in 928 Städten, 2038 Märkten und 73.252 Dörfern.

Die Absterbeordnung weist von 10.000 Geborenen nach 20 Jahren nur 5023 und zwischen dem 37. und 38. Jahre nur 4361 Lebende nach.

Materielle Cultur.

Compass. Kalender und Jahrbuch für Volkswirtschaft und Finanzen. Hrsg. v. Leonhardt. Wien. 8. 3 Bände.

Gegenwärtig erscheinen in Wien folgende periodische Schriften: Warrens Wochenschrift für Politik und Volkswirthschaft. Fol. — Association. Fol. — Handels- und Gewerbe-Journal. Fol. — Express. Fol. — Zeitung, Wiener volkswirthschaftliche. 4. — Osten, Der. 4. — Handels-Presse, Wiener. Fol. — Börsen- und Handelsblatt. 8. — Revue, Oesterr. finanzielle. Fol. — Reporter, Der. Fol. — Actie, Die. 4. — Sonntags-Zeitung, Wiener. Fol. — Volkswirth, Der. 4. — Presse, Volkwirthschaftliche. Fol. — Industrie- und Gewerbe-Zeitung, Wiener. 4.

1. Rohproduction.

α) Land- und Forstwirtschaft[1]).

Reden F. W. v. Der Boden u. s. Benützung in Oesterr. Wien 1857. 8. 238 S. Bodenculturverhältnisse des österr. Staates. Red. v. J. R. Lorenz. Mit 2 Karten. Wien 1866. 8. 369 S.

Verhandlungen und Mittheilungen der k. k. Landwirthschafts-Gesellschaft in Wien. Wien. 8. — Grundbesitzer, Der. Wien. Fol. — Zeitung, Wiener landwirthschaftliche. Wien. Fol. — Landwirth, Der praktische. Wien. 4. — Monatschrift, Oesterr., für das Forstwesen. Von Wessely. Wien. 8. — Gartenfreund, Der, Hrsg. v. d. Gartenbau-Gesellschaft in Wien. Wien. 8.

Oesterreich-Ungarn erfreut sich in Folge der glücklichen Mengungsverhältnisse seiner Bodenbestandteile, sowie wegen seines natürlichen Wasserreichtums und der günstigen klimatischen Verhältnisse einer grossen Menge und Mannigfaltigkeit landwirthschaftlicher Erzeugnisse. Im Ganzen sind 9 Zehntel des Areals productiver Boden. Die Ergiebigkeit des Bodens ist am grössten im Donautieflande, am geringsten im Alpenhochlande. Im Tieflande herrscht Ackerbau, im Hochlande Wiesen- und Waldbau vor. Der Kaiserstaat producirt alle Getreidearten, Hülsenfrüchte und Knollengewächse und erfreut sich eines qualitativ und quantitativ namhaften Weinbaues[2]). Sehr reich ist die Monarchie an

---
[1]) Thenius G. Die Torfmoore Oesterreichs. Wien 1874. 8. 202 S.
[2]) Babo A. v. Bericht über die im Auftrage des Ministeriums unternommene Bereisung der Weinbau treibenden Kronl. Wien 1866. 8. Heft 1. — Hamm Wilh., Dr. Weinkarte v. Europa. 2. Aufl. Jena 1872. Fol. — Hohenbruck Arth. Weinproduction in Oesterr. Mit 1 Karte. Wien 1873. 4. 203 S. — Zeitschrift f. Weinbau u. Kellerwirthsch. Wien. 4. — Weinbau-Kalender v. Babo. Klosternbrg. 1872. 8.

Waldungen. Bei dem land- und forstwirtschaftlichen Betriebe finden ungefähr zwei Dritteile der Bevölkerung, die Familienglieder eingerechnet, ihre Nahrung. Im Besonderen entfallen vom Gesammt-Areale über 32 % auf das Ackerland, über 29 % auf Waldungen, über 14 % auf Weiden, über 12 % auf Wiesen und Gärten, und fast 1 % auf das Weinland. 10·97 % sind unproductive Fläche. Die approximativen Productionsmengen eines Mitteljahres sind: Weizen (mit Spelz) 40 Mill. Hectoliter, Roggen und Halbfrucht 60 Mill., Gerste 30, Hafer 50, Mais 30, Buchweizen und Hirse 5, Kartoffeln 90, Hülsenfrüchte 3, und Wein 23 Mill. Hectoliter. Zucker- und Futterrüben 80 Mill. Zollctr., Flachs und Hanf 3 Mill., Tabak 1 Mill., und Hopfen 100.000 Zollctr. Holz 205 Mill. Cubikmeter. Oesterreich-Ungarn nimmt mit seiner Getreideproduction (215 Mill. Hectoliter) unter den europäischen Staaten den vierten Rang ein, indem ihm Russland mit circa 500, Deutschland mit 250 und Frankreich mit 224 Mill. Hectoliter voranstehen.

β) **Viehzucht.**[1])

Die Viehzucht, welche mit dem Wiesenbau zusammenhängt, wird mit grossem Erfolge im Alpenhochlande und in der grossen ungar. Tiefebene betrieben. Wenn sie auch noch nicht die entsprechende Stufe der Vollkommenheit erreicht hat, so verdienen doch die Rindvieh-, die Pferde-, die Schaf- und die Schweinezucht Anerkennung. Die Schafzucht aber nimmt unter diesen den ersten Rang ein.

Die Zählung am 31. December 1869 wies in der Monarchie folgenden Viehstand aus: Pferde 3,569.000, Rindvieh 12,704.000, Schafe 20,103.000, Ziegen 1,552.000, Schweine 6,994.000, Esel und Maulthiere 76.000. Es entfallen in Oesterreich-Ungarn auf 100 Menschen 35 Stück Hornvieh und es steht daher die Monarchie bezüglich ihres relativen Rindviehstandes hinter Dänemark (mit 80 Stück auf 100 Menschen), Norwegen (64), Schweden (51) und Britannien (51).

γ) **Bergbau.**

Zeitschrift, Oesterreich., f. Berg- u. Hüttenwesen v. Hingenau. Wien 1853...4. 4.
Jahrbuch, Berg- und hüttenmännisches, der Bergakademien Leoben, Přibram, Schemnitz. Wien. 8.
Zepharovich Victor, Mineralog. Lexicon für das Kaisertum Oesterreich. Wien. 1873. 8. 2 Bände.
Bergwerks-Betrieb, Der, Oesterreichs, im Jahre 1873. Hersg. vom k. k. Ackerbau-Ministerium. Wien. 1874. 8. I. Teil.

---

[1]) Peyrer C. Fischereibetrieb in Oesterreich. Wien, 1874. 8. 159 S. — Bienen-Vater. Organ des Wiener Bienenzüchter-Vereines. Wien. 8. — Sportblatt, Wien. Fol. — Thierfreund, Der. Wien. 8. — Jagd-Zeitung, Wien. 8.

Oesterreich-Ungarn übertrifft alle europäischen Staaten an Mannigfaltigkeit der Producte des Mineralreiches; an Menge wird es erst in der neuesten Zeit von Russland übertroffen. Es producirt alle Metalle mit Ausnahme des Platins. Den grössten Schatz an edlen Metallen besitzt das Karpatenhochland, die grösste Menge an nutzbaren Metallen, (Eisen) die Alpen und das hercynisch-sudetische Hochland. Unerschöpfliche Salzquantitäten bergen die Alpen und die Karpaten. Mehr oder weniger ergiebige Kohlenlager finden sich in allen Kronländern [1]) mit Ausnahme Salzburgs und der Bukowina.

Die Erzeugungsmengen sind: Gold 2803 und Silber 74.042 Münzpfunde; Eisen 8,913.000 Zollctr., Kupfer 33.000, Blei und Glätte 146.000, Zink 46.000, Quecksilber 8000, Stein- und Braunkohlen 209,366.000, Salz 8,238.000 Zollctr. Unter den europäischen Staaten wird die Monarchie in Bezug auf den Gewinn an Gold blos von Russland (mit 46.600 dtsch. Münzpfunden) übertroffen; in der Silberproduction von Deutschland (124.000) und Frankreich (97.000); in der Eisenproduction von Grossbritannien und Irland (75 Mill. Zollctr.), Frankreich (21 Mill.) und Preussen; in der Salzproduction von Grossbritannien, Frankreich und Russland; und in der Kohlenproduction von Grossbritannien (1700 Mill. Zollctr.) und Preussen (302).

2. Industrie.

Industrie und Handel im Kaisertum Oesterreich von Brodhuber, Holdhaus und Martin. Wien 1861. 8.
Ackermann J. C. Kronländer-Adressenbuch. Wien 1870. 8. 758 S.
Exner, Beiträge zur Geschichte der Gewerbe und Erfindungen Oesterreichs von der Mitte des 18. Jahrhunderts bis zur Gegenwart. Wien 1873. 8. 2 Reihen.
Nachrichten über Industrie und Handel. Vom Handels-Ministerium. Wien 1873. 8.

Die Industrie, die Verarbeitung der Rohproducte, schwingt sich in neuester Zeit mit der Hebung der Rohproduction und seit der Einführung der Gewerbefreiheit kräftig empor. Für die Wahrnehmung der Interessen derselben bestehen die Handels- und Gewerbekammern, deren jedes Kronland eine oder mehrere hat. Hinsichtlich der industriellen Entwicklung ist ein grosser Unterschied zwischen der östlichen und westlichen Hälfte der Monarchie. Während hier die Zahl der Fabriken eine namhafte ist und in einigen Kronländern die Industrie sich in schönster Blüthe entfaltet, ist die Zahl der Fabriken in den Ländern der ungarischen Krone eine kleine und der Gewerbfleiss gering. Eminente

---

[1]) Pechar Joh., Kohlenrevierkarte des Kaiserstaates Oesterreich. Wien. 1864. Fol. 23 S. Text. — Foetterle Franz, Uebersichtskarte des Vorkommens, der Production und Circulation des mineralischen Brennstoffes in der österreichischen Monarchie. Wien 1870. Fol. 34 S. Text.

Industrieländer sind Böhmen, Mähren, Schlesien und Nieder-Oesterreich. Hervorzuheben sind folgende Zweige der industriellen Tätigkeit: der Maschinenbau, die Industrie in Transportmitteln und Instrumenten, die Metallindustrie, die Tonwaaren- und Glasindustrie, die Industrie in chemischen Producten, in Nahrungsstoffen und Getränken (Rübenzuckerfabrication[1]) und Bierbrauereien[2]), ferner die Tabakfabrication (Staatsmonopol), die Schafwoll-, Baumwoll-, Flachs-[3]) und Hanfindustrie, die Leder- und Papierfabrication. Die Industrie beschäftigt in der österr.-ung. Monarchie über 2,900.000 und ernährt beiläufig 8 Mill. Menschen.

3. Handel.

Gabriely Joh. und Doležal A., Finanz- und Handelskarte des österr. Kaiserstaates. Wien 1857. Fol. 4 Blätter.

Industrie und Handel im Kaiserthum Oesterreich von Brodhuber, Holdhaus und Martin. Wien 1861. 8. (Hausschatz, Der gr. österreichische. Bd. V.)

Nachrichten über Industrie und Handel. Vom Handelsministerium. Wien. 8.

Austria, Archiv für das Consularwesen. Wien. 4.

Kastner Leopold, Adressenbuch der Handels- und Gewerbetreibenden der österr.-ungar. Monarchie. Wien 1874. 4. 584 S.

Handelsblatt, Wiener. Fol. — Verkehrszeitung, allgemeine. Wien. Fol. — Handels-Journal, österreichisches. Wien. Fol.

Die Handelsvorteile, welche Oesterreich-Ungarn durch seine Lage in Mitteleuropa an einer Hauptwasserstrasse, der Donau, sowie durch seinen Anteil an der adriatischen Meeresküste geniesst, werden durch den Umstand sehr gemindert, dass die grossen Verkehrsadern Donau, Dniester, Elbe ausserhalb der österreichischen Grenzen münden, und dass der Meeresanteil, welcher der Monarchie zufällt, im Verhältniss zu den meisten europäischen Staaten doch nur ein geringer ist. — Der Binnenhandel, der bis in die fünfziger Jahre durch natürliche und künstliche Hindernisse gedrückt war, entfaltet sich erst in der jüngsten Zeit lebhafter, einerseits durch die Aufhebung der Zwischenzolllinie, welche Ungarn mit seinen Nebenländern in mercantiler Beziehung von den westlichen Kronländern trennte, anderseits in Folge der Ueberwindung der grossen Terrainschwierigkeiten durch kühne Eisenbahnanlagen. Leicht circuliren nun, nachdem auch beide Reichshälften Ein Zoll- und Han-

---

[1]) Karte der Rübenzuckerfabriken Oesterreichs. Prag 1865. Fol. — Čech C. O., Dr. Karte der Rübenzuckerfabriken in Böhmen, Mähren und Schlesien. Prag 1870. Fol.

[2]) Noback Gust., Bierproductionskarte von Oesterreich-Ungarn. Chromolith. Prag 1872. — Zeitschrift, österreichische, für Bierbrauerei, herausgegeben von Fasbender.

[3]) Reuter Jakob, Vorträge über die Leinenindustrie in Oesterreich. Wien 1851. 8. 2 Hefte.

delsgebiet[1]) sind, Roh- und Industrieproducte in den verschiedenen Kronländern. Der Mittelpunkt des internen Verkehres ist Wien aus mehreren günstigen Umständen, indem es fast in der Mitte des Reiches, an der Hauptwasserstrasse, der Donau liegt, und den Knotenpunkt des österreichisch-ungarischen Eisenbahnnetzes bildet. Mit Wien beginnt in neuester Zeit Pest zu rivalisiren. Aus der westlichen Hälfte werden hauptsächlich Industriewaaren in die östlichen Kronländer verführt, während aus diesen der Ueberfluss an Rohproducten in die westlichen Länder geschafft wird. — Auch der auswärtige Handel[2]) hebt sich, wie die Ziffern der ämtlichen Handelsausweise nachweisen, sehr bedeutend von Jahr zu Jahr. In Bezug auf diesen zerfällt die Monarchie in zwei Gebiete, in das allgemeine österreichisch-ungarische und in das dalmatische Zollgebiet, welche zwei verschiedene Zollbehandlungen haben. Von diesen Zollbehandlungen ausgeschlossen und dem Auslande gleichgestellt sind: Istrien, die quarnerischen Inseln, mehrere Freihäfen (Triest, Fiume, Buccari, Portoré, Zengg, Carlopago), sowie die galizische Stadt Brody und die tirolische Gemeinde Jungholz, welche daher Zollausschlüsse heissen. Oesterreich-Ungarn führt aus: Brenn-, Bau- und Werkstoffe, Papier und Papierwaaren, Land- und Wasserfahrwerkzeuge, Instrumente, Maschinen und kurze Waaren, chemische Producte, Farb-, Fett- und Zündwaaren, Abfälle und Metalle. Eingeführt werden: Colonialwaaren und Südfrüchte, Tabak und Tabakfabricate, Garten- und Feldfrüchte, Thiere und thierische Producte, Fette und Oele, Getränke und Esswaaren, Arzenei-, Parfümerie-, Farb-, Gerb- und chemische Hilfsstoffe, Metalle, Webe- und Wirkstoffe, Garne, Webe- und Wirkwaaren, Leder, Leder- und Kürschnerwaaren, Metallwaaren, literarische und Kunstgegenstände. Im allgemeinen österreichisch-ungarischen und im dalmatischen Zollgebiete betrug im Jahre 1872 der Wert der Einfuhr 659,474.000 fl. und der Wert der Ausfuhr 460,988.000 fl. ö. W.[3]) — Der Transito- oder Durchfuhrhandel hat nicht den Umfang, welchen die Lage des Staates erwarten lässt, indem der Waarenwert desselben im Jahre 1872 nur 233,700.000 fl. erreichte.

---

[1]) Auf Grund des Zoll- und Handelsbündnisses (österr. Gesetz vom 24. Dec. 1867, XVI. ung. Ges.-Art. 1865/7).

[2]) Ausweise über den auswärtigen Handel der österr.-ungar. Monarchie. Von der k. k. statistischen Central-Commission. Wien. Fol.

[3]) Unter den Handelsartikeln nehmen die Einfuhr der Webe- und Wirkstoffe den grössten Anteil, in der Ausfuhr steht das Getreide (78 Mill. fl.) in erster Reihe, dann folgen Kurzwaaren (49 M. fl.), Schafwolle (38), Holz (24), Mehl (22), Glas (17), Instrumente u. s. w. Die Ein- und Ausfuhrwerte haben seit 1865 sich verdoppelt.

Oesterreich-Ungarn nimmt bezüglich des Umfanges seines auswärtigen Handels den 6. Rang unter den europäischen Staaten ein und wird von Grossbritannien (5224 Mill. fl.), Frankreich (3186 M. fl.) dem Zollvereine (1548 M. fl.) Belgien (1202) und den Niederlanden (895 M. fl.) übertroffen.

4. Förderungsmittel der materiellen Cultur.

a) Geldinstitute.

Handels- und Börsenkalender, Oesterreich. Red. v. H. Spitzer, Wien. 8.
Bank- und Handelszeitung, Wiener. Wien. Fol. — Geschäftszeitung, Wiener, und Börsen-Courier. Wien. 4. — Börsen-Zeitung Wiener. Wien. Fol.

Zu diesen Anstalten, welche zur Beförderung des Geldumlaufes, zur Erleichterung des Credits und zur Capitalsanlage dienen, gehören:

α) die Börsen[1]) in Wien, Triest, Pest und Prag;

β) die Banken, von welchen die Monarchie 187 mit einem eingezahlten Actiencapitale von 560 Mill. fl. besitzt. Die hervorragendsten Institute dieser Art sind: die österr. Nationalbank, die österr. Creditanstalt und die n. ö. Escompte-Anstalt;

γ) die Sparkassen, welche sich nach dem Muster der ersten österreichischen zu Wien, welche 1819 gegründet wurde, so rasch in jüngster Zeit vermehrt haben, dass ihre Anzahl im Kaiserstaate gegenwärtig 502 beträgt.

b) Strassen.

Strassenkarten der österr. Monarchie, hersg. v. Gen.-Quartm.-Stab.
General-Strassen- und Ortskarte des österr. Kaiserstaates. Wien 1863. Fol. 4 Blätt. 1 Blatt Text.
Fried Franz, General-Post- und Strassenkarte der österr. Monarchie. Wien. Artaria 1869.

Diese werden eingeteilt in Reichs-, Landes-, Bezirks- und Communalstrassen, je nachdem sie aus dem Reichs-, Landes-, Bezirks-, oder Communalsäckel erhalten werden. Sie verbinden alle Orte der Monarchie mit einander und nehmen an Zahl gegen Osten ab. Seit der Dampf das Hauptbetriebsmittel für den Verkehr geworden ist, haben die Reichsstrassen an Bedeutung viel verloren.

c) Eisenbahnen.

Schüller Sigmund, Versuch e. vergleichd. Statistik der öst.-ung. Eisenbahnen. Wien 1871. 4. 46 S. 35 Tafeln. 1 Karte.
Eisenbahn-Schema f. Oest.-Ungarn, hersg. v. A. Lausch und Graf Stubick. Wien . . 8.
Centralblatt f. Eisenbahnen u. Dampfschifffahrt d. öst.-ung. Monarchie, Wien . . 4.
Eisenbahn-Jahrbuch d. öst.-ung. Monarchie, v. J. Kohn. Wien . . 8.
Stationen-Verzeichniss, Vollständiges, für den Post-, Eisenbahn-, Telegraphen- und Dampfschiff-Verkehr in Oest.-Ung. Mit Karte in 4 Blätt. Teschen 1873. 8. 83 S.

---

[1]) Janszky Ad. Statist. Mittheilungen über die österreichisch-ungarischen Werthpapiere. Wien 1869. 8.

Eisenbahnkarte. Neueste. d. öst.-ung. Monarchie. 1:2,160.000. Wien. Lehmann.
Eisenbahnkarte d. öst.-ung. Monarchie. Hersg. v. k. k. Handels-Minist. Wien 1872. 16 Blätt.
Eisenbahnkarte v. Oest.-Ung. Chromolith. Wien 1873. 2 Blätt.
Eisenbahnen [1]. die österreich.-ungarischen, der Gegenwart und Zukunft. Wien. Artaria. Fol.
Prahaska [1]. Eisenbahnkarte von Oesterr.-Ungarn. Teschen. 8. M. Text.
Kozenn. Uebersichtskarte d. Eisenbahnen d. öst.-ung. Monarchie f. Schulen. chromol.
Nachrichten. Statist. v. d. öst.-ung. Eisenbahnen. V. Handels-Minist. Wien..

Die Eisenbahnen. die mächtigsten Bahnbrecher der Cultur, bezeichnen den neuesten und den bedeutendsten Fortschritt in der Geschichte des Verkehrswesens. Oesterreich mag sich rühmen, von allen Staaten des Continentes der erste gewesen zu sein, in welchem das moderne Verkehrsmittel zur Anwendung kam, indem seine und zugleich die älteste Eisenbahn Europas die Pferdebahn von Budweis nach Linz ist, deren Bau in die Jahre 1825—1832 fällt. Um diese Zeit begann aber auch schon in England der Locomotiveisenbahnbau. Georg Stephenson, ein Mann aus der niedersten Schichte des Volkes baute die erste Dampfeisenbahn (von Manchester nach Liverpool). welche am 15. September 1830 eröffnet wurde. 5 Jahre später wurde in Deutschland die erste Eisenbahn (von Nürnberg nach Fürth) eröffnet und 1836 kam in Oesterreich die Kaiser Ferdinands-Nordbahn zur Ausführung. Die erste Eisenbahn in Frankreich wurde erst 1837 eröffnet. Heute bilden die österr.-ungarischen Eisenbahnen ein Netz. dessen Hauptknoten Wien ist und dessen Nebenknoten Prag. Pest und Brünn sind. Alle grösseren Industrieorte und Handelsplätze sind von einer oder mehreren Linien berührt, die Verbindung ist mit allen Nachbarländern hergestellt. Ihre Länge beträgt 15917 Kilom. Hinsichtlich der relativen Eisenbahnlänge nahm Oesterreich-Ungarn im Jahre 1872 unter den europäischen Staaten den 8. Rang ein, indem in demselben auf 1000 ☐Meil. 1244 Kilom. Bahnlinien entfielen, während in Belgien auf 1000 ☐Meil. 5900, in Grossbritannien 4370, in den Niederlanden 2445, in Deutschland 2340, in der Schweiz 1991 und in Dänemark 1277 Kilom. kamen.

Die im Betriebe und im Baue befindlichen Bahnstrecken sind folgende:

1. Die Kaiser Ferdinands-Nordbahn v. Wien nach Krakau. Flügelbahnen: 1. Floridsdorf-Jedlersee: 2. Gänserndorf-Marchegg; 3. Lundenburg über Brünn. Olmütz nach Sternberg: 4. Prerau-Wischau: 5. Prerau-Olmütz: 6. Schönbrunn-Troppau: 7. Dzieditz-Bielitz: 8. Trzebinia-Mysłowice.

---

[1]) Für Schulen sehr zweckmässig.

2. Die Oesterreichische Staatseisenbahn. a) Nördliche Linie: v. Wien-Stadlau über Brünn und Prag nach Bodenbach. Flügelb.: 1. Grussbach-Znaim; 2. Triebitz-Olmütz. b) Südliche Linie: Wien (Stadlau) über Pest, Temesvár nach Bazias. Flügelb: 1. Jassenova-Anina; 2. Valkany-Perjamos. c) Die Wien-Neu-Szöny-Bahn.
3. Die Südbahn [1]) I. von Wien über Graz, Laibach nach Triest. Flügelb: 1. Mödling-Laxenburg; 2. Wr.-Neustadt-Gr. Kanizsa; 3. Pragerhof-Ofen (mit den Nebenflügeln: a) Keresztur-Barcs; b) Stuhlweissenburg-Uj- [Neu] Szöny); 4. Steinbrück-Sissek (Nebenfl. Agram-Carlstadt); 5. St. Peter-Fiume; 6. Bruck-Leoben; 7. Marburg-Franzensfeste; 8. Nabresina-Cormons. II. Kufstein-Avio (die Brennerbahn).
4. Die Kaiserin Elisabeth-Bahn [2]) von Wien nach Salzburg. Flügelb.: 1. Penzing-Hetzendorf-Albern; 2. Linz-Budweis (Nebenfl. Gaisbach-St. Valentin); 3. Wels-Passau (Nebenflgl. Neumarkt-Braunau-Simbach); 4. Lambach-Gmunden.
5. Die Theissbahn von Czegled über Debreczin nach Kaschau. Flügelb.: 1. Szolnok-Arad; 2. Püspök Ladány-Gr. Wardein.
6. Die Kaiser Franz-Josef-Bahn von Wien über Tulln, Budweis, Pilsen nach Eger. Flügelb.: 1. Absdorf-Krems; 2. Gmünd-Wittingau-Prag; 3. Budweis-Wessely.
7. Die Kronprinz Rudolf-Bahn von St. Valentin nach Laibach. Flügelb.: 1. Kleinreifling-Amstetten; 2. Hieflau-Eisenerz; 3. St. Michael-Leoben; 4. St. Veit-Klagenfurt; 5. Launsdorf-Hüttenberg.
8. Die Galizische Karl-Ludwig-Bahn von Krakau über Lemberg nach Brody. Flügelb.: Krasne-Podwołoczyska.
9. Die Lemberg-Czernowitz-Jassy-Bahn von Lemberg über Czernowitz nach Suczawa.
10. Die Süd-Norddeutsche Verbindungsbahn von Pardubitz nach Reichenberg. Flügelb.: Josefstadt-Königshain.
11. Die Oesterreichische Nordwestbahn von Wien über Znaim nach Jungbunzlau. Flügelb.: 1. Zellerndorf - Sigmundsherberg; 2. Deutschbrod-Pardubitz; 3. Gr. Wosek-Trautenau (Parschnitz). Nebenflgl. α) Hohenelbe; β) Freiheit; γ) Jičin.
12. Die Buschtěhrader Bahn von Prag über Priesen, Carlsbad nach Eger. Flügelb.: 1. Kladno-Kralup; 2. Priesen-Komotau-Weipert; 3. Unhošt-Nučice; 4. Lišan-Rakonic; 5. Tirschnitz-Franzensbad.

---

[1]) Varoni J., Panorama der Karstbahn von Laibach nach Triest. Wien 1858 (16 Cartons).
[2]) Meissner E., Führer auf der K. Elis.-Westbahn von Wien bis Linz. Wien 1859. 8. 36 S.

13. Die Böhmische Westbahn von Prag über Pilsen nach Furth. Flügelb.: Chrast-Radnic.
14. Die Böhmische Nordbahn[1]) von Bakov nach Rumburg. Flügelb.: 1. Kreibitz-Warnsdorf-Schönau; 2. Böhmisch Leipa-Bodenbach; 3. Kreibitz-Bensen.
15. Die Turnau-Kralup-Prager Bahn von Turnau nach Prag. Flügelb.: Neratowitz-Kralup.
16. Die Aussig-Teplitzer Bahn von Aussig über Teplitz, Dux nach Komotau. Flügelb.: Aussig-Bilin.
17. Die Brünn-Rossitzer Bahn von Brünn über Rossitz nach Segen Gottes.
18. Die Graz-Köflacher Bahn von Graz nach Köflach. Flügelb.: Lieboch-Wies.
19. Die Kaschau-Oderberger Bahn von Kaschau nach Oderberg. Flügelb.: Ambos-Eperies.
20. Die Erste Siebenbürger Bahn von Arad nach Karlsburg. Flügelb.: Piski-Petroseny.
21. Die Ostrau-Friedländer Bahn von Mähr. Ostrau über Mistek nach Friedland.
22. Die Königl. Ungarische Staatseisenbahn I. Nördliche Linie. Hauptbahn: Von Pest über Fülek, Altsohl nach Ruttek. Zweige: 1. Hatvan-Szolnok; 2. Hatvan-Miskolcz-Fülek (Nebenzweige: α) nach Gyöngyös; β) Erlau; γ) Dios-Györ); 3. Altsohl-Neusohl; 4. Breznica-Schemnitz. II. Südliche Linie: 1. Zakany-Agram; 2. Carlstadt-Fiume.
23. Die Pressburg-Tyrnauer Bahn von Pressburg über Tyrnau nach Szered.
24. Die Mohacs-Fünfkirchner Bahn von Mohacs nach Fünfkirchen.
25. Die Fünfkirchen-Barcser Bahn.
26. Die Alföld-Bahn von Gr. Wardein nach Esseg und Villány.
27. Die Ungarische Nord-Ostbahn von Debreczin über Szathmár Némethi nach Szigeth. Flügelb.: Királyháza-Csany. Nebenflügelb.: 1. Battya-Munkács; 2. Csag-Nyiregyháza; 3. Csag-Unghvár; 4. Sátor-Allya-Ujhely-Szerencs.
28. Die Arad-Temesvarer Bahn von Arad nach Temesvár.
29. Die Ungarische Ostbahn von Gr. Wardein über Klausenburg nach Kronstadt. Flügelb.: 1. Kocsard-Maros-Vásárhely; 2. Tövis-Karlsburg; 3. Kis Kapus-Hermannstadt.
30. Die Wiener Verbindungsbahn.
31. Die Vorarlberger Bahn von Bludenz über Bregenz und Laiblach. Flügelb.: 1. Lautrach-St. Margarethen; 2. Feldkirch-Buchs.

---

[1]) Novicki Const., Die böhm. Nordbahn. Prag 1871. 16. 224 S.

32. Die Leoben-Vordernberger Bahn.
33. Die Dux-Bodenbacher Bahn.
34. Die Ungarische Westbahn von Stuhlweissenburg nach Graz. Flügelb.: Kl. Czell-Raab.
35. Die Salzburg-Halleiner Bahn von Salzburg nach Hallein.
36. Die Wr.-Neustadt-Grammat-Neusiedler Bahn von Wr.-Neustadt nach Grammat-Neusiedl.
37. Die Mährische Grenzbahn: a) von Hohenstadt nach Zöptau; b) Sternberg-Mittelwalde.
38. Die Ungarisch-Galizische Eisenbahn von Przemyśl nach Mihály.
39. Die Mährisch-Schlesische Centralbahn von Olmütz nach Jägerndorf. Zweige: 1. Jägerndorf-Troppau; 2. Jägerndorf-Hennersdorf; 3. Kriegsdorf-Römerstadt; 4. Freudenthal-Würbenthal.
40. Die Ebensee-Ischl-Steger Eisenbahn von Ebensee über Ischl nach Steg.
41. Die Eisenbahn Pilsen-Priesen.
42. Die Prag-Duxer Bahn von Prag nach Dux. Flügelb.: Obernitz-Brüx.
43. Die Donau-Drau-Bahn von Zakany nach Báttaszék.
44. Die Ungarische Nordwestbahn. Komorn-Neuhäusel-Trencsin.
45. Die Lundenburg-Nikolsburg-Grussbacher Eisenbahn.
46. Die Dniester-Bahn von Chyrów nach Stry. Zweig: Drohobycz-Borysław.
47. Die Erzherzog Albrecht-Bahn von Lemberg über Stry nach Munkács. Zweig: Stry-Stanislau.
48. Die Eisenbahn von Spalato über Dernis nach Siverich mit der Zweigbahn nach Sebenico.

Ausländische Eisenbahn-Anschlüsse:

α) Im Norden:
Sächsische: 1. Eger-Voitersreuth; 2. Georgenstadt; 3. Weipert; 4. Bodenbach; 5. Schönau; 6. Reichenberg.
Preussische: 1. Königshain; 2. Jägerndorf; 3. Troppau; 4. Oderberg; 5. Dzieditz; 6. Oswiecim; 7. Mysłowice.
Russische: 1. Szczakowa (n. Warschau); 2. Brody; 3. Podwołoczyska.

β) Im Osten:
Rumänischer: Suczawa (n. Jassy).

γ) Im Süden:
Türkischer: Dobrotin.
Italienische: 1. Cormons; 2. Ala.

δ) Im Westen:
Schweizerische: 1. Buchs; 2. St. Margaretha.
Bairische: 1. Bregenz; 2. Kufstein; 3. Salzburg; 4. Braunau
(n. München); 5. Passau (n. Regensburg): 6. Furth; 7. Eger-
Waldsassen; 8. Eger-Asch.
Ungarn hat demnach bisher nur Einen fremden Bahnanschluss.

d) Schifffahrt.

Mittheilungen aus dem Gebiete des Seewesens. Herausg. v. k. k. hydrogr. Amte. Pola 1873. 8.

Flussschifffahrt. Die Donau überragt durch Flussgebiet und Wasserreichtum, sowie auch durch ihre Schifffahrt weit die übrigen Flüsse Oesterreich-Ungarns. Neben 11 kleineren Dampfschifffahrtsunternehmungen besteht als grossartig ausgerüstetes Institut für die Beschiffung der Donau mit Dampfschiffen, die Erste Donau-Dampfschifffahrts-Gesellschaft, welche das erste Dampfschiff 1831 zwischen Wien und Pest verkehren liess. Sie befährt nicht nur die Donau von Donauwörth bis zur Sulinamündung, sondern auch die Drau, Save und Theiss, sowie die Seelinie von Sulina bis Odessa. Sie verfügt über ein Actiencapital von mehr als 25 Mill. fl. und hat 146 Dampfer und 551 Schleppboote. Für den Verkehr sind noch wichtig die Elbe, welche die natürliche Verbindung mit dem Nordseehafen Hamburg vermittelt, und die Weichsel, welche Westgalizien mit der Ostsee verbindet. Beide werden mit Dampfschiffen befahren. — Seeschifffahrt. Der Anteil, welchen Oesterreich-Ungarn an dem adriatischen Meere besitzt, hat eine Handelsmarine geschaffen, welche mit Ende 1873 7207 Schiffe mit 341.467 Tonnen besass und eine Schiffsmannschaft von 27.564 Köpfen zählte. Die Seeschiffe teilen sich in 3 Kategorien: a) die kleinen Küstenfahrer, welche nur zu Frachtfahrten im adriatischen Meere bestimmt sind; b) die grossen Küstenfahrer, welche zur Fahrt nach allen Häfen des mittelländischen Meeres und c) die Schiffe weiter Fahrt, welche zur Beschiffung der Oceane berechtigt sind [1]). Den grössten Teil des österreichisch-ungarischen Verkehrs, sowie den Postdienst in der östlichen Hälfte des mittelländischen Meeres besorgt der österreichisch-ungarische Lloyd in Triest, welcher 63 Dampfschiffe und ein Actiencapital von fast $9^{1}/_{2}$ Mill. fl. besitzt.

Wenn man den kleinen Anteil des Kaiserstaates an dem adriatischen Meere betrachtet und den Gehalt von 329.174 Tonnen der 2634 Segel- und Dampfschiffe der österreichisch-ungarischen Handelsmarine [2]) mit den

---

[1]) Ende 1873 besass die öst.-ung. Handelsmarine an Segelschiffen 539 Schiffe weiter Fahrt, 118 grosse Küstenfahrer und 1874 kleine Küstenfahrer, ferner 103 Dampfschiffe und 4573 Fischerboote und Barken.

[2]) Mit Ausschluss der Fischer- und numerirten Barken, welch' letztere blos den Hafendienst besorgen.

Handelsflotten der übrigen europäischen Staaten vergleicht, so sieht man, dass jene nicht unansehnlich ist, indem sie den achten Rang einnimmt und der englischen mit 7,751.000 T., 25.776 Sch.; der deutschen mit 1,309.000 T., 5082 Sch.; der französischen mit 1,142.300 T., 5115 Sch.; der norwegischen mit 1,038.000 T., 6993 Sch.; der italienischen mit 1,031.900 T., 19.629 Sch.; der niederländischen mit 492.400 T., 1902 Sch.; der spanischen mit 390.700 T., 4514 Sch.; nachsteht.

e) Postwesen.

Postlexicon, Topogr. von Böhmen, Mähren, Schlesien. Wien 1855. 4. 802. S.
Ortschafts-Verzeichniss, Alphabetisches, d. Kgr. Galizien und Bukowina. Lemberg 1855. 4. 267 S.
Postlexicon, Topogr. umfassend Ober-Oesterreich, Salzburg, Steiermark, Kärnten, Krain, Tirol und Lichtenstein. Wien 1861. 4. 533 S.
Ortslexicon des Kgr. Ungarn. Pest 1863. 8. 875 S.
Postlexicon, Topogr. des Kronl. Oesterreich unter der E. Wien 1864. 8. 305 S.
Keesbacher, Oesterreichs Postwesen. Zusammenstellung aller Verordnungen. Klagenfurt 1870. 8. 1159 S.
Bartl Joh., Vorträge über den techn. und administrat. Postdienst in Oesterreich. Wien 1873. 8. (noch im Erscheinen).
Post, Die. Zeitschrift für Communicationen. Wien. 8.
Post, Oesterr.-Ungarische. Wien. Fol.
Mayer Alex., Postkarte der k. k. österr. Monarchie in 6 Blättern.

Sowie einerseits der Personen- und Frachtenverkehr auf der Post mit der Vervollständigung des Eisenbahnnetzes jährlich abnimmt, so hebt sich der Briefpostverkehr andererseits mit dem Aufschwunge der materiellen und geistigen Cultur. Die Monarchie besitzt gegenwärtig 5192 Postbureaux, welche i. J. 1872, 340,417.000 Briefe und Zeitungen beförderten.[1]

f) Telegraphenwesen.

Kral Joh. Elemente des Staats-Telegrafendienstes. Marburg 1873. 8. 166 S.
Telegrafen-Tarif, Allgemeiner. Wien 1873. 8. 2 Teile.
Verordnungen für die österr. Telegrafen-Aemter. Red. v. Handels-Minist. Wien 4.
Telegrafen-Kalender von A. Kaestner. Wien 1866. 8. Jährlich.

Für die Staats- und Privatcorrespondenz hat Oesterreich-Ungarn ein Telegraphennetz, dessen Linien eine Länge von 31.895 Kilom. haben und alle Provinzialhauptstädte sowie die namhafteren Industrie- und Handelsorte berühren. Der Mittelpunkt desselben ist Wien. Hinsichtlich der Länge seiner Telegraphenlinien steht Oesterreich-Ungarn hinter Russland (50.848 Kilom.), Frankreich (42.300), Deutschland (35.600) und Grossbritannien (35.500).

---

[1] Die grossbritannischen Postbureaux expedirten i. J. 1871 1000 Mill. Briefe, 103 Mill. Druckschriften und 99 Mill. Zeitschriften.

Die materielle Cultur des Kaiserstaates heben noch viele andere Mittel, so insbesonders die vielen Gesellschaften, Vereine und Schriften für die Förderung der Landwirtschaft, für industrielle Fortschritte u. s. w. Die verlässlichste Förderin der physischen Cultur ist aber die geistige Bildung. Zwischen diesen beiden ist der Zusammenhang ein so inniger, dass man mit grösster Sicherheit von dem Stande der einen auf die Entwicklung der anderen schliessen kann.

Geistige Cultur.

Für die geistige Cultur der Bevölkerung sorgen in erster Linie der Staat, die einzelnen Kronländer und die Gemeinden. In jüngster Zeit ist ein sehr erfreuliches Streben nach Hebung der geistigen Bildung sichtbar. In den westlichen Kronländern besonders herrscht ein anerkennungswerter Wetteifer unter den Gemeinden in der Errichtung guter Bürger- und Mittelschulen.

Die Haupthebel der geistigen Cultur sind:

α) Die **Lehranstalten**[1]), welche sich in folgende vier Kategorien gliedern:

1. Die **Volksschulen**, in welchen die Elemente der geistigen Bildung gelehrt werden. Ihre Zahl betrug im J. 1871 30.375 und die der schulbesuchenden Kinder 3,118.825 [2]). Da in Cisleithanien nur 14.400 Volksschulen bestehen, welche von 1,724.000 Schülern besucht werden, so ist die Zahl der Volksschulen wohl in den Ländern der ungarischen Krone grösser, aber die Zahl der schulbesuchenden Kinder geringer. Auch in den einzelnen Kronländern ist der Schulbesuch ein sehr verschiedener. Am erfreulichsten ist er in den westlichsten und nordwestlichsten Kronländern, aber am schwächsten in den südlichsten und östlichsten [3]). Es sind daher der Besuch und die Einrichtung der Volksschulen noch einer sehr bedeutenden Hebung bedürftig, umsomehr, wenn man noch die statistischen Ausweise der Recrutirungscommissionen beachtet, nach welchen in Oesterreich von den Stellungspflichtigen bloss 46% des Lesens und Schreibens kundig sind, während diese Verhältnisszahlen sich in Deutschland (mit 96·5%), in Grossbritannien (mit 86) und in den meisten europäischen Staaten weit günstiger stellen, in

---

[1]) **Bericht** über d. österr. Unterrichtswesen. Aus Anlass der Weltausstellung. Wien 1873. 8. 2 Bde. — **Kelle** Joh. Das Unterrichtswesen in Oesterreich, 1848—1873. Prag 1874. 8. 33 S.

[2]) Die Zahl der Lehrer und Lehrerinen war 45.931, die der schulpflichtigen Kinder 5,460.732.

[3]) Vorarlberg 90%, Tirol 89, Salzburg 86, Ober-Oesterreich 83, Böhmen, Mähren, Schlesien über 78, Nieder-Oesterreich 76, Bukowina 13, Dalmatien 16, Galizien 20%.

Italien aber auf 37, in Russland auf 10, in der Türkei gar auf 5—10%
sinken¹).

2. Die Mittelschulen sind Lehranstalten, welche die für den Besuch der Hochschule nötige allgemeine Bildung gewähren. Sie zerfallen in Gymnasien, Realschulen und Realgymnasien. Die Gymnasien bereiten in 8 Jahrgängen vorzüglich für Universitätsstudien vor und geben bei überwiegend philologischem Unterrichte eine mehr humanistische Bildung. Die Realschulen bilden in 7 Jahrgängen für die technischen Lehranstalten vor und gewähren eine mehr realistische Vorbildung. Die Realgymnasien lehren in 4 Jahrgängen die Unterrichtsgegenstände des Unter-Gymnasiums und der Unter-Realschule zugleich und vermitteln so den Uebergang sowohl zum Ober-Gymnasium als zur Ober-Realschule. In Oesterreich-Ungarn bestehen gegenwärtig 201 Ober-, 57 Unter- und 48 Real-Gymnasien, 73 Ober- und 37 Unter-Realschulen²).

3. Die Hochschulen. Die höchsten wissenschaftlichen Lehranstalten sind die Universitäten, welche, wenn sie vollständig sind, aus vier Facultäten, der theologischen, juridischen, medicinischen und philosophischen bestehen. Vollständig sind 6, nämlich die zu Wien, Prag, Krakau, Pest, Graz und Innsbruck. Der Lemberger fehlt die medicinische und der Klausenburger die theologische Facultät. Letztere hat insoferne eine von den übrigen abweichende Einrichtung, als ihre philosophische Facultät in eine philosophisch-philologisch-historische und eine mathematisch-naturwissenschaftliche sich gliedert. Die Eröffnung einer neuen Universität zu Agram steht heuer in Aussicht. An den Universitäten besteht beschränkte Lehr- und Lernfreiheit. An diese Hochschulen reihen sich die theologischen Lehranstalten zur Heranbildung des Clerus der verschiedenen Confessionen, (meist in Klöstern und Bischofssitzen), dann die Rechtsakademien in Transleithanien. — Zu den technischen Hochschulen gehören die 8 polytechnischen Institute zu Wien, zwei in Prag, in Graz (Joanneum), Brünn, Lemberg, Krakau und Ofen. Diesen stehen zunächst die Handelsakademien zu Wien, Graz, Prag und Pest, ferner die Hochschule für Bodencultur in Wien, die höhere landwirtschaftliche Lehranstalt in Ungarisch-Altenburg, die Forstakademie zu Mariabrunn, die Berg- und Forstakademie in Schemnitz, die höheren montanistischen Lehranstalten zu Leoben und Příbram, die Militärakademien zu Wien, Wr.-Neustadt, für den Kunstunterricht die Akademie der bildenden Künste in Wien und die Conservatorien.

---

¹) Darstellung, Vergleichende, der Wehrverhältnisse in Europa zu Land und zur See. Wien 1874. 4. 111 S.

²) Im J. 1872 bestanden 248 Gymnasien (mit 55.500 Schülern), 98 Realschulen (mit 24.149) und 49 Real-Gymnasien (mit 7172 Schülern).

4. **Fachschulen** niedrigeren Ranges als die Hochschulen sind: das Thierarzneiinstitut in Wien, die chirurgischen und die nautischen Schulen, die niederen Bergschulen, landwirtschaftliche Schulen, die verschiedenen Lehranstalten für Musik, die Schulen für die zeichnenden Künste, die Lehrerbildungsanstalten[1]), das Pädagogium (zur Fortbildung der Lehrer) in Wien. Für die Heranbildung von Unteroffizieren die Erziehungshäuser, Schulcompagnien und Cadeteninstitute.

β) **Sammlungen für Wissenschaft und Kunst.**

1. **Bibliotheken.** Diese gliedern sich in Hof-, Staats- und Privatbibliotheken. Die Staatsbibliotheken[2]) teilen sich in Universitäts- und Studienbibliotheken. Die quantitativ und qualitativ reichste Bibliothek Oesterreich-Ungarns ist die Hofbibliothek in Wien (mit über 410.000 Bänden, 12.000 Incunabeln, 30.000 Kupferstichen), welcher zunächst die Universitätsbibliothek in Wien (mit 212.000 Bänden) steht. Alle Universitäten und Lyceen haben ihre Büchereien. Auch in den Klöstern sind grosse Bücherschätze aufgespeichert.

2. Die **naturwissenschaftlichen Sammlungen** (zoologische, botanische, mineralogische, geologische, physikalische) meist an den Hoch- und Mittelschulen. Das grösste Institut dieser Art ist das Hof-Naturaliencabinet in Wien.

3. Die **Landesmuseen**, welche von den einzelnen Kronländern in ihren Hauptstädten angelegt sind, mit archäologischem, naturhistorischen und künstlerischen Inhalte: die Museen in Graz (Joanneum), Innsbruck (Ferdinandeum), Laibach, Linz, Salzburg, Brünn, Prag u. s. w.

4. **Kunst- und andere Sammlungen:** die Schatzkammer am kais. Hofe, die Ambrasersammlung, die Bildergallerie im Belvedere, das Museum für Kunst und Industrie[3]), die Waffensammlungen des Arsenals und des bürgl. Zeughauses, sämmtliche in Wien, und viele Privatsammlungen.

γ) **Verschiedene andere Mittel** zur Hebung der geistigen Bildung sind die **Gelehrten-Gesellschaften**, unter welchen die k. **Akademie der Wissenschaften in Wien** den höchsten Rang einnimmt, die Akademie der Wissenschaften in Pest und die Gesellschaften der Wissenschaften in Prag und Krakau. Ferner die verschiedenen **Vereine** für wissenschaftliche und praktische Fachzwecke der Juristen, Aerzte, Schulmänner, Künstler, die Vereine für Landeskunde einzelner Kronländer, u. s. w. Auch die besseren **Theater** müssen nicht blos als Unterhal-

---

[1]) Oesterreich-Ungarn besitzt gegenwärtig 87 Bildungsanstalten für Lehrer und 25 für Lehrerinnen.

[2]) Mittheilungen aus dem Gebiete der Statistik. 20. Jahrgang. 2. Heft. Wien 1873. 65 S.

[3]) Mitteilungen des k. k. öst. Museums für Kunst und Industrie. Wien. 8.

tungs-, sondern auch als Bildungsanstalten angesehen werden. Einen Weltruf geniessen das Burgtheater und Hofoperntheater in Wien.

Staatsorganismus.

Hof- und Staats-Handbuch der österr.-ungar. Monarchie. Wien 1874. 4. 822 S.

1. Verfassung.

Der Staat zerfällt in zwei durch Verfassung und Verwaltung von einander getrennte Hälften: 1. in die im Reichsrate vertretenen Königreiche und Länder (Cisleithanien) und 2. in die Länder der ungarischen Krone (Transleithanien), welche aber, indem sie unter demselben Monarchen stehen, dem Auslande gegenüber Ein Reich bilden: die österreichisch-ungarische Monarchie.

Das Staatsoberhaupt führt den Titel Kaiser von Oesterreich und König von Ungarn und das Prädicat: Kaiserliche und Königliche Apostolische Majestät, teilt mit den Volksvertretungen die legislative Gewalt und übt die executive allein aus, besetzt alle Staatsämter, verleiht Adel und Auszeichnungen[1]) und ist oberster Kriegsherr. Der Tron ist nach dem Rechte der Erstgeburt und der gemischten Linienfolge im Hause Habsburg-Lothringen erblich. Die männliche Linie geht der weiblichen voran. Die Volljährigkeit des Kaisers tritt mit dem zurückgelegten 18. Lebensjahre ein. Titel des Kaisers und Wappen des Reiches sind dreifach. Die Mitglieder des kaiserlichen Hauses, welche von Leopold II. abstammen, führen den Titel „Kaiserliche und Königliche Hoheit", die Mitglieder der modenesischen Linie „Königliche Hoheit".

Se. Majestät übt die gesetzgebende Gewalt aus mit den Delegationen[2]) in allen Angelegenheiten, welche den beiden Reichshälften gemeinsam sind. Diese sind die auswärtigen Angelegenheiten mit Einschluss der diplomatischen und commerciellen Verhältnisse dem Auslande gegenüber, das Kriegswesen, das Finanzwesen rücksichtlich der gemeinsamen Auslagen, die Zollgesetzgebung, die Gesetzgebung über die indirecten Abgaben und das Münzwesen. Die Delegationen bestehen aus 120 Mitgliedern, von welchen 60 der cisleithanischen und eben so viele der transleithanischen Hälfte angehören. Von diesen 60 sind $^1/_3$ aus dem Herrenhause bez. Magnatentafel, und $^2/_3$ aus dem Abgeordnetenhause bez. Repräsentantentafel auf 1 Jahr gewählt. Beide

---

[1]) Hofehren sind: 1. Der Orden des goldenen Vliesses oder der Toisonorden (gest. 1430). 2. Der Sternkreuzorden (gest. 1668 für Damen). Verdienstorden sind: 1. der Maria Theresien-Orden (gest. 1758). 2. Der Leopoldsorden (gest. 1808). 3. Der Orden der eisernen Krone (gest. 1815). 4. Der ungarische St. Stephansorden. 5. Der Franz Josefs-Orden. 6. Das militärische Elisabeth Theresien-Stiftkreuz.

[2]) Protokolle, Stenographische, der Delegation des Reichsrathes. Wien. 8.

Delegationen, die reichsrätliche wie die ungarische, werden jährlich vom Monarchen abwechselnd nach Wien oder Budapest einberufen, wählen sich selbst ihre Präsidenten und tagen abgesondert und öffentlich, und stehen in schriftlichem Verkehre mit einander. Wenn ein dreimaliger Schriftwechsel zu keiner Einigung führt, so treten sie zusammen und stimmen ohne Debatte in gemeinschaftlichen Plenar-Sitzungen. Die Delegirten geniessen in Ausübung ihres Mandates die gesetzliche Unverantwortlichkeit und Unverletzlichkeit.

2. Verwaltung.

Für die Verwaltung der in beiden Reichshälften gemeinsamen Angelegenheiten bestehen drei Reichs-Ministerien unter dem Präsidium des Reichskanzlers und der oberste Rechnungshof.

In den Ressort des Ministeriums des Aeussern und des kaiserlichen Hauses gehört die Obsorge der Civilrechtsangelegenheiten des kaiserlichen Hauses und vornehmlich die Leitung der Politik. Es unterstehen demselben die Gesandtschaften und Consulate. Der Minister gibt den Delegationen Rechenschaft von seiner politischen Tätigkeit, er legt das Rotbuch vor.

Das k. und k. Kriegsministerium besorgt die Verwaltung des gesammten Wehrwesens [1]) mit Ausschluss jener Agenden, welche den Landesverteidigungsministern zugewiesen sind. In Oesterreich-Ungarn ist die Wehrpflicht allgemein; sie beginnt mit dem 1. Jänner des Kalenderjahres, in welchem der Staatsbürger das 20. Lebensjahr vollendet [2]). Die Kriegsmacht gliedert sich in das **stehende Heer**, die **Kriegsmarine**, die **Landwehr**, die **Ersatzreserve** und den **Landsturm**. Im **stehenden Heere** und der **Kriegsmarine** dauert die Wehrpflicht 10 Jahre, und zwar 3 Jahre in der Linie [3]) und 7 Jahre in der Reserve. Die Reserve kann nur auf Befehl des Kaisers zur Ergänzung des stehenden Heeres und der Kriegsmarine einberufen werden, sonst sind

---

[1]) **Jahr, Das,** 1870 und die Wehrkraft der Monarchie. Wien 1870. 8. 94 S. — **Darstellung,** Vergleichende, der Wehrverhältnisse in Europa zu Land und zur See. Wien 1874. 4. 111 S. — **Wehrzeitung,** Oesterreichisch-Ungarische. Wien. Fol. — **Militär-Zeitung.** Wien. Fol. — **Zeitschrift, Streffleur's,** österr.-militärische. Wien. 8.

[2]) Von der Gesammtbevölkerung des Kaiserstaates sind 3·03% kampfpflichtig. Vergleiche damit den Percensatz in Serbien mit 10·66, Griechenland 9·51, Schweiz 7·52, Belgien 4·39, Schweden 4·32, Niederlande 3·53, Deutschland 3·37, Dänemark 3·25, Türkei 3·16, Italien 2·89, Norwegen 2·42, Grossbritannien 2·03, Portugal 1·96, Russland 1·95, Spanien 1·37%.

[3]) Die Präsenzdienstzeit ist in Russland und Grossbritannien 6, in Norwegen 5—7, in Spanien, Rumänien und der Türkei 4, in Oesterreich-Ungarn, Deutschland, Italien, Portugal, Serbien und Griechenland 3 Jahre.

die Reservemänner im Frieden beurlaubt und nur zu periodischen Waffenübungen und Controlversammlungen verpflichtet. Die Landwehr (in Tirol Landesverteidigungs-Truppen oder Landesschützen, in Ungarn Honvéd-Truppen genannt) ist im Kriege zur Unterstützung des stehenden Heeres und im Frieden ausnahmsweise zur Aufrechthaltung der inneren Ordnung und Sicherheit bestimmt. Die Landwehr ergänzt sich durch die Einreihung der ausgedienten Reservemänner, ferner der Ersatzreservisten, welche das Alter für den Dienst in der Ersatzreserve des stehenden Heeres überschritten haben, dann durch unmittelbare Einteilung Wehrpflichtiger und durch solche Freiwillige, welche ihrer Stellungspflicht Genüge geleistet haben, nicht landwehrpflichtig aber noch diensttauglich sind. Die Dienstpflicht dauert 2 Jahre, für die unmittelbar zur Landwehr Abgestellten aber 12 Jahre. Die Ersatzreserve besteht als Ersatz für die während eines Krieges im stehenden Heere oder in der Kriegsmarine sich ergebenden Abgänge. Sie wird nur im Kriegsfalle auf Befehl des Staatsoberhauptes verwendet. Die Wehrpflicht in derselben dauert bis zum vollendeten 30., in Ungarn bis zum zurückgelegten 32. Lebensjahre. Der Landsturm hat die Aufgabe, den in das Land eindringenden Feind abzuwehren und den eingedrungenen zu bekämpfen. Begünstigungen geniessen die Einjährig-Freiwilligen, d. h. jene Inländer, welche einen der absolvirten Mittelschule entsprechenden Bildungsgrad besitzen, ferner die Candidaten des Volksschullehramtes und des geistlichen Standes. Das stehende Heer gliedert sich 1. in die Infanterie mit 80 Infanterie-Regimentern, 1 Tiroler Jäger-Regimente und 33 Feldjäger-Bataillonen. Jedes Regiment hat 5 Feldbataillone und 1 Ergänzungsbataillon mit einem Friedensstand von 1854 und einem Kriegsstand von 6068 Mann. 2. Cavallerie mit 41 Regimentern, jedes Regiment mit 2 Divisionen. 3. Artillerie mit 13 Feldartillerie-Regimentern und 12 Festungsartillerie-Bataillonen. 4. Genie- und Pionnier-Truppen mit 2 Genie- und 1 Pionnier-Regimente. 6. Das Militär-Fuhrwesen-Corps und 6. die Sanitätstruppe. Der Friedenspräsenzstand der Operationsarmee zählt 247.624, der Landwehr 2945 und der Honvéd 11.743, zusammen 262.312 Mann. Der systemisirte Kriegsstand der Operationsarmee ist 897.731, der Landwehr 102.803 und der Honvéd 74.518, zusammen 1,075.052 Mann [1]). Die Kriegsmarine besteht aus 57 Schiffen mit 314 Kanonen und einer

---

[1]) In Europa hat die stärkste Streitmacht Russland (1,420.000 M.), daran reihen sich das deutsche Reich (1,373.800), Oesterreich-Ungarn, Italien (750.000), Frankreich (689.400 mit angeblich noch verfügbaren 940.000 M.), Grossbritannien (550.000), Türkei (473.000) u. s. f. Sonach nimmt die österr.-ungar. Streitmacht in Europa den dritten Rang ein.

Bemannung von 9890 M.[1]). Der Staat besitzt 48 Festungen und befestigte Objecte und drei Kriegshäfen zu Pola, Triest und Cattaro.

Das Reichs-Finanzministerium bestreitet die durch die Verwaltung der gemeinsamen Angelegenheiten der beiden Reichshälften erforderlichen Auslagen.

Staatshaushalt.

Staatshaushalt ist das Verhältniss der Staats-Einnahmen zu den Staats-Ausgaben, sowie die Verwendung oder Bedeckung der aus diesem Verhältnisse sich ergebenden etwaigen Ueberschüsse oder Abgänge.

Die Staats-Einnahmen wie die Ausgaben zerfallen in die **ordentlichen**, d. i. regelmässig wiederkehrenden und in die **ausserordentlichen**.

Die wichtigsten der ordentlichen Staats-Einnahmen in Oesterreich-Ungarn sind die **directen** Steuern und die **indirecten** Abgaben; die Einnahmen vom Staatseigentum, vom Berg- und Münzwesen sind verhältnissmässig gering.

Die **directen** Steuern sind jene Steuern, welche (im Sinne des Gesetzgebers) von demjenigen, der sie zahlt, getragen werden. Sie teilen sich in **Realsteuern** (Grund- und Gebäudesteuern) und **Personalsteuern** (Erwerb- und Einkommensteuer).

Zu den **indirecten** Abgaben gehören: die **Verzehrungssteuer** (auf geistige Getränke, Fleisch und Zucker aus inländischen Stoffen), das **Zollgefälle** (Abgaben, welche im Verkehre mit dem Auslande von der Waaren-Ein- und Ausfuhr tarifmässig erhoben werden), das **Salz- und Tabakgefälle**, **Stempel- u. Taxgefälle**, das **Lotto-, Post- u. Mautgefälle**.

Nach dem Budget für 1874 sind die Ausgaben für die gemeinsamen Angelegenheiten des Kaiserstaates 108,921.104 fl., zu deren Deckung gesetzmässig Cisleithanien 70%, Transleithanien 30% zahlt [2]).

Diesseits der Leitha betragen die Einnahmen 389,831.722 fl.
und die Ausgaben 387,359.012 „
daher ein Ueberschuss von 2,472.710 „

Jenseits der Leitha stellen sich die Einnahmen auf 230,864.476 „
und die Ausgaben 262,521.644 „
demnach ein Deficit von 31,657.168 fl.

---

[1]) Die österr.-ungar. Kriegsflotte nimmt unter den europäischen den 8. Rang ein und wird an Schiffszahl von der britischen mit 613 Schiffen, der franz. mit 371, der russ. mit 299, der türk. mit 116, der niederländ. mit 113, der span. mit 78 u. der italien. mit 77 Schiffen überragt. Nachstehen ihr die portug. mit 49, die schwed. mit 39, die dän. mit 34, die griech. mit 20 und die norweg. mit 19 Schiffen.

[2]) Nach erfolgter Provinzialisirung der Militärgrenze wird von der Summe der gemeinsamen Ausgaben die ungarische Reichshälfte zunächst mit 2% und vom Reste mit 30% belastet werden.

Die im Reichsrate vertretenen Königreiche und Länder sind daher dem grossen Ziele, das Gleichgewicht im Staatshaushalte herzustellen, weit näher als je zuvor, während die Lage der ungarischen Finanzen eine sehr ernste ist [1]). Der Stand der Staatsschuld war Ende 1873 in den im Reichsrate vertretenen Ländern 2.605,379.253 fl. und der der Grundentlastungsschuld 222,021.219 fl., der Stand der ungarischen Schulden circa 570,000.000 fl.

Die im Reichsrate vertretenen Königreiche und Länder.

Jahrbuch, Stat. Von der k. k. stat. Central-Commission. Wien 1870. 8.

Mittheilungen aus dem Gebiete der Statistik. Von der k. k. stat. Central-Commission. Wien 1868. 8.

Bevölkerung.

Bevölkerung und Viehstand der im Reichsrathe vertretenen Königreiche und Länder, dann der Militärgrenze. Von der k. k. statist. Central-Commission. Wien 1871. 4. 6 Hefte, 8 Karten.

20,395.000 (mit Militär), 20,242.234 (ohne Militär), 3741 auf 1 ☐Ml. Davon sind die Deutschen (7,314.800) 36 % der gesammten Civilbevölkerung und die vorherrschende Nation.

Die Čechoslaven	(4,551.300)	bilden	22·5 %	der Bevölkerung.
„ Ruthenen	(2,583.300)	„	12·8 %	„ „
„ Polen	(2,444.000)	„	12·1 %	„ „
„ Slovenen	(1,124.800)	„	5·6 %	„ „
„ Israeliten	(820.200)	„	4·1 %	„ „
„ West-Romanen	(595.600)	„	2·9 %	„ „
„ Serbo-Kroaten	(550.300)	„	2·7 %	„ „
„ Ost-Romanen	(197.600)	„	0·9 %	„ „

Römische Katholiken 16,395.000
Griechische „ 2,342.000
Armenische „ 3.000
Evangelische 364.000
Orientalische Griechen 461.000
Israeliten 822.000

Diese Bevölkerung wohnt in 739 Städten, 1269 Märkten und 52.919 Dörfern.

---

[1]) Horn Ed., Ungarns Finanzlage. Wien, Pest, Leipzig 1874. 8. 128 S.

Unterrichtswesen.

Die jüngsten Reformen im **Volksschulwesen**[1]) gründen sich auf das Reichsgesetz vom 14. Mai 1869, nach welchem die Schulpflicht mit dem vollendeten 6. Lebensjahre beginnt und bis zum zurückgelegten 14. (in Krain, Istrien, Galizien, Bukowina, Dalmatien bis zum 12.) dauert. Die Volksschulen zerfallen in **allgemeine Volksschulen** und in **Bürgerschulen**. Letztere haben die Aufgabe, Jenen, welche eine Mittelschule nicht besuchen, eine über das Lehrziel der allgemeinen Volksschule hinausgehende Bildung zu gewähren. Die mit einer Volksschule verbundene Bürgerschule hat 8, die selbstständige 3 Classen. Für die Wahrnehmung der Volksschulinteressen sind 2 Corporationen, der **Ortsschulrat** und der **Bezirksschulrat**, eingesetzt, welche dem **Landesschulrate** unterstehen. Die Inspectionen nehmen die **Bezirks- und Landesschulinspectoren** als Regierungsorgane vor. Die **Mittelschulen** unterstehen dem Landesschulrate und den Landesschulinspectoren; ihr Stand ist folgender: 95 Ober- und 17 Unter-Gymnasien; 37 Realgymnasien[2]), 53 Ober- und 19 Unterrealschulen[3]). Die Zahl der Bildungsanstalten für Lehrer ist 39, für Lehrerinen 21.

Verfassung.

Dostal Frz. Rob., Verfassung der deutsch-slavischen Kronländer. Wien 1869. 8. 360 S.

Schmued L., Darstellung der Verfassung der im Reichsrathe vertretenen Länder. Wien 1869. 8. 101 S.

Die Staatsgrundgesetze, auf welchen die Verfassung der im Reichsrate vertretenen Königreiche und Länder beruht, sind: 1. Die **pragmatische Sanction** Karls VI. v. 6. Dez. 1724, wodurch die Tronfolge nach dem Rechte der Erstgeburt im Mannesstamme, und nach dessen Aussterben in der weiblichen Linie des habsburgischen Hauses festgesetzt und zugleich bestimmt wurde, das die habsburgischen Länder jener Zeit

---

[1]) **Gesetzblatt** für Volks- und Bürgerschulen Oesterreichs. Wien, 1872. ff. 8. — **Statistik** der öffentlichen und Privat-Volksschulen in den im Reichsrathe vertretenen Königreichen und Ländern. Von Schimmer. Wien 1873. 4. 105 S. 3 Karten. — Gegenwärtig erscheinen folgende Schulzeitungen: **Schulbote**, Der österr. Von Niedergesäss. Wien. 8. — **Schulzeitung**, Allgemeine österr., Wien. 4. — **Monika**. Organ des kath. Vereines der Lehrerinen. Wien. 8. — **Volksschule**, Die, Wien 8. — **Blätter**, Freie, pädagogische. Von Jessen. Wien. 8. — **Central-Organ** des österr. Volksschulwesens. Wr.-Neustadt. 8.

[2]) **Zeitschrift** für die österr. Gymnasien. Wien. 8.

[3]) **Realschule**, Die, Wien. 8.

ein unteilbares Ganzes bilden sollten. 2. Das Pragmaticalgesetz Franz II. v. 11. August 1804, mit welchem dieser den Titel „Kaiser von Oesterreich" annahm. 3. Das Octoberdiplom vom 20. October 1860, womit Franz Josef dem Reiche die Constitution verlieh. 4. Das Februarpatent vom 26. Februar 1861, welches die Reichsvertretung bestimmte. 5. Die Decembergesetze vom 21. December 1867, welche die Grundgesetze für die im Reichsrate vertretenen Königreiche und Länder (Organisation des Reichsrates, allgemeine Rechte der Staatsbürger, Einsetzung des Reichsgerichtes, Ausübung der richterlichen und der vollziehenden Gewalt, Bestimmung der gemeinsamen Angelegenheiten) enthalten, und 6. das Gesetz vom 2. April 1873, wodurch die directen Wahlen in das Abgeordnetenhaus eingeführt wurden.

Die Grundrechte der österreichischen Staatsbürger sind nach den 20 Artikeln des Decembergesetzes folgende: 1. Das Recht des österreichischen Staatsbürgertums. 2. Das Recht der Gleichheit vor dem Gesetze. 3. Das Recht zu allen öffentlichen Aemtern. 4. Das Recht der Freizügigkeit und der freien Auswanderung nach erfüllter Wehrpflicht und bedingungsweises Wahlrecht. 5. Das Recht der Unverletzlichkeit des Eigentums. 6. Das Recht, an jedem Orte des Reiches Wohnsitz zu nehmen, Liegenschaften zu erwerben, über selbe frei zu verfügen und jeden Erwerbszweig unter den gesetzlichen Bedingungen auszuüben. 7. Das Recht des freien Eigentums. 8. Das Recht der persönlichen Freiheit. 9. Das Recht der Unverletzlichkeit des Hauses. 10. Unverletzlichkeit des Briefgeheimnisses. 11. Das Petitionsrecht. 12. Das Vereins- und Versammlungsrecht. 13. Die Pressfreiheit. 14. Glaubens- und Gewissensfreiheit, wonach Niemand zu einer kirchlichen Handlung gezwungen werden kann. 15. Das Recht jeder anerkannten Religionsgesellschaft zur öffentlichen Religionsübung. 16. Das Recht einer nicht anerkannten Religionsgesellschaft auf häusliche Ausübung. 17. Das Recht der freien Wissenschaft und ihrer Lehre. 18. Die freie Berufswahl. 19. Die Gleichberechtigung aller Volksstämme und ihrer Sprachen im Staate. Der 20. Artikel handelt über die zeit- und ortsgemässe Sistirung einiger Grundrechte.

1. Gemeindevertretung. Jede Gemeinde ist berechtigt, ihre Angelegenheiten durch freigewählte Gemeindeausschüsse und Vorstände zu besorgen. Ihr Wirkungskreis ist ein selbstständiger und ein übertragener. Der selbstständige umfasst Alles, was die Gemeindeinteressen zunächst berührt, und was durch ihre eigene Kraft besorgt und durchgeführt werden kann. Den übertragenen Wirkungskreis bestimmen die allgemeinen und Landesgesetze. Die Gemeinden sind berechtigt, zur Deckung ihrer Auslagen Umlagen zu den directen und Zuschläge zu den indirecten Steuern bis zu einer bestimmten Höhe auszuschreiben.

2. **Landesvertretung** [1]). Ebenso wie die Gemeindeangelegenheiten werden auch die Angelegenheiten jedes Kronlandes durch frei gewählte Vertreter besorgt. Das Wahlrecht ist durch einen Census, d. i. durch die Entrichtung einer bestimmten directen Steuer bedingt. Die bestehenden Landeswahlordnungen fussen auf dem Grundsatze der Interessenvertretung. Die Wähler sind in folgende 4 Gruppen geteilt: 1. die Landbewohner, 2. die Bewohner der Städte und Industrieorte, 3. die Grossgrundbesitzer, 4. die Mitglieder der Handelskammern. Alle wählen direct mit Ausnahme der Landbewohner, welche durch Wahlmänner wählen. Ausser den gewählten Abgeordneten haben noch im Landtage Sitz und Stimme die Bischöfe des Landes, und falls in diesem eine Universität sich befindet, der Rector derselben (Virilstimmen). Der Landtag übt unter Sanction des Kaisers die gesetzgebende Gewalt in Landesangelegenheiten aus. Als solche sind jene anzusehen, welche nicht durch das Grundgesetz vom 21. December ausdrücklich dem Wirkungskreise des Reichsrates vorbehalten sind. Zur Besorgung der laufenden Geschäfte in Abwesenheit der Landtage und zur Vollziehung der Landtagsbeschlüsse wählen die Landtage aus den Gruppen und aus dem ganzen Hause den **Landesausschuss**.

In Steiermark, Tirol, Böhmen, Schlesien und Galizien sind zwischen die Gemeinden und den Landtag noch **Bezirksvertretungen** eingefügt, um alle inneren Angelegenheiten der Bezirke wahrzunehmen. Mit der Verwaltung und Vollziehung der Beschlüsse ist der **Bezirksausschuss** betraut.

3. **Reichsvertretung.** [2]) Die Gesammtvertretung aller cisleithanischen Länder ist der **Reichsrat**. Dieser besteht aus dem **Herrenhause** [3]) und dem **Abgeordnetenhause** [4]). Mitglieder des Herrenhauses sind in Folge ihrer Geburt die grossjährigen Prinzen des kaiserlichen Hauses, vermöge des Erbrechtes die grossjährigen Häupter bestimmter inländischer Adelsgeschlechter und wegen ihrer kirchlichen Würde die Erzbischöfe und Bischöfe mit fürstlichem Range. Ausser diesen gibt es noch als Mitglieder eine unbestimmte Anzahl ausgezeichneter Männer, welchen der Kaiser diese Würde auf Lebenszeit verleiht. Das Abgeordnetenhaus besteht aus 353 Mitgliedern, welche aus den in den

---

[1]) Starr Frz., Vollständiges Sach- und Nachschlage-Register zu sämmtl. Landesgesetzblättern der im Reichsr. vertret. Königr. u. Länder von 1849—1873. Wien 1873. 8. Bisher 4 Bände.

[2]) Starr Franz. Vollständiges Sach- und Nachschlage-Register zum österr. Reichsgesetzblatte. 1849—1872. Wien 1872. 8.

[3]) Protokolle. Stenographische. des Herrenhauses des Reichsrathes. Wien. 8.

[4]) Verhandlungen (Protokolle) des Hauses der Abgeordneten des österr. Reichsrathes. Wien 8.

Landesordnungen bestimmten Wählerclassen direct auf 6 Jahre gewählt sind [1]). Der Reichsrat wird jährlich vom Kaiser einberufen. Präsident und Vicepräsident des Herrenhauses werden vom Kaiser, jene des Abgeordnetenhauses von diesem gewählt. Die Angelegenheiten, welche in den Ressort des Reichsrates gehören sind folgende: 1. Die Handelsverträge und jene Staatsverträge, welche den Staat belasten oder eine Gebietsänderung zur Folge haben. 2. Die Bestimmung der Militärpflicht und die Recrutenbewilligung. 3. Die Prüfung und Feststellung des Staatshaushaltes sowie alle Staatsfinanzsachen. 4. Das Geld-, Zoll- und Verkehrswesen. 5. Das Geld-, Credit- und Bankwesen, sowie die Gesetzgebung über Masse und Gewichte. 6. Die Medicinalgesetzgebung. 7. Die Gesetzgebung über Staatsbürger- und Haimatsrecht, Fremdenpolizei, Passwesen und Volkszählung. 8. Die Gesetzgebung über confessionelle Verhältnisse, Presse, Vereins- und Versammlungsrecht. 9. Die Gesetzgebung über Volksschulen, Gymnasien und Universitäten. 10. Die Justizgesetzgebung. 11. Die Organisation der Gerichts- und Verwaltungsbehörden.

---

[1]) Nach dem Gesetze vom 2. April 1873 entsendet

das Kronland	Abgeordnete				Zusammen
	des Grossgrundbesitzes	der Städte und Märkte	der Handelskammern	der Landgemeinden	
Nieder-Oesterreich . . .	8	17	2	10	37
Ober-Oesterreich	3	6	1	7	17
Salzburg	1	1	1	2	5
Steiermark	4	8	2	9	23
Kärnten	1	3	1	4	9
Krain	2	3		5	10
Görz und Gradisca . . .	1	1		2	4
Triest		3	1		4
Istrien	1	1		2	4
Tirol	5	5		8	18
Vorarlberg	.	1		2	3
Böhmen	23	32	7	30	92
Mähren	9	13	3	11	36
Schlesien	3	4		3	10
Galizien	20	13	3	27	63
Bukowina	3	2	1	3	9
Dalmatien	1	2		6	9
Zusammen .	85	137		131	353

12. Die Durchführung der Staatsgrundgesetze. 13. Die Gesetzgebung über die Verhältnisse der einzelnen Kronländer zu einander. 14. Die Gesetzgebung, betreffend die Form der Behandlung der mit den ungarischen Ländern gemeinsam festgestellten Angelegenheiten. Zu giltigen Beschlüssen ist im Abgeordnetenhause die Anwesenheit von 100, im Herrenhause von 40 Mitgliedern und die absolute Stimmenmehrheit notwendig.

Verwaltung.

Zeitschrift. Oesterreichische, für Verwaltung. Wien. Fol.
Reichsgesetzblatt für die im Reichsrathe vertr. K. und L. Wien. 4.

Die Ausübung der vollziehenden Gewalt steht ausschliesslich dem Kaiser zu. Für die einzelnen Zweige der Staatsverwaltung bestehen 7 Ministerien, deren Chefs mit den Ministern ohne Portefeuille unter dem Vorsitze des Ministerpräsidenten oder des Kaisers den Ministerrat bilden und dem Reichsrate verantwortlich sind.

Diese Ministerien und ihre Wirkungskreise sind folgende:

1. Das **Ministerium des Innern**, welches mit der Verwaltung aller jener inneren Angelegenheiten betraut ist, welche nicht dem Ressort eines anderen Ministeriums zugewiesen sind. Demselben unterstehen in den einzelnen Kronländern die **Statthaltereien** und **Landesregierungen**, welchen die **Bezirkshauptmannschaften** (325) und die Magistrate der **autonomen Städte** (33) untergeordnet sind. Das letzte Glied des politischen Verwaltungsorganismus sind die **Gemeinden** [1]).

2. Das **Ministerium für Cultus und Unterricht** [2]), welches die Cultus- und Unterrichtsangelegenheiten verwaltet. Die Schulbehörden, welche demselben untergeordnet sind, sind die **Landesschulräte** in den einzelnen Ländern, welchen die **Bezirksschulräte** der politischen Bezirke mit den **Ortsschulräten** in den Schulgemeinden unterstehen.

3. Das **Handelsministerium** verwaltet die Angelegenheiten des Handels, der Gewerbe und des Communicationswesens. Demselben sind die Generalinspection der österreichischen Eisenbahnen, die Normal-Aichungs-Commission, die Seebehörde in Triest, 11 Postdirectionen, 10 Telegraphendirectionen und die Handels- und Gewerbekammern untergeordnet.

4. Das **Ackerbau-Ministerium** [3]) verwaltet die Angelegenheiten der Land- und Forstwirtschaft, sowie des Bergbaues. Es unterstehen

---

[1]) Organisation, politische und gerichtliche, der im Reichsr. vertr. Länder. Wien 1869. 8. 202 Seiten.

[2]) Jahresbericht des k. k. Ministeriums f. C. u. U. Wien. 8. (jährlich). — Verordnungsblatt des k. k. Ministeriums f. C. u. U. Wien. 8.

[3]) Mittheilungen des k. k. Ackerbau-Ministeriums. Wien. 4. — Jahresbericht des k. k. Ackerbau-Min. Wien. 4.

ihm die Berghauptmannschaften, die ärarischen Berg- und Hüttenwerke, die Forst- und Domänendirectionen, sowie die land- und forstwirthschaftlichen und montanistischen Lehranstalten.

5. Das **Landesverteidigungs-Ministerium** besorgt die Heeresergänzung, Recrutirung, Verpflegung, Einquartierung der Truppen sowie die Angelegenheiten der Landwehr, des Landsturmes und der Gensdarmerie.

6. Dem **Justiz-Ministerium** obliegen die administrativen Geschäfte der Justiz. Unter ihm stehen in höchster Instanz der **obersten Gerichtshof** in Wien, dann 9 **Ober-Landesgerichte** als Gerichte zweiter Instanz und die **Landes-** und **Kreisgerichte** sowie die **Bezirksgerichte** als Gerichtshöfe erster Instanz. Für ausserordentliche Streitfälle besteht das **Reichsgericht** in Wien [1]).

7. Das **Finanzministerium** [2]) hebt die Abgaben ein und besorgt den Staatshaushalt. Demselben unterstehen neben den verschiedenen Cassen die **Finanz-Landesdirectionen** und **Finanzdirectionen**, die **Steuerämter** (für die directe Besteuerung), **Finanz-Bezirksdirectionen** (für die indirecten Steuern) sowie die **Finanz-Procuraturen** (für die Rechtsvertretung des Staates in Finanzsachen).

Der **Oberste Rechnungshof** für die Staatsrechnungs-Controle ist den Ministerien coordinirt.

Oesterreich unter der Enns oder Nied.-Oesterreich.

(19820 ☐ Kilom. = 360 ☐ Meil. 1,990.000 E.)

Blumenbach W. C. W., Landeskunde v. Oest. u. d. E. Leipzig 1834. 8. 2 Bde.
Landeskunde v. Oest. u. d. E. Wien 1836. 8.
Darstellung d. Erzh. Oest. u. d. E. top.-statist.-hist. Wien 1838.
Kankoffer Ignaz, Handbuch d. Geographie d. Erzh. Oest. u. d. E. Wien 1855. 8. 96 S.
Uebersicht, Statist. v. Oest. u. d. Enns. Wien 1861. 8. 210 S.
Ziegl Jos., Heimatskunde v. Nied.-Oesterr. Wien 1870. 8. 132 S.
Huber Jos., Heimatskunde d. Erzh. Oesterr. Wien 1871. 8. 24 S.
Spitzer J., Heimatskunde v. Nied.-Oesterr. F. Volksschulen. Wien 1871. 8. 55 S.
Blätter f. Landeskunde v. Nied.-Oesterr. Wien 1865..... 8.
Jahrbuch f. „ „ „ „ 1868..... 8.
Topographie von Nieder-Oesterreich (Schilderung von Land, Bewohnern und Orten) hrsg. v. Vereine f. Landeskunde von Nieder-Oesterreich. Wien 1871. 4. (im Erscheinen).

---

[1]) Organisation, Politische und gerichtliche d. i. Reichsr. vertr. Länder. Wien 1869, 8. 202 S.

[2]) Verordnungsblatt für den Dienstbereich des Finanz-Ministeriums. Wien. 4.

Karten.

Generalkarte d. Erzh. Oesterr. ob. u. unt d. E. Vom k. k. Gen.-Quartiermeister-Stabe. Wien 1823.

Graef C., Karte v. Nied.- u. Ob.-Oest. und Salzburg. 1:600.000. Weimar 1869.

Steinhauser A., Karte v. Oester. u. d. E. Wien 1865.

(Schweikhard) Perspectivkarte v. Oester. u. d. E.

Schulz, Specialkarte v. Oester. u. d. E.

Administrationskarte von Nieder-Oester. Vom n. ö. Vereine f. Landeskunde. 1:28.800. Wien 1870..... (im Erscheinen).

Kozenn B., Wandkarte von Nieder-Oesterreich. Wien 1874. 4 Blätt.

Specialkarte von Oester. ob. u. unt. d. Enns. V. k. k. mil.-geogr. Inst. Kupfst. 1:144.000. Wien. 31 Blätt.

Generalkarte von Oester. ob. u. unt. d. Enns. V. k. k. mil.-geogr. Inst. Kupfst. 1:288.000. Wien. 2 Blätt.

Physische Geographie [1]. Die Donau teilt Nieder-Oesterreich in zwei ziemlich gleiche Hälften, wovon die nördliche dem hercynisch-sudetischen Hochlande, die südliche dem Alpengebiete angehört [2]. Von der nördlichen Alpenzone erfüllen die **niederösterreichischen Alpen** [3] (der nördliche Teil der Enns — Leitha-Gruppe) das Land bis zum Pass Gschaid [4]. Der Hauptkamm zieht sich mit der südlichen politischen Grenze zusammenfallend ostwärts bis zum Göller und erstreckt sich dann nordöstlich als Traisengebirge und Wiener Wald [5] bis an die Donau (Leopoldsberg [6]). Die namhaftesten Erhebungen sind das Hochkor (1699^m, 5692′), der Dürrenstein (1872^m, 5922′), Oetscher (1887^m, 5969′ [7]), Göller (1761^m, 5571′) die Raxalpe und der Schneeberg (2076^m, 6566′ [8]).

---

[1] Graef C., Nieder- u. Ober-Oesterreich n. s. oro- und hydrographischen Verhältnissen 1:600.000. Weimar 1864. Fol. — Streffleur V., u. Steinhauser A., Hypsom. Uebersichtskarte von Oester. unt. d. E. u. ob. d. E. u. Salzburg. Wien. Schulbücherverlag. — Uebersichtskarte v. Nied.-Oesterr. enthaltend die vom Triangulirungs-Calculbureau des Katasters trigon. bestimmten Höhenpunkte. V. k. k. Finanz-Ministerium. 1:115.200 Wien 1872. 9 Blätt.

[2] Höhenbestimmungen, Trigonometrische, in Nied.-Oesterr. Aus den Triangulirungs-Elaboraten des Katasters. Wien 1872. 8. 223 S.

[3] Weidmann, Alpengegenden Nied.-Oester. m. 1 Karte. Wien 1851. 8. 258 S.

[4] Eine Stunde westlich vom Semmering.

[5] Kaschnitz M., Die herrlichen Gegenden des Wr. Waldes. Wien 1859. 16. 82 S.

[6] Exter. Panorama des Leopoldsberges. Wien 1858.

[7] Schmidl Adf., Die Höhlen d. Oetscher. M. 2 Plänen. Wien 1857. 8. 53 S. (A. d. Sitzgsb. d. k. Ak. d. Wiss. 1857.) — Becker M., A. Oetscher und Gebiet. Wien 1859/60. 8. 2 Teile. — Maschek B., Umgebung von Maria-Zell und dem Berge Oetscher. Wien 1874. Fol. 1:64.800.

[8] Schmidl A., Der Schneeberg. Wien 1831. 8. 309 S. — Häufler Jos., Panorama v. Schneeberg und Hemiorama v. Wechsel. Wien 1841. 8. 2½ Bg. Fischer v. Röslerstamm Ed., Der Schneeberg. Wien 1873. 8. 98. S.

Vom Kamme verzweigen sich viele Ausläufer in nördlicher Richtung, erniedrigen sich allmälig zu Hügeln und erfüllen in dieser Form das Land bis an die Donau. Die wichtigsten Uebergänge sind der Sattel des Annaberges [1]) und die Gothard-Höhe [2]). Den südöstlichen Teil des Kronlandes durchziehen von den Centralalpen die nördlichsten Ausläufer des **steirisch-ungarischen Urgebirges**, nämlich der Wechsel [3]) (1738^m, 5497') und dessen nordöstliche Fortsetzungen, die bucklige Welt, der Kaiserwald und das Leitha-Gebirge. (Pass Semmering 974^m, 3081') [4]). Das **österreichische Granitplateau**, welchem das nordwestliche Viertel des Kronlandes angehört, hat eine durchschnittliche Höhe von 2000', repräsentirt sich als ein bewaldetes, vielfach gegliedertes Hügelland (daher Waldviertel genannt) und fällt steil zur Donau, aber sanft terrassenförmig im Manhartsberge [5]) und Ernstbrunnerwalde in die Marchebene ab. — Das Wagram — Tullner Becken und das Wiener Becken [6]), welches in seiner nördlichen Hälfte sehr fruchtbar, aber minder ergiebig in seinem südlichen Teile (Steinfeld bei Neunkirchen) ist, nehmen ein Viertel des Areals von Niederösterreich ein. — Mit Ausnahme einiger Bäche im NW., welche mit der Lainsitz [7]) der Moldau zufliessen, gehören alle Gewässer zum Gebiete der Donau [8]). Diese betritt das Kronland bei Enns mit dem rechten, bei Sarmingstein mit dem linken Ufer, fliesst von hohen Gebirgsufern eingeengt in rascher Strömung bis Krems, mässigt im Wagram — Tullner Becken bei fortwährender Inselbildung ihren Lauf und verlässt, nachdem sie noch das Wiener Becken durchströmt hat, durch die Hainburger Enge das Erzherzogtum. Ihre Nebenflüsse sind rechts: die Enns (Grenzfluss), die Ips vom Nordabhange des Dürrenstein, der Abfluss der

---

[1]) Aus dem Traisental in das oberste Erlaftal.

[2]) Aus dem Erlaftal in das Salzatal.

[3]) Jaeger Gust., Der Wechsel und sein Gebiet. Mit Karte und Panorama. Wien 1874. 8. 142 S.

[4]) Eine Strasse und eine Eisenbahn ziehen sich über ihn. Die i. d. J. 1854 vollendete Semmeringbahn ist eine der kühnsten Eisenbahnbauten in Europa. 15 Tunnels mit eben so vielen kolossalen Viaducten wechseln mit aussergewöhnlichen Terrainsteigungen. Schumacher J. J. H., Führer über den Semmering. Wien 1853. 16. 79 S. — Tage, Zwei, auf d. Semmering. Wien 1852. 8. 123 S. — Benkert Imr., Panorama d. Semmering. Wien 1861. 8. lithogr. — Weidmann F. C., Panorama d. Semmering. Wien 1865. 8. 16 S. — Ghega C., Maler-Atlas d. Eisenbahn üb. d. Semmering. Wien 1855.

[5]) Holger P., Geognost. Karte des Kreises V. O. M. B. 1842. 8. 44 S. Text.

[6]) Partsch P., Geogr. Karte des Beckens v. Wien. Wien 1843.

[7]) Luschnitz genannt nach ihrem Ausflusse aus dem Rosenbergteiche bei Wittingau in Böhmen.

[8]) Koch M., Donaureise von Linz nach Wien. Wien 1854. 8. 206 S.

drei malerischen Lunzerseen, die Erlaf, der Abfluss des Erlafsees, die Bielach, die Traisen, Wien, Schwechat, Fischa und der Grenzfluss Leitha; links die Krems, der Kamp und die March mit der Thaya, welche mehrmals die mährische Grenze bildet und überschreitet. Ausser der Donau sind nur die Enns und March schiffbar. Die übrigen Flüsse sind der Industrie und dem Handel dienstbar als Triebkräfte von Mühlen, Hämmern und Fabriken und als Holzschwemmen. Der Wr.-Neustädter Canal hat für den Transport von Baumaterialien nach der Hauptstadt geringe Bedeutung. Die mittlere Jahrestemperatur in Wien beträgt 9·6⁰ C.; die Menge der Niederschläge in Wien 57 Centimeter. Von den Winden sind der West- und Nordwest vorherrschend.

Politische Geographie [1]). Der gesetzgebende Körper für Nieder-Oesterreich, der Landtag [2]), besteht aus 68 Mitgliedern [3]). Die oberste Verwaltungsbehörde ist die nied.-österr. Statthalterei, welcher die 18 Bezirkshauptmannschaften, in welche das Kronland politisch eingeteilt ist, und die Residenzstadt Wien, sowie Waidhofen a. d. Ybbs und Wr.-Neustadt unmittelbar unterstehen. (Früher zerfiel Nieder-Oesterreich in die durch die Donau, den Manhartsberg und Wiener Wald getrennten Viertel Ober und Unter dem Wiener-Walde, Ober und Unter dem Manhartsberge [4]).

Wien [5]) (607.500, mit dem Militär und den nächsten Vororten 825.000 und den weiteren Vororten 2 Meilen im Umkreise 956.000 Einwohner,

---

[1]) Verzeichniss, Alphabet. sämmtlicher Orte Nied.-Oesterr. Wien 1854. 4. 1071 S. — Matzenauer, Nied.-Oesterr. Gemeindeschematismus. Wien 1862. 8. 346 S. — Ortsrepertorium des Erzherzogtums Oesterreich u. d. Enns. Wien 1871. 8. 164 S.

[2]) Protokolle, Stenogr. des Landtags von Nied.-Oesterr. Wien. 4. — Landesgesetz und Verordnungsblatt für das Erzherzogtum Oesterreich u. d. Enns. Wien. 4.

[3]) Dem Fürsterzbischofe von Wien, dem Bischofe von St. Pölten, dem Rector magnificus der Wiener Universität, 15 Abgeordneten des Grossgrundbesitzes, 25 der Städte und Märkte, 4 der Wiener Handelskammer und 21 der Landgemeinden.

[4]) V. O. M. B. — V. U. M. B. — V. O. W. W. — V. U. W. W.

[5]) Karte, Geognostische des Beckens um Wien. Wien 1844. — Čižek, geolog. Karte der Umgebung Wiens nach Hörnes, Suess, Karren und v. Stur. Wien 1861. Fol. — Suess Ed., der Boden der Stadt Wien. Wien 1862. 8. 326 S. Stadtplan Wiens, Aeltester vom Jahre 1438 von Camesina. Wien 1869. Fol. 18 S. 1 Tafel. — Bucher B., und Weiss K., Wiener Bädeker. Wien 1873. 16. 224. S. — Silberstein August, die Kaiserstadt am Donaustrand. Wien 1873. 4. 236 S. — Plan von Wien, in 9 Bezirken. Darmstadt 1863. — Förster Fr., Plan von Wien. Wien 1873. — Vogelschau, Plan von Wien. Chromolith. Wien 1873.

innerhalb der Linien mit 10.389, ausserhalb der Linien 7603, zusammen 17.992 Häusern) ist die Landeshauptstadt zugleich Reichs- Haupt- und Residenzstadt des Kaisers. Die Stadt (der von dem Linienwalle eingeschlossene Häusercomplex) gliedert sich in 10 Bezirke, deren erster die „innere Stadt" von den übrigen durch die aus Prachtbauten bestehende „Ringstrasse" getrennt ist. — Wien war unter dem Namen Vindobona einst ein römisches Castell, sank durch die Völkerwanderung zu einem Fischerdorfe herab, und erhob sich unter den Babenbergern, nachdem Heinrich Jasomirgott II. sie zur Residenz erwählt, zu einer freien Handels- und Stapelstadt. Von den Habsburgern haben sich besonders Rudolf IV. der Stifter durch den Bau des Stefansdomes (1360—1430) und die Stiftung der Universität (1365) sowie Carl VI., der letzte Habsburger durch die Carlskirche, Peterskirche und andere Bauten bleibende Denkmale gesetzt. Bis in die jüngste Zeit war die innere Stadt durch Basteien und einen Graben eingeschlossen. Auf den grossherzigen Befehl Sr. Majestät fiel dieser Steingürtel, der die Entwicklung der inneren Stadt hemmte, der Stadtgraben wurde ausgefüllt und der dadurch gewonnene Raum mit dem Glacis planmässig verbaut. Dadurch war Platz geschaffen für viele Privat- und öffentliche Gebäude, deren nicht wenige wahre Meisterstücke der Architectur sind. (Heinrichshof, Opernhaus, Votivkirche, akadem. Gymnasium, österr. Museum für Kunst und Industrie.) Wien bildet als die Residenz des Kaisers und der Sitz der Reichsvertretung und der obersten Verwaltungsbehörden Cisleithaniens sowie der gemeinsamen Ministerien, nicht blos das Herz des politischen Lebens Oesterreich-Ungarns, es ist auch der Brennpunkt des industriellen, commerciellen und geistigen Lebens

---

— Plan der Stadt Wien sammt den Vororten aus ämtlichen Quellen bearbeitet. Wien, Gerold. 1874. Fol. 6 Blätt. — Tschischka, Metropolitankirche zu St. Stefan. Wien 1843. 8. 155 S. — Perger, der Dom zu St. Stefan. Triest 1854. 4. 118 S. Illustrirt. — Realis, die kaiserl. Burg. Wien 1867. 16. 207 S. — Hormayr. Wien, seine Geschichte und Denkwürdigkeiten. Wien 1823. 8. 9 Bände. — Mailath Josef, Geschichte der Stadt Wien. Wien 1832. 12. 291 S. — Schimmer, Gesch. von Wien. Wien 1844. 8. 361 S. — Jaeger N. J., Geschichte Wiens. Wien 1846. 8. 154 S. — Schlager, Wiener Skizzen. Wien 1835—46. 8. 5 Bände. — Tschischka, Geschichte der Stadt Wien. Stuttgart 1847. 4. 556 S. — Schlager, Altertümer-Ueberlieferungen. Wien 1853. 8. 200 S. — Schimmer, das alte Wien. Wien 1853. 4. 12 Hefte. — Alt- und Neu-Wien, red. von K. Weiss, Wien 1865. 4. 148 S. — Bermann M., Alt-Wien. Wien 1865. (Sagen für die Jugend.) 8. 199 S, — Bermann M., Geschichte der Wiener Stadt. Wien 1866. 4. 674 S. — Vom k. k. militär.-geogr. Institut sind folgende Umgebungskarten von Wien aufgelegt worden: Wien und Baden in Kreidemanier mit Farbendruck, Lithografie 1:144.000. In 31 Sectionen, jede aus 4 Blättern bestehend. — Wien. Lithografie 1:144.000. Vorläufig 14 Blätter. — Wien 1:43.000. 10 Blätter.

der Monarchie. An der Hauptwasserstrasse des Kaiserstaates, der Donau, gelegen, steht es mit dem Westen und dem Südosten des Reiches in inniger Schifffahrts-Verbindung, als Knotenpunkt des österreichischen Eisenbahnnetzes bezieht und versendet es mit Leichtigkeit Rohstoffe zur industriellen Verarbeitung und Industrieproducte zum Verbrauche. Acht Bahnen ziehen wie Radien von Wien aus nach der Peripherie des Kaiserstaates. Eine Bahn, (die Verbindungsbahn) durchschneidet die Stadt. Wien bildet mit seinen ebenso reichlich als luxuriös ausgestatteten Waarenniederlagen eine permanente Industrieausstellung. Von den öffentlichen Anstalten und Aemtern seien erwähnt die Universität, die evang.-theolog. Facultät, die technische Hochschule, die Akademie der bildenden Künste, die Handelsakademie, die Hochschule für Bodencultur, die Lehranstalt für die orientalischen Sprachen, 5 G, 4 ROG, 7 R, 1 UR, das städtische Lehrerpädagogium, eine LB, 2 LiB, 2 Taubstummen- und ein Blindeninstitut, die Bau- und Maschinen-Gewerbeschule, der oberste Gerichtshof, das Landesgericht, das Handelsgericht und 8 Bezirksgerichte.

1. **Bezirk Hernals.** — Hernals[1] †, RG. — Klosterneuburg †, Chorherrenstift von Leopold dem Heiligen 1108 gegründet. In der Schatzkammer der Erzherzogshut Niederösterreichs. — Tulln[2] †, Brücke der Franz-Josefs-Bahn.

2. **Bezirk Sechshaus.** — Sechshaus †, UR. — Schönbrunn[3], kais. Lustschloss. — Hietzing †. — Purkersdorf †. — Mariabrunn, Forstakademie.

3. **Bezirk Baden.** — Baden[4] †, 10.000 E., berühmter Badeort. Die Schwefelquellen wurden schon von den Römern benützt. RG. In der Nähe die Weilburg, ein prachtvolles Schloss des Erzherzogs Albrecht. — Heiligenkreuz[5], Cistercienserstift, gest. von Leopold dem Heiligen 1137. Grabstätte Friedrichs II. des Streitbaren und anderer Babenberger. — Laxenburg[6], schöner kaiserlicher Park mit zwei Lustschlössern. Reiche Sammlung von Altertümern. — Gumpoldskirchen, Weinbau. — Vöslau[7], Badeort, Schwefelquelle, Weinbau. — Potten-

---

[1] Hernals und Sechshaus sind Vororte Wiens.
[2] Kerschbaumer Ant., Dr. Geschichte der Stadt Tulln. Krems 1874. 8. 530 S. 7 Taf.
[3] Realis. Schönbrunn. Wien 1867. 16. 70 S.
[4] Ressel Franz G. A., Baden und Umgebung. Mit 1 Karte. Wien 1851. 8. 280 S. — Bersch Jos., Dr. Curort Baden. Baden 1873. 16. 145 S. Mit 1 Karte.
[5] Koll M., Das Stift Heiligenkreuz. Wien 1834. 8. 320 S.
[6] Hellbach Raf., Dr., Führer in Laxenburg. Wien 1874. 35 S. 1 Plan.
[7] Friedmann S., Dr., Vöslau. Wien 1868. 8. 107 S.

stein †. — Mödling †, landwirtschaftliche Lehranstalt: „Francisco-Josephinum."

4. **Bezirk Bruck.** — Bruck an der Leitha [1] †, Park des Grafen Harrach. — Hainburg †, Tabakfabrik. In der Nähe Petronell, das römische Carnuntum. — Rohrau, Haydn's Geburtsort. — Schwechat †.

5. **Bezirk Wiener-Neustadt.** — Wr.-Neustadt [2] *, 18.000 E., „die allzeit Getreue", Lieblingsaufenthalt Friedrichs III., Geburtsort Max I., Cistercienserstift Neukloster, gest. 1444 von Kaiser Friedrich III., Militärakademie, Baumwollspinnereien, Zuckerraffinerien, Maschinenfabrik, G., R., Landes-Proseminar. — Frohsdorf, Schloss des Grafen Chambord. — Ebenfurt, Baumwollspinnereien. — Gutenstein [3] †, Burgruine, Schloss des Grafen Hoyos. — Ebreichsdorf †.

6. **Bezirk Neunkirchen.** — Neunkirchen †, Kattundruckerei, Baumwollspinnereien. — Gloggnitz †, Anfangsstation der Semmeringbahn; in der Nähe die Papierfabrik Schlöglmühle. — Schottwien am Fusse des Semmering. — Burgruine Klamm. — Sebenstein [4]), fürstlich Liechtenstein'sches Schloss. — Reichenau, am Ausgange des malerischen Höllentales [5]). — Aspang †. — Kirchschlag †. — Kirchberg [6]) am Wechsel.

7. **Bezirk Lilienfeld.** — Lilienfeld †, Cistercienserabtei von Leopold VII. 1202 gest. — Annaberg und Josefsberg an der Wallfahrtstrasse nach Maria-Zell. — St. Aegyd (Egidi), Eisenindustrie. — Hainfeld †.

8. **Bezirk St. Pölten.** — St. Pölten *, bischöfliche Residenz, RG., R. — Herzogenburg †, Chorherrenstift 1112 gegründet. — Melk [7] †, Benediktinerabtei 984 gegründet, in imposanter Lage, Bibliothek, G. — Gross-Pechlarn, im Nibelungenliede schon genannt, das römische Arelape. — Atzenbrugg †. — Kirchberg an der Bielach †. — Neulengbach †. — Aggstein [8]), an der Donau, Burgruine.

---

[1]) Umgebungs-Karte von Bruck a. d. Leitha. Lith. 1:28.800 vom k. k. mil.-geogr. Institute. Wien. 9 Blätter.

[2]) Gleich Al., Geschichte der Stadt Wiener-Neustadt. Wien 1808. 8. 359 S — Brunner Seb., Wiener-Neustadt in Bezug auf Geschichte, Topographie, Kunst und Altertum. Wien 1842. 8. 108 S.

[3]) Wagner J. C., Wanderung nach Gutenstein. Wien 1803. 8. 115 S.

[4]) Leber F., Sebenstein im Jahre 1842. Wien 1860. 4. 78 S.

[5]) Hellbach Raf., Dr., Thäler vor Reichenau. Wien 1870. 16. 90 S.

[6]) In der Nähe die Hermannshöhle. Hellbach Raf., Dr., Begleiter in die Hermannshöhle. Wien 1869. 16. 28 S.

[7]) Keiblinger Ig. Fr., Geschichte des Benediktinerstiftes Melk. Wien 1851—69. 8. 2 Bände.

[8]) Keiblinger Ig. Fr., Die Burg Aggstein. Wien 1864. 4. 89 S. — (Sep.-Abdruck aus den Berichten und Mittheilungen des Altertums-Vereines.)

9. **Bezirk Scheibbs.** — Scheibbs †, wohlhabender Markt mit Eisenindustrie. — Gaming †, Lunz, Göstling, Eisenwerke. — Mank †.
10. **Bezirk Amstetten.** — Amstetten †. — Ybbs[1] †, Landes-Irrenanstalt. Wiener Bürger-Versorgungshaus. — Seitenstetten, Benediktinerstift. 1112 gegründet, G. — Waidhofen[2] an der Ybbs †, Eisenindustrie, UR. — Persenbeug †, Schloss. — Maria-Taferl, Wallfahrtsort. — Haag †. — St. Peter in der Au†.
11. **Bezirk Zwettl.** — Zwettl †, Leinenindustrie, Getreide- und Viehmärkte. Stift Zwettl, Cistercienserabtei. gest. 1138, Bibliothek. — Weitra †, Schloss des Landgrafen Fürstenberg, Leinenindustrie. — Ottenschlag†. — Gross-Gerungs †. — Allentsteig †. — Kottes[3]).
12. **Bezirk Waidhofen.** — Waidhofen an der Thaya †, RG. — Schrems†, Schloss des Grafen Thurn, Glashütte. — Gmünd, Schloss des Erzherzogs Sigmund. — Gross-Siegharts, Leinenbänder-Erzeugung. — Dobersberg †. — Litschau †. — Raabs †.
13. **Bezirk Horn.** — Horn †, Schloss des Grafen Hoyos, Versammlungsort der Protestanten im 17. Jahrhundert, G. — Altenburg, Benediktinerabtei, gest. 1144. — Geras †. Prämonstratenserstift, gest. 1151. — Eggenburg †, Leinweberei. — Rosenburg, alte Burg, gut erhalten.
14. **Bezirk Krems.** — Krems[4]) *, Geniekaserne, Senfsiederei, Weinbau, G., R., LB. — Stein. Stapelort für die Donauschifffahrt, Strafhaus, Tabakfabrik. Gegenüber Mautern †, das römische Mutina, mit Stein durch eine Holzbrücke verbunden. — Göttweih, Benediktinerabtei, gest. vom Bischofe Altmann von Passau 1072, Bibliothek. — Dürrenstein, Stadt und Burgruine, Haft Richards Löwenherz bei Hadmar II. von Kuenring 1193. — Spitz † am unteren Ende der Wachau, Obst- und Weinbau, Dampfsäge. — Gföhl † am Saume des Gföhler Waldes. — Kirchberg † am Wagram. — Langenlois †. — Pöggstall †.
15. **Bezirk Oberhollabrunn.** — Oberhollabrunn †, Weinbau, ROG. — Rötz †. Die Stadt hat sprichwörtlich mehr Wein als Wasser. — Haugsdorf †. — Ravelsbach †.
16. **Bezirk Korneuburg.** — Korneuburg[5]) *, Schiffswerfte der Donau-Dampfschifffahrts-Gesellschaft, LB. — Stockerau†, RG. — Deutsch-Wagram, Sieg Napoleon's über Erzherzog Carl, 1809. — Bisamberg, Weinbau. — Wolkersdorf †.

---

[1] Espig Fr., Chronik der Stadt Ybbs. 1839. 8. 51 S.
[2] Zelinka Theod. Dr., Waidhofen a. d. Ybbs. Wien 1874. 8. 169 S.
[3] Nowotny Ed., Chronik der Pfarre Kottes. Krems 1874. 8. 225 S.
[4] Gedenkbuch der uralten Städte Krems und Stein. Krems 1850. 8. 202 S.
[5] Fischer, Geschichte von Korneuburg. Wien 1833. 8. 99 S.

17. Bezirk Mistelbach. — Mistelbach†. — Laa†. — Zistersdorf†. — Jedenspeigen und Dürnkrut, Sieg Rudolfs I. über Přemisl Ottokar II. von Böhmen 1278. — Feldsberg†, prachtvolles Schloss des Fürsten Liechtenstein.

18. Bezirk Gross-Enzersdorf. — Gross- (Stadl) Enzersdorf†, in der Nähe die Insel Lobau, Napoleon's Lager 1809. — Aspern, Sieg des Erzherzogs Carl über Napoleon 1809. — Marchegg†. — Matzen†. — Pyrawarth [1]), Badeort.

Culturbild [2]) Der Ackerbau wird im Wagram - Tullner, sowie in den fruchtbaren Teilen des Wiener Beckens, besonders im Marchfelde, mit gutem Erfolge auf Weizen und Mais betrieben. Auf dem Hochlande herrscht Roggen,- Hafer- und Kartoffelbau vor. Vortrefflicher Wein gedeiht in der Umgebung Wiens (Grinzinger, Nussberger, Bisamberger, Pfaffstättner, Vöslauer), sowie an den Abhängen des Manhartsberges (Rötzer). Obst in den Ebenen, im Donautale, sowie in den unteren Partien der Donaunebenflusstäler. — Die Viehzucht beschränkt sich auf die Gebirgsgegenden und zeigt keine vorzüglichen Resultate. — Der Bergbau liefert in der Umgebung des Wiener-Waldes Kohlen. — Industrie. Nieder-Oesterreich nimmt unter den österreichischen Kronländern in industrieller Beziehung den ersten Rang ein. Während sie in den beiden Manhartskreisen als Handgewerbe betrieben wird, blüht in den beiden Wiener Waldvierteln, besonders in und um Wien das Fabrikswesen. Hervorzuheben sind die Galanteriewaaren (Wien), Baumwollproducte (Pottendorf), Eisenindustrie (St. Aegyd, Scheibbs, Waidhofen a. d. Ybbs). Papierfabrication (Schlöglmühle), Maschinenfabrication (Wien, Wr.-Neustadt) und die Bierbrauereien (in und um Wien). Der Handel, dessen Hauptsitz Wien ist, deckt den grossen durch die Hauptstadt herbeigeführten Bedarf von Cerealien, Mastvieh (von Ungarn und Galizien) und Colonialwaaren, schafft Rohproducte (Seide, Eisen, Baumwolle) zur industriellen Bearbeitung und verführt teils selbst erzeugte, teils ausländische Industriegegenstände nicht nur nach allen Provinzen der Monarchie, sondern auch ins Ausland. Beide, Industrie und Handel, sind sowohl durch natürliche als auch durch künstliche Förderungsmittel vorzüglich unterstützt. — Für die geistige Cultur wirkten im Jahre 1871 1267 Volksschulen [3]) (darunter 36 Bürgerschulen), welche von

---

[1]) Hirschfeld Jos., Dr. Pyrawarth vom physik., chem., therap., balneolog. Standpunkte. Wien 1863. 8. 63 S.

[2]) Cultur-Atlas v. Nied.-Oesterr. hersg. v. d. Landwirtschaftsgesellschaft. 24 chromolith. Karten. Wien 1873. Fol. — Statistik der Volkswirtschaft in Nied.-Oester. Wien 1867. 8. 2 Bände.

[3]) Obentraut Ad., der Ortsschulrath. Wien 1874. 8. 106 S.

209.000 Kindern besucht wurden, während die Zahl der schulpflichtigen Kinder 275.000 betrug. Für den höheren Unterricht bestehen gegenwärtig 10 Gymnasien, 10 Realschulen, 5 Realgymnasien, 5 Real-Ober-Gymnasien, 3 Unter-Realschulen, die Universität, das polytechnische Institut, die Hochschule für Bodencultur, Handelsakademie und andere höhere Lehranstalten in Wien, 3 Bildungsanstalten für Lehrer, 2 für Lehrerinen, die Forstakademie in Mariabrunn, und als Bildungsmittel für einzelne Berufszweige viele andere Fachschulen.

Die **Bevölkerung** besteht mit Ausnahme der Hauptstadt, welche als Residenz-, Industrie- und Handelsstadt viele Fremde aus allen Ländern an sich zieht und eines kleinen čechischen Landstriches an der Lainsitz (3 ☐Meil.) aus Deutschen, welche sich grösstenteils zum Katholicismus bekennen.

Geschichtsbild [1]). Nachdem Kaiser Augustus die römische Herrschaft i. J. 15 (v. Ch.) auch über das keltische Alpenhochland ausgebreitet hatte, bildete die südliche Hälfte Nieder-Oesterreichs Bestandteile der römischen Provinzen Pannonien und Noricum, deren Grenze der Mons Cetius (Wr. Wald) war. Bald war das Keltentum vom römischen Wesen durchdrungen. Eine Reihe von Castellen an der Donau [2]) unter einander durch die Donaustrasse [3]) verbunden, schützte die römischen Provinzen vor den Einfällen der nördlich von der Donau wohnenden Deutschen (Markomannen, Quaden). Die Militärcolonie Carnuntum, in welcher sich ein kaiserlicher Palast befand, stand durch die Donaustrasse mit Vindomina (Vindobona—Wien) in Verbindung, von wo eine Chaussee über Aquae (Baden) nach der Station der Hauptlinie Carnuntum — Aquileja nämlich Scarabantia lief. Das Römerwesen verschwand durch die Völkerwanderung in der Mitte des 5 Jahrhdts. unter den Füssen der Herulen, Rugen, Scirren u. a. deutschen Stämme. Als die Verbindung mit Italien abgebrochen war, war es Severinus, der aus unbekannter Gegend aus dem Oriente kommend, über Pannonien in Noricum erschien und die gänzlich gesunkene und im Kampfe um ihr Dasein verzweifelnde Bevölkerung aufrichtete [4]). Das Land bildete hierauf von

---

[1]) Wegweiser. Archäologischer durch Nieder-Oesterreich. Wien 1866. 4. 58 S. 30 Taf.

[2]) Limes Danubianus.

[3]) Welche sich vom Rhein nach Regensburg und von da der Donau entlang fast bis zu deren Mündung zog.

[4]) Büdinger. Österr. Gesch. I. S. 47. „Ein kleiner Mann, abgemagert, bärtig, in geringem Gewande, in grösster Kälte ohne Fussbekleidung, der auf dem Estrich des Betsaales schläft, wochenlange fasten kann, von solcher Stärke der Seele, dass ein trotziger Fürst der Alamannen allein vor ihm gebebt haben soll. Severinus betrachtete es als seine vorzügliche Aufgabe, die römischen Gefangenen aus der

der Mitte des 6. Jahrhdts. den nordwestlichen Teil des Avarenreiches, wurde nach dessen Sturze durch Karl d. Gr. (798—801), als avarische Mark des fränkischen Reiches eingerichtet und kam, nachdem es unter den schwachen Nachfolgern Karls d. Gr. häufig von Slaven durchzogen worden, im Anfange des 10. Jahrhdts. unter die Herrschaft der Magyaren. Von den ersten sächsischen Königen und Kaisern, welche die Magyaren von Deutschland zurückdrängten, erneuerte Otto I. die alte Mark unter dem Namen Ostmark 955, welche Otto II. 976 an Leopold I. aus dem Geschlechte der Babenberger verlieh, unter welchen sie bis 1246 blieb. Die Mark kommt 996 zum ersten Male urkundlich unter dem Namen Osterrichi vor. Von höchster Bedeutung für das junge Oesterreich war die Regierung Heinrich des II. Jasomirgott, welcher seine Residenz [1]) nach Wien verlegte, seinem Geschlechte das Privilegium der Erbfolge auch in weiblicher Linie und seinem Lande den Titel eines Erzherzogtums 1156 (vom Kaiser Friedrich I. Barbarossa) erwarb. Von den Habsburgern legte sich Friedrich III. den Erzherzogstitel bei. Nieder-Oesterreich, um welches im Laufe der Jahrhunderte die übrigen Kronländer sich conglomerirten, gab mit Recht dem Ganzen seinen Namen zum Gesammtnamen und bildet das Herz der Monarchie.

Oesterreich ob der Enns oder Ober-Oesterreich.
(11.997 ☐ Kilom. = 218 ☐ Ml. 736.000 E.)

Gielge J., Top.-hist. Beschreibung des Landes o. d. E. Wels 1814—15. 8. 3 Bde.
Pillwein Bened., Gesch.-Geogr. Statistik d. E. Ob.-Oesterr. und Salzburg Linz. 1827—39. 8. 5 Bde.
Album aus Oesterr. ob. d. E. Linz 1843. 8. 510 S.
Jahrbuch Oberöster. f. Literatur und Landeskunde. Linz 1844. 8.
Beiträge z. Landeskunde f. Oester o. d. E. u. Salzburg. V. Koller, Pritz. Linz. 1846. 8.
Julius von der Traun (Schindler A.), Ober-Oesterreich. Skizzenbuch. Leipzig. 1848. 8. 296 S.
Lamprecht. Hist.-top. Matrikel v. Ober-Oesterr. Wien 1863. 4. 220 S.
Schroeckinger Neudenberg Jul., Reisegefährte durch Ober-Oesterreichs Gebirgsland. Linz 1867. 8. 332 S.
Seibert A. E. Das Wichtigste von der Landeskunde Ob.-Oester. Wels. 1871. 8. 42 S.

Barbaren-Hand zu befreien, seine fromme Thätigkeit schaffte den Armen Hilfe an Nahrung und Kleidung, er suchte die Geister der Provincialen zu heben, und die Leiber zu erhalten. Er gründete Mönchszellen, tröstet und gibt dem Untergang des Römerwesens in Noricum eine sittliche religiöse Weihe. Seine Leiche diente den nach Italien ziehenden Mönchen als Heiligtum, um das sie sich sammelten. Sie wurde in ein Kastell im Neapolitanischen und später nach Neapel gebracht."

[1]) welche bis Leopold III. in Melk und dann am Kahlenberg war.

Krackowitzer F., Dr., Heimatskunde v. Ob.-Oesterr. Linz 1872. 8. 144 S.
Edlbacher Ludw., Prof., Landeskunde v. Ober-Oesterr. Linz 1873. 8. 302 S.

Karten.

Generalkarte d. Erzh. Oesterr. ob. u. unt. d. E. V. Gen.-Quartm.-St. Wien 1823.
Graef C. Sieh Nieder-Oesterreich.
Steinhauser A., Specialkarte v. Oester. o. d. E. u. Salzburg. Mit polit. Einteilung. Wien 1868.
Kozenn B., Wandkarte v. Ober-Oesterr. 1:148.000. Wien 1874. 4 Blätt.
Specialkarte von Oester. ob. u. unt. d. E. V. k. k. mil.-geogr. Inst. Sieh Nied.-Oester.
Generalkarte „ „ „ „ „ „ „ „ „ „

Physische Geographie [1]). Die Donau teilt das Land in zwei ungleiche Teile, wovon der nördliche kleinere dem hercynisch-sudetischen Hochlande, der etwa dreimal grössere südliche dem Alpenhochlande angehört. Dieser liegt im Gebiete der nördlichen Alpenzone und mit Ausnahme eines kleinen südöstlichen Landstriches, (welcher der **Enns — Leitha**-Gruppe angehört) in der **Salzach — Enns**-Gruppe. Im äussersten Süden erhebt sich der Dachstein, als Grenzstein Ober-Oesterreichs, Steiermarks und Salzburgs bis zu einer Höhe von 3002^m (9490') und ist in der nördlichen Alpenzone der einzige Gebirgsstock, welcher mit einem Gletscher, dem Karlseisfelde geziert ist [2]). Er ist nördlich von der Traun, dem Hallstädtersee, dem unteren Gosautale und dem Gschüttpasse [3]) begrenzt. Nördlich von diesem Uebergange, westlich von der Traun und südlich von der Ischl beginnt der Zug der Ischler Alpen nach Salzburg. Zwischen dem Atter-, dem Wolfgangsee, dem Ischl- und Trauntale nördlich von der Vökla begrenzt, dehnt sich eine imposante Gebirgsmasse aus, dessen südwestlicher Teil im Schafberge (1780^m, 5630'), dem Rigi Oesterreichs [4]) culminirt, und dessen nordöstlicher Stock den Namen das Höllengebirge führt und sich im Kranabithsattel [5]) auf 1764^m (5580') erhebt. Nordwestlich von dieser letzten bedeutenden Bodenerhebung erreichen der Kobernauerwald und der Hausruck kaum mehr eine Höhe von 800^m (2500') und gestaltet das Terrain sich gegen den Inn und die Donau hin nur mehr als Hügelland. Nordöstlich vom Dachstein, von diesem durch den Durchbruch

---

[1]) Kozenn B., Höhenschichtenkarte v. Oberöster. u. Salzburg. 1:800.000. — Streffleur V. u. Steinhauser A., Hypsom. Uebersichtskarte. Sieh Nied.-Oester.

[2]) Simony Frdr., Die Gletscher des Dachsteingebirges. Wien 1874. 8. 36 S. — Auf keinem österreichischen Gebirge mit Ausnahme des Gross-Glockners sind so viele wissenschaftliche Beobachtungen angestellt worden als am Dachstein von Professor Simony.

[3]) Vom Gosautale ins Lämmertal im Salzburgischen.

[4]) Man soll von ihm aus 19 Seen überblicken. Auf seinem Gipfel steht ein Hôtel. — Simony Fr., Panorama des Schafberg. Wien 1851. Fol.

[5]) Bei Langbath.

der Traun getrennt, zieht sich in östlicher Richtung bis zum Pyhrn [1]) das Todte Gebirge, welches mit Recht wegen seiner Vegetationsarmut seinen Namen führt. In demselben erreicht der grosse Priel 2511^m, (7945'). Zwei durch die Alm von einander getrennte Vorlagen dehnen sich in nördlicher Richtung aus, von welchen die westliche mit dem Traunstein [2]) (1689^m, 5342') plötzlich abstürzt, während die östliche sich weiter erstreckt und langsam abfällt. Oestlich vom Pyhrn setzt sich der Gebirgskamm als hoher Bürgas bis zum Ennswinkel fort und erfüllt in seiner weiteren nördlichen Ausdehnung den Raum zwischen Teichel, Steier und Enns als Hoch-Sengsengebirge. Nördlich von der Donau, auf dem **hercynisch-sudetischen Hochlande** schiebt sich von der Dreieckmark [3]) (1404^m, 4126') der Böhmerwald zwischen dem Mühlbach und dem Schwarzenbergkanal nach Ober-Oesterreich herein. Bis an den Mühlbach erstrecken sich von Westen her die Donauberge. Das Terrain östlich vom grossen Mühlbach, den westlichen Teil des österreichischen Granitplateaus einnehmend, ist Hügelland und fällt steil in das Donautal ab (Karlsberge, Greinerwald). — Ausser der Donautalerweiterung zwischen Linz und Grein, besitzt Ober-Oesterreich nur Eine grössere Ebene, die 8 Std. lange Welserhaide, welche bereits durch grosse Bemühungen dem Ackerbau gewonnen worden ist. — Mit Ausnahme einiger kleinen Bäche in N., welche der Moldau zufliessen, gehört alles Gewässer zum Pontusgebiete. Der Hauptfluss ist die Donau [4]), welche kurz nach der Innmündung Ober-Oesterreich mit dem rechten Ufer, und Engelhartszell gegenüber mit dem linken Ufer betritt, bis Aschach zwischen hohen Ufern fliesst, von Linz an bis Ardacker in dem breiteren Tale in ruhigem Laufe sich erholt, um von Grein mit erneuter Stromschnelle und concentrirter Kraft über die Hemmnisse des Strudels und Wirbels [5]) hinweg den Durch-

---

[1]) Uebergang vom Tale der Teichel (Nebenfluss der Steier) ins steirische Ennstal.

[2]) Dessen Gipfel von Norden gesehen, das gegen Himmel gekehrte Profil Ludwigs XVI. darstellen soll.

[3]) einem Felsen, welcher 1765 zur Grenze zwischen Böhmen, Oesterreich und Baiern statt des Dreisesselberges bestimmt wurde.

[4]) Koch M., Donaureise v. Linz n. Wien. Wien 1854. 8. 206 S.

[1]) Unterhalb Grein erhebt sich aus dem nur 48° breiten Strome die Felseninsel Wörth, und teilt den Fluss rechts in den seichten Hössgang, links in den Hauptstrom, welchen ein Felsenriff mit mehreren Reihen von Klippen durchzieht: der Strudel. Er besteht aus drei Abteilungen, von welchen die an der Insel die Haupteinfahrt ist und durch Felsensprengungen fortwährend vertieft und erweitert wird. — Eine Viertelstunde unterhalb teilt eine zweite Felseninsel, der Haussteiu, von Neuem den Fluss rechts in den schmalen und seichten Lueg, links in den

bruch durch das Gebirge sich zu erzwingen. Sie verlässt Ober-Oesterreich mit dem rechten Ufer bei der Ennsmündung, und mit dem linken bei Sarmingstein. Ihre Nebenflüsse sind, rechts: der **Inn** mit der **Salzach** (Grenzflüsse); die **Traun**, welche sich im **Hallstädter-See** durch die **Gosau**, den Abfluss der zwei **Gosauseen** verstärkt, im nördlichen Laufe links die **Ischl**, den Abfluss des **Wolfgangsees** aufnimmt, den malerischen **Traun-** oder **Gmundnersee** durchfliesst, bei Roitham einen Wasserfall bildet, bei Lambach links die **Ager**, den Abfluss des **Zeller-, Mond-** und **Attersees** aufnimmt und im weiteren nordöstlichen Laufe ihre Wassermasse noch durch die **Alm** (Abfluss des **Almsees**) und die **Krems** vermehrt; die **Enns** mit der **Steier**; links die kleine und grosse **Mühl** (mit dem zur Holzschwemme angelegten Schwarzenbergkanal) und der **Aist**. Ausser der Donau sind der Inn, die Salzach, die Traun und die Enns schiffbar. Die mittlere Jahrestemperatur in Linz ist 8·4⁰ C. Der jährliche Niederschlag beträgt in Linz im Durchschnitte 71 Centim. Von den Luftströmungen sind die West- und Nordwestwinde vorherrschend.

Politische Geographie [1]). Der Landtag besteht aus 50 Mitgliedern [2]). Das Land ist in 12 **politische Bezirke** eingeteilt, welche mit den Städten **Linz** und **Steier**, die mit eigenen Statuten versehen sind, der Statthalterei in Linz unterstehen. (Früher zerfiel es in vier Kreise: den Mühl-, Inn-, Hausruck- und Traunkreis.)

1. Bezirk Linz. — Linz [3]) (30.500 E.) Hauptstadt Oberösterreichs. Sitz des Landtages, der Statthalterei, eines Bischofs, medic.-chirurg. Lehranstalt f. Hebammen, Studienbibliothek (30.500 Bd.) G., R., LB, LiB, Landesgericht. — **Urfahr** + mit Linz durch eine Holzbrücke verbunden. — **Wilhering** [4]). Cistercienserstift gest. 1146. — **St. Florian** [5]) +, Chorherrenstift an der Grabstätte des heil. Florian, 455 gegründet und von Bischof Altmann v. Passau 1071 erbaut. — **Enns** +, in der Nähe Lorch das röm. Laureacum. — **Ottensheim** +.

Hauptstrom, dessen Wassermasse durch Felsenvorlagen auf das linke Ufer geworfen und von diesem reflectirt wird; der einst so gefürchtete Wirbel. Je mehr gegenwärtig die Felsenmasse des Hausstein weggesprengt wird, verschwindet der Wirbel.

[1]) Ortsrepertorium d. E. Oester. ob. d. E. Linz 1872. 8. 201 S.

[2]) Dem Bisch. v. Linz, 10 Abg. d. Grossgrd., 17 d. Städte u. M., 3 d. Linzer Handelskamm. u. 19 d. Landgemeinden. — Gesetz- u. Verordnungsblatt f. d. Erzh. Oester. ob d. E. Linz, 4.

[3]) Pillwein Bened., Linz und Umgebung. Linz 1824. 8. 416 S. Zidek Vinc. Plan d. Landeshauptstadt Linz und Urfahr. chromolith. Linz 1872. - Umgebungs-Karte von Linz. Vom k. k. m. g. Inst. 1:28·800. Wien. 4 Blätter.

[4]) Stülz Jod., Gesch. d. Cisterc.-Klosters Wilhering. Linz 1840. 8. 616. S.

[5]) Stülz Jod., Gesch. d. reg. Chorherrenstiftes St. Florian. Linz 1835. 8. 334 S. — Czerny Albin, die Bibliothek d. Stiftes St. Florian. Linz 1874. 8. 245 S.

2. **Bezirk Steier.** — Steier *¹) (13.400 E.) Eisenindustrie, das österr. Birmingham im Kleinen. — Garsten, ehemaliges Benediktinerstift jetzt Strafhaus. — Gross- und Reich-Raming. — Weyer †, Eisenindustrie. — Kremsmünster †, Benediktinerabtei, gest. v. Tassilo v. Baiern 778, wissenschaftlich strebsames Stift, G., berühmte Sternwarte. — Hall²), Jodbäder. — Neuhofen †.
3. **Bezirk Kirchdorf.** — Kirchdorf †, Eisenindustrie. — Schlierbach, Cistercienserabtei, 1355 gest. — Windischgarsten †, Heilbäder-Spital, am Pyhrn prachtvolles Schloss. — Grünberg †.
4. **Bezirk Gmunden.** — Gmunden³) †, See- und Soolenbad. Sommerfrische der Wiener. Hauptsalzniederlage. — Ebensee und Langbath, am südl. Traunseeufer, Salzsudhaus. — Ischl⁴) †, berühmtes Bad und Sommerfrische in reizender Lage. Salzsudhaus. — St. Wolfgang, am gleichnamigen See. — Hallstadt, Salzsudhaus. Der Rudolfsturm, ein Berghaus von Rudolf I. 1284 erbaut. Keltische Begräbnissstätte⁵). — Gosau.
5. **Bezirk Vöcklabruck** †. — Wolfsegg und Thomasroith, Kohlenlager. — Schwanenstadt †. — Frankenmarkt †. — Mondsee⁶) †.
6. **Bezirk Wels.** — Wels*, das röm. Ovilabis, Max I. Sterbeort. — Lambach †, Benediktinerkloster, 1032 gest. — Aschach, Schloss des Grafen Harrach. Südöstlich davon die Ruine Schaumburg, wo der König von Böhmen, Wenzel der Faule, 1402 gefangen sass. — Efferding †, Schloss des Fürsten Starhemberg. — Grieskirchen †. — Waizenkirchen †. — Peuerbach †.
7. **Bezirk Schärding.** — Schärding⁷) †, Bierbrauereien. In der Nähe das Strafhaus Suben. — Raab †. — Engelszell †.
8. **Bezirk Ried.** — Ried*, Bierbrauereien. — Starhenberg, Stammschloss des berühmten Geschlechtes. — Haag †, Kohlengruben. — Obernberg †.

---

¹) Priz Franz, Beschreibung und Gesch. d. Stadt Steyer. Linz 1837. 8. 464 S.
²) Netwald Jos., Dr., Hall. Wien 1862. 8. 191 S. — Lippe Ed., Dr., Bad Hall. Wien 1868. 87 S. — Richter Carl, Fremdenführer von Bad Hall. Wien 1868. 8. 76 S.
³) Feuerstein F. C., Dr., Gmunden. Wien 1871. 8. 100 S.
⁴) Weidmann F. C., Dr., Führer n. u. um Ischl. Wien 1849. 12. 550 S. — Mayr Leop., Fremdenführer in Ischl. M. 1. Karte. Wels 1857. 8. 159 S. — Hirschfeld J., Dr., Ischls Cursaal. 3 Karten. Erlangen 1870. 8. 479 S. — Ender Th., Ischl. Wien. 13 Kupfst. Fol.
⁵) Gaisberger J., Gräber b. Hallstadt. Linz 1848. 4. 56 S. 9 Taf. — Simony Fr., die Altertümer vom Hallstädter Salzberg. Wien 1851. Fol. 11 S. 7 Taf.
⁶) Hinterhuber Rud., Mondsee und Umgebung. Wien 1869. 16. 92 S.
⁷) Lamprecht Joh., Schärding hist.-top.-statist. Wels 1860. 8. 512 S.

9. **Bezirk Braunau.** — Braunau ✝, das röm. Brundunum. Denkmal des Nürnberger Buchhändlers Palm, welcher von den Franzosen 1806 hier erschossen wurde. — Mattighofen ✝, röm. Ausgrabungen. — Mauerkirchen ✝. — Wildshut ·.
10. **Bezirk Rohrbach** ·. — Aigen ✝, Leinweberei. Schlögl, Prämonstratenserstift, 1200 gest. — Haslach ✝. — Lembach ✝. — Neufelden ·.
11. **Bezirk Freistadt.** — Freistadt ✝, Leinweberei. — Leonfelden ✝. — Weissenbach ✝.
12. **Bezirk Perg.** — Perg ✝. Steinbrüche. Mauthausen ✝, Granitbrüche. — Grein ✝. — Nördlich davon die Kaltwasserheilanstalt Kreuzen [1]). — Prägarten ✝.

Culturbild. Der Ackerbau liefert im Alpenvorlande vorzüglich Weizen, im Mühlviertel Roggen, über den Landesbedarf. Aus dem Obste wird meist Most (Cider) bereitet. Die Viehzucht wird durch den Wiesenbau und die Alpenwirtschaften befördert. Der Bergbau liefert im Umkreise des Hausruck Braunkohle (Wolfsegg, Thomasroit 3,350.000 Z. Ctr.), in der Dachsteingruppe Salz (Hallstadt im Salzkammergut 1,200.000 Z. Ctr.) Industrie [2]). Im Enns-, Steier- und Kremstale (Steier, Kirchdorf) blüht die Eisenindustrie, im Mühlviertel die Leinenindustrie. Auch die Baumwollindustrie macht Fortschritte. Der Handel beschäftigt sich mit der Einfuhr von Colonialwaaren, Rohproducten, besonders Eisen aus Steiermark für die Verarbeitung und mit der Ausfuhr von Eisenfabricaten (Sensen, Sichel, Messer, Nägel, welche bis nach Kamtschatka und Nord-Amerika verführt werden). Salz und Mehl. — Für die geistige Cultur sorgen 506 Volksschulen [3]), darunter 4 Bürgerschulen, welche im J. 1871 aus 101.435 schulpflichtigen Kindern blos von 83.474 besucht wurden, 2 Gymnasien, 2 Real-Ober-Gymnasien, 2 Realschulen und eine Bildungsanstalt für Lehrer und eine für Lehrerinen. Die Bevölkerung ist durchaus deutsch.

Geschichtsbild. Nach dem keltischen Zeitalter, an welches uns die Hallstädter Begräbnissstätte erinnert, bildete das Süddonauland von Oberösterreich den nordwestlichen Theil der röm. Provinz Noricum, welche sich bis an den Inn erstreckte. Die vornehmste Militärcolonie in derselben war Lauriacum (Lorch) an der Ennsmündung, welches durch die Donaustrasse mit Lentia (Linz) und Ovilabae (Wels) in Verbindung stand.

---

[1]) Keihl Max, Kreuzen. Linz 1866. 16. 112 S. — Krischke Fr., Dr., Die Wasserheilanstalt Kreuzen. Wien 1373. 8. 57. S.

[2]) Bericht, Summarischer, betreffend die Verhältnisse der Industrie, des Handels und Verkehrs Oberösterreichs im J. 1871. Erstattet v. d. Handels- u. Gewerbekammer in Linz. Linz 1872. 8. 165 S.

[3]) Obentraut Ad., Der Ortsschulrath. Wien 1874. 8. 101 S.

Drei Strassen gingen von Ovilabae aus, eine nach Batava (Passau), eine zweite nach Juvavum (Salzburg), eine dritte führte durch das obere Tal der Steier über den Pyhrn nach Aquileja. Ein Zeugniss für die Verbreitung des Christentums in Ufer Noricum im 4. Jahrhunderte ist uns die Nachricht vom Tode des Veteranen Florianus, der seines christlichen Glaubens wegen in die Enns gestürzt wurde [1]). Nachdem in den Wirren der Völkerwanderung die Römerherrschaft sich aufgelöst hatte, und die unstäten Stämme der Herulen, Rugen, Scirren u. a. zwischen Enns und Lech sich vorübergehend niedergelassen hatten, bildete Oberösterreich (von der Mitte des 6. Jahrhunderts) den östlichen Teil des Bajovarenreiches und teilte die Schicksale desselben bis 1180, in welchem Jahre Friedrich der Rotbart die Mark ob der Enns, d. i. das Land südlich der Donau von Baiern abtrennte und dem Markgrafen Ottokar VIII. von Steier übergab. Als mit diesem im Jahre 1192 der Stamm der steirischen Ottokare erlosch, fielen Steiermark und die Mark Oesterreich ob der Enns (mit Ausnahme des Innviertels, welches erst 1779 an Oesterreich kam) an die Herzoge von Oesterreich aus dem Hause Babenberg.

Salzburg.

(7167 ☐Kilom. = 130 ☐Meil. 153.000 Einw.)

Pillwein Bened., Sieh Ober-Oesterreich.
Beiträge zur Landeskunde. Sieh Ober-Oesterreich.
Kronland, Das, Salzburg. Salzburg 1851. 8. 188 S. Mit Kupferst.
Mittheilungen über Land und Stadt Salzburg. Wien 1861, 8. 95 S. 2 Karten.
Jahresbericht des Museum Carol.-August. Salzburg 1861. 4.
Mittheilungen d. Gesellsch. f. Salzb. Landeskunde. Salzburg 1861...8.

Karten.

Karte des Herzogtums Salzburg vom General-Quartiermeisterstab. 1810.
Handtke F., Specialkarte von Tirol und Salzburg 1 : 600.000. Glogau 1868.
Graef, Sieh Nieder-Oesterreich.
Karte des Herzogtums Salzburg und des österr.-steir. Salzkammergutes. Wien. Artaria. 1870.
Specialkarte von Salzburg und Berchtesgaden. Vom k. k. mil.-geogr. Institute. Kupferst. 1 : 144.000. Wien. 15 Blätter.
Generalkarte von Salzburg und Berchtesgaden. Vom k. k. mil.-geogr. Institute. Kupferst. 1 : 288.000. Wien. 2 Blätter.

---

[1]) „Der Fluss erschrak, da er Christi Märtyrer empfing, und mit gehobenen Wogen legte er den Körper desselben auf einen emporragenden Fels. Auf Gottes Befehl schützte ihn da ein Adler mit ausgespannten Fittichen," sagt der älteste Bericht (Büdinger).

Physische Geographie[1]. Das Herzogtum Salzburg hat fast die Form eines gleichseitigen Dreiecks, von welchem die Basis, d. i. der Landstrich südlich vom Längentale der Salzach, vom kleinen Arltale, der Wagreiner Höhe und dem oberen Ennstale zum Gebiete der Centralalpen gehört, während der mittlere und nördliche Flächenraum des Dreiecks in der nördlichen Alpenzone liegt[2]. Der Hauptkamm der **hohen Tauern** bildet in seinem östlichen Zuge bis zum Katschtauern die politische Grenze gegen Tirol und Kärnten. Vom Hafnereck zweigt sich eine Kette ab, die anfangs nördlich, dann nordöstlich sich bis zum Radstädter Tauern fortzieht. Der Kamm der Tauern hat eine Höhe von 2500—2800^m (8—9000′), über welche sich noch zahlreiche Gipfel um ein Bedeutendes erheben. So erreicht die Dreiherrnspitze[3] 3505^m (11.090′), der Sulzbacher Venediger[4] 3674^m (11.600′), das Wiesbachhorn 3640^m (11.500′) und der Ankogel 3253^m (10.300′). Besonders ausgezeichnet ist diese Hochgebirgskette durch eine Reihe äusserst regelmässig nach Norden auslaufender Widerlagen, welche von einander durch ebenso viele Täler der Wild- und Nebenbäche der Salzach getrennt sind. Die enorme Kamm- und Gipfelhöhe der hohen Tauern hat eine grossartige Gletscherbildung zur Folge. Man schätzt den Flächenraum, den die Gletscher[5] einnehmen, auf 60 ☐Meilen. Die Gletscher am Venediger bilden eine Eismasse von 4 Stunden Länge und 3 Stunden Breite. In einigen Hochtälern z. B. in der Ferleiten[6] reicht das Eis bis an die grünen Matten des Talgrundes herab. Vom Radstädter Tauern ziehen nach Osten die **Niederen Tauern**, u. z. die Radstädter Tauern, welche sich im Hochgolling an der steirischen Grenze auf 2859^m (9000′) erheben, während vom Katschtauern an der Kamm des **Kärntner-steirischen Urgebirges** eine kurze Strecke die Grenze gegen Kärnten bildet. Das mittlere und nördliche Salzburg fällt in die Gebiete der **Inn—Salzach-** und der **Salzach—Enns-Gruppe**. Von Tirol herein streichen bis an die Salzach, den Zeller See und die Saalach die Kitzbüchler Alpen, über welche

---

[1] Storch Frz., Skizzen zu einer naturhist. Topographie von Salzburg. Salzburg 1857. 8. 243 S. — Köchel Ludw., Die Mineralien des Herzogtums Salzburg. Wien 1859. 8. 160 S. 1 Karte. — Uebersichtskarte, Geologische, des Herzogtums Salzburg. Wien (1861.) Fol.

[2] Hinterhuber Rud., Gebirgsfreund. Salzburg. 16. 88 S. — Müller's Reise- und Gebirgskarte von Salzburg. Salzburg 1862. Fol.

[3] Ehemals der Grenzstein „dreier Herren Länder": Kärntens, Salzburgs und Tirols.

[4] Kürsinger J. und Spitaler, Der Gross-Venediger. Innsbruck 1843. 8. 12½ Bogen. 2 Kärtchen.

[5] Im Salzburgischen „Keese" genannt.

[6] Südlich von Fusch.

zwei wichtige Uebergänge, der Thurnpass [1]) und der Strubpass [2]), die Verbindung von Salzburg und Tirol vermitteln. Oestlich von dieser Kette, von der Salzach umflossen, erhebt sich ein imposanter Gebirgsstock, dessen westliche Hälfte von ihrer Oberfläche, die versteinerten Meereswellen gleicht, den Namen das **steinerne Meer** führt [3]), während die östliche Hälfte wegen ihrer Schneefelder die **übergossene Alm** heisst und im ewigen Schneeberg 2927^m (9260$'$) culminirt. Von diesem Hauptstocke, der die Grenze nach Baiern hin bildet, zieht sich eine Vorlage nach Süden an die Salzach, die **Dientener Berge**, während zwei gewaltige Aeste nach Norden streichen, von welchen der westliche, der Watzmann, nicht mehr österreichisch ist, während die östliche Kette, das **Hagen-Gebirge** und der **Hohe Göll** (2539^m, 8000$'$) die natürliche Grenze gegen Baiern bilden. Als selbstständige, gewaltige Gebirgsmasse erhebt sich nordwestlich vom hohen Göll der grotten- und sagenreiche **Untersberg** [4]) (ebenfalls ein Grenzhüter) mit einer Gipfelhöhe von 1856^m (5800$'$). Von der Salzach—Enns-Gruppe gehört nur das durch den Lämmerbach, die Salzach und den Fritz isolirte **Tännengebirge** (mit dem Raucheck 2428^m, 7682$'$) allein Salzburg an, während die übrigen Gebirgszüge als Ausläufer des **Dachstein** und der **Ischler Alpen** von Oberösterreich hereinstreichen [5]). Die Gebirge Salzburgs nehmen einen Flächenraum von mehr als 90 ☐Meilen ein. Das Hauptthal des Landes ist das Tal der Salzach [6]), welches als Längental der **Pinzgau** heisst, während es in seinem transversalen Verlaufe die Namen **Pongau** und **Salzachgau** [7]) führt. Das Murtalgebiet heisst **Lungau** [8]). Ausser den bereits angeführten Uebergängen sind noch die Arl-Klamm [9]), der

---

[1]) Von Mittersill im Pinzgau nach Kitzbüchel im Jochbergtale.

[2]) Vom Saalachtale bei Lofer in das Achental.

[3]) und ein 7500$'$ hohes karstähnliches Plateau ist.

[4]) Braune Fr. A., Der Untersberg. Salzburg 1845. 12. 300 S. — Gilschner, Sagen über den Untersberg. Salzburg. 8. 3 Bogen.

[5]) Bei Salzburg der wegen seiner lohnenden Aussicht häufig bestiegene über 1260^m hohe Gaisberg. Höhen-Panorama vom Gaisberg und Mönchsberg. Salzburg 1861. 4.

[6]) Kürsinger Ign., Ober-Pinzgau. Salzburg 1841. 8. 787 S. 2 Tafeln. — Augustin F., Pinzgau. Pest 1844. 8. 161 S. 14 Tafeln. — Lorenz Jos. R., Prof., Untersuchung der Versumpfungen in den oberen Flusstälern der Salzach, Enns, Mur. Wien 1857. 8. 63 S. — Dürlinger, Vom Pinzgau. Salzburg 1866. 8. 418 S.

[7]) Das untere Salzachtal.

[8]) Kürsinger Ign., Lungau, hist.-, ethnogr.-, statist. Salzburg 1853. 8. 785 S. 20 Lithogr. 2 Karten.

[9]) Am Eingange ins Gross-Arltal.

Luegpass [1], der Mandling- [2]. Gschütt- und Gerlospass merkenswert. — Sämmtliche Gewässer Salzburgs gehören zum Donaugebiete. Der Hauptfluss ist die **Salzach**, welche rechts die **Krimler Ache** [3], die **Fuscher** und **Gasteiner Ache**, den grossen und kleinen **Arlbach**, den **Fritz** und **Lämmerbach** aufnimmt und sich links durch die **Saale (Saalach)** verstärkt. Nachdem sie sich mit Gewalt durch die Oefen [4] zwischen dem Hagen- und Tännengebirge den Durchgang erzwungen, wird sie bei Golling flössbar und bei Hallein schiffbar und bildet in ihrem unteren Laufe die Grenze gegen Baiern. Die **Enns** und die **Mur**. Seen: Der **Zeller-**, **Waller-**, **Fuschel-** und die beiden **Trumerseen**. Die mittlere Jahrestemperatur stellt sich in Salzburg auf 7·9⁰ C. und in Gastein auf 5·4⁰. Die jährliche Niederschlagsmenge beträgt in Salzburg 111, in Gastein 74 Centim. Vorherrschend ist der Südwestwind [5].

Politische Geographie [6]. Der salzburgische Landtag besteht aus 26 Mitgliedern [7]. Das Land ist in 4 Bezirkshauptmannschaften geteilt, welche dem Landespräsidium in Salzburg unterstehen. Die Stadt Salzburg hat ein eigenes Statut.

1. Bezirk Salzburg. — Salzburg [8] (20.000 E.), Sitz der Landesvertretung und Landesregierung, des Landesgerichtes, eines Fürsterzbischofs, theologische Facultät, medizin.-chirurg. Lehranstalt. k. k. öffentliche Studien-Bibliothek (62.200 Bde.), Museum Carolinum-Augusteum. Handels- und Gewerbekammer, G., R., LB., St. Ruprechts Grab, Mozart's Geburtsort. 1756. — Hallein +, Salzwerke im Dürrenberge [9]), Tabakfabrik. — Mattsee +. — Neumarkt +. — Thalgau +. — St. Gilgen +. — Golling +. — Abtenau +. — Oberndorf +.

[1]) Zwischen dem Hagen- und Tännengebirge.
[2]) Enns-durchbruch nach Steiermark.
[3]) Sie bildet in einem 2000' hohen Absturze 5 Wasserfälle.
[4]) Eine durch einen Bergsturz mit ungeheuren Felsblöcken angefüllte Felskluft, welche durch Treppen und Stiegen dem Freunde der wildromantischen Natur ganz zugänglich gemacht ist.
[5]) Woldřich, Klimatographie des Salzburgischen Alpenlandes. Leipzig 1867. 8. 149 S. 2 Tafeln.
[6]) Ortsrepertorium des Herzogt. Salzburg. Wien 1872. 8. 30 S.
[7]) dem Fürsterzbischofe von Salzburg, 5 Abgeordneten des Grossgrundbesitzes, 10 der Städte u. Märkte, 2 der Salzburger Handelskammer u. 8 der Landgemeinden.
[8]) Salzburg. Die Stadt und Umgebung. Salzburg 1854. 8. 180 S. — Bühler Adolf, Salzburg. Salzburg 1873. 8. 2 Teile. — Keil Fr., Topogr. Reise- und Gebirgskarte der Umgebung von Salzburg. 1:72.000. Salzburg 1867. Chromolith.
[9]) Seelos Ant., Der Dürrenberg. Salzburg 1836. 16. 58 S.

2. **Bezirk St. Johann** †. — Hof- † und Wildbad Gastein¹) Badeorte. — Radstadt ✝. — Werfen †.
3. **Bezirk Tamsweg** †. — St. Michael †.
4. **Bezirk Zell.** — Zell † am See, Heilbad. — Mittersill †. — Rauris oder Geisbach, Goldgruben an der Schneegrenze (der oberste Stollen in einer Höhe von fast 8000′). — Saalfelden †. — Tanenbach †. — Lofer †.

Culturbild ²). Der Ackerbau producirt der ungünstigen Bodenverhältnisse wegen nur die Hälfte des Landesbedarfes an Getreide, dagegen steht die Viehzucht auf hoher Stufe. Die Alpenwirtschaft erzeugt ausgezeichnetes Hornvieh. Der Pinzgau liefert der Flussschifffahrt starke Zugpferde. Bergbau. Salz ist das Hauptproduct (300.000 Zollctr.) Wenig Eisen. Grosse Marmorbrüche am Untersberge. Industrie³) und Handel sind im Ganzen unbedeutend. Für die Hebung der geistigen Cultur sorgen 155 Volksschulen (welche im Jahre 1871 von 17.274 Kindern besucht wurden, während die Zahl der schulpflichtigen Kinder 20.218 betrug); ferner ein Gymnasium, eine Realschule und eine Lehrerbildungsanstalt.

Die **Bevölkerung** ist deutsch und fast durchaus römisch-katholisch.

Geschichtsbild. Auch in Salzburg waren die ersten Gründer einer höheren Cultur die Römer. Der vornehmste Ort in diesem Teile Noricums war Juvavum (Salzburg), welches durch Strassen mit Ovilabis und Augusta Vindelicorum (Augsburg) in Verbindung stand, während der Verkehr mit dem südlichen Noricum und Italien durch die Alpenstrasse an der Salzach⁴) hinauf, über den Radstädter Tauern (in Alpe) nach Tamasici (Tamsweg) und die Mur abwärts hergestellt war. Mit der Römerherrschaft verschwand auch hier durch die Völkerwanderung die römische Cultur. Juvavum sank in Trümmer. Im 6. Jahrhundert ist das Land bajovarisch. Um 700 begab sich der heil. Rupert von Worms zu den Avaren, um ihnen die Lehre Christi zu verkünden. Zurückkehrend schlägt er seinen Sitz am Wallersee auf, um auch hier den Samen des Christentums auszustreuen. Sobald er vernimmt, dass an der Salzach ein Ort sei, der mit dem alten Namen Juvavum genannt wird, begibt

---

¹) Muchar Alb., Thal und Warmbad Gastein. Graz 1834. 22½ B. 2 Lith. 1 Karte. — Reissacher C., Wildbad Gastein. Salzburg 1865. 8. 114 S. — Bunzel E., Dr., Bad Gastein. Avec une carte. Salzburg 1873. 16. 23 S. — Hönigsberg B., Dr., Gastein. Salzburg 1873. 16. 21 S. — Pröll Gustav, Dr., Gastein. Erfahrungen und Studien. 2 Ansichten. Wien 1873. 8. 193 S.

²) Zillner F. V., Dr. Salzburgische Culturgeschichte in Umrissen. Salzburg 1871. 8. 255 S.

³) Bericht der Handels- und Gewerbekammer für Salzburg. 8.

⁴) Ivanus, Igonta.

er sich dahin, lässt die Ruinen reinigen und herstellen, gründet an jener Stelle, nachdem ihm der Herzog von Baiern, Theodor, alles Land in der Runde geschenkt, zu Ehren des Apostels Petrus ein Kloster und eine Kirche und kehrt nach etwa 10jähriger Tätigkeit nach Worms zurück. Dies der Anfang des späteren Hochstiftes Salzburg, dessen erster Bischof, Johann von Bonifacius eingesetzt wurde [1]). Salzburg blieb ein reichsunmittelbares Hochstift bis 1802, wo es säcularisirt und dem Erzherzoge Ferdinand zur Entschädigung für das Grossherzogtum Toskana gegeben wurde. Im Pressburger Frieden 1805 kam es an Oesterreich, wurde aber 1809 im Wiener Frieden von Napoleon Oesterreich wieder entzogen und im folgenden Jahre an Baiern abgetreten. Der Pariser Frieden 1814 brachte es endlich mit Ausnahme eines Ausschnittes an der westlichen Grenze (Berchtesgaden) bleibend an Oesterreich.

Steiermark.
(22.454 ☐Kilom. = 408 ☐Meil. — 1,138.000 E.)

Güth G., Steiermark. Geogr.-stat.-top. Wien. 1840. 8. 3 Bde.

Deutschland. Das malerische. 8 Sect. M. d. bes. Titel: Seidel J. G. Wanderung durch Tirol und Steiermark. Leipzig 1841. 8. 2 Bde.

(Hofrichter) Wegweiser durch Steiermark. Graz 1843. 8. 105 S.

Mittheilungen d. histor. Vereins f. Steiermark. Graz 1850... 8.

Kohl J. G., Reise in Steiermark. Leipzig 1853. 8. 356 S.

Herzog Jos., Geografie v. Steiermark. Graz 1854. 8. 176 S.

Ansichten aus Steiermark. Graz 1859—67. 4. 12 Hefte.

Bild, Ein treues, d. Hz. Steiermark v. Dr. F. Hlubeck, Graz 1860. 4. 448 S.

Macher M., Dr., Med.-Stat. Topographie v. Steiermark. Gekrönte Preisschrift. Augsburg 1860. 8. 388 S.

Reichert K. Einst und Jetzt. Album Steiermarks. Graz 1864. 4. 3 Bde.

Tomberger Fz., Heimatskunde d. H. Steiermark. M. 1 Karte. F. Volks- und Bürgerschulen. 2. Aufl. Graz 1872.

Karten.

Karte d. Kgr. Illyrien und Steiermarks nebst d. ungar. Litorale. Gez. v. Gen.-Quartm.-St. 1834.

Generalkarte d. H. Steiermark nach d. Specialkarte reduc. im k. k. mil.-geogr. Inst. Wien 1842. 4 Blätt.

Schulz R. A., General-, Post- und Strassenkarte d. H. Steiermark. M. pol. Einteilung. Wien 1868. Fol.

Graef C., Steiermark, Kärnten, Krain, Görz, Gradisca, Istrien. Triest 1:600.000. Weimar 1869. Fol.

---

[1]) Von grossem Interesse ist die Behauptung des Bischofs Virgilius von Salzburg (Schülers Beda des Ehrwürdigen): es gäbe eine andere Welt und andere Menschen unter der Erde (Antipoden), wodurch er in Conflict mit dem Papste Zacharias und Bonifacius kam.

Zwiednieck-Südenhorst, Dr., Wandkarte v. Steiermark f. Volksschulen. Lith. color. Graz 1871. 4 Blätt.
Kozenn B., Wandkarte v. Steiermark. 1:180.000. Wien 1874. 9 Blätt.
Specialkarte von Steiermark mit Kärnten, Krain, Istrien und den k. ung. Küstenlande. Vom k. k. mil.-geogr. Inst. Kupfst. 1:144.000. Wien. 37 Blätter.
Generalkarte von Steiermark. V. k. k. mil.-geog. Inst. Kupfst. 1:288.000 Wien. 4 Blätter.

Physische Geographie [1]. Steiermark hat Anteil an allen drei Alpenzonen. Vom centralen Gürtel nehmen den grössten Teil des Landes die zwei Hauptketten der steirischen Alpen [2] ein. Die Eine Hauptkette streicht als niedrige Tauern zwischen der Enns und Mur östlich bis zum Paltentale, dem Rottenmanner Tauern und dem Liesingtale, und zerfällt in die Radstädter Tauern (Hoch-Golling 2859^m, 9000′), Wölzer Alpen, Rottenmanner Tauern [3] und die Seckauer Alpen [4]. Oestlich von den niedrigen Tauern erfüllt den Raum bis an den Erzbach [5], den Prebühl (oder Vordernberger Joch) und den Bergerbach [6] das Reichensteingebirge mit dem Erzberg (bei Eisenerz, dessen Reichtum an Eisenerz auf 900 Mill. Ctr. berechnet ist, und von welchem jährlich etwa 1 Mill. Ctr. Eisenstein gewonnen werden). Durch das Vordernberger Joch hängt mit dieser Gruppe der Hochschwab zusammen, ein massiger Kalkstock mit vielen Spitzen, deren höchste, der Hochschwab (im engeren Sinne) 2268^m (7170′) erreicht und die ganze Gegend nördlich und östlich beherrscht. Nördlich vom Seewiesner Joch [7] erhebt sich die Veitsch-Alpe, 1974^m (6242′), welche durch das obere Mürztal vom Semmering getrennt ist. Das **Kärntner steirische Urgebirge** (die geradlinige Fortsetzung der hohen Tauern vom Hafnereck) bildet in seinem Längen- und Querzuge die politische Grenze gegen Kärnten,

---

[1] Zollikofer Th., Geognost. Skizze v. Steiermark. Graz 1859. Fol. — Zollikofer Th. u. Gobanz Jos., Höhenbestimmungen in Steiermark. Graz 1864. 8. 70 S. 1 Karte. — Uebersichtskarte, Geologische, des Herzogtums Steiermark. Graz 1865. — Stur Dionis, Geologie der Steiermark. Graz 1871. 4. 650. S. Karte in 4 Blätt. — Graef C., Steierm., Kärnten, Krain, Görz, Gradisca, Triest, oro-hydr. 1:600.000. Weimar 1864. — Streffleur V. u. Steinhauser A., Hypsom. Uebersichtskarte d. H. Steiermark, Wien. Schulbücherverlag.

[2] Eingeschlossen von der Enns, Salzach, dem Niederalpel, Mürz-, Mur- und Drautale.

[3] Der nordöstliche Gebirgsstock am Enns- und Paltentale.

[4] Zwischen Pöls und Liesing. — Die durchschnittliche Kammhöhe, welche in den hohen Tauern 8000′ beträgt, sinkt in den niedrigen Tauern auf 5500′.

[5] Ein Nebenfluss der Enns, an welchem Eisenerz liegt und welcher bei Hieflau mündet.

[6] An welchem Vordernberg liegt und der bei Leoben in die Mur mündet.

[7] Verbindung des Aschbachtales (Nebental des Salzachtales) mit dem Scheiterl-Graben (bei Bruck in das Mürztal mündend).

erhebt sich in der Stangalpe auf mehr als 2212^m (7000′), im Königsstuhl, dem Grenzsteine zwischen Salzburg, Steiermark und Kärnten auf 2489^m (7870′), im Eisenhut auf 2440^m (7720′), senkt sich aber schon in der Kuhalpe auf 2093^m (6624′). Zwischen der Neumarkter Einsattlung [1]) und dem Obdacher Uebergange [2]) führt es den Namen Judenburger Alpen, und heisst in seiner nordöstlichen Fortsetzung bis zum Murwinkel die Brucker Alpen. Der von diesen südlich streichende Zug, die Stainzer Alpen, gliedert sich in die Pack- und die Koralpe und in den am Nordufer der Drau nach Marburg sich vorschiebenden Posruck. Das **steirisch-ungarische Urgebirge** [3]) erhebt sich noch im Wechsel an der niederösterr. Grenze auf 1738^m (5490′), senkt sich bereits in den cetischen oder Fischbacher Alpen [4]), und geht weiter südlich vom Grazer Parallel an in die Hügelform über [5]). Von den **salzburgisch-oberösterreichischen Alpen** (Salzach — Enns - Gruppe) fallen in das Ennstal ab der Dachstein (welchem der Grimming, 2346^m (7420′) hoch, isolirt vorgelagert ist), das todte Gebirge und der Pyrgas mit dem Buchstein 2215^m (7001′). Von den **niederösterreichischen Alpen** (der Enns — Leitha - Gruppe) stürzen nach Steiermark ab die Voralpe, die Dürrensteingruppe, die Schnee- und die Raxalpe [6]). Steiermark südlich von der Drau liegt in der südlichen Alpenzone. Die Steiner Alpen [mit dem Oistritza 2347^m (7426′)] zwischen Sann und Sau, sowie das Bachergebirge gehören zur **westlichen Drau—Savegruppe** (ostkarnische Alpen), während das Bergland von Cilli [7]) und das Matzelgebirge [8]) schon im Bereiche der **östlichen Drau—Savegruppe** (kroatisch-slavonische Alpen) liegen. — Ausgedehnte Ebenen hat Steiermark nicht, doch sind von den Murtal- und Drautalerweiterungen das Grazer, Leibnitzer und Pettauerfeld zu erwähnen. — Steiermark liegt ganz im Stromgebiete der Donau. Der Hauptfluss ist die Mur, welche im anfänglichen östlichen Laufe den Pöls-, Liesing- und Bergerbach aufnimmt, durch die Mürz verstärkt und schiffbar geworden, das Gebirge durchbricht [9]) und eine südliche Richtung einschlägt. Die Drau und die Save mit der Sann. Die Raab mit der Feistritz. Das nord-

---

[1]) Vom Murtale ins Kärntnerische Metnitztal.
[2]) ins Lavanttal.
[3]) Oestlich vom Gschaid, der Mürz und Mur.
[4]) Westlich von der Feistritz.
[5]) Nordöstlich von Graz erhebt sich der Schöckel auf 1437^m Macher M., Dr., Führer auf das Schökelgebirge. Graz 1873. 16. 46 S.
[6]) Letztere von der Mürz und dem Raxenbache umflossen.
[7]) östlich von der unteren Sann.
[8]) an der kroatischen Grenze.
[9]) In den Centralalpen der einzige Durchbruch des Hauptkammes.

westliche Längental Steiermarks durchfliesst die Enns in reissendem Laufe (Gesäuse zwischen Admont und Hieflau) und durchbricht plötzlich, nachdem sie durch die Salzach schiffbar geworden, an der Landesgrenze die Kalkalpen. Ein kleiner Landstrich im äussersten Nordwesten gehört zum Gebiete der Traun, welche sich aus den Abflüssen des Ausseer Sees und der zusammenhängenden malerischen Grundel-Toplitz- und Kammersees, und drittens aus einem südlichen Quellbache [1]) zusammensetzt, und nach kurzem Laufe nach Oberösterreich übertritt. Der Leopoldsteiner See [2]) und an der niederösterreichischen Grenze der Erlafsee. Die mittlere Jahrestemperatur von Graz ist 9·1⁰ C.; die Menge der Niederschläge ist in Graz 74 Centim. In Mittel-Steiermark herrscht der Nordwest-, in Südsteiermark der Südwestwind vor.

Politische Geographie [3]). Die Zahl der Mitglieder des steirischen Landtages beträgt 63 [4]). Die oberste politische Stelle ist die Statthalterei in Graz, welcher die 19 Bezirks-Hauptmannschaften des Landes, sowie die Städte Graz, Marburg und Cilli, welche ein eigenes Statut haben, untergeordnet sind.

1. Bezirk Graz. — Graz [5]) (Grätz) 81.000 E. Landeshauptstadt, Sitz der Landesvertretung und des Statthalters, des Ober-Landes-Gerichtes für Steiermark, Kärnten und Krain, des Landes-Gerichtes und des Bischofs von Seckau, Carl Franzens-Universität mit Bibliothek (70.00 Bd.), technische Hochschule (Joanneum [6]), Akademie für Handel und Industrie, 2 G., 2 R., LB., LiB., Mausoleum Ferdinands II. — Voitsberg + u. Köflach ausgedehnte Kohlenlager. — Fronleiten +. — Tobelbad [7]), Curort.

---

[1]) dem Abflusse des kleinen Oedensee.
[2]) nordöstlich von Eisenerz.
[3]) Ortsrepertorium d. H. Steiermark. Graz 1872. 8. 164 S. — Süss M. V., Burgen und Schlösser in Steiermark. Salzburg 1854. 8. 46 S. 4 Lith.
[4]) Die Fürstbischöfe von Seckau (Graz) und Lavant (Marburg), der Grazer Rector magnificus, 12 Abgeordnete der Grossgrundbesitzer, je 3 von den Handelskammern in Graz und Leoben. 19 Abgeordnete der Städte und Märkte und 23 der Landgemeinden. — Berichte, Stenogr., über d. Verhandlungen d. Landtages v. Steiermark. Graz. 4.
[5]) Schreiner G., Dr. Graetz. Naturh. statist. top. Graz 1843. 8. 570 S. — Stainach, Beschreibung v. Graz. Graz 1844. 8. 124 S. — Wassler, Plan v. Graz. 1 : 5760 chromol. Graz 1871. 4 Blätt. — Fremdenführer in Graz und Umgebung. Graz 1873. 16. 90 S. — Kalchberg, Der Grazer Schlossberg und Umgebung. Graz 1856. 8. 212 S. — Umgebungskarte von Graz. V. k. k. m. g. Inst. Lith. 1 : 144000. 10 Blätter.
[6]) Joanneum. Graz. 4. — Göth G., Dr. Joanneum. Graz 1861. 8. 323 S.
[7]) Schüler Max. J., Dr. Tobelbad. Wien 1864. 8. 69 S. — Kottowitz Gust., Dr., Tobelbad. Wien 1870. 8. 131 S.

2. **Bezirk Judenburg.** — Judenburg †. im Mittelalter Stapelplatz für den deutsch-italienischen Handel. — Knittelfeld [1] †, Eisenwerke. — Ober-Zeiring †. — Obdach †.
3. **Bezirk Murau.** — Murau †. Stahlerzeugung. — St. Lambrecht, Benediktinerstift. — Ober-Wölz †. — Neumarkt †.
4. **Bezirk Liezen.** — Liezen †. Pferdemärkte, Eisenwerke. — Admont [2]. Benediktinerabtei 1074 vom Erzbischofe Gebhard von Salzburg gestiftet. — Rottenmann †. — St. Gallen †.
5. **Bezirk Gröbming** †. — Aussee [3] †. Hauptort des steirischen Salzkammergutes, Salzsudhaus. — Schladming †. — Irning †.
6. **Bezirk Leoben.** — Leoben *. Montanistische Lehranstalt, RG. Eisenwerke. Präliminarfriede 1797. — Eisenerz † und Vordernberg, Eisenbergbau. — Hieflau, Hochöfen. — Mautern †.
7. **Bezirk Bruck.** — Bruck a/M. †. Eisenhandel. — Mürzzuschlag †, Eisenwerke. — Neuberg, (am Fusse der Schneealpe) Hochöfen, Schienen-Walzwerk. — Maria-Zell †, berühmter Wallfahrtsort [4]), Eisengusswerk. — Kindberg †. — Aflenz †.
8. **Bezirk Hartberg** †. — Vorau †, Chorherrenstift. Bibliothek (Vorauer Handschrift). — Friedberg †. — Pollau †.
9. **Bezirk Weiz** †. — Birkfeld †. — Gleisdorf †. — St. Radegund [5]), Badeort.
10. **Bezirk Feldbach** . — Fürstenfeld †, Tabakfabrik. — Gleichenberg [6]). Bad. — Fehring †. — Kirchbach †.
11. **Bezirk Radkersburg.** — Radkersburg †, Weinbau. — Mureck †.
12. **Bezirk Leibnitz.** — Leibnitz †. römische Altertümer. In der Nähe das Schloss Seckau. — Wildon †. — Arnfels †.
13. **Bezirk Landsberg** †. — Eibiswald †. Eisenwerke und Steinkohlengruben. — Stainz †.

---

[1] Sonntag Joh. V., Knittelfeld. Graz 1844. 8. 6 Bg.
[2] Fuchs G., Gesch. d. Stift. Admont. Graz 1859. 8. 256 S. — Weymayer Thass., Der Tourist in Admont. Wien 1872. 8. 90 S.
[3] Schreiber Jos., Dr. Soolbad Aussee. M. Karte. Wien 1870. 8. 105. S. — Pohl Ed., Dr. Aussee. Wien 1871. 8. 181 S.
[4] Die Kirche 1363 von Ludwig I. von Ungarn gegründet, birgt in der Mitte die 1200 erbaute Gnadenkapelle mit dem 18" hohen aus Lindenholz geschnitzten Marienbilde. — Macher M., Hist.-top. Darstellung v. Maria-Zell. Wien 1832. 8. 119 S. Macher M., Fremdenführer n. Maria-Zell. Wien 1856. 8. 153 S.
[5] Macher Math., Dr. St. Radegund, Kaltwasserheilanstalt. Wien 1868. 8. 71 S.
[6] Puff Rud., Dr. Erinnerungen an Gleichenberg. M. 17 lith. Ansichten. Graz 1839. 8. 4¾ Bg. — Puff R., Wegweiser f. Gleichenberg. Graz 1845. 16. 108 S., 1 Karte. — Kottowitz Gust., Dr. Gleichenberg. Wien 1847. 8. 144 S. — Mitterbacher Fr., Dr. Bilder aus Gleichenberg. Graz. 1856. 8. 99 S. — Prašil W W., Dr., Gleichenberg u. s. Umgebungen. Wien 1865. 8. 370 S.

14. Bezirk Windisch-Graetz †. — Schönstein †. — Mahrenberg †.
15. Bezirk Cilli. — Cilli * (das röm. Celeja) G., R., Tüffer †, Bad. — Oberburg †. — Franz †. — Gonobitz †. — St. Marein † (bei Erlachstein). — Neuhaus [1]), Mineralbad. — Römerbad [2]).
16. Bezirk Rann. — Rann †, Weinbau. — Drachenburg †. Liechtenwald †.
17. Bezirk Pettau. — Pettau [3]) † (das röm. Petovium), Weinbau, RG. — Rohitsch [4]) †, Sauerbrunnen. — Friedau †.
18. Bezirk Luttenberg. — Luttenberg †), Weinbau. — Ober-Radkersburg †.
19. Bezirk Marburg. — Marburg [5]) †, Sitz des Bischofs von Lavant, Weinbau. G., R., LiB. — Windisch-Feistritz †. — St. Leonhard †.

Culturbild. Die Agriculturverhältnisse von Ober-Steiermark und Unter-Steiermark gestalten sich in Folge der Bodenbeschaffenheit sehr verschieden. Die Getreideproduction deckt den Bedarf des Landes nicht. In Südsteiermark wird mit Erfolg der Weinbau betrieben. (Marburg, Luttenberg [Jerusalem] Kerschbach). Die Viehzucht wird begünstigt durch die Almwirtschaft. Ausgezeichnetes Hornvieh erzeugt das Mürztal, schwere Pferde das Ennstal. Die wichtigsten Producte des Bergbaues sind Eisen (1½ Mill. Ztn.), Kohle (Köflach, Eibiswald) und Salz (½ Mill. Ztn., Aussee). Die Industrie [6]) beschäftigt sich vornehmlich mit der Erzeugung von Eisenwaaren, welche nach Italien, Frankreich, Deutschland und Russland verführt werden. Für die Elementarbildung sorgen 690 Volksschulen [7]) darunter 3 Bürgerschulen, welche im J. 1871 aus 167.708 schulpflichtigen Kindern blos von 100.146 besucht wurden. Für den höheren Unterricht bestehen 4 Gymnas., 2 Realgymnas., 3 Realschulen, 1 Bildungsanstalt für Lehrer und 2 für Lehrerinen, die Universität, die technische Hochschule in Graz und die Montanschule in Leoben.

---

[1]) Schüler Max. Jos., Dr., Neuhaus. Wien 1862. 8. 68 S. — Paltauf C. S., Dr., Neuhaus. Wien 1871 8. 60. S.

[2]) Mayerhofer Herm., Dr., Römerbad. Wien 1874. 8. 118 S.

[3]) Raisp Fd., Pettau topogr.-histor. Graz 1858. 8. 308 S.

[4]) Reitterer, Sauerbrunnen bei Rohitsch. Graz. 4. (Kartendruck). — Burghardt Jos., Dr., Vademecum v. Rohitsch. Wien 1868. 8. 88 S. — Burghardt Jos., Umgebungskarte v. Rohitsch. Wien 1869. — Fröhlich E. H., Dr., Bad Rohitsch. Wien 1865. 8. 219 S.

[5]) Henninger Al., Marburg und s. Umgebung. M. 8 Stahlst. Marburg 1857. 8. 40 S.

[6]) Bericht, Statistischer, der Grazer Handels- und Gewerbekammer f. d. J. 1869 und 1870. Graz 1872. 8. 344. S.

[7]) Jahrbuch f. d. Volksschulen Steiermarks v. Kremer. Graz 1871. 8. — Obentraut Ad., Der Ortsschulrath. Wien 1874. 8. 100 S.

Bevölkerung. Etwa zwei Dritteile der Bevölkerung sind deutsch. Das letzte Drittel, zu welchem die Bewohner der sogen. windischen Mark zwischen Drau und Sau gehören, ist slovenisch. Die herrschende Religion ist der Katholicismus.

Geschichtsbild [1]). Die Römer wiesen nach der Unterjochung der keltischen Taurisker im heutigen Steiermark den westlichen Teil des Landes Noricum dem östlichen Panonnien zu. Die merkwürdigeren röm. Orte Südsteiermarks waren Poetovium und Celeja, an der Strasse Carnuntum - Aemona - Aquileja gelegen. Celeja stand überdies noch mit Virunum (in Kärnten) in Verbindung. Ober-Steiermark war durchschnitten von einer Strasse, die von Ober-Oesterreich über den Pyhrnpass ins Ennstal lief und sich am oberen Ende des Paltentales teilte. Die Eine Strassenlinie zog sich das Liesingtal hinab, um über den Obdacher Sattel Kärnten zu erreichen, während die andere Linie das Pölstal hinablief, um bei Noreja die Neumarkter Einsattlung zu übersetzen. Ueberdies zog sich noch eine Strasse von Tamasici [2]) die Mur herab, welche südlich von en Murio (Murau) den kärntisch-steirischen Urgebirgskamm am Tiefenbacher Sattel überstieg. Das Christentum fand frühzeitig Eingang: Pettau und Cilli waren röm. Bischofssitze. Nach dem Verschwinden der Römerherrschaft setzten sich im südlichen Teile des Landes im 6. Jahrhunderte Slaven (Winden, daher windische Mark) fest, im nördlichen die Avaren, welche aber durch die Slaven und Bajovaren verdrängt wurden. Karl der Gr. verteilte, nachdem er sich durch Tassilo's Absetzung (788) in Besitz des östlichen Alpenlandes also auch Steiermarks gesetzt hatte, dieses unter mehrere Grafen, von welchen bald die Markgrafen von Carantanien über das ganze westliche und südliche Land herrschten, während im Norden der Enns nach und nach die Grafen von Traungau oder Styre eine vorzügliche Stellung einnahmen. Aus diesen wurde Ottokar I. (983) wegen seiner Tapferkeit als Markgraf gegen die Ungarn eingesetzt. Von seinen Nachkommen, welche ihre Herrschaft mehr und mehr gegen Süden und Osten erweiterten, erhielt Ottokar VI. von Kaiser Friedrich I. die Herzogswürde (1180). Dieser Ottokar, der erste und letzte steirische Herzog aus der Familie Traungauer, litt an einer unheilbaren Krankheit und schloss 1186 mit Leopold V. von Oesterreich einen Erbfolgevertrag, zu Folge dessen nach seinem Tode (1192) Steiermark an den Herzog von Oesterreich fiel.

---

[1]) Beiträge zur Kunde steiermärkischer Geschichtsquellen. Graz. 8.
[2]) Tamsweg im Salzburgischen.

Kärnten.

(10.373 ☐Kilom. = 188 ☐Meil. 337.700 Einw.)

Wagner Jos., Album für Kärnten. Klagenfurt 1845. 4. 224 S. Viele Lithogr.
„ „ Kärnten, geogr.-histor. Mit 1 Karte. Klagenfurt 1847. 8. 226 S.
Archiv für vaterl. Geschichte und Topographie von Kärnten. Red. Ankershofen. Klagenfurt 1849...8.
Handbuch des Herzogt. Kärnten. Klagenfurt 1856. 8. 312 S.
Wagner Jos. und Hartmann V., Führer durch Kärnten. Klagenfurt 1861. 16. 270 S. 1 Karte.
Pernhart M., Bilder aus Kärnten. Klagenfurt 1863. Fol. 25 Liefg.
Rauschenfels Ant., Bilder aus dem Kärntner Oberlande. Klagenfurt 1871. 8. 195 S.
Petritsch F., Heimatskunde von Kärnten. Klagenfurt 1871. 8. 191 S.
Jabornegg Gamsenegg M., Kärnten und Klagenfurt. Mit 1 chromolith. Karte. Klagenfurt 1872. 16. 72 S.

Karten.

Karte des Königr. Illyrien. Sieh Steiermark.
Pauliny J. J., Kärnten. 1 : 360.000. Klagenfurt 1860.
Graef C. Sieh Steiermark.
Specialkarte von Steiermark mit Kärnten etc. Sieh Steiermark.
General-Karte von Kärnten, Krain, Istrien und dem k. ung. Küstenlande. Vom k. k. mil.-geogr. Institute. Kupferstich. 1 : 288.000. Wien. 4 Blätter.
Kozenn B. Wandkarte von Kärnten. 1 : 148.000. Wien 1874. 2 Blätter.

Physische Geographie[1]). Das Herzogtum Kärnten, welches sich wie ein Rechteck darstellt, wird durch ein Längental, das Drautal, in einen grösseren nördlichen und einen kleineren südlichen Teil geschieden. Der nördliche Landstrich liegt in der Urgebirgszone, der andere im südlichen Alpengürtel. Die **hohen Tauern** erfüllen den nordwestlichen Teil des Landes. Der Hauptkamm derselben zieht sich an der salzburgischen Grenze bis zur Arlscharte, dem Malta- und Liesertale. Kamm und Gipfelhöhe senken sich im östlichen Verlaufe der Kette. [Der noch in Sommernächten um 10 Uhr von der Sonne beleuchtete Ankogel, 3253^m (10.290′), der Hochalmspitz, 3258^m (10.306′)]. Der Culminationspunkt der hohen Tauern liegt nicht in ihrer Hauptkette, sondern in einer südlichen Vorlage, welche von der nordwestlichsten Spitze Kärntens als tirolische Grenze südöstlich bis an die Drau und dann östlich bis an die Möllmündung zieht. In dieser Kette erhebt sich der Gross-

---

[1]) Demmer, Uebersichtskarten von den in Kärnten trigonom. bestimmten Höhen. Wien 1870. 1 : 288.000. — Graef C. Sieh Steiermark. — Streffleur V. und Steinhauser A., Hyps. Uebersichtskarte von Kärnten, Krain, Görz, Gradisca, Triest, Istrien. Wien. Schulbücherverlag.

glockner[1]), der König der Ostalpen auf 3799ᵐ (12.018′). Sein östlicher Abhang stürzt steil ab in die oberste Stufe des Mölltales, welche von einer grossen Eismasse, (der grössten in den Tauern) erfüllt wird: der Pasterze[2]). Auch die Glocknergräte senkt sich mehr und mehr südwärts, das Petzeck misst noch 3277ᵐ (10.368′), während das Kreuzeck sich nur mehr auf 2781ᵐ (8797′) erhebt. Der Kreuzeckstock ist vom Petzeck durch den Iselübergang[3]) getrennt. Den nördlichen Raum Kärntens, östlich von den hohen Tauern, durchziehen die Ausläufer des **kärntner-steirischen Urgebirges**. Vom Hafnereck (3093ᵐ, 9784′), streichen zwischen dem Malta-[4]) Liesertale, dem Katschtauern und dem obersten Murtale (in Salzburg), in südöstlicher Richtung die Pöllaer Alpen. Der vom Katschtauern[5]) dem Lieser-, Drau-, dem unteren Gurk- und dem Metnitztale eingeschlossene Raum ist ausgefüllt von der Stangalpe (Königsstuhl, Eisenhut,) als deren südliche Fortsetzungen die Milstädter Alpe und die Gerlitzer Alpe anzusehen sind. In das obere Metnitztal dacht sich die Kuhalpe ab. Zwischen der Neumarkter Einsattlung, der Metnitz und Gurk einerseits, dem Obdacher Sattel und der Lavant anderseits, erstrecken sich von Steiermark die Judenburger Alpen nach Kärnten, welche hier den Namen die Saualpe führen. Dieser Gebirgszug ist ausgezeichnet durch seinen Eisenerzreichtum. Der Hüttenberg (der kärntnerische Erzberg) liefert jährlich bei 150.000 Ctr. Roheisen. Noch 1000 Jahre können die Gruben gleichen Gewinn abwerfen[6]). Die östliche Grenze Kärntens gegen Steiermark

---

[1]) Schultes, Reise auf den Glockner. Wien 1804. 8. 2 Bde. — Ruthner A., Wanderungen auf dem Glocknergebiete. Wien 1857. 4. 38 S. — Wiedenmann P., Karte der Glocknergruppe. München 1871. Fol. 1 : 66.000 chromol. — Hofmann K., Die Glocknergruppe (in der Zeitschrift des deutschen Alpenvereines. II. Bd. München 1871).

[2]) Der Pasterzengletscher vereinigt in sich alle Eigentümlichkeiten und Schönheiten der grössten und schönsten Gletscher der Alpenwelt; man überwandert ihn stundenlang, blickt in seine blauen Klüfte und runden Eislöcher fast ohne alle Gefahr, so lange man nur dem Führer folgt. Im oberen Teile umfängt den Fremden das grossartigste Amphitheater von Eisgebirgen, das sich denken lässt. — Im Hintergrunde steigt stundenweit der Firn in grünen Stufen empor zum obersten Keesboden, über welchem endlich der sanftgewölbte Schneedom des Johannesberges sich fleckenlos in den blauen Aether erhebt. Schaubach Bd. V. S. 98. — Das Glocknerpanorama ist von Pernhart gemalt.

[3]) aus dem Mölltale (Winklern) ins Drautal (nach Tirol).

[4]) Ruthner A., Das Maltathal. Wien 1861. 8. 28 S.

[5]) Der erste fahrbare Uebergang über den Hauptkamm des Urgebirges, in dessen östlichem Verlaufe vom Brenner.

[6]) Wahrscheinlich haben schon die Römer dieses Erzlager gekannt, der Sage nach waren die Nägel vom Kreuze Christi vom Hüttenberg.

bilden die Brucker und die Stainzer Alpen (Pack- und Koralpe). Kärnten, südlich von der Drau, von der unteren Gail, dem Gailitzbache, der Saifnitzer Wasserscheide [1]) begrenzt, liegt im Gebiete der **Piave — Tagliamento-Gruppe** oder der **westkarnischen Alpen**, welche von Tirol her in zwei mächtigen, parallelen, durch die Gail getrennten Ketten südöstlich streichen. Die nördliche davon, die Gailtaler Alpen, culminirt im Reiskofel (2362^m, 7472') und endet in Dobratsch- oder Villacher Alpe [2]) (2154^m, 6814'). Diese ist ausgestattet mit einem grossen Reichtum an Bleierz, von dem eine jährliche Menge von 40.000 Ctr. gewonnen wird [3]). Die südliche Kette der westkarnischen Alpen führt den Namen die karnischen Alpen (im engeren Sinne) und weist eine ähnliche Gipfel- [4]) und Kammhöhenentwicklung auf. An dem kleinen Flächenraume südlich von der Fella, dem Pass von Malborghet oder Ponteba, der Seifnitzer Wasserscheide und dem Weissenfelser Passe haben die **Julischen Alpen (die Tagliamento—Save-Gruppe)** Anteil. Der Predil vermittelt in dieser die Verbindung des Gailtales mit der Flitscher Klause im Isonzotale. Von den **ostkarnischen Alpen** erfüllen Kärnten teilweise die Karawanken und die Steiner Alpen. Erstere ziehen sich vom Weissenfelser Uebergange östlich als natürliche Grenze gegen Krain bis zum Seeberg- oder Kankerpasse [5]), fallen nach Norden sehr steil ab und gewähren durch den Wurzner Pass und den Loibl (1355^m, 4286') eine Verbindung zwischen dem Drau- und Sautale [6]). Im Stou Vrch erheben sie sich auf 2233^m (7064'). Oestlich vom Kankerpasse entfaltet die Kalkalpennatur in den Steiner Alpen zum letzten Male in ausgeprägten Formen ihre ganze Eigentümlichkeit. Der Grintouc erreicht noch 2555^m (8085'). — Das Haupttal des Landes ist das Drautal, welches sich bei Villach erweitert und bis zur Mündung der Lavant eine ziemlich breite und fruchtbare Flussebene bildet. Unter den nördlichen Nebentälern sind die westlichen enge, wenig fruchtbare

---

[1]) Zwischen Tarvis und Malborghet.
[2]) Pernhardt M., Panorama der Villacher Alpe. Klagenfurt 1871. Lith. Fol.
[3]) Sehenswert ist die Südseite dieses Berges, auf welcher vor mehr als 500 Jahren ein grosser Bergsturz eintrat. Am 25. Januar 1348 stand der Prälat von Arnoldstein am Altare, hörte ein dumpfes, donnerähnliches Getöse und erblickte durch das Kirchenfenster, wie der Gipfel des Berges wie ein vom Winde bewegter Baum hinunterschwankte. Während er mit der Gemeinde zum Gebete niederkniete, barst der Berg, der See auf der Höhe versank, die südwestliche Seite stürzte herab, und begrub 10 Dörfer, 3 Schlösser und 7 Weiler. Noch jetzt gräbt man Knochen und andere Spuren der verschütteten Orte aus. (Schaubach Bd. V, S. 143).
[4]) Bei 7000'.
[5]) Vom Drautale ins Tal des Kanker, eines Nebenflusses der Save in Krain.
[6]) Kärnten und Krain.

Gebirgstäler (Möll- [1]) und Liesertal), während die östlichen, das Gurktal [2]) und das Lavanttal [3]) bei grösserer Breite auch grössere Fruchtbarkeit zeigen. Das Gailtal zeichnet sich durch eine seltene Geradlinigkeit aus. — Mit Ausnahme der Fella, welche dem Tagliamento zufliesst, gehören alle Gewässer zum Gebiete der Donau. Der Hauptfluss des Landes ist die Drau, welche links die Möll, die Lieser mit der Malta, die Gurk mit der Metnitz, Görtschitz und Glan, die Lavant und rechts die Gail aufnimmt. Kärnten hat die grössten Seen der alpinen Urgebirgszone [4]): den Millstädter, den Ossiacher und den Wörther oder Klagenfurter See. Die Gailtaler Alpen bergen den Weissen See. Ueberdies findet sich noch eine grosse Anzahl Seen in Höhen von über 1600^m (5000'). In Klagenfurt ist die mittlere Jahrestemperatur 7·1º C. und die mittlere Menge des Niederschlages 95 Centim. Vorherrschend ist der Südwestwind. Die Zahl der Gewitter über 25 [5]).

Politische Geographie [6]). Der Landtag besteht aus 37 Mitgliedern [7]). Dem **Landespräsidium** in Klagenfurt unterstehen die 7 **politischen Bezirke**, in welche das Land eingeteilt ist, und die Stadt Klagenfurt. Früher war das Land in Ober- und Unter-Kärnten geteilt.

1. **Bezirk Klagenfurt.** — Klagenfurt [8]) (15.300 Einw.), Landeshauptstadt, Sitz der Landesregierung, des Landesgerichtes und Fürsterzbischofs von Gurk. Studienbibliothek (mit 33.000 Bd.) G., R., LB., LiB., Handels- und Gewerbekammer. — Maria-Saal, Herzogstuhl. — Ferlach+, Gewehrfabrication. — Feldkirchen+.

2. **Bezirk Völkermarkt.** — Völkermarkt+, Vieh- und Getreidehandel. — Bleiburg+. Eisenhämmer. — Ebendorf+. — Kappel+.

---

[1]) Wagner Josef. Das Möllthal und der Grossglockner. Klagenfurt 1856. S. 66 S.

[2]) Eine grosse Bedeutung in der Landesgeschichte hat der untere Teil des Glantales: das Zoll-, Soll- oder Saalfeld.

[3]) Wagner Josef, Das Lavanttal hist.-maler. Klagenfurt 1849. 16. 141 S.

[4]) in Oesterreich und abgesehen vom Plattensee im östlichen Vorlande.

[5]) Prettner Josef, Klima von Kärnten. Klagenfurt 1873. 8. 211 S.

[6]) Ortsrepertorium des Herzogt. Kärnten. Wien 1872. 8. 405 S.

[7]) dem Fürstbischofe von Gurk (Klagenfurt), 10 Abgeordneten des Grossgrundbesitzes, 9 der Städte und Märkte. 3 der Klagenfurter Handelskammer, 14 der Landgemeinden. — Protokolle, Stenogr., des Kärntner Landtages. Klagenfurt. 4. — Landesgesetz und Verordnungsblatt für das Herzogtum Kärnten. Klagenfurt. 4.

[8]) Hermann H.. Klagenfurt wie es war und ist. Klagenfurt 1832. 8. 284 S. 3 Tafeln. — Wagner Josef, Klagenfurt und Umgebung. Mit Karte. Klagenfurt 1849. 16. 160 S. — Orientirungs-Karte der Umgebung und Plan von Klagenfurt. Lithogr. Klagenfurt 1874. Fol.

3. **Bezirk Wolfsberg.** — Wolfsberg †, Bleiweiss- und Bleizuckerfabrik. — St. Leonhard†, Eisengruben. — St. Paul†, Benediktinerstift, UG.
4. **Bezirk St. Veit.** — St. Veit†, bis 1518 Kärntens Hauptstadt, Hauptniederlage des kärntnerischen Roheisens. — Hüttenberg und Friesach†, Eisengruben. — Eberstein†. — Gurk†. — Althofen†.
5. **Bezirk Spital.** — Spital† und Gmünd†, Eisenwerke. — Millstadt†. Greifenburg†. — Ober-Vellach†. — Winklern†. —
6. **Bezirk Hermagor**†. — Kötschach†.
7. **Bezirk Villach.** — Villach†, RG., Schrotgiesserei. — Bleiberg, Blei- und Zinkbergbau. — Tarvis†, Strassen- und Eisenbahnknoten· — Roseck†. — Arnoldstein†. — Paternion†.

Culturbild. Der Ertrag des Ackerbaues, der im unteren Drautale, Gurk- und Lavanttale auf Weizen und Mais, in den Hochgebirgstälern kümmerlich auf Roggen und Hafer betrieben wird, deckt nicht den Bedarf des Landes; dagegen weist die Viehzucht, besonders die Hornvieh-, Pferde- und teilweise die Schafzucht schöne Resultate auf. Vor allen aber hervorzuheben ist der Bergbau. Kärnten teilt den Reichtum an Eisen mit Steiermark und producirt davon 1,340.000 Ctr. (Hüttenberg, Friesach). Einzig aber unter allen Kronländern steht Kärnten durch seinen jährlichen Gewinn von 70.000 Ctr. Blei da (Bleiburg). Die jährliche Ausbeute an Kohle beträgt über 1 Mill. Ctr. In keinem anderen Kronlande leben relativ so viele Menschen vom Bergbau. Industrie [1]) und Handel beschäftigen sich vornehmlich mit der Verarbeitung und Verführung der gewonnenen Metalle. Eines guten Rufes erfreuen sich die Bleiweissfabriken in Klagenfurt und Wolfsberg. Für die geistige Entwicklung sorgen 318 Volksschulen [2]), welche im Jahre 1871 aus 50.874 schulpflichtigen Kindern von 30.450 besucht wurden, 1 Gymnasium, 1 Untergymnasium, 1 Realschule, 1 Realgymnasium und je eine Bildungsanstalt für Lehrer und Lehrerinen.

Bevölkerung. Etwa 100.000 Einwohner sind Slovenen, die übrigen Deutsche. Jene bewohnen den von der Drau südlich gelegenen Teil des Landes. Mit Ausnahme von 18.000 Anhängern der Augsburger Confession ist die Bevölkerung katholisch.

Geschichtsbild [3]). Als die ältesten Bewohner Kärntens sind uns die Carner bekannt, deren Name auf das keltische Wort carn (Horn) zurückzuführen ist, und Bergbewohner bedeutet. Von 15 v. Ch. an bildet Kärnten den südlichen Bestandtheil der römischen Provinz Noricum [4])

---
[1]) Bericht der Handels- und Gewerbekammer in Klagenfurt. 8.
[2]) Obentraut Ad., Der Ortsschulrat. Wien 1874. 8. 105 S.
[3]) Mittheilungen des historischen Vereines für Kärnten. Laibach 1846...8.
[4]) Jabornegg Altenfels, Kärntens römische Altertümer. Klagenfurt 1870. Fol. 220 S. 5 Karten. 18 Abbildungen.

mit dem Hauptorte Virunum, der mit dem Murtale durch 3 Strassen in Verbindung stand. Die eine lief über die Obdacher Einsattlung, die andere über Noreja, während die dritte westlich davon über den Tiefenbacher [1]) Sattel nach en Murio sich zog. Auch südlich liefen von Virunum 3 Strassen aus. Eine führte nach Celeja, eine zweite über den Loibl ins obere Savetal und eine dritte führte über den Predil ins Isonzotal und nach Aquileja. Als die Völkerwanderung Wesen und Herrschaft der Römer hinweggefegt hatte, liessen sich in der Mitte des 6. Jahrhunderts die Slaven nieder, die in ihren schweren Defensivkämpfen gegen die Avaren in der Mitte des 7. Jahrhunderts unter Samo's Führung sich zu einer einigen Macht consolidirten, welche sich sogar über Böhmen und Mähren und das nördliche Ungarn erstreckte. Mit Samo's Tode war auch des jungen Reiches Herrlichkeit dahin und die Grossen teilten sich in die Herrschaft. In der Mitte des 8. Jahrhunderts kam Kärnten unter Bajovarien und mit Tassilo's Sturze 788 unter die Hoheit des fränkischen Königs Karl des Grossen, welcher in Kärnten einen Markgrafen einsetzte. Diese Markgrafschaft wurde schon im folgenden Jahrhunderte ein Herzogtum, als Karlmann (der Sohn Ludwig des Deutschen) seinen unechten Sohn Arnulf zum Herzoge von Kärnten ernannte. Von nun an regierten über das Land durch vier Jahrhunderte verschiedene Geschlechter. Im Jahre 1269 gab Ulrich III. sein Herzogtum an Ottokar II. von Böhmen, dem es mit seinen übrigen Ländern von Rudolf von Habsburg durch die Schlacht bei Dürnkrut 1278 entrissen wurde. 1282 belehnte Rudolf seine Söhne mit Oesterreich, Steiermark und Kärnten, vergab aber letzteres 1286 an Meinhard, den Grafen von Tirol, für geleistete Dienste. Als 1335 das Geschlecht Meinhards im Mannsstamme erlosch, verlieh Kaiser Ludwig der Baier Kärnten den Herzogen von Oesterreich und Steiermark.

Krain.

(9988 ☐Kilom. = 181 ☐Ml. — 466.000 E.)

Hoff, Hist.-statist.-top. Gemälde v. Krain. Laibach 1808. 2 Bde.
Erben Jož., Kranjsko. Ljubljani 1866. 8. 86 S.

Karten.

Karte des Kg. Illyrien. Sieh Steiermark.
Freyer M. H., Specialkarte d. H. Krain. 16 color. Blätter. Wien 1844. 2½": 1000⁰.
Schulz R. A., General- Post- und Strassenkarte v. Illyrien. Wien 1848. Fol.
Graef C. Sieh Steiermark.
Special-Karte von Steiermark......Krain. Sieh Steiermark.
General-Karte von Kärnten. Krain. S. Kärnten.

---

[1]) Von Metnitz nach Murau (Sieh Steiermark).

Physische Geographie[1]). Eine Linie, welche sich zusammensetzt aus dem oberen Laufe der Wippach, der Strasse über Adelsberg nach Ober-Laibach, der Laibach und der Save bis zur steirischen Grenze, teilt Krain in ein kleineres nordwestliches und in ein grösseres südöstliches Gebiet: jenes liegt an der südöstlichen Abdachung der **südlichen Kalkalpen**, dieses im nordöstlichen Teile des Karstplateaus. Von der **Tagliamento—Save**-Gruppe zieht sich der Kamm der **ostjulischen Alpen**, von dem Weissenfelspasse die Grenze gegen Görz und Gradisca bildend, südwärts bis zur Zeier und dem Uebergange zur Bahža[2]) erhebt sich im Mangart auf 2675^m (8462′) und culminirt im **Terglou**[3]), von dessen drei Spitzen die höchste 2856^m (9036′) erreicht. Südlich davon breitet sich das **Bergland von Idria** mit seinen tafelförmigen Kalkmassen aus, von welchen die südlichste, der **Birnbaumer Wald** im Nanos noch 1298^m (4108′) erreicht. Die nördliche Grenze gegen Kärnten und Steiermark bilden die **ostkarnischen Alpen** und zwar die Karawanken in ihrer östlichen Erstreckung mit dem Wurzen- und Loiblpasse bis zum Kankerpasse, und von diesem an die **Steiner Alpen** mit dem Trojanapasse, über welchen die Reichsstrasse führt. Den grösseren südöstlichen Flächenraum von Krain erfüllt der **Karst**, ein über 300^m hohes Plateau mit unterirdischen Flussläufen, daher unterwaschen und unterhöhlt, wenn nicht immer vegetationslos so doch vegetationsarm. Das Leben scheint sich hier von der kahlen Oberfläche unter die Erde zurückgezogen zu haben. Höhlen mit Tropfsteingebilden, wie sie die Phantasie nicht abenteuerlicher ersinnen kann, bergen Thiere, welche sonst selten gefunden werden (Adelsberger, Magdalenen-Grotte, Proteus anquineus) und machen Krain zum Lande der unterirdischen Wunder[4]). Statt der offenen Flusstäler, Mulden, wenige und niedrige Berggipfel

---

[1]) Beiträge z. Naturgeschichte und Topographie v. Krain. Laibach 1838—39. — Deschmann Carl, Zusammenstellung der bisher gemachten Höhenmessungen in Krain. (Sep.-Abdruck aus den Mittheilungen des Museal-Vereines für Krain). Laibach 1866. 8. — Graef C., Sieh Steiermark. — Streffleur V. und Steinhauser A., Hypsom. Uebersichtskarte. Sich Kärnten.

[2]) Nebenfluss d. Idria.

[3]) Der Terglou, Triglav, von seinen drei Spitzen so genannt, ist in mehrfacher Beziehung merkwürdig. Er ist der Grenzstein dreier Sprachgebiete, des deutschen, slavischen und italienischen und die Wasserscheide zweier Meeresgebiete. Er ist mit einigen Eis- und Schneefeldern geziert und gewährt von seinem schwer erreichbaren Gipfel ein prachtvolles Panorama.

[4]) Lorenz, Die Quellen des liburnischen Karstes. Wien 1859. 8. 7 S. — Schaffenrath A., Beschreibung d. Grotte Adelsberg. Laibach 1834. 8. 42 S. — Schmidl Ad., Wegweiser in die Adelsberger Grotte und in die benachbarten Höhlen. Wien 1853. 16. 88 S. 3 Tafeln. — Schmidl Ad., Zur Höhlenkunde des

(der höchste der Schneeberg 1758™, 5522'), viele trichter- und kesselförmige Vertiefungen, heftige Stürme, schwache Vegetation, und eine grosse Monotonie auf dem Ganzen, das ist der Charakter des Karst, welcher diesem Teile Krains ein mit Nord-Krain ganz contrastirendes landschaftliches Gepräge verleiht [1]). Im Osten bildet das **Uskokengebirge** die natürliche Landesscheide gegen die Militärgrenze. — Ausgebildete Täler finden sich nur im Norden und Osten und an der Südgrenze des Landes. Hervorzuheben sind das Savetal, welches sich von der Kanker- bis zur Feistritzmündung zu einem nicht unbedeutenden Becken [2]) mit dem gegenwärtig grösstenteils entsumpften, einst 4 ▢M. grossen Laibacher Moor erweitert, dann die Täler der Gurk und der Kulpa. — Die Gewässer Krains strömen zwei Meeren zu, dem schwarzen und dem adriatischen. Die Wasserscheide zieht sich an der görzer Grenze mit dem Kamme der ostjulischen Alpen südlich über das Bergland von Idria und vom Nanos an unterirdisch in einem Bogen zum Schneeberge. Der Hauptfluss ist die **Save**, welche sich aus der **Wurzener** und der **Wocheiner Save** (dem Abflusse des romantischen Wocheinersees an der Südseite des Terglou [3]) zusammensetzt, im anfangs südöstlichen und späteren östlichen Flusse links die **Kanker** und die **Feistritz**, rechts die **Zeyer**, die **Laibach**[4]), die **Gurk** und ausserhalb Krain den südöstlichen Grenzfluss, die **Kulpa**, aufnimmt. Aus dem dem adriatischen Meere tributären Teile Krains fliessen die **Idria** und die **Wippach** in offenen Flusstälern dem Isonzo, die **Recca** unmittelbar und unterirdisch der Adria zu. Die mittlere Jahrestemperatur in Laibach ist 9·4⁰ C. und die durchschnittliche Regenmenge erreicht 136 Centim. Auf dem Karst wütet häufig die Bora (v. N. O.) Auch Südwestwinde sind nicht selten.

Politische Geographie [5]). Der **Landtag** besteht aus 37

Karst. Wien 1854. 8. Auch mit dem besonderen Titel: Die Grotten und Höhlen von Adelsberg etc. (Mit 15 Taf.) 317 S. 8. — Costa E. H., Adelsberger Grotte. Mit 1 Plan. 2. Aufl. Laibach 1863. 16. 68 S.

[1]) Lies die vortreffliche Charakterschilderung des Karst in Schaubach I.

[2]) Simony Fr., Panorama des nordkrainischen Beckens. Wien 1858. (Karte).

[3]) Sonklar K., Die Julischen Alpen und der Wocheiner Kessel (Ausland 1869. Nr. 52).

[4]) Die Laibach durchfliesst die Adelsberger Mulde als Poik, verschwindet in der Adelsberger Grotte, führt bei ihrem Wiedererscheinen an der Erdoberfläche bei Planina den Namen Unz und erscheint nach abermaligem unterirdischen Laufe bei Ober-Laibach plötzlich als schiffbarer Fluss. In ihrem verborgenen Laufe verstärkt sie sich durch die Abflüsse der Laaser und der Zirknitzer Mulde. Letztere ist bekannt durch den gleichnamigen See, dessen Wasserstand in Folge der unterirdischen Zu- und Abflüsse grossen Schwankungen unterworfen ist.

[5]) Ortsrepertorium d. H. Krain. Laibach 1874. 9. 140. S.

Mitgliedern. Dem **Landespräsidium** in Laibach sind folgende 11 Bezirke und die Stadt Laibach untergeordnet [1]):

1. **Bezirk Laibach.** — Laibach [2]) (22.600 E.), das röm. Aemona. Sitz der Landesregierung und des Fürstbischofs. Oeffentliche Studienbibliothek (40.000 Bd.), G., R., LB., LiB., Tabakhauptfabrik, Handels- und Gewerbekammer, Landesgericht. — Ober-Laibach †.
2. **Bezirk Stein.** — Stein †, Spitzenklöppelei. — Egg † oder Pod Petsch.
3. **Bezirk Krainburg.** — Krainburg †, ehemalige Residenz der Markgrafen von Krain auf dem Schlosse Kieselstein, RG. — Neumarktl †, Eisenhämmer. — Laak †.
4. **Bezirk Radmannsdorf.** — Radmannsdorf †, Schloss. — Veldes [3]) †, an dem kleinen aber tiefen See. — Kronau †.
5. **Bezirk Loitsch zu Planina.** — Loitsch. — Ober-Idria †, Quecksilberbergwerk, Bergdirection. — Zirknitz. — Planina †. — Laas †.
6. **Bezirk Adelsberg.** — Adelsberg †. Eine Stunde entfernt die Adelsberger und Magdalenengrotte. — Feistritz †. — Senosetsch †. — Wippach †.
7. **Bezirk Gotschee.** — Gotschee †, U. G. — Reifnitz †. — Auersperg, Stammschloss der Familie Auersperg. — Gross-Laschitz †.
8. **Bezirk Tschernembl** †. — Möttling †, einst Hauptort der windischen Mark.
9. **Bezirk Neustadtl.** — Neustadtl * (Rudolfswerth), ROG. — Töplitz, Heilbad. — Seisenberg †. — Treffen †.
10. **Bezirk Gurkfeld.** — Gurkfeld † (das röm. Noviodunum), Weinbau. — Landstrass †. — Nassenfuss †. — Ratschach †.
11. **Bezirk Littai** †. — Sittich † (eine Stunde östlich von Weixelburg).

Culturbild. Der Getreidebau deckt in Folge der Bodenbeschaffenheit den Bedarf des Landes nicht. Vorzüglicher Wein wächst im Wippachtale. Die Viehzucht steht wegen des kargen Futterwachstums auf niedriger Stufe. Rindvieh und Pferde sind unansehnlich. Besser steht es mit der Schweinezucht. Bezüglich des Bergbaues wird am erfolgreichsten nach Quecksilber in Idria [4]) gegraben. Der Gewinn beträgt

---

[1]) Früher zerfiel Krain in 3 Kreise, den Laibacher (Ober-Krain), den Neustadtler (Unter-Krain) und den Adelsberger Kreis (Inner-Krain). Die 37 Mitglieder des Landtages bestehen aus dem Fürstbischofe von Laibach, aus 10 Abgeordneten des Grossgrundbesitzes, 8 der Städte und Märkte, 2 der Laibacher Handelskammer, 16 der Landgemeinden.

[2]) Lippich F., Dr. Topographie v. Laibach. Laibach 1834. 8. 403 S. — Dzimski Gust., Laibach und Umgebung. Laibach 1860. 16. 166 S. — Umgebungsplan von Laibach. V. mil.-geogr. Inst. Wien 1873. 33 Blätt.

[3]) Germonik Lud., Dr. Curort Veldes, Wien 1873. 8. 137 S.

[4]) Nach Almaden in Spanien das reichste Quecksilberbergwerk in Europa.

jährlich 6400 Zoll Ct. Auch der Gewinn von Eisen, Kupfer und Kohle (Sagor, 3 Mill. Ct.) ist erwähnenswert. Die Industrie [1]) beschränkt sich noch auf das Kleingewerbe und beschäftigt sich meist mit der Eisenverarbeitung. Nicht unbedeutend ist der Holzhandel. Für die **geistige Bildung** sorgen über 234 Volksschulen, welche im J. 1871 von 74.053 schulpflichtigen Kindern nur 37.144 besuchten, ferner 1 Gymn., 1 Real-Ober-Gymn., 1 Unter-Gymn., 1 Realgymn., 1 Realschule und je eine Bildungsanstalt für Lehrer und Lehrerinen.

Die **Bevölkerung** ist fast ausschliesslich katholisch und mit Ausnahme von etwa 36.000 Deutschen [2]) slovenisch.

Geschichtsbild [3]). Krain bildete einst den südwestlichen Teil der röm. Provinz Pannonien. Der vornehmste Römerort in demselben war Aemona, welcher durch Strassen einerseits mit Celeja und Siscia, anderseits mit Aquileja verbunden war. Die nordwestliche Spitze Krains durchschnitt die Strasse, welche von Virunum über den Loibl herab ins Savetal und der Zeyer nach ins Isonzotal und nach Aquileja lief. Nachdem auch von Krain im Zeitalter der Völkerwanderung mehrere deutsche Volksstämme kurzen Besitz genommen hatten, liessen sich bleibend im 6. Jahrhundert die Slaven nieder, welche sich hier Krajnci, Grenzslaven, nannten und dem Lande den Namen Krain gaben. Karl der Grosse gab das eroberte Land dem Herzoge Erich von Friaul für dessen gegen die Avaren geleistete Dienste. Seit dem 12. Jahrhdt. herrschten über einen Teil des Landes Markgrafen, während über den anderen die Bischöfe von Freisingen und die Herzoge von Kärnten geboten. Nachdem bereits Leopold VI., der Glorreiche, aus dem Geschlechte der Babenberger mehrere Lehensherrschaften in Krain gekauft hatte, nannte sich Friedrich II. der Streitbare nach dem Aussterben des krainischen Markgrafengeschlechtes von 1234 an Herr von Krain, erhielt aber erst die Markgrafschaft vom Kaiser Friedrich II. i. J. 1245 zum Lehen. Der Rest des Landes blieb noch bis zum Aussterben der Grafen von Tirol 1335 bei Tirol und wurde erst mit dem Anfalle Tirols 1363 von Rudolf IV. dem Stifter übernommen, welcher sich den Titel eines Herzogs von Krain beilegte.

---

[1]) Bericht, Statistischer, der Handels- und Gewerbekammer in Laibach. Laibach 8.

[2]) Davon entfallen 25.000 auf die Sprachinsel der Gotscheer, deren Ureltern, 300 fränkisch thüringische Familien, Anfangs des 16. Jahrhdts. aus Deutschland wegen eines Aufruhres verwiesen, sich in Krain mitten unter den Slaven angesiedelt und unvermischt erhalten haben. Ihre Mundart ist ein verdorbenes Deutsch. — Krain und das Deutschtum. Laibach 1862. 8. 31 S.

[3]) Archiv f. Landesgeschichte von Krain. Laibach. 4.

Das Küstenland [1]).

(79.890 ☐Kilom. = 145 ☐Meil. — 602.000 Einw.)

Stieglitz Heinrich, Istrien und Dalmatien. Stuttgart 1845. 8. 284 S.
Kohl J. G., Reise nach Istrien, Dalmatien und Montenegro. Dresden 1851. 2 Bd.
Handbuch für das Küstenland. Triest 1855. 8. 279 S.
Triest. Histor.-topogr. Handbuch. Triest 1857. 8. 110 S. 3 Karten.
Istrien. Triest 1863. 8. 311 S. 1 Karte.
Prospetto statist. d. Gorizia e Gradisca. Gorizia 1871. 1 Bg.
Czoernig C., Görz und Gradisca. Geogr.-statist.-hist. Chromolith. Karte. Wien 1873. 8. 993 S.
Seibert A. E., Görz, Stadt und Land. Görz 1873. 16. 140 S.

Karten.

Karte des Königreiches Illyrien. Sieh Steiermark.
Graef C. Sieh Steiermark.
Special-Karte von Steiermark.....Istrien. Sieh Steiermark.
General-Karte von Kärnten, Krain und Istrien. Sieh Kärnten.

Physische Geographie [2]). Das Küstenland umfasst die gefürstete Grafschaft Görz und Gradisca, die reichsunmittelbare Stadt Triest mit Gebiet und die Markgrafschaft Istrien, zu welcher die quarnerischen Inseln Veglia, Cherso, Lussin [3]), Plaunisch, Unie und Sansego, sowie mehrere unbewohnte Felsinseln (Scoglien) gehören. Der continentale Landstrich liegt im Gebiete der südlichen Kalkalpen und des Karstes. Von der **Tagliamento—Save-Gruppe** (den julischen Alpen) bilden die beiden Hauptkämme der ost- und westjulischen Alpen die natürliche Grenze einerseits gegen Krain, anderseits gegen Italien. Von jenen, welche bis an die Bahža ziehen, fallen die Südseite des Mangart und die Westseite des Terglou in das Land ab, während die westjulischen Alpen, von ihrem östlichen Parallelzuge durch den wichtigen Predilpass [4]) (1175^m, 3718') und das Isonzotal getrennt, sich im Canin noch auf 2275^m (7200') erheben und steil in das italienische Tiefland abstürzen. Zwischen der Bahža, dem Isonzo und der Wippach erhebt sich der **Tarnowaner Wald** [5]) als eine 800^m (2500') hohe bewaldete und steil geränderte Hochplatte. — Alles Land, von der Wippach südlich, liegt im Gebiete der westlichen und südlichen Ab-

---

[1]) Görz und Gradisca 2953 ☐K. 204.000 Einw., Triest 94 K. 123.000 Einw., Istrien 4942 K. 255.000 Civilbevölkerung.

[2]) Graef C. Sieh Steiermark.

[3]) Grube Ad., Dr. Prof., Insel Lussin und ihre Meeresfauna. 1 Karte. Breslau 1864. 8. 116 S.

[4]) welcher das Isonzotal mittels der Flitscher Klause mit dem Gailtale verbindet.

[5]) Der westliche Theil des Berglandes von Idria.

dachung des Karstplateaus. Vom Wippachtale zieht sich in südöstlicher Richtung der eigentliche Karst, welcher in seiner Fortsetzung als langgestreckter Rücken von Triest bis Fiume Tschitschen-Boden heisst. Von diesem an dacht sich Istrien als Stufenland gegen Osten jäh, südlich und westlich aber allmälig zum Meere ab. Mehrere radial in tiefen Furchen auslaufende Flüsse teilen dieses peninsulare Hochland in mehrere Plateauausschnitte. Das südlichste Vorgebirge Istriens ist die Punta di Promontore. Die Bodenbeschaffenheit weist die quarnerischen Inseln dem illyrischen Gebirgssysteme zu. Das Haupttal in Görz und Gradisca ist das Quertal des Isonzo, welches in das italienische Tiefland mündet. Auf Istrien sind die Täler der Arsa und des Quieto hervorzuheben. — Das ganze Küstenland gehört zum Gebiete des adriatischen Meeres, von dessen zwei grösseren Meerbusen, dem Quarnero und dem Golf von Triest, der letztere dem Kronlande eine hervorragende mercantile Bedeutung verleiht. Die 57 Meilen lange Küste gestaltet sich flach im Norden an der Isonzomündung, wo das Land in das Meer verläuft und durch die Flussablagerungen sich Lagunen bilden, dagegen steil an den Rändern Istriens, besonders aber am Ostrande. In den nördlichen Teil des Triester Golfes, in die Bucht von Monfalcone, mündet der Isonzo, welcher am westlichen Abhange des Terglou entspringt, während seines Zickzacklaufes links die Idria mit der Bahža und die Wippach, rechts den Torre mit dem Judrio (Grenzfluss gegen Venetien) aufnimmt und bei seiner Mündung den Namen Sdobba führt. Unterirdisch fliesst bei Triest die Recca dem Meere zu. Auf Istrien der Quieto und die Arsa. Der Cepich-See ohne sichtbaren Abfluss. Auf der Insel Cherso der Vrana-See. Die mittlere Jahrestemperatur von Triest ist 14·2⁰ C. und die mittlere Regenmenge 108 Centim. Von den Winden herrscht der Ost-Nord-Ost (die Bora) vor. Die Regenmenge in Istrien ist blos 30 Centim.

Politische Geographie [1]). Das Küstenland hat für die Landesangelegenheiten drei Vertretungskörper: Triest und Gebiet wird durch seine Municipalorgane vertreten. Der Landtag für Görz und Gradisca besteht aus 22 Abgeordneten [2]). Der Landtag für Istrien zählt 33 Mitglieder [3]). Die gemeinsame oberste politische Stelle des Küstenlandes ist die Statthalterei in Triest, welcher 10 Bezirkshauptmann-

---

[1]) Ortsrepertorium von Triest und Gebiet, Görz, Gradisca, Istrien. Wien 1873. 8. 46 S.

[2]) dem Fürstbischofe von Görz, 6 Vertretern des Grossgrundbesitzes, 5 der Städte und Märkte, 2 der Handelskammer und 8 der Landgemeinden.

[3]) den Bischöfen von Triest, Parenzo und Veglia, 5 Vertretern des Grossgrundbesitzes, 11 der Städte und Märkte, 2 der Handelskammer und 12 der Landgemeinden.

schaften und die politischen Magistrate von Triest und Görz unterstehen.

Triest [1]). (70.300 Einw.) Zweite Handelsstadt des Reiches, das südliche Hamburg. Sitz des Statthalters und Ober-Landesgerichtes, eines Landesgerichtes, des Handels- und Seegerichtes und der k. k. Seebehörde, des Bischofs und des österr. Lloyd. Handels- und Gewerbekammer, Schiffswerften, Hafen [2]). Handels- und nautische Akademie. 2 G., 2 R., LB., LiB.

1. **Bezirk Sessana** +. — Comen +.
2. **Bezirk Gradisca.** — Gradisca +, Strafort für schwere Verbrecher. — Monfalcone +, Seehafen. — Aquileja, jetzt unbedeutende Stadt, einst eine der grössten Städte des römischen Reiches, (Ausgangspunkt des norisch-pannonischen Strassennetzes), im Mittelalter der Sitz eines Patriarchen. — Cormons +, Seidenzucht, Eisenbahngrenzstation gegen Italien. — Cervignano +.
3. **Bezirk Görz.** — Görz [3]) (16.600 Einw.), das österr. Nizza, mittlere Jahrestemperatur 13·1° C., Sitz des Erzbischofes, Landesgerichtes, Handels- und Gewerbekammer, Studienbibliothek (13.500 Bde.) G., R., LB. — Haidenschaft+, Baumwollspinnerei und Rotgarnfärberei. — Canale +.
4. **Bezirk Tolmein** + (**Tulmino**). — Flitsch +, in der Nähe die alte Bergveste in der Flitscherklause. — Kirchheim +.
5. **Bezirk Volosca.** — Volosca +, Thunfischfang, — Castelnuovo +.
6. **Bezirk Capo d'Istria.** — Capo d'Istria +, Salinen, G., LB. — Pirano +, Salinen, R. — Pinquente +.
7. **Bezirk Parenzo.** — Parenzo +, Sitz des Landtages und des Bischofs von Parenzo und Pola. — Montona +, Eichenforste. — Bujc +.
8. **Bezirk Mitterburg.** — Mitterburg + (Pisano), nautische Schule, UG. — Albona +, Steinkohlengruben.
9. **Bezirk Pola.** — Pola [4]) (Pietas Julia), der grösste österr. Kriegshafen, das österr. Portsmouth, römische Altertümer. — Rovigno *, Handels- und Gewerbekammer. — Dignano +.

---

[1]) Triest et ses environs. Triest 1853. 8. 152 S. 8 art. Beilagen. — Umgebung von Triest. Vom k. k. mil.-geogr. Institute. Photolith. 1 : 14.400. Wien. 23 Blätt.

[2]) Im Jahre 1869 betrug die Zahl der eingelaufenen handelstätigen Schiffe 9095. — Der Wert der Einfuhr erreichte 114,426.000 fl., der der Ausfuhr 115,933.000 fl. — Il portofranco di Trieste. Triest 1863. 8. 64 S. XLIX.

[3]) Seibert A. E., Görz. Görz 1873. 16. 140 S. — Umgebung von Görz. Lithogr. 1 : 14.400. Vom k. k. milit.-geogr. Institute. Wien. 2 Blätter.

[4]) Versuch e. Geschichte und Beschreibung der Stadt Pola. — Triest 1843. 8. 3 Bogen. — Gareis A., Pola und Umgebung. Mit Karte. Triest 1867. 4. 95 S. — Umgebung von Pola. Vom k. k. milit.-geogr. Institute. 1 : 28.800. Photolith. Wien. 10 Blätter.

10. Bezirk Lussin. — Lussin piccolo+, Hafen, Handel. — Cherso+, Fischerei, Seehandel. — Veglia+. Residenz eines Bischofs, Hafen, Handel.

Culturbild. Die Ergebnisse des Ackerbaues und der Viehzucht sind besonders im Karstgebiete in Folge der ungünstigen Bodenbeschaffenheit und des geringen Niederschlages gering und für den Landesbedarf nicht hinreichend. Von den Producten des Bergbaues ist nur der Gewinn von Steinkohlen (bei Albona und Pinquente 605.000 Ctr.) anzuführen. Die Salinen von Capo d'Istria und Pirano liefern jährlich bei 600.000 Ctr. Meersalz. Die Industrie[1]) wendet sich vornehmlich an der Küste dem Baue und der Ausrüstung der Schiffe zu. Den meisten Gewinn aber zieht das Kronland aus dem Handel, welcher sich durch den Freihafen Triest, den Unternehmungsgeist der Schiffsrheder, insbesondere aber durch den österreichischen Lloyd in jüngster Zeit hoch emporgeschwungen hat. Für die geistige Bildung sorgen 396 schwach besuchte Volksschulen, da im Jahre 1871 von 96.052 schulpflichtigen Kindern nur 37.291 ihrer Pflicht nachkamen, 3 Gymn., 1 Unter-Gymn., 4 Realschulen, 3 Lehrer- und 1 Lehrerinen-Bildungsanstalt und für die Ausbildung im Seewesen die nautische Schule in Rovigno. Von der **Bevölkerung**, welche sich grösstenteils zum Katholicismus bekennt, entfallen auf die slavische Nation 375.000, auf die romanische 187.000 und auf die deutsche 11.000 Individuen. Friauler bewohnen das Gebiet von Görz und Gradisca, Italiener die westliche Küste, Deutsche die grösseren Städte; den grösseren Rest des Landes aber die Slaven, und zwar Slovenen von Tschitschenboden bis zur Dragonja und von dieser südlich sitzen Serbo-Kroaten.

Geschichtsbild. Das heutige Küstenland gehörte in römischer Zeit mit Ausnahme des istrischen Landstriches östlich von der Linie Arsa-Canzian, welcher Pannonien zugeteilt war, zu Italien. Der vornehmste Ort in demselben war Aquileja. Von hier zog sich ausser den gelegentlich genannten Strassen nach Virunum und Aemona eine Strasse über Tergeste (Triest) nach Pietas Julia (Pola) und eine andere nach Tarsaticum (Fiume). Die einzelnen Teile des Küstenlandes fielen in grossen Zwischenräumen an das Haus Habsburg. Zuerst Triest, welches in der ältesten Zeit die Schicksale Istriens geteilt und im Mittelalter öfter seine Herrscher gewechselt hatte, im Jahre 1382. Görz, welches von Kaiser Heinrich IV. zur Grafschaft erhoben worden war und anfangs unter den Grafen von Tirol stand, kam 1500 mit dem Aussterben seiner Dynastie an Maximilian I. Istrien oder Histrien, so benannt von dem illyrischen Stamme der Istri (Histri), welche schon im 3. Jahrhundert vor Christi

---

[1]) Rapporto d. cam. di commercio d. Trieste. Trieste. 4.

von den Römern unterworfen wurden, wurde im 10. Jahrhundert eine Markgrafschaft, kam dann an Kärnten, an Dalmatien (Andechs), an Aquileja und an Venedig. Davon fiel bereits die Grafschaft Mitterburg 1500 an Habsburg, während das Uebrige erst im Frieden von Campo Formio 1797 an Oesterreich kam.

Tirol mit Vorarlberg.
(29.237 ☐Kilom. = 532 ☐Ml. — 885.400 E.[1]).

Beiträge z. Gesch. und Statistik, Naturkunde und Kunst von Tirol und Vorarlberg. Innsbruck 1825—34. 8. 8 Bde.
Ferdinandeum, Jahresberichte 1828—32. 4.
Zeitschrift, Neue, des Ferdinandeums. Innsbruck 1835.... 8.
Weber B., Land Tirol. Innsbruck 1837. 8. 3 Bde.
Staffler J. T., Tirol und Vorarlberg stat. u. gesch. Innsbruck 1839. 8. 4 Bde.
Merkle, Vorarlberg. Innsbruck 1839. 8. 3 Bde.
Weizenegger Fz. Jos., Vorarlberg. Hrsg. v. Merkle. Innsbruck 1839. 8. 3 Bde.
Seidl J. G., Wanderungen durch Tirol. Leipzig 1841. (Die 8. Section des malerischen Deutschland.)
Hartwig E., Briefe aus und über Tirol. Ansichten. Berlin 1846. 8. 41½ Bg.
Koch Math., Reise in Tirol in landschaftl. und staatl. Bez. Karlsruhe 1847. 8. 256 S.
Frommel C., Erinnerungen an Tirol. Berlin 1847. 4. 13 Stahlst. 12 Bl. Text.
Reichl Jos., Reisehandb. in Tirol und Vorarlberg. Danzig 1848. 8. 1 Karte. 312 S.
Staffler Jos. Jac., Dr., Tirol und Vorarlberg. stat.-gesch. Innsbruck 1848. 8. 683 S.
Würthle Frdr., Maler. Ansichten von Süd- und Nordtirol. Salzburg 1852. Fol. 8 Lief.
Weber B., Handbuch f. Reisende in Tirol. M. 1 Karte. Innsbruck 1853. 16. 436 S.
Weidmann F. C., Dr., Reisehandbuch durch Tirol und Vorarlberg. Leipzig 1854. 8. 308 S. 30 Stahlst.
Peikmann R., Dr., Land und Leute in Südtirol. Wien 1862. 8. 59 S.
Bergmann Jos., Dr., Landeskunde von Vorarlberg. M. 1 Karte. Innsbruck 1868. 8. 128 S.
Hellbach, Der Führer durch Tirol. Wien 1868. 8. 186 S.
Amthor E., Tirolerführer. Gera 1869. 8. 515 S. (I. Bd. des Führers i. d. A.)
Noe H., Naturansichten und Lebensbilder aus Tirol. München 1869. 8. 468 S.
Steub Ludw., Drei Sommer in Tirol. 2. Aufl. Stuttgart 1871. 8. 3 Bde.
Schneller Chr., Landeskunde von Tirol. M. 2 Karten. Innsbruck 1872. 8. 106 S.

Karten.
Generalkarte d. g. G. Tirol und Vorarlberg und Liechtenstein. Vom Gen.-Quartm.-St. Wien 1831. 1":40000⁰.
Handtke F., Specialkarte von Tirol und Salzburg 1:600.000. Glogau 1868.
Graef C., Tirol und Vorarlberg. 1:600.000. Weimar 1869.
Mayr G., Reise- und Gebirgskarte von Tirol. München 1872. 4 Blätt.
 „   „   „   „   „   „ Südtirol. München 1872. 2 Blätt.

---

[1]) Davon entfallen auf Vorarlberg 2602 Kilom. und 102.700 Einw.

Kaler G.. Wandkarte von Tirol und Vorarlberg f. Volks- und Mittelschulen. 1:200.000. chromol. Innsbruck 1873. 6 Blätter.

Reymann G. D.. Specialkarte von Tirol. 1:200.000. Kupfst. Glogau 1873.

Specialkarte von Tirol mit Vorarlberg und Liechtenstein. V. k. k. mil.-geogr. Inst. Kupfst. 1:144.000. Wien. 24 Blätter.

Generalkarte von Tirol und Vorarlberg und Liechtenstein. V. k. k. mil.-geogr. Inst. 1:288.000. Kupfst. Wien. 2 Blätter.

Physische Geographie [1]. Tirol erstreckt sich wie Steiermark durch alle drei Alpenzonen und ist das westlichste und höchste Kronland des Kaiserstaates [2]. Den mittleren und grössten Teil des Landes erfüllen die Centralalpen, deren Grenzlinie im Norden die Ill, das Klostertal, der Arlberg, Stanzertal, Inn-, Ziller-, Gerlostal und Gerlosplatte, im Süden das Stilfser-Joch, das Trafoier-, Etsch-, Eisack- und Pustertal (= Rienztal, Toblacherfeld und Drautal) ist, und sich folgenderweise gliedern: 1. Die **Rhätischen Alpen**, welche sich von der Schweiz ostwärts bis zum Inn (von Landeck bis zur Mündung des stillen Tales, nördlich von Nauders) zur Malserhaide (Reschenscheideck) und zum oberen Etschtal ziehen und sich wieder in den Rhätikon, in die Verwallgruppe, in den rhätischen Hauptkamm und die Umbrailgruppe teilen. Der Rhätikon erhebt sich zwischen dem schweizerischen Prättigau und dem Montafonertale (oberen Illtale), die Verwallgruppe erfüllt den Raum zwischen dem Montafoner und Klostertale, dem Arlberg, dem Rosannatale, und der rhätische Hauptkamm zieht sich zwischen der Trisanna und dem Inn zur Stanzertalmündung (bei Landeck). Den kleinen Rest südlich vom Inn bis zum Stilfserjoch und östlich bis zum Reschenscheideck erfüllt die Umbrailgruppe. 2. Die **Oetztaler Gruppe** vom Inn- und Wipptale (dem Silltale, Brenner, oberen Eisacktale), den Eisack- und Etschtale, der Malserhaide und dem stillen Tale begrenzt. Das höchste Erhebungsmassiv des gesammten Alpenlandes, wenn auch seine Gipfel niedriger sind, als die anderer Gruppen. Mehr als 20 Spitzen erheben sich über 3500m. Dieser horizontal und vertical so bedeutende Gebirgsstock teilt sich wieder: *a*) in die westliche Gruppe, die eigentlichen Oetztaler Alpen [3] östlich bis zum Oetztale. Timbljoche und

---

[1] **Petzhold**. Beiträge zur Geognosie von Tirol. Leipzig 1843. — **Schmidt** A. R.. Vorarlberg geognost. M. Karte. Innsbruck 1843. 8. 40½ Bg. — Karte. Geognostische. Tirols. Innsbruck 1849–51. Fol. 12 Blätter. **Trinker** Jos., Höhenbestimmungen von Tirol und Vorarlberg. Innsbruck 1852. 4. 95 S. — **Burgartz** F., Höhenkarte von Vorarlberg. Innsbruck 1864. Fol. — **Streffleur** V. u. **Steinhauser** A., Hypsom. Uebersichtskarte v. Tirol u. Vorarlberg. Wien. Schulbücherverlag.

[2] **Ruthner** A.. Aus Tirol. Berg- und Gletscherreisen. Wien 1869. 8. 464 S.

[3] **Sonklar** C.. Uebersichtskarte des Oetztaler Gletschergebietes. 1:144.000. Gotha 1861. Fol. — **Stotter** M., Dr., Gletscher d. Vernagttales. Innsbruck 1846. 8. 4³¼ Bg. 1 Karte. — **Senn** Fz., Der Vernagtferner. Innsbruck 1866. 8. 23 S.

Passeiertale sich erstreckend; β) in die nordöstliche Gruppe der Stubaier[1]) Alpen, südlich bis zum Jaufenpasse[2]) und γ) in den südöstlichen Stock der Sarntaler Alpen. [Wildspitze 3776^m (11.946′), Weisskugel 3742^m (11.838′), Similaun 3600^m (11.389′)]. 3. **Die Zillertaler Gruppe**[3]) vom Wipptale ostwärts bis zur (salzburgischen) Krimlache, Birnlücke und zum Ahrenbache reichend, und durch das Zemtal, Pfitscherjoch und Pfitschtal westlich in die Duxer Alpen und östlich in die Zillertaler Alpen geteilt. (Hochfeiler 3484^m, 11.022′). 4. Von den **Hohen Tauern** fallen blos die Südabhänge des Hauptkammes und die Westabhänge des Schober und der Kreuzeckgruppe in das Iseltal ab, während das Deferegger Gebirge, vom Ahren-, Puster-, Isel- und Deferegger Tal eingeschlossen, vollständig Tirol angehört. Die mittlere Kammhöhe in den Centralalpen beträgt 3000^m, überragt somit die Schneelinie, daher die grosse Anzahl Gletscher (800), welche hier Ferner heissen und einen Raum von 22 ☐Ml. einnehmen. Die nördlichen Kalkalpen, welche die Grenze gegen Baiern bilden, erheben sich nur mehr zu einer durchschnittlichen Kammhöhe von 2000^m, daher sie an wenigen Stellen Gletscheransätze haben. Sie fallen steil nach Süden ab und sind unwirtbar und weniger erforscht als ihre Nachbarzüge. Sie zerfallen: 1. in die **Rhein—Lechgruppe oder Algäuer**[4]) **Alpen**; 2. in die **Lech—Inngruppe, tirol.-baierische Alpen** [Sollstein 2540^m, 8035′. Passeierspitze 3033^m (9598′) nördlich von Landeck] und 3. in die **Inn— Salzach-Gruppe oder tirol-salzburgische Alpen**, von welchen der grösste Teil der Kitzbüchler Alpen Tirol angehört (Hohe Salve 1827^m, 5779′). Von den südlichen Kalkalpen haben die Gebirgsmassen westlich von dem tiefen Tale der Etsch einen wesentlich verschiedenen Charakter von jenen östlich dieses Flusses. Jene haben noch eine Kammhöhe von 3000^m (daher eine grossartige Gletscherbildung), und viel Granitgestein, während diese nur eine durchschnittliche Kammhöhe von 2000^m, ferner nur Einen namhaften Gletscher an der V. Marmolata haben und grösstenteils aus Dolomit und Porphyr bestehen. Sie teilen sich: 1. in die **Oglio—Etsch-Gruppe oder lombardo-tirolische Alpen**, welche wieder α) in die Ortler

---

[1]) Barth L., Pfaundler L., Stubaier Gebirgsgruppe. M. 1 Karte. Innsbruck 1865. 8. 148 S.

[2]) Vom Passeiertale ins Eisacktal nach Sterzing führend.

[3]) Sonklar von Imstädten Carl, Die Zillertaler Alpen. M. 3 Karten. (Ergänzungsheft Nr. 32 zu Petermann's geogr. Mittheilungen). Gotha 1872. 4. 61 S.

[4]) Wegweiser f. Wanderer im Algäu, Lechthale, Bregenzerwalde. Kempten 1847. 12. 124 S. 1 Karte. — Waltenberger A., Führer durch Algäu u. Vorarlberg. M. 1 Karte. Augsburg 1873. 8. 270 S. — Waltenberger A., Specialkarte von Algäu und Vorarlberg. 1:300.000. chromol. Augsburg 1872.

Alpen¹) und β) in die Adamellogruppe zerfallen, die von einander durch den oberen Oglio, den Tonalepass, Sulzberg und eine Linie vom oberen Sulzberg in das untere Ultental getrennt werden. Der Ortlerstock ist die höchste Erhebung des österreichischen und deutschen Alpengebietes und sehr gletscherreich. 3 Spitzen erheben sich über 3800ᵐ, nämlich der Ortler²) auf 3906ᵐ (12.356′), die Königspitze oder der grosse Zebru auf 3854ᵐ (12.194′) und die Zufallspitze (Cevedale auf 3811ᵐ, 12.058′), von der Adamellogruppe erhebt sich in Tirol die Presanella auf 3562ᵐ (11.270′) also um 5ᵐ höher als die eigentliche Adamellospitze, welche jenseits der italienischen Grenze aufsteigt. 2. Die **Etsch—Piave-Gruppe oder Tirol-Venezianische Alpen**³) auch **Cadorische Alpen** genannt. Diese zerfallen α) in die Lessinischen und β) in die Südtirolischen Dolomitalpen, welche durch das Suganatal von einander geschieden werden [Marmolata 3495ᵐ (11.056′), Schlern 2561ᵐ (8102′)]. 3. **Die Piave—Tagliamento-Gruppe oder Westkarnische Alpen**, den kleinen östlichen durch das Sextental und Drautal gebildeten Ausschnitt umfassend. — Täler. Tirol entbehrt der Flächenbildung, erfreut sich aber sehr entwickelter Talsysteme. Es hat zwei Hauptlängentäler und ein Hauptquertal, nämlich das Inntal⁴) und südlich davon die grosse Furche, welche sich aus dem oberen Etschtale, dem unteren Eisack-, dem Rienz-⁵) und dem oberen Drautale zusammensetzt, und drittens das untere Etschtal. Die bedeutenderen Nebentäler des Inntales, welches beim Finstermünzpass beginnt, sind rechts: das Pitz-, Oetz-⁶), untere Wipp- (Sil-), Ziller-, Wörgler- und Achental, links das Tal der Sanna aus dem Patznauner- und Stanzertal sich bildend und das Gurgltal (bei Imst). Die Nebentäler des Etschtales, welches bis Meran abwärts der Vintschgau und in seinem unteren Teile das Lagertal heisst, sind links das Passeyer-⁷) das Eisacktal (dessen obere Stufe bis zur Mündung des Rienztales das obere Wipptal heisst) mit dem Grödnertale⁸) und dem Sarntale, dem Tale des

---

¹) Payer Jul., Die südlichen Ortler Alpen. M. Karte. (27. Ergänzungsheft von Petermann's geograph. Mitteilungen). Gotha 1869. — Payer Jul., Die centralen Ortler Alpen (im 31. Ergänzungshefte) Gotha 1872. 4.
²) Pauliny Jac. Jos., Reliefkarte der Ortles-Spitze. 1:72.000. Wien 1861. 4. 2 Karten. 1 Bl. Text.
³) Fuchs Wilh., Dr., Die Venetianer Alpen. 1 Karte. 18 Tafeln. Solothurn. 1843. Fol.
⁴) Innthal, Das, in Tirol. Innsbruck 1860. 8. 128 S.
⁵) oder l'ustertal. Mairhofer Th., Pustertal. Brixen 1865. 8. 124 S. (historisch).
⁶) Alpenburg Joh., Wanderung durch das Oetztal. Innsbruck 1858. 8. 69 S.
⁷) Weber B., Das Tal Passeier u. s. Bewohner. Innsbruck 1852. 8. 331 S.
⁸) Gröden, Der Grödner u. s. Sprache. Bozen 1864. 8. 208 S.

Avisio, von welchem der obere Teil den Namen **Fassatal**, der mittlere **Fleimsertal** und der untere die Bezeichnung **Zimmertal** führt und rechts das Talgebiet des Noce, welches oben **Sulzberg** und unten **Nousberg** heisst. Andere selbständige Täler sind: das **Lech-, Isar-, Drautal** (obere oder **Hochpustertal**), das **Boitatal** (Ampezzo), **Valsugana** (das Tal der Brenta) das **Sarcatal**, dessen oberer Teil **Judicarien** heisst, und das **Chiesetal** (Ausser-Judicarien). Das **Rienz-** mit dem Drautale ist unter dem Namen **Pustertal** bekannt. In Vorarlberg das **Rheintal** mit dem **Montafoner-** (obere Ill) und dem **Klostertal** (am Westabhange des Arlberg). In keinem österr. Kronlande haben die Pässe für den Verkehr innerhalb und ausserhalb des Landes eine so grosse Wichtigkeit wie in Tirol. Die Verbindung zwischen dem Inn- und dem Etschtale über die Centralalpen vermitteln die **Malser Haide** 1525^m (4825′) und der **Brenner** $1421'''$ (4496′ [1]), zwischen dem Rhein und dem Inntale der **Arlberg** 1786^m (5689′), mit der Schweiz der **Finstermünzpass**, mit Italien (Adda) das **Stilfserjoch** 2782^m (8802′), (Oglio) der **Tonalpass** 1876^m (5935′), die **Etschklause**[2]) und der **Höllensteinpass** 1420^m (4500′); nach Baiern führt der **Fern** 1239^m (3918′) der **Scharnitz-**[3]) und **Achenpass**, nach Salzburg der **Thurn-** und **Strubpass**. — Die Gewässer von Tirol und Vorarlberg gehören drei Meeresgebieten an, der Nordsee, dem schwarzen und dem adriatischen Meere. Der Nordsee fliesst der **Rhein** zu, welcher 41 Kilometer lang die Grenze bildet und die **Ill** mit dem **Klosterbache** aufnimmt. Zum Donaugebiete gehört der **Inn**, welcher von der Mündung des Oetzbaches an schiffbar ist, und rechts den **Sill** und **Ziller**, links die **Sanna** aufnimmt, dann die **Iller**, der **Lech** und **Isar**, und die **Drau**. Zum Gebiete der Adria gehört die **Etsch**, die sich links durch die **Passer**, den **Eisack** (Eisache) mit der **Rienz**, den **Avisio** und rechts durch den **Noce** verstärkt, dann die Nebenflüsse des Po die **Sarca** (der spätere Mincio) und die **Chiese**; die **Brenta**. Von den Seen sind hervorzuheben die von Dampfschiffen befahrenen **Boden-** und **Gardasee**[4]), dann der **Achen-**[5]) und die **Reschenseen** und der **See von Caldonazzo**. — Die klimatischen Verhältnisse von Süd- und Nordtirol sind wesentlich verschieden. Die mittlere Jahrestemperatur in Innsbruck ist 8^0 C., in Roveredo $11·9^0$ C.,

---

[1]) über welchen die Bahn sich durch 22 Tunnels zieht.

[2]) an der italienischen Grenze.

[3]) Der Fernpass von Imst im Inntale über Nassereit in's Lechtal. Der Scharnitz oder Seefelderpass in's Isartal.

[4]) Noe H., Bilder aus Südtirol und von dem Ufer des Gardasees. München 1871. 8. 414 S.

[5]) Achensee, Der, mit dem Seebad Pertisau. Wien 1868. 8. 98 S.

in Bludenz 8·6°. In Innsbruck ist die mittlere jährliche Regenmenge 88, in Trient 94, in Kitzbüchel 112 Centim. In Innsbruck herrscht der Nordwind vor, zuweilen weht der Südwind (Scirocco, Föhn), am Gardasee Süd- und Nordwinde.

Politische Geographie [1]). Tirol und Vorarlberg haben für ihre Landesangelegenheiten getrennte Landtage, deren Sitze für Tirol in Innsbruck, für Vorarlberg in Bregenz sind. Der Tiroler Landtag besteht aus 68 Mitgliedern [2]), der Vorarlberger aus 20 Abgeordneten [3]). Die oberste politische Landesstelle ist die Statthalterei in Innsbruck, welcher die 24 Bezirke, in welche das Land geteilt ist, und die 4 Stadtbezirke: Innsbruck, Bozen, Trient und Roveredo, unterstehen.

Deutsche Bezirke in Tirol.

1. **Bezirk Innsbruck.** — Innsbruck [4]) (16.300 E.,), Landeshauptstadt. Sitz der Statthalterei, des Landtages: Oberlandesgericht, Landesgericht, Handels- und Gewerbekammer, Leopold Franzens-Universität (Bibliothek 59.000 Bde.), Museum: Ferdinandeum; die Hofkirche mit dem kunstvollen Mausoleum Kaiser Max I. und der Marmorstatue Andreas Hofer's. In der anstossenden „silbernen Kapelle" die Grabmonumente des Erzherz. Ferdinand und der Philippine Welser. G., R., LB., LiB. In der Nähe Zirl am Fusse der Martinswand, auf welcher sich Kaiser Max auf der Jagd verstieg. — Wilten, Prämonstratenserkloster an der Stelle des römischen Veldidena. — Hall + [5]), Salzbergwerk, G. — Telfs +. — Mieders +. — Steinach +. — Ambras, Schloss [6]).
2. **Bezirk Schwaz.** — Schwaz +, Eisenbergbau. Einst reiche Silber- und Goldbergwerke. — Jenbach, Eisenindustrie. — Zell + am Ziller. — Fügen +.
3. **Bezirk Kufstein.** — Kufstein +, Grenzfestung, Staatsgefängniss. — Rattenberg +.
4. **Bezirk Kitzbüchel** +. — Hopfgarten +. — St. Johann.

---

[1]) Ortsrepertorium d. G. Tirol u. Vorarlberg. Innsbruck 1873. 8. 107 S. — Repertorio top. del Tirolo. Innsbruck 1873. 8. 106 S.

[2]) Dem Fürsterzbischof von Salzburg, den Fürstbischöfen von Brixen und Trient, dem Rector magnificus zu Innsbruck, 4 Abgeordneten der Aebte u. Pröbste des Landes, 10 adeligen Grossgrundbesitzern, 13 Vertretern der Städte und Märkte, 3 von den Handelskammern zu Innsbruck, Bozen, Roveredo, 34 der Landgemeinden.

[3]) Dem fürstbischöfl. Generalvicar zu Feldkirch, 4 Abgeordneten d. Städte und Märkte, 1 Vertreter der Handelskammer zu Feldkirch, 14 der Landgemeinden.

[4]) Zeller, Gesch. und Denkwürdigkeiten der Stadt Innsbruck. Innsbruck 1816. 8. 2 Bde. — Weber B., Innsbruck im hist.-top.-statist. Gemälde. Innsbruck 1838. 8. 258 S. 5 Kunstbeil. — Umgebungen von Innsbruck. Vom mil.-geogr. Inst. Wien. 1874. 24 Blätter.

[5]) Kopf, Beschreibung des Salzbaues zu Hall. Leipzig 1843. (Sep.-Abdr.)

[6]) Dietrich E. V., Schloss Ambras. Innsbruck 1850. 8. 8 S.

5. **Bezirk Imst.** — Imst +, UR. — Vent und Gurgl, die höchst gelegenen Orte Europas, 1867ᵐ und 1901ᵐ hoch. — Silz +.
6. **Bezirk Landeck** +. — Ried +. — Nauders +.
7. **Bezirk Reutte** +.
8. **Bezirk Meran.** — Meran + ¹), in reizender Lage, Curort für Brustkranke, UG. — In nächster Nähe das alte Bergschloss Tirol, welches dem Lande den Namen gab. — Im Passeiertale „am Sand," die Heimat Andreas Hofer's. — Passeier +. — Schlanders +, Marmorbrüche. — Mals. — Glurns +. — Lana +.
9. **Bezirk Bozen.** — Bozen * ²) (9300 E.), Handelskammer, G., LB. — Klausen +. — Kaltern +. — Sarntheim +. — Kastelruth +. — Neumarkt +.
10. **Bezirk Brixen.** Brixen +, Sitz eines Fürstbischofes, G., LB. — Franzensfeste, starke Festung, das Eisack- und Rienztal beherrschend. — Sterzing +, Woll- und Lodenweberei.
11. **Bezirk Bruneck.** — Bruneck +, UR. — Enneberg +. — Welsberg +. — Taufers +.
12. **Bezirk Lienz** +. — Windisch-Matrei +. — Silian +.
13. **Bezirk Ampezzo** +. — Buchenstein +.

Italienische Bezirke.

14. **Bezirk Trient** * (17.000 E.), Sitz des Fürstbischofes. In der Kirche S. Maria Maggiore wurde das berühmte ökumenische Concil (1545—63) abgehalten. G., LB., LiB., Marmorbrüche. — Lavis +. — Mezzo Lombardo + (Wälsch-Metz). — Cembra +. — Vezzano +. — Civezzano +.
15. **Bezirk Cavalese.** — Cavalese +, Hauptort des Fleimsertales. — Vigo +, (Gericht von Fassa).
16. **Bezirk Primiero** + (Primör).
17. **Bezirk Borgo.** — Borgo +, Seidenspinnerei. — Levico ³) +. — Strigno +. — Pergine +.
18. **Bezirk Roveredo.** — Roveredo *, Handelskammer, Seidenindustrie, G., R. — Mori +. — Ala +, Seidenindustrie. — Nogaredo +.

---

¹) Weber B., Meran und Umgebung. Innsbruck 1845. 12· 14½ Bg. — Hartwig E., Umgebung von Meran. Berlin 1853. Fol. (Karte). — Stampfer, Chronik von Meran. Innsbruck 1867. 8. 287 S. — Tschirschky T., Meran. M. 1 Karte. Berlin 1867. 8. 143 S. — Knoblauch Hugo, Meran. Meran 1870. 8. 162 S.

²) Weber B., Bozen und Umgebung. M. Karte. Bozen 1849. 12. 485 S. — Bergmeister Andr. Joh., Phys.-med.-statist. Topographie d. St. Bozen. Bozen 1854. 12. 278 S. — Amthor E., Dr., Bozen und Umgebung. M. Karte. 1:100.000. Gera 1872. 16. 118 S.

³) Pacher Jos., Dr., Bad Levico. Wien 1873. 8. 60 S.

19. Bezirk Riva. — Riva † am Gardasee, Oliven- und Orangenhaine, Fischfang. — Arco ÷, Baumölbereitung. — Val di Ledro †.
20. Bezirk Tione. — Tione †. — Stenico †. — Condino ÷.
21. Bezirk Cles. — Cles †, Seidenindustrie. — Male †. — Fondo ÷.

In Vorarlberg.

22. Berirk Bregenz. — Bregenz † am Bodensee, Sitz des Landtages. Industrie- und Handelsort, LB. — Bezau, Sitz des Gerichtes: Bregenzerwald ÷.
23. Bezirk Feldkirch. — Feldkirch *, Sitz des fürstbischöfl. Generalvicars, ROG., R., Handelskammer, Fabriksort. — Dornbirn †. — Hohenems, Baumwollindustrie.
24. Bezirk Bludenz †. — Schruns ÷.

Culturbild. In keinem österreichischen Kronlande ist die Bodenbeschaffenheit dem Ackerbau so ungünstig als in Tirol. Auf das Ackerland entfallen bloss $6^3/_4$ % der Oberfläche (26 ☐Ml.), wesshalb Getreide eingeführt werden muss. Die Kartoffeln werden erst seit 100 Jahren in Tirol allgemein gebaut. Anerkennenswert ist der Flachsbau im Oetztale, der Hanfbau in Wälschtirol, Weinbau in Südtirol, der Obstbau in Deutschsüdtirol. Kastanien in Valsugana, Oelerzeugung im Rivabezirke. Die Hauptnahrungsquelle ist die Viehzucht, u. z. besonders die Hornviehzucht. In Südtirol wird die Seidenraupenzucht schwunghaft betrieben. In Bezug auf den Bergbau ist Tirol, wenn man den grossen Gewinn an edlen Metallen im 16. und 17. Jahrhundert ins Auge fasst, ausserordentlich zurückgegangen und erfreut sich heute mehr einer grossen Mannigfaltigkeit seiner Montanproducte, als eines namhaften Reichtums im Einzelnen. Gering ist der Gewinn an Gold Silber, Eisen, Kupfer und Braunkohlen; Salz (400.000 Ztr.) wird bei Hall gewonnen und schöner Marmor in Südtirol gebrochen. Erfreulich ist der Eifer der Bevölkerung auf dem Gebiete der Industrie. Vor anderen sind zu nennen die Erzeugung von hydraulischem Kalk und Portlandcement bei Innsbruck, die Eisenindustrie im Stubai- und Unter-Inntale, die Ledererzeugung im Pustertale, Holzschnitzerei in Gröden. (3000 Arbeiter) und die Seidenindustrie in Südtirol (zur Abziehung der Seide von den Cocons dienen die Filanden und zur Zwirnung derselben die Filatorien.) seit dem 16. Jahrhundert, sowie die Baumwollindustrie in Vorarlberg. Auf dem Gebiete des Handels ist nicht unbedeutend der Transithandel. Eingeführt werden Getreide, Colonialwaaren; ausgeführt: Vieh, Leder, Holzwaaren und Seide. Die Zahl der Volksschulen in Tirol und Vorarlberg ist 1926, welche aus 129.833 schulpflichtigen Kindern im Jahre 1871 von 115.123 besucht wurden. Für den höheren Unterricht bestehen 6 vollständige und 1 Unter-Gymnasium, 1 Real-

Ober-Gymnasium, 3 vollständige und 2 Unter-Realschulen, 4 Bildungsanstalten für Lehrer und 2 für Lehrerinen und die Universität in Innsbruck. **Bevölkerung** [1]). Nicht ganz zwei Dritteile der Bevölkerung sind Deutsche, von welchen die Vorarlberger zum alemannischen Stamme gehören [2]). Etwas über ein Drittel sind Italiener [3]) und $1^2/_3 \%$ Ladiner (im Abtei-, Grödner-, Ampezzaner- und Avisiotale). Die ganze Bevölkerung ist fast ausschliesslich katholisch.

Geschichtsbild [4]). Die römische Eroberung des ganzen Landes wurde von Drusus und Tiberius, den Stiefsöhnen des Augustus, von 14—12 v. Chr. vollendet. Davon gehörte der südliche Teil, welcher dem heutigen Wälschtirol entspricht, zu Italia, während der andere, nördliche, der Provinz Raetia angehörte. In jenem war der Hauptort Tridentum. An der Etsch zog sich von Verona nordwärts eine Aerarialstrasse nach Pons Drusi (Bozen), wo sich westlich ein Flügel nach Majae (Meran) abzweigte, während die Hauptstrasse nordwärts über den Brenner nach Veldidena lief und sich über den Scharnitzpass nach Augusta Vindelicorum (Augsburg) fortsetzte. Von dieser Hauptstrasse lief von der Rienzmündung über Loncium (Lienz) ostwärts eine Strasse, um die Verbindung mit Virunum (in Kärnten) herzustellen. Im 4. Jahrhundert liessen sich die Alemannen am Oberrhein nieder. Nach dem Sturze des römischen Reiches (476) kam das Land unter die Herrschaft der Ostgothen und im folgenden Jahrhundert unter die der Baiern und der Langobarden, welch' letztere das Herzogtum Trient schufen. Nachdem Karl der Gr. sowohl die Langobarden als die Baiern seiner Hoheit unterworfen, wurde das Land in Grafschaften geteilt. Unter den Nachfolgern Karls d. Gr. erhoben sich viele Grafen und strebten nach Unabhängigkeit. Unter diesen ragten hervor in Deutschtirol die Grafen von Andechs, Tirol und Eppan, und in Wälschtirol die Castelbarker, sowie die Bischöfe von Trient und Brixen. Um 1100 überragten alle Anderen an Macht und Herrschaftsgebiet die Grafen von Tirol, nach deren Aussterben (1253) zunächst in Südtirol Meinhard I. von Görz erscheint, dessen Sohn Meinhard II. seinen Besitz durch die Erwerbung von Nordtirol so sehr erweiterte, dass er als der erste eigentliche Landesfürst angesehen werden kann. In Folge seines freundschaftlichen Verhältnisses zu Rudolf von Habsburg, kam er auch in den Besitz von Kärnten. Er starb 1295. Von seinen 3 Söhnen überlebte die

---

[1]) Zingerle S., Sitten und Bräuche der Tiroler. Innsbruck 1857. 8. 214 S.
[2]) Steub, Zur rhätischen Ethnologie. Stuttgart 1854. 8. 251 S.
[3]) Bidermann Herm. Ign., Italiener im tirolischen Nationalverbande. Innsbruck 1874. 8. 301 S.
[4]) Archiv f. Geschichte und Altertumskunde Tirols. Innsbruck 1864...8.

beiden anderen Heinrich, welcher auf den böhmischen Tron erhoben wurde und bei seinem Tode (1335) als Erbin seine Tochter Margarethe Maultasch hinterliess. Diese war zweimal vermählt. Die erste Ehe mit Johann von Böhmen wurde bald gelöst, aus der zweiten Ehe mit Ludwig von Brandenburg (dem Sohne Ludwigs von Baiern), welcher 1361 starb, ging ein Sohn, Meinhard hervor, der 1363 starb, worauf Margarethe Tirol an Herzog Rudolf IV., den Stifter abtrat, und ihre letzten Tage in Wien verlebte, wo die Vorstadt Margarethen nach ihr den Namen führt. Von da an steht Tirol unter habsburgischer Herrschaft, mit Ausnahme der Jahre 1807 bis 1814, in welchen es an Baiern und teilweise an Italien und Illyrien abgetreten war.

Böhmen.

(51.955 ☐Kilom. = 943·5 ☐Meil. — 5,140.157 Einw.)

Schaller Jar., Topographie von Böhmen. Prag 1785—90. 8. 16 Bde.
Polt J. J., Handbuch der Geographie von Böhmen. Prag 1813. 8. 178 S.
Ponfikl J. E., Statist. Topographie von Böhmen. Prag 1822—28. 8. 3 Bde.
Kohl J. G., Hundert Tage auf Reisen in den öst. Staaten. Dresden, Leipzig 1842. 8. 1. Bd.
Watterich F. C., Hand-Wörterbuch der Landeskunde von Böhmen. Prag 1845. 8. 1264 S. 1 Karte.
Matthäy Heinr., Prof., Böhmen in malerisch. Ansichten und Reisebildern. Mit 40 Stahlst. Leitmeritz 1848. 8. 16 S.
Sommer Joh. Gottfr., Das Königr. Böhmen, statist.-topogr. Prag 1838—47. 8. 16 Bde.
Müller J., Geographie von Böhmen. Prag 1851. 8. 332 S.
Reinsberg-Düringsfeld O., Festkalender aus Böhmen. Beitrag zur Kenntniss des Volkslebens und Volksglaubens. Prag 1861. 8. 142 S.
Kapper Siegf. und Kandler Wilh., Das Böhmerland. Prag 1863/4. 8. 12 Hefte.
Böhmen, Land und Volk. Prag 1864. 8. 384 S.
Album vom Königr. Böhmen. Ansichten der schönsten Gegenden, Burgen, Städte. Mit dem Texte: Mikowec Ferdin., Maler.-histor. Skizzen aus Böhmen. Olmütz 1864. Fol.
Filek v. Wittinghausen H., Böhmen, geogr.-statist. Wien 1874. 8. 86 S.

Karten.

Specialkarte von Böhmen. Gezeichnet im k. k. mil.-geogr. Institute. Wien 1847.
Jireček J., Kralowstwí české. Prag 1850. gr. Fol.
Kummerer v. Kummersberg, Böhmen. Prag 1862. Fol. 4 Blätt.
Generalkarte von Böhmen. Herausgeg. vom k. k. mil.-geogr. Institute. Wien 1863.
Strassenkarte „   „   „   „   „   „   „   „
Kozenn B., Hand- und Reisekarte von Böhmen. 1:600.000. Olmütz 1866.
Hickmann N. L., Böhmen in plastisch. Darstellung. 1:864.000. Reichenberg 1868.
Graef C., Karte des Königreiches Böhmen. 1:600.000. Weimar 1869.
Karte von Böhmen nach der Eintheilung in 89 Bezirke nebst Eisenbahnen. Prag 1869. Fol.

Schmidt Ed., Specialkarten der Kreisbezirke Böhmens. Leitmeritz 1869. 18 Blätt.
Wagner Ed., Böhmen. Lithogr. col. Prag 1870. Fol.
„ „ Wandkarte von Böhmen, Mähren, Schlesien. 2. Aufl. Prag 1872. 4 chromol. Blätter.
Erben Jos., Geschäfts- und Reisekarte von Böhmen. 1:600.000. Tabor 1873. Mit 78 S. Text.
Kořistka C., Prof., Generalkarte von Böhmen. 1" : 6000⁰. Mit oder ohne Bezirksgrenzen. Wien 1873. 2 Blätter.
Kozenn B., Wandkarte vom Königreiche Böhmen. 1:200.000. Wien 1874. 6 Blätt.
„ „ Visecí mapa kralovství českého. „ „ „ „
„ „ Hand- und Reisekarte von Böhmen. 1 : 600.000. Mit und ohne Bezirksgrenzen. Wien 1874.
Specialkarte von Böhmen. Vom k. k. mil.-geogr. Institute. 1 : 144.000. Kupferst. Wien. 39 Blätter.
Generalkarte von Böhmen. Vom k. k. mil.-geogr. Institute. 1 : 288.000. Kupferst. Wien. 4 Blätter.
Böhmen. Neuere Gerippkarte. Vom k. k. mil.-geogr. Institute. 1 : 288.000. Kupferst. Wien. 4 Blätter.

Physische Geographie[1]. Böhmen liegt im Kessel des hercynisch-sudetischen Hochlandes, so dass die politische Grenze mit dem Rande des Kessels zusammenfällt. Das **südwestliche Randgebirge** heisst von der Eger-Tirschenreiter Einsenkung bis zum Schwarzenbergkanal der **Böhmerwald**[2] und ist durch die Neumarkter Einsattlung in einen südlichen höheren, Šumava, und einen nördlichen niedrigeren Zug, den **böhmischen Wald**, geteilt. Jener charakterisirt sich durch mehrere lange, bei 1000ᵐ hohe dichtbewaldete Hochrücken, welche südlich im Plöckenstein (1376ᵐ 4352′) und Dreisesselberge (1490ᵐ 4716′), nördlich im Osserberge (1239ᵐ 3918′) culminiren. Mit dem böhmischen Walde steht im Nordosten der **Kaiserwald** und das **Tepler Gebirge** im Zusammenhange[3]. Der kleine Landstrich südlich von der oberen Moldau und westlich von der Maltsch gehört zum **österreichischen Granitplateau**. Der **böhmisch-mährische Höhenzug** berandet Böhmen im Südosten von der Maltsch bis zur Triebitzer Einsenkung und erhebt sich wenig über 600ᵐ. Das **nordöstliche Randgebirge** zwischen dem Elbedurchbruche und der Triebitzer Einsenkung wird

---

[1] Reuss Aug., Dr., Geognostische Skizzen aus Böhmen. Prag 1840—42. 2 Bände. — Callot C., Beiträge zur Höhenkunde Böhmens. Prag 1863. 4. 122 S. — Archiv f. d. naturw. Landesdurchforschung Böhmens. Prag 1869. 8. 1. Bd. — Graef C., Böhmen nach seinen oro-hydrogr. Verhältnissen. 1 : 600.000. Weimar 1864. — Streffleur V. und Steinhauser A., Hypsom. Uebersichtskarte des Königreiches Böhmen. Wien. Schulbücherverlag.
[2] Rank Jos., Aus dem Böhmerwalde. 1843. 8. 19 Bg.
[3] Karte, Geognost. der Umgebungen von Carlsbad. Von der k. k. geolog. Reichsanstalt. Prag 1863. Fol.

durch die Reichenberger Senke [1], das Iserjoch [2], den Liebauer Pass [3], den Reinerzsattel [4] und die Mittelwalder Einsenkung in das Lausitzer Plateau, das Isergebirge, Riesengebirge, böhmische Sandsteingebirge und Adlergebirge geteilt. Das Lausitzer Bergland besteht aus vereinzelten Gruppen von Granitbergen und erreicht im Jeschken 1013^m (3206′). Westwärts zieht sich ein Sandsteingebirgszug bis an die Elbe. Das Isergebirge sendet mehrere nach Süd abfallende parallele Kämme aus und erhebt sich in der Tafelfichte auf 1124^m (3557′). Das Riesengebirge [5]) ist ein breiter, 1000^m hoher, mit Sumpfwiesen und Knieholz bedeckter Granitrücken, über welchem die Schnee-Koppe 1601^m (5066′) erreicht und daher die höchste Erhebung zwischen der Donau und der Ostsee bildet. Im böhmischen Sandsteingebirge und dem Adlergebirge (dieses wird auch böhmische Kämme genannt) senkt sich der Kamm bereits auf 600^m. Das **nordwestliche Randgebirge, das Erzgebirge**, erstreckt sich vom Elbedurchbruche bis zur Franzensbader Einsenkung. Dieser zwischen 600 und 800^m hohe Kamm fällt steil nach Süden ab und erhebt sich im Keilberge auf 1275^m (4032′). Zwischen der Franzensbader und der Eger-Tirschenreiter Einsenkung dacht sich das **Fichtelgebirge** [6]) ab. Durch die Biela vom Erzgebirge getrennt erhebt sich zu beiden Seiten der Elbe das böhmische Mittelgebirge, eine Reihe isolirter Basalthügel, deren höchster der Donnersberg [7]) (Mileschauer) 835^m (2642′) erreicht. Das Terrain des böhmischen Kessellandes erreicht nicht, wenn man vom Elbedurchbruche absieht, seine grösste Tiefe in der Mitte des Landes, die etwas südlich von Prag wäre, sondern weiter nördlich an der Elbe zwischen der unteren Moldau und der Egermündung, und senkt sich das Land von Süden aus nordwärts in drei an geographischer Längenausdehnung immer zunehmenden Terrassen, von welchen die südliche nördlich bis zur Wotawa—Luschnitz Linie, die mittlere bis zur Beraun—Sazawa-Linie und die nördliche Terrasse bis zur Eger und Elbe aufwärts sich erstreckt. Breite Täler

---

[1]) Verbindung des Tales der Lausitzer Neisse mit dem Isertale.
[2]) Vom Iser- zum Bobertale.
[3]) Aupatal-Bobertal.
[4]) Metautal mit dem der Glatzer Neisse.
[5]) Herlossohn C., Das Riesengebirge. Mit 30 Stahlst. Leipzig 1849. 8. 184 S. — Letzner D., Wegweiser durch das Riesengebirge. Hildburghausen 1869. 16. 252 S.
[6]) Pfeiffer J., B. Specialkarte des Fichtelgebirges. Wunsiedel 1862. Fol. — Reymann G. D., Specialkarte vom Fichtelgebirge. 1 : 200.000. Glogau 1868.
[7]) Urbani Heinrich, Ograph. Gemälde des Mileschauer oder Donnersberges. Prag 1864. 16. 74 S.

(die Flüsse ziehen meist durch tiefe Schluchten) und ausgedehnte Ebenen hat Böhmen nicht. Erwähnenswert sind die Wittingauer und die Georgentaler Ebene. — **Gewässer.** [1]) Mit Ausnahme einiger Quellbäche, der Lausitzer Neisse, Bober und Steine, welche als Nebenflüsse der Oder zum Ostseegebiete gehören, der Pfreimt (Nebenfluss der Nab), der Sazawa, Zwittawa, Schwarzawa und Iglawa (Nebenfluss der March), welche zum Gebiete des schwarzen Meeres gehören, ziehen alle böhmischen Gewässer durch die Elbe der Nordsee zu. Die Elbe[2]) entspringt im Riesengebirge, fliesst bis Pardubitz südlich, dann westlich, von Kolin an nordwestlich, von Lobositz an nördlich durch die sogenannte böhmische Schweiz [3]) und verlässt Böhmen bei Herrnskretschen, nachdem sie bei Melnik durch die Moldau schiffbar geworden. Ihre Nebenflüsse sind links: die kleine Elbe, die Aupa, die Metau, die Adler (aus der wilden und stillen Adler zusammengesetzt), Laučna, Chrudimka, Moldau (aus der kalten und warmen Moldau in der Šumawa entstehend), mit der Lužnice (welche in Oesterreich Lainsitz genannt wird) und Sazawa rechts, links mit der Wotawa und Berounka (aus mehreren Bächen entstehend, von welchen der bedeutendste die Mies ist, welche sich bei Pilsen mit der Radbusa und Bradlanka vereinigt), die Eger[4]) (vom Fichtelgebirge in Baiern) mit der Tepl und die Biela; rechts die Cidlina, Iser, Polzen und Kamnitzbach. Ausserhalb Böhmens fliessen der Elbe aus Böhmen zu: die weisse Elster, die Flöhe, die Freiberger Mulde und Weseritz. Seen hat Böhmen wenige. Einige kleine im Böhmerwalde sind den Alpenseen durch Lage und Umgebung ähnlich (der Plöckensteiner-, der schwarze und der Teufelssee). Die Seen im Riesengebirge werden Teiche genannt. Reich ist Böhmen an Teichen. Die meisten und grössten sind bei Wittingau und Chlumetz. — Die mittlere Jahrestemperatur [5]) ist in Prag 9·3⁰ C. und die jährliche Niederschlagsmenge in dieser Stadt 40 Centim. Der herrschende Wind ist der Südwestwind.

---

[1]) Mayr J., Wasserkarte Böhmens mit dessen Bahnnetz. 1872. — Gallas, Regulirung der Flüsse Böhmens. Prag 1872. 8. 42 S. — Harlacher A. R., Beiträge zur Hydrographie des Königreiches Böhmen. Prag 1872/3. 8. 84 S. 7 Taf. — Uebersichtskarte, Hydrogr. des Königreiches Böhmen in 4 Blättern. Herausgegeben vom techn. Bureau der Statthalterei.
[2]) Wawra, Die Elbe und Moldau. Wien 1863. 8. 38 S. (Sep.-Abdr.)
[3]) Andrée Otto, Specialkarte der sächs.-böhm. Schweiz. Dresden 1869. Fol. — Gottschalck Frdr., Die sächs.-böhm. Schweiz. 14. Aufl. Dresden 1873. 16. 96 S.
[4]) Münnich K. H. W., Prof., Das malerische Egertal. Dresden 1851. Fol. 20 Hefte. — Münnich K. H. W., Fichtelgebirge und das Egertal vom Ursprunge der Eger bis zur Mündung. Mit 1 Karte. Dresden 1859. 16. 156 S.
[5]) Kreil C., Klimatologie von Böhmen. Wien 1865. 8. 446 S.

Politische Geographie [1]). Der böhmische Landtag besteht aus 241 Mitgliedern [2]). Die oberste politische Verwaltungsbehörde in Böhmen ist die Statthalterei in Prag, welcher die 89 Bezirke, in welche das Land geteilt ist, sowie die mit eigenem Statute versehenen Städte Prag und Reichenberg unterstehen.

Prag [3]) (157.713 Einw.). Landeshauptstadt, Sitz des Landtages und der Statthalterei, des Fürsterzbischofs, Carl Ferdinands-Universität mit Bibliothek (148.000 Bde.), zwei polytechnische Institute (deutsch und böhmisch), Handelsakademie, Ober-Landesgericht, Landesgericht, Handels- und Gewerbekammer, Börse, 3 G., ROG., 2 RG., 2 R, UR., 2 LB., 2 LiB.

1. **Bezirk Karolinenthal.** — Karolinenthal† (135.000 Einw.). — Eule†. — Brandeis†.
2. **Bezirk Melnik.** — Melnik [4]) †, Weinbau.
3. **Bezirk Jungbunzlau.** — Jungbunzlau*, G. — Neu-Benatek†.
4. **Bezirk Dauba** †. — Wegstädtl†.
5. **Bezirk Leitmeritz.** — Leitmeritz* (10.000 Einw.), Bischof, Weinbau, G., R., LB. — Theresienstadt, Festung. — Lobositz†, Schlacht 1756. — Auscha†.
6. **Bezirk Tetschen** [5]) †. — Böhmisch-Kamnitz†. — Bensen†.

---

[1]) Lexicon, Topograph. von Böhmen. Prag 1852. 8. 498 S. — Heber F. A., Böhmens Burgen. Prag 1844—46. 4. 4 Bde. (Ansichten). — Klutschak, Böhmische Adelssitze. Prag 1855. 8. 152 S. — Klar P. A., Böhmens Grossgrundbesitz. Prag 1856. 8. 99 S. — Orth J. Sladek Fr. Top. stat. slovnik Čech čili podrobný popis. Praze 1869. 8.

[2]) Den Bischöfen von Prag, Leitmeritz, Königgrätz und Budweis, dem Rector magnificus, 70 Vertretern des Grossgrundbesitzes, 72 der Städte, 15 der Handelskammern und 79 der Landgemeinden. — Landesgesetz und Verordnungsblatt für Böhmen. Prag 4.

[3]) Schaller Jar., Beschreibung der Haupt- und Residenzstadt Prag. Prag 1794. 8. 4 Bde. — Schottky J. M., Prag, wie es war und ist. Prag 1831. 8. 2 Bde. — Tomek V., Geschichte der Stadt Prag (böhmisch und deutsch). 1. Band 1855. 2. Band. 1871. 8. — Foges Bd., Altertümer der Josefstadt. Prag 1855. 8. — Wenzig Jos. und Krejčí, Umgebungen Prags. Prag 1857. 4. 198 S. — Gemälde von Prag und Umgebung. 9. Aufl. Prag 1869. 16. 122 S. — Klutschak Fz., Führer durch Prag. 11. Aufl. Prag 1873. 16. 264 S. — Umgebung, Nähere, von Prag. Herausgegeb. vom Generalstab. Prag 1869. 9 Blätt. — Hozak F., Situationsplan von Prag und Umgebung. Prag 1870. Fol. — Hickmann A. L., Prof., Umgegend von Prag in plast. Aufnahme. Reichenberg 1871. — Situationsplan von Prag. Lithogr. Prag 1872. Fol. — Ambros A., Der Dom zu Prag. 1858. 16. 375 S. 12 Stahlst. — Erben D., Statistik der Stadt Prag (deutsch und böhmisch). Prag 1873. — Schönfelder, Okolí Pražské. (Prag und seine Umgebungen.) Prag. 4. Blatt.

[4]) David A., Geogr. Lage der Stadt Melnik. Prag 1814. 8. 98 S.

[5]) Dörre F. C., und Funke W., Bezirk Tetschen. Prag 1871. 4. 167 S. (Auch böhmisch).

7. **Bezirk Rumburg.** — Rumburg †, Leinenindustrie und Handel. — Kreibitz †. — Warnsdorf¹) † (13.200 Einw.).
8. **Bezirk Schluckenau †.** — Hainsbach †.
9. **Bezirk Gabel †.** — Zwickau †.
10. **Bezirk Böhmisch-Leipa.** — Böhmisch-Leipa *, Webeindustrie, G., R. — Haida †, Glasindustrie. — Niemes †.
11. **Bezirk Münchengrätz.** — Münchengrätz †, Schloss mit Wallenstein's Grab. — Weisswasser †.
12. **Bezirk Jičin.** — Jičin *, G., UR., LB. — Libáň †. — Sobotka †. — Neu-Paka †.
13. **Bezirk Poděbrad †.** — Nimburg †. — Königstadtl †.
14. **Bezirk Kolin.** — Kolin †, Industrie, Handel, Schlacht 1757, UR. — Kauřim †.
15. **Bezirk Neubydžov †.** — Chlumec †.
16. **Bezirk Hohenelbe †.**
17. **Bezirk Starkenbach †.** — Rochlitz †.
18. **Bezirk Semil †.** — Lomnitz †.
19. **Bezirk Turnau †.** — Eisenbrod †. — Böhmisch-Aicha †.
20. **Bezirk Gablonz †.** — Tannwald †.
21. **Bezirk Reichenberg.** — Reichenberg²) *, (22.500 Einw.), Hauptindustrieort im nordöstlichen Böhmen, Tuchfabrication, Handels- und Gewerbekammer, Handelsschule, ROG. — Kratzau †.
22. **Bezirk Friedland.** — Friedland³) †, Schloss, einst Eigentum Wallenstein's, des Herzogs von Friedland. — Liebwerda⁴), Curort.
23. **Bezirk Trautenau.** — Trautenau †, Leinenindustrie, UR., LB. — Schatzlar †. — Arnau †, RG. — Marschendorf †.
24. **Bezirk Königinhof.** — Königinhof⁵) †, bekannt durch die „Königinhofer Handschrift", eine Sammlung altböhmischer Heldengedichte, welche hier 1817 aufgefunden wurde. — Jaroměř †.
25. **Bezirk Königgrätz.** — Königgrätz⁶) *, Festung, Sitz eines Bischofes, G.,

---

¹) Palme A., Warnsdorf. B. Leippa 1852. 8. 255 S. 8 Beilagen.
²) Czörnig C. J., Topogr.-histor.-statist. Beschreibung von Reichenberg. Wien. 1829. 8. 216 S. — Herrmann J. G., Geschichte der Stadt Reichenberg. Reichenberg 1863. 8. 559 S. — Herbich J., Reichenberg und Umgebung. 1 : 12.000. Chromol. Reichenberg 1873.
³) Nemethy Fr., Schloss Friedland. 1818. 8. 183 S. 12 Kunstbeilagen.
⁴) Plumert Jos., Dr., Curort Liebwerda. Reichenberg 1869. 8. 132 S.
⁵) Bienenberg C. J., Geschichte der Stadt Königinhof. Prag 1782. 8. 63 S. — Viták Ant. Const., Dějiny kral. věn. města Dvora králové nad Labem. V Praze 1867. 8. 242 S. 1 Kupferst.
⁶) Bienenberg J. C., Geschichte der Stadt Königgrätz. Prag 1780. 8. 447 S. 5 Taf.

R., LB., Schlacht 1866, Rokitansky's Geburtsort. — Nechanitz +. — Hořic +.
26. **Bezirk Pardubitz.** — Pardubitz ÷, R. — Přelouč +. — Holitz +.
27. **Bezirk Hohenmauth** [1]) +. — Skuč +.
28. **Bezirk Leitomischl.** — Leitomischl +, G., R.
29. **Bezirk Landskron.** — Landskron ÷, G. — Wildenschwert +.
30. **Bezirk Senftenberg** +. — Grulich +. — Rokitnitz +.
31. **Bezirk Reichenau.** — Reichenau +, G. — Adler-Kostelec +.
32. **Bezirk Neustadt.** — Neustadt a. d. Mettau +. — Nachod [2]) +. — Opočno +.
33. **Bezirk Braunau.** — Braunau +, Benediktinerkloster, Leinweberei, UG. — Politz +.
34. **Bezirk Smichow** +. — Königsaal +. — Unhošt +.
35. **Bezirk Schlan.** — Schlan +, UG. — Welwarn +. — Neu-Straschitz ÷.
36. **Bezirk Raudnitz** +. — Libochowice +.
37. **Bezirk Laun** +.
38. **Bezirk Teplitz.** — Teplitz [3]) + (10.200 Einw.), mit der Vorstadt Schönau, berühmter Curort mit warmen Quellen. — Bilin ÷, Sauerbrunnen. — Dux [4]) +. — Saidschitz [5]). Bitterwasser.
39. **Bezirk Aussig.** — Aussig + (11.000 Einw.), Industrie- und Handelsort. — Karbitz +.
40. **Bezirk Brüx.** — Brüx *, ROG. — Katharinaberg ÷.
41. **Bezirk Komotau.** — Komotau +, Eisenindustrie, ROG. — Görkau ⊤. — Sebastiansberg +.
42. **Bezirk Saaz.** — Saaz ÷. — Mittelpunkt des Hopfenbaues und Handels, G. — Postelberg ÷.
43. **Bezirk Rakonitz.** — Rakonitz ÷, Kohlengruben. R. — Pürglitz ÷.
44. **Bezirk Kralowitz** ÷. — Manetin +.
45. **Bezirk Podersam** +. — Jechnitz +.
46. **Bezirk Kaaden.** — Kaaden [6]) +, RG. — Duppau ÷, UG. — Pressnitz ÷.

---

[1]) Šembera A. W., Wysoké mýto král. wěnné město w čechach. W Holomouci. 1845. 8. 146 S. 3 Taf.
[2]) Ludvik Jos. Mysl., Památky hradu, města a panstvi Náchoda. V Hradci králové 1857. 8. 343 S.
[3]) Dinter G. Dr., Heilquellen von Teplitz. Dresden 1861. 16. 200 S. - Cerwenka Fz., Fremdenführer durch Teplitz. Teplitz 1871. 16. 111 S. — Gottschalck Frdr., Teplitz und Umgebungen. Dresden 1873. 16. 83 S. — Umgebungs-Karte von Teplitz. Vom k. k. mil.-geogr. Instit. Kupferst. 1 : 28.800. Wien. 1 Blatt.
[4]) Petry Frdr., Schloss Dux. Prag 1864. 16. 24 S.
[5]) Reuss Aug. Dr., Das Saidschitzer Bitterwasser chemisch untersucht. Prag 1843. 8. 3½ Bg.
[6]) Meyer, Monographie der Stadt Kaaden. Leitmeritz 1857. 8. 109 S.

47. **Bezirk Joachimsthal.** — Joachimsthal †, Silberbergwerk, (aus Joachimsthaler entstand die Bezeichnung „Thaler"). — Platten †.
48. **Bezirk Graslitz.** — Graslitz †, Baumwollspinnereien. — Neudeck †.
49. **Bezirk Karlsbad.** — Karlsbad [1]) †, weltbekannter Curort mit einem 75° C. warmen Sprudel und 6 anderen heissen Quellen, zuweilen von 15.000 Gästen besucht. — Petschau †. — Schlackenwert UG.
50. **Bezirk Falkenau** †. — Elbogen †, Porzellan-Fabrik, RG.
51. **Bezirk Eger.** — Eger[2]) * (13.500 Einw.), Schaf- und Baumwollindustrie, Eisenbahnknotenpunkt, Handels- und Gewerbekammer, Ruine der kgl. Burg, in welcher Wallenstein 1634 ermordet wurde, G., LB. — Wildstein †, — Franzensbad [3]), Badeort.
52. **Bezirk Asch** †.
53. **Bezirk Plan** †. — Königswart †.
54. **Bezirk Tepl.** — Tepl †, Prämonstratenserstift. — Marienbad, berühmter Curort [4]). — Weseritz †.
55. **Bezirk Luditz** †. — Buchau †.
56. **Bezirk Mies.** — Mies [5]) † ROG. — Tuschkau †. — Staab †.
57. **Bezirk Tachau.** — Tachau †. — Pfraumberg †.
58. **Bezirk Přibram.** — Přibram †, reiches Silberbergwerk, (jährlich 50.000 Mark), Montanhochschule, RG. — Dobříš †.
59. **Bezirk Horowitz** †. — Zbirow †. — Beraun †. — Karlstein [6]).

---

[1] Lenhart J., Carlsbads Memorabilien von 1325 — 1839. Prag 1840. 8. 506 S. — Mannl R., Dr., Carlsbade and its minsprings. Leipcic 1850. 8. 140 S. — Semler Frdr., Karlsbad. Nürnberg 1870. 16. 72 S. — Hlawaček Ed., Dr., Karlsbad gesch.-med.-top. 10. Aufl. Mit Situationsplan. Prag 1874. 8. 335 S.

[2] Grüner Jos., Beiträge zur Geschichte von Eger. Prag 1843. 8. 102 S. — Pröckl V., Eger und das Egerland. Prag 1845. 8. 382 S. — Kürschner Fr., Eger und Böhmen. Wien 1870. 8. 206 S. XXVII. — Drivok P., Aelteste Geschichte der deutschen Reichsstadt Eger und des Egerlandes. Leipzig 1872. 8. (7 Liefrg.) — Umgebungs-Karte. S. Franzensbad.

[3] Franzensbad, Das. Eulenburg 1851. 16. 149 S. — Prökl V., Franzensbad. Franzensbad 1871. 8. 92 S. — Saemann Hugo, Dr., Franzensbad, bains curcs. Franzensbad 1873. 8. 116 S. — Klein C., Dr., Heilmittel von Franzensbad. Wien 1874. 8. 94 S. — Umgebungs-Karte von Franzensbad und Eger. Vom k. k. mil.-geogr. Institute. Lith. 1 : 28.800. Wien. 4 Blätter.

[4] Danzel Ad., Dr., Begleiter in und um Marienbad. Prag 1853. 16. 180 S. — Danzel, Brunnendiätetik in Marienbad. Prag 1853. 16. 126 S. — Danzel, Marienbads Heilquellen, naturhistorisch und mediz. Prag 1853. 16. 138 S. — Kisch E. H., Dr., Marienbad s. Umgebung. 4. Aufl. Marienbad 1872. 8. 166 S. — Herzig Leop., Dr., Marienbad its mineral waters. Wien 1873. 8. 86 S.

[5] Watzka C. L., Mies. Prag 1839. 8. 60 S. 2 Tafeln.

[6] Körner J., Burg Karlstein. Prag 1857. 8. 84 S. — Karlstein, Burg und Sehenswürdigkeiten. Prag 1863. 16. 72 S. — Sedlaček J. W., Paměti Plzenské. W Plzni 1821. 8. 143 S.

60. **Bezirk Pilsen.** — Pilsen¹)* (23.700 Einw.), Eisenindustrie, Handelsort, in der Nähe Kohlengruben. Handels- und Gewerbekammer, G., ROG., R. — Blowitz╈ (Plowice). — Rokyzan╈, UR.
61. **Bezirk Prestic**╈. — Nepomuk╈, Geburtsort des heil. Johann von Nepomuk.
62. **Bezirk Bischofteinitz**╈. — Ronsberg╈. — Hostau╈.
63. **Bezirk Taus.** — Taus╈, RG. — Neugedein╈.
64. **Bezirk Klattau.** — Klattau╈, G. — Neuern╈. — Planitz╈.
65. **Bezirk Schüttenhofen.** — Schüttenhofen╈, Zündhölzchenfabrication. — Berg-Reichenstein╈. — Hartmanitz╈.
66. **Bezirk Strakonitz.** — Strakonitz╈, Fezfabrication. — Horaždiowic╈. — Wolin╈.
67. **Bezirk Blatna.**╈ — Breznitz╈.
68. **Bezirk Pisek.** — Pisek*, G., R. — Wodnian╈. — Mirovic╈.
69. **Bezirk Budweis.** — Budweis²)* (17.500 Einw.), bedeutendste Industrie- und Handelsstadt in Südböhmen, Sitz eines Bischofs, Handels- und Gewerbekammer, 2 G. (deutsch und böhmisch), R., LB. — Schweinitz╈. — Lischau╈. — Frauenberg╈, prachtvolles Schloss des Fürsten Schwarzenberg über dem Markte Podhrad.
70. **Bezirk Krumau.** — Krumau╈, Schwarzenberg'sches Schloss, RG. — Oberplan╈, Geburtsort Adalbert Stifter's. — Kalsching╈.
71. **Bezirk Prachatitz.** — Prachatitz╈, RG. — Netolitz╈, Pferdemärkte. — Winterberg╈.
72. **Bezirk Böhmischbrod**╈. — Schwarz-Kostelec╈. — Řičan╈.
73. **Bezirk Kuttenberg.** — Kuttenberg³)* (13.000 Einw.), R., LB. — Kohl-Janowitz╈.
74. **Bezirk Czaslau.** — Czaslau╈, Industrieort, Schlacht 1742 (Chotusitz). — Habern╈.
75. **Bezirk Chrudim.** — Chrudim*, Zucker- und Papierfabrication, Bierbräuereien, ROG. — Nassaberg╈. — Hlinsko╈.
76. **Bezirk Polička**╈.
77. **Bezirk Polna**╈. — Přibislau╈.
78. **Bezirk Deutschbrod.** — Deutschbrod╈, G. — Humpolec╈.
79. **Bezirk Chotěboř**╈.
80. **Bezirk Ledeč**╈. — Unter-Kralowic.

---

¹) Tanner Jos., Alte Chronik von Pilsen. Pilsen 1835. 8. 56 S.
²) Popper F., Umgebung von Budweis. Budweis 1868. Fol. (Karte.)
³) Megerle v. Mühlfeld J. G., Merkwürdigkeiten von Kuttenberg. Wien 1825. 12. 221 S. — Vogel A. Beiträge zur Geschichte von Kuttenberg. Prag 1825. 8. 72 S.

81. **Bezirk Beneschau.** — Beneschau †, UG. — Neweklau †. — Wlašim †.
82. **Bezirk Selčan** †. — Sedlec†. — Wotic†.
83. **Bezirk Mühlhausen** † (Milevsko). — Bechin†.
84. **Bezirk Tabor.** — Tabor *, von den Hussiten gegründet, Industrieort, ROG. — Soběslau†, LB. — Jung-Wožice†.
85. **Bezirk Pilgram.** — Pilgram†, RG. — Kamenitz a. d. Linde†. — Počatek†. — Patzau†.
86. **Bezirk Neuhaus.** — Neuhaus†, Schloss, G. — Neu-Bistritz†.
87. **Bezirk Wittingau.** — Wittingau†, Schwarzenbergisches Schloss mit grossem Archive, Fischteiche, RG. — Lomnitz†. — Weseli†.
88. **Bezirk Moldauthein** †.
89. **Bezirk Kaplitz** †. — Gratzen†, Schloss des Grafen Buquoi. — Hohenfurt[1]) †, Cistercienserkloster (gestiftet 1259).

Culturbild [2]). Böhmen ist im allgemeinen ein fruchtbares Land, dessen Boden von seinen Bewohnern rationell bewirtschaftet wird. Nebst allen Getreidearten werden noch in einer für die dichte Bevölkerung hinreichenden Menge Hülsenfrüchte, Kartoffel, Rüben, Flachs, Obst und Gemüse producirt. Wein in geringem Quantum (Melnik, Černosek). Auf dem Gebiete der Viehzucht sind nennenswert die Pferde-, Rindvieh-. Schaf- und Ziegenzucht; ferner die Hühner, Gänse und Bienenzucht [3]). Mit grossem Erfolge wird der Bergbau betrieben. Silber (über 100.000 Zoll-Ct.) wird (bei Přibram, Joachimsthal) gewonnen. Eisen (über 1,340.000 Z.-C.), Kupfer, Blei, Zinn, Wismut, Schwefel, Alaun, und über 40 Mill. Ct. Steinkohlen und 34 Mill. Ct. Braunkohlen [4]) (Kladno, Pilsen, Teplitz); Edelsteine (Granaten, Saphire, Opale, Chalcedone) in den nordöstlichen Gebirgen. Salz mangelt Böhmen gänzlich. Auf ganz besonders hervorragender Stufe steht Böhmens Industrie [5]). Den ersten Rang nimmt die Textil-Industrie in Baumwolle (Eger, Böhmisch-

---

[1]) Mikovec. Hohenfurt. Olmütz 1858. 4. 20 S. — Proschko, Hohenfurt. Linz (1859). 4. 82 S.

[2]) Skizzen, böhm. Kulturbilder. Leipzig 1844. 8. 253. S. — Pisling Th., Dr., nationalökonom. Briefe aus Böhmen. Prag 1856. 8. — Pisling Th., nationalökon. Briefe aus d. nordöstl. Böhmen. Prag 1857. 8. 148 S. — Pisling Th., Volkswirtschaft im böhm. Erzgebirge. Prag 1861. 8. 142 S.

[3]) Bericht über d. Tätigkeit des Central-Comite's f. land- und forstwirtschaftl. Statistik in Böhmen. Prag 1870. — Schmied Ant. Ad., die Verhältnisse der Landwirtschaft in Böhmen. Prag 1872. 8. 274 S.

[4]) Pechar Joh., Karte über die Circulation der böhmischen Braunkohle. Prag 1870. Fol.

[5]) Hickmann A. L., Industrial-Atlas d. K. Böhmen. Prag 1862—64. Fol. 9 col. Karten 28 S. Text.

Leipa, Reichenberg, Josefstadt). Schafwolle (Reichenberg, Teplitz, Neuhaus) und Flachs (Trautenau, Rumburg), den zweiten Rang die Metall-Industrie (Pilsen, Přibram, Hořowitz), den dritten die Glas-Industrie ein (Böhmerwald). Sonst ist noch zu nennen die Fabrication von Chemikalien, von Zündwaaren, Porzellan-, Steingut- und Tonwaaren, die Papierfabrication, Ledererzeugung, die Rübenzuckerfabrication [1]), ferner die Bierbrauereien (Pilsen) und Spiritusbrennereien. Eine notwendige Folge der grossen Bevölkerungsdichtigkeit sowie der namhaften Rohproduction und der bedeutenden Industrie-Tätigkeit ist die Blüte des Handels [2]), der noch durch ein dichtes Eisenbahn- und Strassennetz befördert ist. Zu den wichtigsten Einfuhrstoffen gehört das Salz aus Oberösterreich, zu den Ausfuhrartikeln Industrieproducte, ferner Getreide, Holz und Tierfelle. Sehr bedeutend ist auch der Transithandel, indem fast sämmtliche Colonialwaaren, die über Bremen und Hamburg nach Oesterreich-Ungarn kommen, ihren Weg durch Böhmen nehmen. Für die geistige Cultur sorgen 4190 Volksschulen [3]) darunter 24 Bürgerschulen, welche aus 887.000 schulpflichtigen Kindern von 684.700 besucht wurden, ferner 20 vollständige, 5 Unter-Gymnasien, 11 Realgymnasien und 8 Real-Ober-Gymnasien, 11 vollständige und 5 Unter-Realschulen, 10 Bildungsanstalten für Lehrer und 2 für Lehrerinen, ferner die Universität und das böhm. und deutsche polytechnische Landesinstitut in Prag, die Montanlehranstalt in Přibram, 2 höhere landwirtsch. Lehranstalten (Tabor, Liebwerda) und eine Forstschule (Weisswasser).

Bevölkerung [4]). Der grösste Teil der Bevölkerung (61%) sind Čechen, 37% Deutsche [5]) und 2% Israeliten. Die Deutschen bewohnen hauptsächlich die Abdachungen des südwestl., nordwestl. und nordöstl. Randgebirges. Zum Katholicismus bekennen sich 96%, zu den evangelischen Confessionen 2%.

Geschichtsbild. Die ältesten Bewohner des hercyn.-sudetischen Kessellandes, von welchen wir historische Kunde haben, sind die Bojen,

---

[1]) Čech C. O., Dr., Karte der Rübenzuckerfabriken Böhmens, Mährens, Schlesiens. Prag 1870. Fol.

[2]) Hübsch F. L., Versuch u. Geschichte d. böhm. Handels. Prag 1849. 8. 292 S. — Uebersichtskarte der Aerarialstrassen, Eisenbahnen, floss- und schiffbaren Flüsse Böhmens. Prag 1872. 4 chromolith. Blätter.

[3]) Obentraut Ad., Ortsschulrat f. Böhmen. Wien 1874. 8. 110 S. Verordnungsblatt f. d. Volksschulen d. Kgr. Böhmen. Prag 1871—. 8. (deutsch und böhmisch).

[4]) Ficker Ad., Bevölkerung Böhm. Wien 1864. — Andrée R., Dr., Nationalverhältnisse und Sprachgrenze in Böhmen. Leipzig 1870. 8. 40 S. — Andrée Rich., Dr., Tschechische Gänge. Böhm. Wanderungen und Studien. Mit e. Sprachenkarte Böhmens. Bielefeld 1872. 8. 273 S.

[5]) Schmalfuss F. A., Die Deutschen in Böhmen. Prag 1851. 12. 321 S.

welche auch dem Lande den Namen gaben. Nach dem Cimbernkriege der Römer und noch vor Cäsars Ankunft in Gallien drangen sie über die Donau in das benachbarte keltische Gebiet, und in die verlassenen Wohnsitze derselben teilten sich die Markomannen und Quaden, von welchen jene Böhmen, diese das Marchland bis zur Donau und den kleinen Karpaten besetzten. Erst als diese aus dem Lande und aus der Geschichte im 6. Jahrdt. verschwinden, tauchen im oberen Elbelande die Čechen auf, deren Einwanderung spätestens in das Ende des 6. Jahrhdts. gesetzt werden muss. Diese stehen im folgenden Jahrhdt. unter Samo (627—662), welcher sie gegen die Avaren beschützt. Im Anfange des 8. Jahrhdts. taucht der Name der sagenberühmten Libusa auf, deren Gemahl Přemysl, der Herr von Staditz, der Begründer der přemislidischen Dynastie ist, welche Böhmen bis zu ihrem Erlöschen 1306 beherrschte.

Přemysliden.

Durch Karl d. Gr. kam Böhmen in unbestimmte Abhängigkeit unter das fränkische Reich. 845 erschienen čechische Häuptlinge vor Ludwig dem Deutschen in Regensburg, um sich taufen zu lassen. Bořivoi, ein Graf in Böhmen und seine Gemahlin Ludmilla erhielten die Taufe wahrscheinlich von Methodius. Nachdem Böhmen im 9 Jahrhdt. einen Teil des grossmährischen Reiches unter Swatopluk gebildet hatte, ragt nach der Auflösung dieses Reiches unter den böhmischen Herzogen im 10. Jahrhdundert

Wenzel I. der Heilige (928—935) hervor, welcher sich bemühte, an die Stelle der alten heidnisch-kriegerischen Freiheit unter deutscher Mitwirkung und in Abhängigkeit von Deutschland ein christliches Reich mit wohlorganisirtem Kirchenwesen zu setzen. Er wurde am 28. September 935 erschlagen. Mit guten Grunde verehren die Böhmen ihn als ihren Schutzheiligen, da er sie zuerst in die Reihe der Culturvölker eingeführt hat.

Boleslaw II. (967—999) befestigte das Christentum in seinem Lande, indem er das Bistum Prag (972) gründete, dessen zweiter Bischof Woytiech (der hl. Adalbert) bei der Bekehrung der Preussen den Tod fand. Unter

Břetislaw (1037—1055) wurde die Tronfolge durch das Senioratserbfolgegesetz bestimmt, wonach stets der älteste des ganzen Hauses die Regierung über das Herzogtum führen sollte, welche Anordnung fortwährende Tronstreitigkeiten zur Folge hatte. Unter ihm fiel Mähren bleibend an Böhmen. Für geleistete Dienste zeichneten die deutschen Kaiser zwei folgende Herzoge u. z. Heinrich IV. den

Wratislaw (1086), und Friedrich I. Barbarossa

Wladislaw (1158), mit dem Königstitel aus. Ruhe und Ordnung im Lande wurde erst hergestellt, sowie das Ansehen des Landes nach aussen hin erhöht unter

Přemysl Ottokar I. (1197—1230), welcher von Philipp von Schwaben für sich und seine Nachkommen den Königstitel 1212 erhielt (der auch vom Papste Innocenz III. anerkannt wurde, und seither den Beherrschern Böhmens nicht mehr verloren ging). Die Tronfolge ordnete er durch das Primogeniturerbfolgegesetz (1216). Die Nachfolger Wenzel I. 1230—1253 und

Přemysl Ottokar II. (1258—1278) förderten die Cultur des Landes durch die Heranziehung deutscher Colonisten und die Anlage vieler Städte und Klöster. Die Wirren, in welche Deutschland in der letzten Regierungszeit Friedrichs II. und zur Zeit des Interregnums geriet, benützte Ottokar zur Erweiterung seiner Herrschaft, indem er sich in den Besitz Oesterreichs, Steiermarks und Kärntens setzte. Da er diese Erwerbungen nach dem Regierungsantritte des deutschen Königs Rudolfs I. von Habsburg nicht an das Reich zurückgab, wurde er von diesem bekriegt und verlor Schlacht und Leben bei Dürnkrut 1278. Er war seinen Untertanen ein gerechter Richter und milder König und ist die hervorragendste Persönlichkeit unter den Přemysliden. Unter seinem minderjährigen Sohne

Wenzel II. (1278—1305) wurde das Land durch innere Unruhen zerrüttet und erhielt für das durch die Schlacht bei Dürnkrut verlorene Ansehen in Deutschland einen zweifelhaften Ersatz durch den Gewinn der Krone Polens. Mit dem gleichnamigen Sohne desselben

Wenzel III. (1305—1306) erlosch die přemyslidische Dynastie (1306).

Nun kommt zum ersten Male ein Habsburger auf den böhmischen Tron. Rudolf, der Sohn des deutschen Königs Albrecht I., welcher aber schon im folgenden Jahre 1307 starb.

Die Wahl Heinrichs von Kärnten zum Könige war für das Land nicht glücklich, da er im Anfange zu schwach und dann zu hart regierte. Er wurde daher abgesetzt und die Krone einem Mitgliede des luxemburgischen Hauses

Johann (1310—1346), dem Sohne Kaiser Heinrichs VII. übertragen. Sein abenteuerliches Streben, das ihn in aller Herren Länder umhertrieb, liess ihm nicht die gehörige Zeit und Kraft für die Verwaltung seiner eigenen Länder (ohne Gott und den Böhmerkönig kann nichts ausgerichtet werden, sagten seine Zeitgenossen). In seinen alten Tagen und bereits blind, beteiligte er sich noch an Kämpfen, die ihn nichts angingen und fiel in der Schlacht bei Crecy (1346), wo er auf Seite der Franzosen focht. Nichtsdestoweniger hatte sich der Umfang seiner Herrschaft durch die Erwerbung eines grossen Teiles Schlesiens, der Lausitz und von Eger erweitert. Als Gegensatz Johanns erscheint die Regierung seines Sohnes

Karl (1346—1378), welcher seine ganze Kraft der Förderung des materiellen und geistigen Wohles seines Landes widmete und sich daher die Liebe und den Dank seines Volkes in so hohem Masse erwarb, dass seine Regierung als ein goldbeschriebenes Blatt in der böhmischen Geschichte sich darstellt. Er förderte den Ackerbau (pflanzte die burgundische Rebe in Melnik), hob die Industrie durch die Begünstigung fremder Einwanderungen, brachte Ordnung in die Finanzen und sorgte durch gute Gesetze für die öffentliche Sicherheit und die Besserung der Rechtsverhältnisse (Majestas Carolina). Er teilte Böhmen in 12 Verwaltungskreise und verlieh dem Kurfürsten von Böhmen den ersten Rang unter den weltlichen Wahlfürsten des deutschen Reiches. Seinen Sinn für Kunst und Wissenschaft betätigte er durch die Verschönerung Prags (Gründung der Neustadt), durch Kirchenbauten (Veitskirche in Prag) und Burganlagen (Hradschin, Karlstein) und setzte sich das schönste und dauerndste Denkmal durch die Gründung der Universität in Prag, der ersten Deutschlands (1348). Da er Böhmen noch durch äussere Erwerbungen (die Reste von Schlesien und Lausitz) vergrösserte, (Brandenburg seinem Sohne verlieh) und so das Bild seiner inneren Regierung mit der Glorie einer glücklichen äusseren Politik zierte, verdient er mit Recht den schönen Namen „Vater des Vaterlandes", welchen ihm die Böhmen beilegen. Diesem historischen Lichtbilde folgt das Schattenbild der Regierung

Wenzels (1378—1419), welcher sich durch seine Apathie gegen die Regierungsgeschäfte (daher der Faule genannt) und seine Hingabe der Leidenschaft des Trunkes, ebenso verächtlich, wie durch seine Grausamkeit verhasst machte. In Folge seines Streites mit dem Erzbischofe von Prag liess er dessen Secretär, Johann Nepomuk tödten [1]). Unter seiner Regierung war bereits der Geist der Wahrheit und des wissenschaftlichen Fortschrittes an der Universität Prag so sehr erstarkt, dass die Lehre des Engländers Wikleff, welche gegen die Missbräuche der Kirche, die Herrschaft des Papstes und andere kirchliche Einrichtungen gerichtet waren, leicht an der Universität Prag Eingang

---

[1]) Der König, mit Adel und Clerus zerfallen, war auch im Streite mit dem Erzbischofe von Prag. Als dieser entflohen war, liess Wenzel den Official desselben Johann Pomuk ergreifen, um von ihm die Anschläge des Erzbischofs gegen ihn zu erfahren. Da Johann nichts aussagte, liess er ihn foltern, stiess ihm selbst eine brennende Fackel ins Gesicht und liess ihn halbtodt in die Moldau werfen (1393). Das Volk, welchem das Beichtgeheimniss verständlicher ist als das Amtsgeheimniss, dessen Bewahrung Johann zum Opfer gefallen war, verehrte diesen bald als selig, und die Kirche sprach ihn 1729 heilig. (Wenzel war 1393 Witwer).

fanden und bald von einem grossen Teil der böhmischen Nation aufgesogen wurden. Die Flammen, welche die Märtyrer dieser Lehre, Johann Huss[1]) und Hieronymus von Prag, in Constanz dem leiblichen Tode übergaben, entzündeten in Böhmen den Feuereifer der hussitischen Partei, welche sich nun wie Ein Mann gegen ihre Gegner erhob und nimmermehr nach dem Hingange Wenzels dessen Bruder Sigmund als ihren König anerkennen wollte, nachdem er Huss das gegebene Wort nicht gehalten. Alle Heere, welche Sigmund nach Böhmen schickte, fanden einen stets siegreichen Gegner in dem Fanatismus, des wohl schlecht bewaffneten aber begeisterten nationalen Bürgerheeres, welches unter Žižka[2]) und dann unter der Prokope Führung den Kreuzheeren nacheinander die empfindlichen Niederlagen bei Deutschbrod (1421), Mies (1427) und Tauss (1431) beibrachte. Das Zugeständniss des Kelches, welches die Basler Compactaten den Böhmen gewährten, war die Begründung der rechtlichen Existenz des Utraquismus, wodurch der Boden für die Aufnahme des Protestantismus im nächsten Jahrhundert empfänglich gemacht wurde. So gestaltete sich die Regierung Sigmunds in Böhmen eigentlich als ein bis auf die letzten Jahre mit aller Anstrengung geführter continuirlicher Kampf mit seinem

---

[1]) Huss, ein sehr gelehrter, wahrheitsliebender und sittenstrenger Lehrer an der Universität Prag hatte die Wikleff'schen Lehren gegen den Supremat des Papstes, den weltlichen Güterbesitz der Geistlichen, Abendmahl, Ohrenbeichte etc. durch Hieronymus von Prag, einen Edelmann, welcher sich in England lange aufgehalten hatte, erfahren, zu seinen Anschauungen gemacht und in Prag verkündet, worauf er in den Bann getan wurde. Das allgemeine Concil, welches 1414 zusammengetreten war, lud ihn nach Constanz vor, und Kaiser Sigmund stellte ihm unvorsichtigerweise einen Geleitsbrief aus. Da Huss in Constanz nicht widerrief, so überlieferten ihn die Väter (da man einem Ketzer das kaiserliche Wort zu halten nicht verpflichtet ist), dem weltlichen Arme zur Verbrennung, und Huss opferte standhaft sein Leben der Wahrheit und seiner Ueberzeugungstreue.

[2]) Es ist dieser Krieg nicht bloss ein Religions-, sondern auch ein socialer Krieg, indem die durch Frohndienste, Zehent und überhaupt durch die Leibeigenschaft gedrückten Bauern eine Besserung ihrer socialen Lage erkämpfen wollten. Die Bewaffnung der Bauernmasse war die primitivste, indem Wenige Feuergewehre hatten, sondern meist nur mit Sensen, Dreschflegeln und Heugabeln versehen waren. Und doch siegten sie immer über ihre gut bewaffneten Feinde in Folge ihres fanatischen Mutes und der trefflichen Führung Žižka's von Trocznow. Dieser auf dem einen und später auf beiden Augen blind, verstand es durch Construction und zur rechten Zeit durch zweckmässige Veränderung der Wagenburgen stets die Feinde einzuschliessen und zu vernichten, um so leichter, da diese schlecht organisirt, aus den unbrauchbarsten Leuten zusammengesetzt und ohne verständige Führung waren. Žižka wurde im Alter von 70 Jahren von der Pest hingerafft. Er hatte eine Anzahl Feldherren gebildet, von welchen Prokop der Grosse und Prokop der Kleine hervorragen.

Volke um die Anerkennung als König. Mit Sigmund erlosch das Geschlecht der Luxemburger.

Regenten aus verschiedenen Häusern.

Es folgen nun die Regierungen zweier Habsburger, die kurze Albrechts 1437—1439), des Schwiegersohnes Sigmunds, welcher schon nach 2 Jahren starb und des nachgeborenen Ladislaus (daher Posthumus (1439—1457), unter welchem Georg von Podiebrad das Land verwaltete. Ladislaus, physisch und geistig von Ulrich von Cilly verzogen, starb schon im Alter von 18 Jahren und kinderlos.

Die Böhmen erhoben hierauf einen Edelmann aus ihrer Mitte auf den Tron, den bisherigen Statthalter Georg Podiebrad (1458—1471). Da der Papst Pius II. den Böhmen das Recht, das Abendmahl unter beiden Gestalten zu nehmen, entzog, Podiebrad aber diesen Eingriff nicht anerkannte, schleuderte Paul II. den Bannfluch gegen ihn und bewog Matthias Corvinus, den König von Ungarn und Schwiegersohn Podiebrad's, zum Kampfe gegen diesen, in welchem Mähren, Schlesien und die Lausitz verloren gingen, welche Länder aber nach des edlen Podiebrad's Tode durch die Wahl Wladislaws (aus der jagellonischen Dynastie in Polen) (1471—1516) und durch den glücklichen Umstand, dass dieser nach Corvinus Tode (1490) auch zum Könige von Ungarn erhoben wurde, wieder an Böhmen zurückfielen. Wladislaw schloss einen Erbvertrag mit Maximilian von Oesterreich in Folge dessen nach

Ludwigs (1516—1526) kinderlosem Tode Böhmen dem Hause Habsburg zufiel.

Mähren.
(22.230 ☐ Kilom. = 404 ☐ Meil. = 2,030.783 E.)

Krickel Ad. Jos., Wanderung durch Mähren, Schlesien, Böhmen, Wien 1834, 8. 110 S.
Wolny Greg., Die Markgr. Mähren, top.-, stat.-, hist. Brünn 1835—40. 8. 6 Bde.
Provinzial-Handbuch f. Mähren u. Schlesien. Brünn 1845—46. 8. 2 Bde.
Schriften d. hist.-stat. Section d. k. k. mähr.-schles. Gesellsch. d. Landeskunde. Brünn 1851...8.
Wolny G., Kirchl. Topographie von Mähren. Brünn 1855—56. 8. 10 Bde.
Album, Malerisches, von Mähren u. Schlesien. Hrsg. von Hölzel. Olmütz (1857). Fol. 42 chromol. Blätter.
Kořistka C., Mähren u. Schlesien. Wien 1861 8. 522 S. 4 Karten.

Karten.

Specialkarte d. k. k. mil.-geogr. Inst. von Mähren u. Schlesien. Wien 1844.
Generalkarte von Mähren u. Schlesien. V. mil.-geogr. Inst. Wien 1846.
Sommer Adf., Generalkarte d. M. Mähren u. Schlesiens. 1:432.000. Olmütz 1860.
Šembera, Mapa země Moravské. Ve Vídni 1863.

Sommer u. Kořistka, Generalkarte v. Mähren u. Schlesien. 1":6000°. Mit oder ohne Bezirksgrenzen. Wien. Hölzel.
Steinhauser A., Karte von Mähren. Wien 1868.
Graef C., Mähren, Ober- u. Nieder-Schlesien. 1:600.000. Weimar 1869.
Wagner Ed., Wandkarte. Sieh Böhmen.
Kozenn B., Wandkarte von Mähren u. Schlesien. In deutscher u. böhm. Sprache. 1:200.000. Wien 1874.
Kozenn B., Hand- u. Reisekarte von Mähren u. Schlesien. Lith., mit u. ohne Bezirksgrenzen. Auch in böhm. Sprache. Wien 1874.
Special-Karte von Mähren u. österr. Schlesien. Kupfst. 1:144.000. V. k. k. m.-g. Inst. Wien. 20 Blätter.
General-Karte von Mähren u. österr. Schlesien. Kupfst. 1:288.000. V. k. k. m.-g. Inst. Wien. 4 Blätter.

Physische Geographie [1]). Mähren, welches im W., N. und O. von Randgebirgen begrenzt ist, senkt sich in südlicher Richtung, hat Anteil an der Westabdachung der Karpaten, und liegt an der Ostabdachung des hercynisch-sudetischen Hochlandes. An der Westgrenze zieht sich der **böhmisch-mährische Höhenzug** nordöstlich bis zur Triebitzer Einsenkung, dessen östliche Abdachung dem Lande bis zur March einen wellen- und hügelförmigen Charakter (Marsgebirge) gibt. Zwischen der Triebitzer Einsenkung, der oberen March und dem Uebergange zum Mittelwalder Joche erstrecken sich von Böhmen herein die Abhänge des Adlergebirges, während den übrigen nordwestlichen Teil von Mähren die Südabhänge des Glatzergebirges, welches sich östlich bis zum Spornhauer Pass [2]) erstreckt und im Spieglitzer Schneeberg 1417^m (4483') erreicht, erfüllen. Oestlich davon bilden die Grenze gegen Schlesien die Kämme des **mährisch-schlesischen Gesenkes**, welches im Altvater (1487^m, 4704') culminirt und seine Ausläufer (Odergebirge) bis zur March sendet. In jenem Teile Mährens, welcher am Westabhange des Karpatenhochlandes liegt, zieht sich das weisse Gebirge an der ungarischen Grenze nordwärts bis zu jener Einsenkung, welche das obere Bečwatal mit der Kisuca verbindet. Es erreicht in Juworina 967^m (3060'). Nördlich davon erfüllen den von der Bečwa, der Weisskirchner Wasserscheide und der Oder begrenzten Ausschnitt des Landes die Ausläufer der Beskiden. — Mähren erfreut sich einer grösseren sehr fruchtbaren Ebene, der Hana, am Zusammenflusse der Bečwa und March, sowie einer

---

[1]) Schenkl Conr., Dr., Mähren mit Schlesien. astron. u. geom. Brünn 1851. 4 Blätt. — Kořistka Carl, Prof., Hypsometrie v. Mähren u. Schlesien. M. 1 Karte. Brünn 1863. 4. 151 S. — Foetterle Frz., Geolog. Karte d. M. Mähren u. Schlesiens. Wien 1866. Fol. 2 Teile. — Streffleur V. u. Steinhauser A., Hypsom. Uebersichtskarte d. Mkgr. Mähren u. d. H. Schlesien. Wien. Schulbücherverlag. — Kořistka C., Höhenschichtenkarte v. Mähren u. Schlesien. 1":6000°. Wien 1874.
[2]) Uebergang vom March- zum Bielatale.

kleineren an der Oder, des Kuhländchens. — Mit Ausname des nordöstlichen Gebietes gehört Mähren zum Flussgebiete der Donau. Der Hauptfluss des Landes ist die March, welche am Spiegl. Schneeberg entspringt und sich rechts durch die Sazawa, dann ausserhalb des Landes durch die Thaya verstärkt. Diese setzt sich zusammen aus der mährischen und österreichischen Thaya und nimmt links die Iglawa mit der Oslawa, die Schwarzawa mit der Zwittawa auf. Links fliesst der March die Bečwa zu, welche sich aus der oberen und unteren zusammensetzt. Im nördlichen Mähren entspringt die Oder. — Mähren erfreut sich in Folge seiner südlichen Abdachung eines milden Klimas. Die mittlere Jahrestemperatur in Brünn ist 8·9⁰ C. Der Jahresdurchschnitt der Niederschlagsmenge in Brünn ist 50 Centim. Der gewöhnliche Wind ist NW. Gewitter 21.

Politische Geographie [1]). Der mährische Landtag besteht aus 100 Mitgliedern [2]). Für die politische Verwaltung ist das Land in 30 Bezirke und 6 selbstständige Communalämter (Brünn, Olmütz, Znaim, Iglau, Ungarisch-Hradisch und Sternberg) eingeteilt, welche der Statthalterei in Brünn unterstehen.

1. **Bezirk Brünn** [3]) (73.771 E.). Bedeutende Industriestadt (Tuchfabriken), Bistum, technische Lehranstalt, 2 G., 3 R., UR., RG., 2 LB. 2 LiB., Museum, Landesgericht. — In der Nähe der befestigte Spielberg. — Adamsthal +, Eisenhütten. — Eibenschitz +.
2. **Bezirk Kromau** +. — Hrotowitz +.
3. **Bezirk Nikolsburg**. — Nikolsburg +, ROG., Geburtsort Sonnenfels'.
4. **Bezirk Znaim**. — Znaim * [4]) (10.600 E.), Handelsort, G., R. — Frain +, Industrieort. — Budwitz +. — Joslowitz +.
5. **Bezirk Dačic** +. — Zlabings. — Teltsch +, UR. — Jamnitz +.

---

[1]) Ortsverzeichniss, Vollstdges., d. M. Mähren. Brünn 1873. 8. 170 S. — Rupprecht Th. W., Gesch. d. Klöster in Mähren. Wien 1783. 8. 274 S.

[2]) dem Fürsterzbischofe von Olmütz u. dem Bischofe von Brünn, 30 Vertreter des Grossgrundbes., 31 der Städte u. Märkte, 6 der Handelskammer u. 31 der Landgemeinden. — Landes-Gesetz- und Verordnungsblatt f. Mähren. Brünn. 4. — Beschlüsse des Landtages d. M. Mähren. Brünn. 4.

[3]) Elvert Christ., Versuch einer Gesch. Brünns. Brünn 1828. 8. 272 S. — Ludwig G., Chronik v. Brünn (1555—1604). Brünn 1859. 8. 112 S. — Deutsch Ed., Führer durch Brünn u. Umglbg. M. Plan. Brünn 1865. 16. 146 S. — Situationsplan d. Ldhptstdt. Brünn. Chromol. Brünn 1872. Fol. — Umgebung von Brünn. V. k. k. mil.-geogr. Inst. Lith. 1:14.400. Wien. 11 Blätter.

[4]) Denkwürdigkeiten, Geschichtl., Znaims. Znaim 1843—46. 8. 2 Bde. — Hübner A., Denkwürdigkeiten d. St. Znaim. Znaim 1869. 8. 973 S. — Znaim u. s. Umgebungen. M. 1 Karte. Znaim 1871. 8. 156 S.

6. **Bezirk Trebitsch.** — Trebitsch +, Pferdemärkte, RG. — Namiešt +.
7. **Bezirk Iglau.** — Iglau * ¹) (20.200 E.), Hauptsitz der Tuchweberei, G., R.
8. **Bezirk Gross-Meseritsch.** — Gross-Meseritsch +, Tuchwebereien.
9. **Bezirk Neustadtl** +. — Bystric +. — Saaz +.
10. **Bezirk Boskovic** +. — Blansko + ²), Eisenhütten. Nordwestlich davon beim Dorfe Sloup der Felsentrichter „Macocha", 171ᵐ tief. — Kunstadt +.
11. **Bezirk Prossnitz** + (15.700 E.), Hauptort der Hana, Gänsezucht, Tuchweberei, R., UR.. — Plumenau +.
12. **Bezirk Wischau** +. — Austerlitz +, Dreikaiserschlacht 1805. — Butschowitz +.
13. **Bezirk Auspitz.** — Auspitz +, UR. — Klobouk + — Selowitz +. — Raigern + ³).
14. **Bezirk Göding.** — Göding +, Tabakfabrik. — Lundenburg +. — Eisgrub ⁴), Schloss und Park des Fürsten Liechtenstein. — Strażnic +. UG.
15. **Bezirk Gaya.** — Gaya, RG. — Steinitz +.
16. **Bezirk Kremsier.** — Kremsier +, erzbischl. Schloss, G., R. — Kojetein +. — Prerau +, RG. — Zdaunek +.
17. **Bezirk Olmütz.** — Olmütz * ⁵) (15.300 E.), Festung, Sitz des Erzbischofs, med.-chir. Lehranstalt, 2 G., R., LB., LiB., Studienbibliothek (55.000 Bde).
18. **Bezirk Littau** +. — Mährisch-Neustadt + ⁶), RG. — Konitz +.
19. **Bezirk Mährisch-Trübau.** — Mähr.-Trübau + ⁷), RG. — Zwittau +, Schafwoll-Industrie. — Gewitsch +.
20. **Bezirk Hohenstadt** +. — Müglitz +. — Schildberg +.
21. **Bezirk Schönberg.** — Schönberg +, RG. Wiesenberg +. — Altstadt +.
22. **Bezirk Römerstadt.** — Römerstadt +, UR.
23. **Bezirk Sternberg.** — Sternberg +, UR. — Hof +. — Liebau +.

---

¹) Elvert Chr., Gesch. u. Beschreibung v. Iglau. Brünn 1850. 8. (Quellenschriften z. Gesch. Mähr. u. Schles. I. Section. Th. 1.)
²) Kříž Mart., Führer in Mähren (Macocha). Brünn 1867. 16. 89 S.
³) Dudik, Gesch. d. Stiftes Raygern. Brünn 1849—68. 8. 2 Bde.
⁴) Schilderung v. Eisgrub u. Feldsberg. Wien 1840. 8. 69 S. 1 Plan.
⁵) Fischer Joh. Wlad., Gesch. d. Hauptstadt Olmütz. Olmütz 1808. 2 Bde. — Olmütz u. s. Merkwürdigkeiten. M. 1 Stahlst. Olmütz 1849. 8. 62 S. — Umgebung v. Olmütz. V. mil.-geogr. Inst. 1:28.000. Wien 1874. 4 Blätt. Karte des Olmützer Kreises. Lith. v. Lichtenstern. Schwarz u. color. Wien 1874. 2. Blätt.
⁶) Engl J., Gesch. d. Stadt Mährisch-Neustadt. Olmütz 1832. 8. 246 S.
⁷ Fritscher F., Gedenkbuch d. Stadt Mähr.-Trübau. Prag 1865. 8. 201 S.

24. **Bezirk Weisskirchen.** — Weisskirchen †, RG. — Leipnik †.
25. **Bezirk Neutitschein.** — Neutitschein * [1]), Hauptort des fruchtbaren Kuhländchens, Webeindustrie. — Freiberg †, RG. — Fulnek †.
26. **Bezirk Mistek** †. — Mährisch-Ostrau †, Steinkohlengruben. — Frankstadt †.
27. **Bezirk Walachisch-Meseritsch.** — Wal.-Meseritsch †, RG. — Rožnau †, Molkencurort. — Vsetin †.
28. **Bezirk Holleschau** †. — Bistřic †. — Visovic †.
29. **Bezirk Ungrisch-Hradisch.** — Ung.-Hradisch * [2]), ROG. — Napajedl †. — Ungar.-Ostra †.
30. **Bezirk Ungrisch-Brod** †. — Luhačovic, Curort. — Klobouk †.

Culturbild. In Folge der günstigen Bodenbeschaffenheit der klimatischen Verhältnisse und des verständigen Betriebes des Ackerbaues [3]) gestalten sich die Ergebnisse der Landwirtschaft sehr erfreulich. Nebst Hafen, Roggen, Weizen, Gerste, werden Spelz, Hirse und Mais gewonnen. Wein gedeiht in den südlichen, Flachs und Hanf in den nördlichen Teilen des Landes. Besonders fruchtbar sind das Marchtal mit der Hana und das Kuhländchen. Das Quantum der landwirtschaftlichen Producte deckt nicht blos den Consum der dichten Bevölkerung, sondern es kommt noch ein Teil desselben zur Ausfuhr. Kein Kronland hat mehr veredelte Racen von Schafen, als Mähren. Die Rindviehzucht wird mit gutem Erfolge im Kuhländchen, die Pferdezucht und Gänsezucht in der Hana betrieben. Auch die Bienenzucht ist nicht unbedeutend. Von Montanproducten [4]) werden gegen $1^1/_2$ Mill. Z. Ct. Eisen, 55.000 Ct. Graphit producirt. Der Gewinn an Steinkohlen (Ostrau, Rossitz, Oslavan) beträgt 8 Mill. Ct. und an Braunkohlen fast 2 Mill. Ct. In industrieller Beziehung nimmt Mähren unter den österreichischen Kronländern den dritten Rang ein. Obenan stehen die Schafwoll- (Brünn und Umgebung, Iglau, Namiešt, Fulnek, Neutitschein) und Baumwoll-Industrie (der Landstrich an der böhmischen Grenze von Zwittau bis Schildberg), ferner die Rübenzuckerfabrication (an der mittleren March). An diese reihen sich die Leinenindustrie (im Norden an der böhmischen und schlesischen Grenze), ferner die Eisenindustrie (Blansko, Zöptau), Tonindustrie (Frain) und Glasindustrie (Ullersdorf). Mähren führt viele Urproducte (Getreide, Vieh, Wolle) sowie Industrieerzeugnisse aus und

---

[1]) Beck J., Gesch. d. Stadt Neutitschein. Neutitschein 1854. 8. 291 S.
[2]) Czibulka, Gesch. d. Stadt Hradisch. Brünn 1859. (Schriften d. hist.-stat. Section. XII. Bd.)
[3]) Weber H. C., Landgüter Mährens u. Schlesiens. Brünn 1857. — Mittheilungen der Mähr.-Schles. Gesellschaft z. Beförderung d. Ackerbaues. Brünn 4. — Weber C., Mähren nach s. landwirtsch. Verhältnissen. Brünn 1873. 8. 74 S.
[4]) D'Elvert Christ., Zur Gesch. d. Bergbaues in Mähren. Brünn 1866. 8. 438 S.

es übersteigt der Wert des Exportes weit den des Imports. — Für die geistige Bildung sorgen das technische Institut in Brünn, ferner 7 Ober-Gymnasien, 1 Unter-Gymn., 10 Real-Gymn., 2 Real-Ober-Gymn., 8 Ober-Realschulen und 5 Unter-Realschulen, ferner die Forstschule in Aussee, eine kaufmännische Lehranstalt in Brünn, ferner 3 Bildungsanstalten für Lehrer und 3 für Lehrerinen. Die 1866 Volksschulen (4 Bürgerschulen) wurden im Jahre 1871 aus 332.300 schulpflichtigen Kindern von 260.780 besucht [1]).

Von der **Bevölkerung** sind fast drei Vierteile Slaven (Čechen, Mährer, Slovaken, Walachen), ein Viertel Deutsche, der Rest (45.000) sind Israeliten [2]).

Geschichtsbild. Die ältesten Bewohner des heutigen Mähren, von welchen wir historische Kunde haben, sind die deutschen Volksstämme der Markomannen und Quaden. Sie bewohnten das Marchland etwa vor der ersten Hälfte des ersten Jahrhdts. v. Ch. bis in die zweite Hälfte des fünften Jahrhdts. n. Ch. Nach dem Sturze der Hunnenmacht erscheinen in Mähren die Rugen, welche bald darauf, wahrscheinlich mit den Ostgothen nach Italien abzogen. Nach der Mitte des 6. Jahrhdts. nimmt vom Marchlande sowie vom nordwestlichen Ungarn dauernden Besitz ein slavischer Stamm, die Morawer, deren Name zu Morawa, March, in Beziehung steht. Wie viele andere Stämme ihrer Nation standen auch die Morawer unter der Herrschaft der Avaren, bis Karl d. Gr. sie von dieser befreite, um sie unter fränkische Hoheit zu bringen. Unter den schwachen Nachfolgern Karls kamen sie zum ersten und letzten Male zur Selbstständigkeit und zu einer ebenso bedeutenden wie rasch vorübergehenden Macht durch die Bestrebungen dreier einheimischer Fürsten Moimir, Rastislaw und Swatopluk, welche sich als die Begründer des sogenannten grossmährischen Reiches im 9. Jahrhdt. einen grossen Namen erworben haben. Ihrem Bestreben waren insoferne die Verhältnisse günstig, als die fränkische Macht immer mehr in Folge der Schwäche und Uneinigkeit ihrer Regenten und der Teilung des karolingischen Reiches sank.

Bereits Moimir verdrängte seinen Mitfürsten im mährischen Neitralande, Priwina, wodurch seine Macht so bedeutend gehoben wurde, dass Ludwig d. Deutsche sich genöthigt sah (846) gegen ihn zu ziehen, ihn abzusetzen und an seine Stelle dessen Neffen

---

[1]) Obentraut Ad., der Ortsschulrath. Wien 1874. 8. 108 S.
[2]) Nicht so sehr durch den Dialect als vielmehr durch äussere Lebensformen unterscheiden sich die Bewohner des böhm.-mähr. Höhenzuges: die „Horaken" von den Bewohnern der Hana: den „Hanaken" und den Gebirgshirten an der oberen Bečwa: den „Walachen". Die im nordöstl. Winkel Mährens wohnenden Slaven werden von den Deutschen häufig „Wasser-Polen" genannt.

Rastislaw (846—870) zu erheben. Aber auch dieser erhob sich (855) gegen Ludwig und verband sich mit dessen Sohne Karlmann, wurde aber 864 zur Anerkennung fränkischer Hoheit und zur Stellung von Geisseln genötigt. Als er aber seinen Neffen Swatopluk tödten wollte, wurde er (870) an Karlmann ausgeliefert, welcher ihn blenden liess, worauf

Swatopluk (870) unter fränkischer Hoheit zur Herrschaft über Mähren gelangte. Doch auch dieser kommt schon im nächsten Jahre in Kampf mit den Franken, in welchem das bairische Heer vernichtet wurde. Der im J. 874 geschlossene Friede sicherte Mähren unter dem Scheine fränkischer Hoheit und eines jährlichen Tributes die Unabhängigkeit. Was also Moimir und Rastislaw mit Kraft und Ausdauer angestrebt, erreichte Swatopluk.

Zugleich vergrösserte Swatopluk durch die Erwerbung von Unter-Pannonien, in welchem der von Moimir aus Neitra vertriebene Priwina ein zweites slavisches Reich gegründet hatte, seine Herrschaft nach Kozel's (Priwina's Sohn) Tode (873 oder Anfangs 874).

Sowie Swatopluk äusserlich sein Reich nicht ohne Erfolg von Deutschland unabhängig zu machen strebte, so war er nicht minder glücklich in der Stiftung eines von Deutschland unbeeinflusst organisirten slavischen Kirchenwesens in Mähren. Wohl war das Christentum bereits im Mährerlande verkündet worden, aber die Befestigung desselben hing noch ab von der Organisirung eines geordneten Kirchenwesens. Rastislaw hatte schon den byzantinischen Hof um Zusendung tüchtiger Lehrer des Christentums gebeten. Im byzantinischen Reiche hatte ein Brüderpaar, Constantin (oder Kyrillus) und Methodius durch seine ausserordentliche geistige Begabung die Aufmerksamkeit seines Hofes sowie des Papstes auf sich gezogen und wurde von diesem nach Rom geladen und zu Bischöfen geweiht. Der Eine, Constantin, ist der Erfinder der Glagolika, der ältesten Schrift der altslovenischen Sprache, in welche beide Brüder die hl. Schrift übersetzten. Leider starb Constantin schon 869 in Rom und sein Bruder Methodius zog nun in demselben oder im folgenden Jahre ausgestattet mit einem besonderen Privilegium, nämlich der Erlaubniss der slavischen Sprache beim Gottesdienste, in das Reich Kozel's und Rastislaw's. Obwohl stets angefeindet von den benachbarten deutschen Bischöfen zu Salzburg, Passau und Regensburg, entfaltete er hier eine so erfolgreiche Missionstätigkeit, dass er von Swatopluk nach Kozel's Tode an die Spitze der grossmährischen Kirche gestellt wurde. Er starb schon 886, in den Armen seiner Geistlichen. In griechischer, lateinischer und slovenischer Sprache wurde die Todtenfeier begangen, ein sprechendes Bild der Herkunft, Ueberzeugung und Tätigkeit des Verstorbenen, wie Büdinger treffend bemerkt. Keine Nachricht belehrt uns, wo sein Leib ruht, die Bibelübersetzung aber ist uns geblieben als ein glänzendes Zeugniss der geistigen Tätigkeit der beiden Slavenapostel.

884 hatte Herzog Swatopluk seine Macht auf den Höhepunkt erhoben und erhielt sie auf demselben bis zu seinem Tode, indem alle gegnerischen Anschläge des deutschen Königs Arnulf, welcher sich mit den Ungarn verband, ohne Erfolg blieben.

Die Uneinigkeit und die Kämpfe der Söhne und Nachfolger Swatopluk's, Moimir und Swatopluk mit einander, brachten das Reich in die Gewalt der Ungarn (905 und 906).

Nur der westlichen Hälfte ist der Name Mähren geblieben, in der östlichen aber ist er vollständig verschwunden. Die Slovaken aber sprechen noch einen mit dem Altslovenischen verwandten Dialect.

Im 10. Jahrhundert war Mähren vorübergehend unter der Herrschaft der Ungarn, Polen und Deutschen, 1029 aber kam es bleibend unter die Hoheit Böhmens und wurde 1197 eine Markgrafschaft, welche in kleinere Fürstentümer: Olmütz, Brünn, Znaim, Lundenburg und Jamnitz zerfiel, über welche die königlichen Nutzrechte einzelne jüngere Glieder der böhmischen Dynastie genossen. Mähren teilte fortan die Schicksale Böhmens, mit welchem es gleiche Verfassung und Verwaltung hatte und kam mit diesem 1526 an das Haus Habsburg.

Schlesien.

(5148 ☐Kilom = 94 ☐Meil., 513.352 E.)

Ens Faust., Das Oppa-Land. Wien 1837. 8. 3 Bde.
Biermann, Geschichte d. H. Teschen. Teschen 1863. 8. 396 S.
Sieh Mähren

Karten.

Czermak E. und Hauser M., Specialkarte von österr. Schlesien 1 : 288.000. Troppau 1869.
Koristka & Sommer, Generalkarte v. H. Schlesien 1" : 6000⁰. Mit oder Bezirksgrenzen. Wien 1874.
Special-Karte von Mähren und österr. Schlesien. Sieh Mähren.
Generalkarte „ „ „ „ „ „ „

Physische Geographie[1]). Das Herzogtum Schlesien besteht aus zwei von einander getrennten ungleich grossen Teilen, von welchen der westliche, grössere, oblong gestaltete auf dem hercynisch-sudetischen Hochlande, der östliche, kleinere quadratförmige auf dem Karpatenhochlande liegt. In jenem Teile bilden die Grenze gegen Böhmen und Mähren des Glatzer Gebirge und das mährisch-

---

[1] Foetterle, Koristka, sieh Mähren

schlesische Gesenke, deren nördliche Ausläufer sich über das ganze Land erstrecken. Der östliche Teil ist erfüllt von den Beskiden, deren Hauptkamm an der ungarischen Grenze einen wichtigen Einschnitt im Jablunkapass [1]) hat und auf deren nordwärts auslaufenden Seitenkämmen die Lysa-gora (1320^m, 4176′) der höchste Gipfel ist. — Ganz Schlesien liegt im Stromgebiete der Ostsee. Der Oder fliesst links die Oppa mit der Mohra und ausserhalb des Landes die Hotzenplotz und die Biela, rechts die Ostravica und Olsa zu. Die Weichsel nimmt den Grenzfluss Biala auf. Das Klima Schlesiens ist wegen der nördlichen Abdachung des Bodens rauher als das des südlichen Nachbarlandes Mähren. Die mittlere Jahrestemperatur beträgt in Troppau 8·6^0 C., in Teschen 8^0 C. Der mittlere Jahresniederschlag erreicht in Troppau 52, in Teschen 73 Centim. Von den Winden herrschen West und Nordwest vor. Die Zahl der Gewitter ist durchschnittlich 23 im Jahre.

Politische Geographie [2]). Der schlesische Landtag besteht aus 31 Mitgliedern[3]). Für die politische Verwaltung ist das Land in 7 Bezirke eingeteilt, welche mit Troppau, welches ein eigenes Statut hat, der Landesregierung in Troppau unterstehen.

1. **Bezirk Troppau.** — Troppau * (16.600 E.) Landeshauptstadt, Schafwollindustrie, G., R., LB., LiB., Bibliothek (mit 24.000 Bde.) Congress 1820. — Wiegstadtl †. — Wagstadt †. — Königsberg †. — Odrau †.
2. **Bezirk Jägerndorf.** — Jägerndorf †, UR. — Hotzenplotz †. — Olbersdorf †. — Hennersdorf †.
3. **Bezirk Freudenthal.** — Freudenthal †, Leinenindustrie, RG. — Würbenthal †. — Bennisch †.
4. **Bezirk Freiwaldau** †. — Graefenberg [4]), Kaltwasserheilanstalt. — Zuckmantel †. — Weidenau †, RG.
5. **Bezirk Teschen.** — Teschen * (8000 E.), Sitz des kathol. Generalvicars, G., R., LB, (Friede 1779). — Friedek †, Baumwollindustrie. — Jablunkau †.
6. **Bezirk Freistadt** †. — Oderberg †.
7. **Bezirk Bielitz.** — Bielitz † (11.000 E.), Tuchweberei, Handelsort, UG., R., LB. — Schwarzwasser †. — Skotschau †.

---

[1]) Uebergang vom Olsatal in das ungar. Kisucatal.
[2]) Kneifel Reg., Topographie von Schlesien. Brünn 1804. 8. 4 Bde. — Ortsrepertorium, der H. Ober- und Nieder-Schlesien. Wien 1872. 8. 40 S.
[3]) Dem Fürstbischofe von Breslau, 9 Vertretern des Grossgrdb., 10 d. Städte und M., 2 d. Handelsk. und 9 der Landg. — Landesgesetz und Verordnungsblatt f. Ober- und Nieder-Schlesien. Troppau 4.
[4]) Kutschera C., Dr., Gräffenberg. 2 Karten. Wien 1873. 8. 74 S.

Culturbild. In Folge der Gebirgsnatur und des rauhen Klimas des Landes kann der Ertrag der Landwirtschaft den Consum der dichten Bevölkerung nicht decken. In der Montanproduction[1]) bilden den Hauptreichtum des Landes die Steinkohlenlager bei Polnisch-Ostrau, in welchen jährlich 8½ Mill Ctr. gewonnen werden. Der Gewinn von Eisen ist unbedeutend. Eine bedeutendere Einnahme erzielt das Land durch seine Industrie. Besonders schwunghaft werden die Schafwoll-, Baumwoll- und Leinen-Industrie betrieben; Erwähnung verdienen aber auch die Zuckerfabrication und die Eisenindustrie. Für die Pflege der geistigen Cultur sorgen 2 Gymnasien, 1 Untergymn., 2 Realgymnas., 3 Realschulen, 1 Unterrealschule und 3 Bildungsanstalten für Lehrer und 1 für Lehrerinen. Die 433 Volksschulen des Landes[2]) wurden im J. 1871 von 90.000 Kindern besucht, während bloss 70.000 schulpflichtig waren.

Von der Bevölkerung ist mehr als die Hälfte deutsch; die Zahl der Cechen übersteigt etwas 100.000, die der Polen 143.000, der Juden 6500.

Geschichtsbild. Als die ältesten Bewohner Schlesiens erscheinen im geschichtlichen Zeitalter die Ligier und Quaden. Im 6. Jahrhundert liessen sich die Slaven auch an dem Nordabhange des hercynischsudetischen Hochlandes und an der Oder nieder. Im 9. Jahrhundert scheinen diese unter der Herrschaft des grossmährischen Reiches gestanden zu sein. Nach dem Sturze dieses kam Schlesien unter die Hoheit der Polen, welche ihm eigene Herzoge aus ihrer Dynastie, den Piasten gaben, von welchen Mieczysław in der Mitte des 10. Jahrhunderts das Christentum einführte. Die Unabhängigkeit Schlesiens von Polen beginnt erst 1163, als der polnische König Bolesław IV. die 3 Brüder Bolesław, Mieczysław und Konrad als Herzoge in Schlesien einsetzte, welche anfangs gemeinschaftlich regierten, später aber das Land unter einander teilten. Diese riefen deutsche Ansiedler herbei, und begründeten in ihrem Lande deutsche Rechte und Sitten. Nach ihnen teilte sich Unter-Schlesien immer mehr in kleinere piastische Fürstentümer, während Ober-Schlesien in mehrere kleine Teile zerstückelt erscheint, welche unter der Herrschaft přemislidischer Fürsten standen. Da so die einheitliche Macht des Landes zersplittert war, sahen sich die Teilfürsten gezwungen, um nicht unter polnische Hoheit zurückzufallen, sich nach und nach unter den Schutz von Böhmen zu stellen, was den Anfall Schlesiens an Böhmen begründete. Johann von Böhmen hatte bereits 1335 alle diese Fürstentümer bis auf zwei unter seine Lehensherrlichkeit gebracht und als Karl IV. auch über die letzten zwei Teile sich das Erbfolgerecht verschafft hatte, wurde Schlesien 1355 als Kronland

---

[1]) D'Elvert Chr., Sich Mähren.
[2]) Obentraut Ad., Der Ortsschulrat f. Schlesien. Wien 1874. 8. 106 S.

Böhmen einverleibt und fiel mit des böhmischen Königs Ludwig II. Tode (1526) als Bestandteil Böhmens an das Haus Habsburg. Im österreichischen Erbfolgekriege wurde der grösste Teil des Landes bis auf die zwei noch gegenwärtig Oesterreich angehörigen kleinen Reste an Preussen verloren.

Galizien.

(78.497 ☐Kilom. = 1422 ☐Meil. 5,443.000 Einw.)

Stupnicki H., Galizien und Lodomerien. Lemberg 1853. 8. 152 S. 1 Karte.
Galicya pod względem geogr., stat., hist., polit. i top. opisana p. L. i. B. Kraków 1861. 8. 37 S.
Glatz L., Galizien. Wien 1864. 8. 109 S.

Karten.

Kummerer v. Kummersberg. Administrations-Karte von Galizien und Bukowina. 1 : 115.200. Wien 1859—61. 60 Blätt.
Strassenkarte des Königreiches Galizien und Bukowina. 11 lithogr. Blätter. 1 : 288.000. Vom k. k. mil.-geogr. Institute. Wien 1868.
Latinik A., Mapa Galicyi. Krakau 1872.
Orzechowski K. O., Królestwo Galicyi. Krakau 1872.
Doležal A., Wandkarte von Galizien. 1 : 382.000. Wien 1874. 8 Blätter.
„ „ Galicya i Lodomerya. Wien 1874. 8 Blätter.
Generalkarte von Galizien und Bukowina. Vom k. k. mil.-geogr. Institute. Lith. 1 : 288.000. Wien. 11 Blätter.
Galizien und Bukowina. Neuere Gerippkarte. Vom k. k. mil.-geogr. Institute. Lith. 1 : 288.000. Wien. 11 Blätter.

Physische Geographie. Galizien liegt an der nordöstlichen Abdachung des **Karpatenhochlandes** und im westlichen Gebiete der **uralkarpatischen Landhöhe** und senkt sich nördlich und östlich zur **sarmatischen Tiefebene.** Die Karpaten, deren Hauptkamm die natürliche Grenze gegen Ungarn bildet, erstrecken sich mit ihren Ausläufern bis zur Weichsel, zur Eisenbahnlinie von Krakau über die masurischen Hügel nach Przemyśl und bis zum Dniestertale. Von der schlesisch-ungarischen Grenze ziehen sich bis zum linken Dunajecufer die Beskiden, welche in der Babia-Góra sich auf 1720^m, 5442' erheben. Der kleine durch den Dunajec und den Poprad gebildete Ausschnitt, welcher von den nördlichen Abhängen der Hohen Tatra erfüllt ist, enthält die höchste Bodenerhebung des Landes (über 2000^m). Vom Popraddurchbruche an bilden die Südostgrenze des Landes die Waldkarpaten, welche anfangs nach Norden steil abstürzen, dann aber mittels zahlreicher Ausläufer in Hügelform dem Ufer des Dniester sich nähern. Die Höhe der Hauptkette nimmt in südöstlicher Richtung zu. Die Kammhöhe in den westlichen Waldkarpaten (vom Poprad bis zum Duklapass) beträgt 1000^m, erhebt sich aber in den mittleren Waldkarpaten (vom Dukla- bis zum Vereczkepass) auf 1300^m und in den südlichen Waldkarpaten auf 1600^m. Letztere haben noch eine wichtige Einsattlung im Delatynpasse (oder Magyarenwege). Die Pässe haben eine durchschnittliche Höhe von 1000^m. Von der ural-karpatischen Landhöhe, welche das nordöstliche Gebiet von Galizien ausfüllt, und westlich bis an das Tiefland der Weichsel, südlich bis zur obengenannten Eisenbahnlinie und dem Dniestertale reicht, erheben sich die galizische Platte an den beiden Ufern des mittleren San und die volhynische Platte im Dniester—Podhorce-Winkel auf etwa 300^m, und senkt sich am linken Weichselufer die Tarnowitzer Platte zum Tieflande nieder. Das sarmatische Tiefland erstreckt sich an den Flussläufen der Weichsel und des Dniester in das Land. — Die Gewässer von Galizien gehören zum Gebiete der Ostsee und des schwarzen Meeres. Die Wasserscheide zieht sich von den Waldkarpaten etwas westlich vom Vereczkepasse in Form eines umgekehrten S in nördlicher Richtung durchs Land. Der südöstliche Hauptfluss Galiziens ist der Dniester, welcher in den Waldkarpaten entspringt und sich rechts durch den Stryj, Łomnica und Bystrzyca, links durch den Sereth und den Grenzfluss Podhorce verstärkt. Der südöstlichste Teil des Landes liegt mittels des Pruth im Stromgebiete der Donau. Dem Dnieper strömt der Styr zu. Der nordwestliche Hauptfluss ist die Weichsel, welche rechts den Grenzfluss Biała, die Sola, Skawa, Raba, den Dunajec mit dem Poprad, die Wisłoka mit dem Jasiel, den San mit dem Wisłok und ausserhalb Galiziens den Bug aufnimmt. Grösserer Seen erfreut sich das Land nicht. In der hohen Tatra finden sich in Höhen von fast 2000^m von den Meeraugen der Fischsee und der schwarze See. — Galizien hat in Folge seiner nördlichen Bodenneigung ein sehr rauhes Klima. Die Amplitude beträgt fast 85^0 C. Die mittlere Jahrestemperatur ist in Krakau 8·5^0, in Lemberg 7·9^0 und in Tarnopol nur 6·1^0 C. Die Menge der jährlichen Niederschläge erreicht in Krakau 57 und in Lemberg 72 Centim. Die Durchschnittszahl der Gewitter ist 22. Von den Winden herrscht der West vor.

Politische Geographie[1]. Der Landtag, welcher seinen Sitz in Lemberg hat, besteht aus 151 Mitgliedern[2]. Die oberste politische

---

[1] Skorowidz wszystkich miejscowości położonych w kr. Galicyi i Bukowiny. Lwów 1855. 4. 267 S. 1 Karte. (Ortsverzeichniss von Galizien und der Bukowina.)

[2] Den 3 Erzbischöfen von Lemberg, den 2 Bischöfen von Przemyśl, den Bischöfen von Krakau, Tarnopol und Stanislau, den 2 Rectoren der Landesuniversitäten, 44 Grossgrundbesitzern, 20 Abgeordneten der Städte und Märkte, 3 der Handelskammern und 74 der Landgemeinden.

Behörde ist die **Statthalterei in Lemberg**, welcher die 74 Bezirkshauptmannschaften des Landes und die zwei selbständigen Communalämter Lemberg und Krakau untergeordnet sind.

1. **Bezirk Lemberg.** — Lemberg ¹) (Lwów 87.100 Einw.), Landeshauptstadt, Statthalterei, Ober-Landesgericht, Landesgericht, Sitz dreier Erzbischöfe, eines römisch-, armenisch- und griechisch-katholischen; Franzens-Universität mit Bibliothek (55.000 Bde.), technische Akademie, 3 G., R., LB., LiB., Handels- und Gewerbekammer. — Szczérzec ✝. — Winniki ✝.
2. **Bezirk Gródek** ✝. — Janów ✝.
3. **Bezirk Żolkiew.** — Żolkiew ✝, Lederfabrication. — Wielkie-Mosty ✝. — Kulików ✝.
4. **Bezirk Sokal** ✝. — Bełz ✝.
5. **Bezirk Kamionka strumiłowa** ✝. — Busk ✝. — Radziechów ✝.
6. **Bezirk Brody.** — Brody ✝ (23.000 Einw.), Freihandelsplatz, Handels- und Gewerbekammer, russisches Consulat, RG. ²). — Założce ✝. — Łopatyn ✝.
7. **Bezirk Złoczów.** — Złoczów *, Holzhandel, UG. — Zborów ✝. — Olesko ✝.
8. **Bezirk Przemyślany** ✝. — Gliniany ✝.
9. **Bezirk Rohatyn.** — Rohatyn ✝, Gipsgruben. — Bursztyn ✝.
10. **Bezirk Kałusz** ✝. — Wojniłów ✝.
11. **Bezirk Bohorodczany** ✝. — Sołotwina ✝.
12. **Bezirk Nadwórna** ✝. — Delatyn ✝, Solenbäder.
13. **Bezirk Kosów.** — Kosów ✝, Salzsiederei. — Kuty ✝, Saffianfabrication.
14. **Bezirk Kolomyja.** — Kołomyja ✝, (15.000 Einw.), Töpferwerkstätten, RG. — Gwoździec ✝. — Peczeniżyn ✝.
15. **Bezirk Śniatyn.** — Śniatyn ✝ (10.600 Einw.), Gerbereien, Viehhandel. — Zabłotów ✝.
16. **Bezirk Horodenka** ✝. — Obertyn ✝.
17. **Bezirk Tłumacz** ✝. — Tyśmienica ✝.
18. **Bezirk Stanisławów.** — Stanisławów ✝ (14.500 Einw.), Handel, G., LB. — Halicz ✝.
19. **Bezirk Podhajce** ✝. — Wiśniowczyk ✝.
20. **Bezirk Brzeżany.** — Brzeżany ✝, Gerbereien, G. — Kozowa ✝.
21. **Bezirk Tarnopol.** — Tarnopol * (18.000 Einw.), Runkelrübenzuckerfabrication, Pferdemärkte, G., UR., LB. — Mikulińce ✝.

---

¹) Umgebung von Lemberg. Vom k. k. milit.-geogr. Institute. Autographie 1 : 14.400. Wien. 10 Blätter.
²) Bericht der Handels- und Gewerbekammer in Brody an das Handels-Ministerium. Brody. 8.

22. **Bezirk Zbaraż** +. — Nowosioło +.
23. **Bezirk Skałat** +. — Grzymałów +.
24. **Bezirk Trembowla** +.
25. **Bezirk Husiatyn** +. - Kopyczyńce +.
26. **Bezirk Czortków** +. — Jazłowiec +. — Budzanów +.
27. **Bezirk Buczacz.** — Buczacz +. UG. — Monasterzyska +.
28. **Bezirk Zaleszczyki.** — Zaleszczyki +, Getreide- und Holzhandel. — Uścireczko +.
29. **Bezirk Borszczow** +. — Mielnica +.
30. **Bezirk Krakau.** — Krakau [1]) (50.000 Einw.), ehemalige Residenz und Krönungsstadt der polnischen Könige. Sitz eines Ober-Landesgerichtes und eines Landesgerichtes, eines röm.-kath. Bischofes, Akademie der Wissenschaften, Jagellonische Universität mit Bibliothek (140.000 Bde.), technisches Institut, 2 G., R., LB., LiB., Handels- und Gewerbekammer. — Liszki +.
31. **Bezirk Chrzanów** +. — Krzeszowice +.
32. **Bezirk Biała** +. — Kenty +. — Oświęcim + (Auschwitz).
33. **Bezirk Wadowice.** — Wadowice +, ROG. — Andrzychów +. — Kalwarya +.
34. **Bezirk Saybusch** + (Żywiec, Seypusch). — Miłówka +. — Slemień +.
35. **Bezirk Myślenice** +. — Jordanów +. — Maków +.
36. **Bezirk Neumarkt.** — Neumarkt +, Wein- und Leinwandhandel. — Krościenko +.
37. **Bezirk Neu-Sandec.** — Neu-Sandec * (10.000 Einw.) G., LB. — Alt-Sandec +. Krynica [2]) +, Sauerbrunnen.
38. **Bezirk Grybów** +. — Ciężkowice +.
39. **Bezirk Limanowa.** +.
40. **Bezirk Wieliczka.** — Wieliczka +. das reichste Salzbergwerk der Monarchie, welches jährlich über 1 Mill. Ctr. producirt. — Dobczyce +. — Skawina +. — Podgórze +. — Niepołomice +.
41. **Bezirk Bochnia.** — Bochnia +. Salzbergwerk mit einem jährlichen Ertrage von 300,000 Ctr.. UG. — Wiśnicz +.
42. **Bezirk Brzesko** +. — Radłów +. — Wojnicz +.
43. **Bezirk Dąbrowa.** +.

---

[1]) Koczicka Alex., Plan von Krakau, Podgórze und Umgebung. Olmütz 1847. Fol. lith. — Kummersberg und Lichtenstern, Karte der G. Krakau. Krakau 1853. Fol. 2 Blätter. Hohenegger Ludw., Geognost. Karte des G. Krakau. Wien 1867. Fol. 32 S. Text. Umgebung von Krakau. Vom k. k. milit.-geogr. Institute. 1 : 28.800. Wien 1874. 4 Blätter.

[2]) Zieleniewski Mich., Dr., Krynica. Wien 1868. 8. 55 S.

44. **Bezirk Tarnów.** — Tarnów* (22.000 Einw.), röm.-kath. Bistum, G. — Tuchów†.
45. **Bezirk Gorlice** †.
46. **Bezirk Krosno** †. — Dukla†, Leinweberei. — Żmigrod†.
47. **Bezirk Jaslo.** — Jasło†, UG. (mit 5 Classen). — Frysztak†.
48. **Bezirk Pilzno** †. — Brzostek†. — Dembica†. — Zasów†.
49. **Bezirk Mielec** †.
50. **Bezirk Tarnobrzeg** †. — Rozwadów†.
51. **Bezirk Kolbuszowa** †. — Sokołów†.
52. **Bezirk Nisko** †. — Ułanow†.
53. **Bezirk Łańcut.** — Łańcut†, Schloss, Runkelrübenzuckerfabrication. — Leżajsk†. — Przeworsk†.
54. **Bezirk Rzeszów.** — Rzeszów*, Fabrication unechter Goldwaaren, Pferdemärkte, G., LB. — Głogów†. — Strzyżow†. — Tyczyn†.
55. **Bezirk Ropczyce** †.
56. **Bezirk Brzozów** †. — Dubiecko†.
57. **Bezirk Sanok** †. — Bukowsko†. — Rymanów†.
58. **Bezirk Lisko** †. — Baligrod†. — Lutowisko†. — Ustrzyki†.
59. **Bezirk Bircza** †. — Dobromil†.
60. **Bezirk Przemyśl.** — Przemyśl* (15.000 Einw.), Sitz eines römisch- und griechisch-katholischen Bischofes, G., LiB. — Niżankowice†.
61. **Bezirk Jaroslaw.** — Jarosław†, Leinenindustrie, Handelsplatz, R. — Radymno†. — Sieniawa†.
62. **Bezirk Cieszanów** †. — Lubaczów†.
63. **Bezirk Rawa Ruska** †. — Niemirów†. — Uhnów†.
64. **Bezirk Jaworów** †. — Krakowiec†.
65. **Bezirk Mościska** †. — Sądowa-Wisznia†.
66. **Bezirk Sambor.** — Sambor* (12.000 Einw.), Leinweberei, Handel, G. — Łąka†. — Podbuż†.
67. **Bezirk Rudki** †. — Komarno†.
68. **Bezirk Stare Miasto** †. — Starosól†.
69. **Bezirk Turka** †. — Borynia†.
70. **Bezirk Stryj.** — Stryj† (10.000 Einw.), R. — Skole†.
71. **Bezirk Dolina** †. — Bolechów†. — Rożniatów†.
72. **Bezirk Żydaczów** †. — Mikołajów†. — Żurawno†.
73. **Bezirk Drohobycz.** — Drohobycz† (12.000 Einw.), Salzsiedereien, RG. — Medenice†.
74. **Bezirk Bóbrka.** — Chodorów†.

Culturbild. So günstig einerseits die Bodenverhältnisse besonders in Nord- und Ostgalizien dem Ackerbau sind, so schädlich wirken anderseits auf den Landbau die ungünstigen klimatischen Verhältnisse ein, so dass in manchen Jahren die Ernte sehr reichlich, in Missjahren aber so ungünstig ausfällt, dass der Bedarf des Landes nicht einmal gedeckt wird. Es wird vorzüglich Roggen, Gerste, Hafer, Buchweizen und Tabak, in den höheren Gegenden Flachs und Hanf gebaut. Die Abhänge der Karpaten sind mit grossem Holzreichtum gesegnet. Durch das viele Grasland wird besonders die Zucht und Mästung des Hornviehes sehr begünstigt. Das Hauptproduct des Bergbaues ist das Salz, welches in einem Quantum von 1,300.000 Ctr. bei Wieliczka und Bochnia bergmännisch und in einer Menge von 2 Mill. Ctr. im östlichen Galizien durch Sudwerke gewonnen wird. Der Ertrag an Steinkohlen beträgt 1½ Mill. Ctr. — Die Industrie steht noch auf sehr niedriger Stufe und beschäftigt sich fast nur mit der primitiven Verarbeitung der einheimischen Rohproducte. In erntereichen Jahren wird besonders schwunghaft die Spiritusbrennerei betrieben; sonst sind noch erwähnenswert die Leinenindustrie, die Leder- und Runkelrübenzuckerfabrication. Das Land führt gemästetes Hornvieh, Holz, Salz, ordinäre Weber- und Seilerwaaren und in gesegneten Jahren Getreide und Spiritus aus. Eingeführt werden Jungvieh aus Russland und der Moldau zur Mästung, dann Colonialwaaren und Industrieproducte [1]). — In geistiger Beziehung stehen im Allgemeinen die Bewohner des Landes auf einer tiefen Stufe. Galizien hat wohl 2374 Volksschulen (darunter 10 Bürgerschulen), doch der Schulbesuch ist sehr schwach. Im Jahre 1871 kamen von 1,011.500 schulpflichtigen Kindern blos 155.768 ihrer Pflicht nach. Erfreulicher ist der Eifer, welchen das Land in jüngster Zeit in der Errichtung von Mittelschulen zeigt. Galizien hat gegenwärtig 13 vollständige und 4 Untergymnasien, 3 Realgymnasien, 4 Realschulen und 1 Unterrealschule, ferner 6 Bildungsanstalten für Lehrer und 3 für Lehrerinen. Höhere Bildung gewähren die Universitäten in Krakau und Lemberg und die polytechnischen Hochschulen ebendaselbst.

Die **Bevölkerung** [2]) gehört mit Ausnahme von 1% Deutschen der slavischen Nation an. Davon bewohnen die Polen vornehmlich den

---

[1]) Lipp Ad. Verkehrs- und Handelsverhältnisse Galiziens. Prag 1870. 8. 336 S.

[2]) Wie die Deutschen in Galizien „Schwaben", so werden die polnischen Bauern „Mazuren" genannt. Von diesen weichen in der Lebensweise und in dem feineren Ausdrucke ihrer Sprache die Bewohner der Umgebung von Krakau die „Krakusen" und die Bewohner der Beskiden und der Tatra, die „Goralen" bedeutend ab. — Sprache, Lebensweise, Körperbeschaffenheit und Sinnesart unterscheiden die Polen so sehr von den Ruthenen oder „Klein-Russen", dass alle Assimilationsversuche bisher vergeblich waren. Die Gebirgsruthenen heissen im Samborer und Stryjer Kreise „Bojken", im Stanislauer und Kolomeer Kreise aber „Huzulen." — Rapacki Wład. Ludność Galicyi. Lwów 1874. 8. (Im Erscheinen.)

Westen, die Ruthenen den Osten des Landes. Ueber 2 Millionen Einwohner sind römisch-katholisch, ebensoviel griechisch-katholisch und über 450.000 mosaisch.

Geschichtsbild. Die ältesten uns bekannten Bewohner Galiziens sind die Ruthenen. In die Herrschaft des Landes teilten sich anfangs Magyaren, Polen und Russen, bis um 1100 in Rothrussland mehrere selbständige Fürstentümer, darunter Halicz (woraus das Wort Galizien entstand) und Wladimir (dessen lateinische Form Lodomiria ist) entstanden, um aber bald wieder in den Besitz von Ungarn überzugehen. Die Polen, welche schon längere Zeit den westlichen Teil von Galizien als einen Bestandteil der krakauischen Woiwodschaft besessen hatten, entrissen 1390 auch den östlichen Teil des heutigen Galizien, das alte Rothrussland, den Ungarn und beherrschten es bis zum Untergange ihrer politischen Selbständigkeit. Bei der ersten Teilung Polens 1772 bemächtigte sich Oesterreich Galiziens und Lodomeriens und bei der dritten Teilung 1795 Krakau's. Letzteres verlor aber Oesterreich 1815, indem die Conferenzmächte daraus einen Freistaat bildeten und diesen unter den Schutz von Oesterreich, Preussen und Russland stellten. In Folge der 1846 in Polen ausgebrochenen Unruhen, deren Herd Krakau war, wurde Krakau seine freie Verfassung genommen und dasselbe dem Kaisertum Oesterreich wieder einverleibt.

Bukowina.
(10.451 ☐Kilom. = 190 ☐Ml., 513.400 E.)

Bendella Teoph., Die Bukowina. M. 6 Lith. Wien 1844. 8. 2½ Bg.
Heimatskunde der Bukowina. Czernowitz 1872. 8. 61 S.

Karten.
Karte der Bukowina, Lemberg und Czernowitz 1842.
Generalkarte von Galizien. Sieh Galizien.

Physische Geographie. Die Bukowina, deren Name in der Bedeutung von Buchenwald auf grossen Waldsegen hindeutet, liegt an dem Ostabfalle der **Karpaten** und besteht aus sechs durch Flusstäler von einander getrennten grossen Gebirgsstufen, deren durchschnittliche Höhe unter einander verglichen ebenso nach Norden mehr und mehr abnimmt, wie sich die Erhebung der einzelnen Gebirgszüge und der zwischen ihnen liegenden Täler nach Osten senkt. Während die Gipfel des südwestlichsten, höchsten Gebirgszuges eine Höhe von 1900^m haben, erreichen die Häupter des zwischen Pruth und Sereth streichenden

Höhenzuges nur mehr 500ᵐ. — Das Land liegt ganz im Stromgebiete des schwarzen Meeres. Der nördliche Grenzfluss ist der Dniester. Parallel mit diesem, südöstlich, fliesst der Pruth. Die übrigen Flüsse, der Sereth und dessen Nebenflüsse, deren Mündung aber erst ausserhalb des Landes erfolgt, die Suczawa und die Moldawa mit der goldenen Bistrica durchziehen im Halbbogen das Land. — In Folge der südlicheren Lage und der östlichen Abdachung des Landes ist das Klima der Bukowina etwas milder, als das ihres nördlichen Nachbarlandes. Die mittlere Jahrestemperatur in Czernowitz beträgt 8·3⁰ C., die durchschnittliche Menge des jährlichen Niederschlages ist 58 Centim. Unter den Winden herrscht der Nordwest vor.

Politische Geographie. Der Landtag besteht aus 30 Mitgliedern [1]). Der Landesregierung in Czernowitz unterstehen die 8 Bezirkshauptmannschaften, in welche das Land zum Zwecke der politischen Verwaltung geteilt ist, sowie der Magistrat der Stadt Czernowitz, welche mit eigenem Statut versehen ist.

1. **Bezirk Czernowitz.** — Czernowitz (34.000 E.), Sitz des Landtages und der Landesregierung, Landesgericht, Handels- und Gewerbekammer, griech.-orient. Erzbistum, G., R., LB. LiB. — Sadagóra †.
2. **Bezirk Kotzmann** †. — Zastawna †.
3. **Bezirk Storożynetz** †. — Stanestie † (Waskautz).
4. **Bezirk Witnitz** †. — Putilla †.
5. **Bezirk Sereth.** — Sereth †. UR.
6. **Bezirk Radautz.** — Radautz †, grosse Kirche mit Grabmälern moldauischer Fürsten, Pferdezucht, UG. — Solka †.
7. **Bezirk Suczawa.** — Suczawa †. G. — Gura-Humora.
8. **Bezirk Kimpolung.** — Kimpolung †, in der Nähe die deutschen Eisenindustrieorte Eisenau und Louisenthal und das Kupferbergwerk Pożorita. — Dorna-Watra [2]) †. — Jakobeny, Eisenwerke. — Kirlibaba (od. Mariensee), ehemaliges Silberbergwerk.

Culturbild [3]). Wenn auch die Landwirtschaft ohne Sorgfalt betrieben wird, so sind die Ergebnisse derselben doch in Folge der günstigen Bodenlage und Beschaffenheit genügend. In den niedrigeren, östlichen Teilen des Landes wird hauptsächlich Mais und Hirse, in den westlichen, höheren Talstufen Roggen, Hafer und Kartoffeln gebaut.

---

[1]) Dem griech.-orient. Bischofe, 10 Vertr. d. Grossgrdb., 5 d. Städte und M., 2 der Handelsk. und 12 der Landgemeinden.

[2]) Denarowski Carl, Dr., Mineralquellen in Dorna-Watra u. Pojana-Negri. Wien 1868. 8. 88 S.

[3]) Mikulicz Andreas, Volkswirtsch. Uebersichtskarte des H. Bukowina 1″:4000⁰. Czernowitz 1874. 2 Karten.

Für die Veredlung der Pferde besteht das Gestüt in Radautz. Die Montanproduction ist unbedeutend, ebenso die Industrie. Der Handel beschränkt sich auf den Austausch der einheimischen Rohproducte gegen die Industrieerzeugnisse der westlichen Kronländer. Auch die geistige Cultur steht noch auf tiefer Stufe. Im J. 1871 hatte das Land 167 Volksschulen, welche ausserordentlich schwach besucht wurden, indem von 99.458 schulpflichtigen Kindern blos 9815, also nicht einmal der zehnte Teil, ihrer Pflicht nachkamen. Für den höheren Unterricht bestehen gegenwärtig 2 vollständige und 1 Unter-Gymnasium, 1 Ober- und Unter-Realschule und je eine Bildungsanstalt für Lehrer und Lehrerinen.

Die **Bevölkerung** ist aus verschiedenen Nationalitäten zusammengesetzt und besteht aus Ruthenen, Rumänen, Deutschen, Polen, Magyaren, Juden, Armeniern. Die Gross-Russen der Monarchie finden sich nur in der Bukowina und gehören der Secte der Lippowaner an. Die Ruthenen mit 41% und die Rumänen mit 38% beherrschen numerisch die übrigen Stämme. 73% der Gesammtbevölkerung bekennen sich zum griechisch-nichtunirten Christentum.

Geschichtsbild. Die Bukowina gehörte in der Römerzeit zur Provinz Dacia. Als diese von den Römern preisgegeben war, ergossen sich über das Land viele Völkerstämme, welche im Zeitalter der Völkerwanderung in das mittlere westliche und südliche Europa vordrangen. Bis vor dem Ende des 15. Jahrhdts. erscheint die Bukowina als ein Teil Siebenbürgens und hierauf bis gegen das Ende des vorigen Jahrhdts. unter der Herrschaft der moldauischen Fürsten und unter der Oberhoheit der Pforte. Nachdem Siebenbürgen dem Hause Habsburg zugefallen war, machte Maria Theresia auf den ehemaligen Bestandteil Siebenbürgens ihre Ansprüche bei der Pforte (1774) geltend und diese trat am 25. Februar 1777 in einem Vertrage freiwillig und friedlich die Bukowina auf ewige Zeiten an Oesterreich ab. Der moldauische Fürst Ghyka, welcher sich der Abtretung widersetzte, wurde auf Befehl des Sultan in seiner Hauptstadt Jassy enthauptet.

Dalmatien.
(17.793 ☐Kilom. 232 ☐Ml. 468.781 E.)

Germar, Reise n. Dalmatien. 1817.
Petter, Dalmatien. Wien 1836. 8. 2 Bde.
Stieglitz Heinr., Istrien und Dalmatien. Stuttgart 1845. 8. 284 S.
Wilkinson J. G., Dalmatien and Montenegro. London 1848. 8. 2 Bd.
„   „   „   „   und   „   Lindau. Leipzig 1849. 8. 649 S. 1 Kte.
Kohl J. G., Reise nach Istrien, Dalmatien. Dresden 1851. 8. 2 Bde.
Düringsfeld Ida, Aus Dalmatien. Prag 1857. 8. 3 Bde.

Noe Heinr., Dalmatien und s. Inselwelt. Wien 1870. 8. 468 S.
Maschek Luigi, Manuale del regno di Dalmazia. Zara. 8. (von 1871 an jährlich).
Karten.
Wilkinson J. G., Dalmatien u. Montenegro nach d. österr. Vermessungen. Leipzig 1850 Fol.
Kiepert H., Bosnien und Dalmatien. Weimar 1851. Fol.
Karte v. Dalmatien. Bosnien etc. 1:296.000. Wien 1861.
Strassenkarte des Kgr. Dalmatien. 3 phot.-lith. Blätt. 1:288.000. V. mil.-geogr. Inst. Wien 1868.
General-, Post- und Strassenkarte v. Kgr. Dalmatien. Wien 1869. (Aus Fried's Atlas).
Schlacher J., Karte v. Süddalmatien 1:144.000, Wien 1870.
Specialkarte von Dalmatien. V. k. k. mil.-geogr. Inst. Kupfst. 1:144.000. Wien. 22 Blätter.
Dalmatien. Neuere Geripp-Karte. V. k. k. mil.-geogr. Inst. Photo-lith. 1:288.000. Wien. 3 Blätter.

Physische Geographie. Dalmatien, das südlichste der österr. Kronländer, besteht aus einem an der östlichen Küste des adriatischen Meeres in südöstlicher Richtung sich erstreckenden und südlich spitz zulaufenden Landstreifen und aus der diesem vorgelagerten Inselreihe. Jener wird durch zwei Einschnitte türkischen Gebietes, die sich bis an die Küste erstrecken, in drei Teile geschieden: das eigentliche Dalmatien, Ragusa (die alte Republik) und österr. Albanien, so dass die zwei letzten Teile ausser dem Contacte mit dem übrigen österreichischen Gebiete sind. Inseldalmatien besteht aus den der gegenüberliegenden Festlandsküste parallelen Inseln Arbe, Pago, Ulbo, Melada, Isola grossa, Ugljan, Incoronata, Pasman, Zirija, Solta, Brazza, Lesina, Lissa, Curzola, Lagosta, Meleda und vielen anderen aus dem Meere hervorragenden grösseren und kleineren Felsenrücken [1]). Dalmatien ist ein Terrassenland und wird nördlich und östlich durch Gebirgszüge begrenzt. Der Velebich zieht sich im N. von der Meeresküste östlich bis zum Passe Popina, welcher durch das Tal der Zermagna gebildet wird [2]). Von da ziehen in südöstlicher Richtung die dinarischen Alpen bis zur Narenta und erheben sich in Dinara auf 1811^m (5729'). Auch die Westseite ist von einer Gebirgskette berandet, dem dalmatischen Küstengebirge, welches zwischen der Krka und Cettina Tartaro- und Mossorgebirge heisst, in seinem südlichen Zuge an der Meeresküste nochmal (von der Narenta) durchbrochen wird und sich im Orjen, dem höchsten Berge Dalmatiens, auf 1898^m (6004') erhebt. Dieses Ge-

---

[1]) Ausser 50 grösseren Inseln gibt es noch ebenso viele grössere und benannte Felseninseln, Scoglien, welche teils gar nicht oder nur von Fischern bewohnt werden.

[2]) und Militärkroatien mit Dalmatien verbindet.

birge fällt steil, oft mit einem Neigungswinkel von 70⁰ zum Meere ab. Die Bodenformation zwischen diesen Gebirgsketten hat den Karstcharakter. Ueber den Umrandungen der kesselförmigen Einsenkungen und muldenförmigen Vertiefungen erheben sich wenige Hügel. Die kleineren Bäche verlieren sich unter der Erde, die grösseren Küstenflüsse ziehen dem Meere in engen und tief eingeschnittenen Wasserläufen zu. Dalmatien gehört zum Gebiete des adriatischen Meeres. Die 4 Hauptflüsse des Landes sind: die Zermagna, die Krka, welche fünf Wasserfälle bildet, die Cettina mit zwei Katarakten bei Duare und die Narenta mit mehreren Mündungsarmen. Die Ufer dieser Flüsse sind streckenweise versumpft. Grössere Seen besitzt das Land nicht. Der grösste ist der Vrana-See, welcher unterirdisch mit dem Meere in Verbindung steht. Die übrigen Seen sind periodisch. Die Meeresküste ist in Folge des jähen Absturzes des Küstengebirges stellenweise schwer oder gar nicht zugänglich, aber auch mit vielen Vorgebirgen, Landzungen, Buchten, und Baien, die der Schifffahrt günstig sind, ausgestattet. — Die mittlere Jahrestemperatur stellt sich in Lesina auf 16·6⁰ C., die mittlere Regenmenge auf 78 Centim. Von den Luftströmungen herrschen der Südost- (Scirocco) und der Nordostwind (die gefürchtete kalte Bora) vor. Die Mittelzahl der jährlichen Gewitter übersteigt 40.

Politische Geographie. Der dalmatische Landtag besteht aus 43 Mitgliedern [1]). Das Land ist politisch in 12 Bezirke und den Magistrat von Zara geteilt, welche der Statthalterei in Zara unterstehen.

1. **Bezirk Zara.** — Zara (21.000 E.), Landeshauptstadt, Sitz des Landtages und der Statthalterei, eines Landesgerichts, eines katholischen Erzbischofs und eines griech.-orient. Bischofs, Handels- und Gewerbekammer, G., UR., — Borgo Erizzo, bei Zara, LB. — Arbe†. — Pago†.
2. **Bezirk Benkovac** †. — Obrovazzo †, in einer Felsenenge, durch welche die Zermagna dem Meere zufliesst. — Kistagne †, südwestlich von Knin.
3. **Bezirk Knin.** — Knin†, Festung. — Dernis†.
4. **Bezirk Sebenico.** — Sebenico † RG., befestigt an der Krka, welche einen See bildet, der fast bis Scardona † reicht.
5. **Bezirk Spalato.** — Spalato* (12.000 E.), mit den Resten des Palastes Diocletian's, Sitz eines Bischofs, einer Handels- und Gewerbekammer, G., R., nautische Schule, in der Nähe das historisch merkwür-

---

[1]) 10 aus dem Grossgrundbesitze u. Höchstbesteuerten, 8 Vertretern der Städte und Märkte, 3 der Handelskammern, 20 Deputirten der Landgemeinden, dem kath. Erzbischofe und dem griech.-orient. Bischofe von Zara. Landesgesetz und Verordnungsblatt f. Dalmatien. Zara. 4.

dige Salona ¹). — Trau +. — Almissa +. Muskatwein. — S. Pietro +, an der Nordküste der Isola Brazza.
6. **Bezirk Sinj.** (Sign) +. — Verlicca +.
7. **Bezirk Imoski** +.
8. **Bezirk Makarska** +. — Vergoraz +. — Fort Opus vor der Mündung der Narenta; oberhalb, an der Grenze Metkovic +.
9. **Bezirk Lesina.** — Lesina +. Sitz eines Bischofs. — Citta vecchia +, eine Meile östlich von Lesina. — Lissa +, historisch merkwürdig durch den Seesieg Tegetthoff's 1866.
10 **Bezirk Curzola.** — Curzola +. RG., Weinbau. — Gegenüber auf der gleichnamigen Halbinsel Sabioncello +.
11. **Bezirk Ragusa.** — Ragusa *. Einst Hauptort der Republik. G.. LiB., nautische Schule, Hafenort Gravosa. — Südlich Ragusa vecchia +. — Stagno +.
12. **Bezirk Cattaro.** — Cattaro *, an der Bocche di Cattaro ²), befestigt, Sitz eines kathol. und eines griech.-orient. Bischofs, ROG., nautische Schule. — Risano +, am Nordende der Bucht von Cattaro. — Castelnuovo +, nautische Schule. — Budua +, die südlichste Stadt des Kaisertums.

Culturbild. Die Culturverhältnisse entsprechen nicht den Anforderungen, die man an das Land und dessen Bewohner stellen könnte. Der Ackerbau ³) ist in Folge des karstförmigen Bodens und der niedrigen Bildungsstufe der Landleute auf einer tiefen Stufe, producirt allerdings vorzüglichen Wein, Oel, Obst und Südfrüchte, aber Getreide nicht in dem Masse, dass das Bedürfniss des Landes dadurch gedeckt wird. Auf dem Gebiete der Viehzucht ist die Zucht der Ziegen und grobwolligen Schafe erwähnenswert. Einträglich ist für die Küstenbewohner der Fischfang (Sardellen, Thunfische). Die Pflege der Seidenraupe ist in Zunahme. An Producten des Mineralreiches ist Dalmatien das ärmste Land der Monarchie. Steinkohlen werden bei Dernis und Sinj gewonnen, Asphalt auf Brazza gebrochen. Die Industrie beschränkt sich auf den Schiffbau, die Erzeugung von Rosoglio (Maraschino aus der Steinweichsel) und ordinären Leder- und Schafwollwaaren. Weit bedeutender ist der Handel. Dalmatien bildet wegen der schwer zu überwachenden Landesgrenze ein besonderes Zollgebiet. Ausgeführt werden: Baumöl, Wein, Feigen, Sardellen, Schafwolle, Rosoglio; eingeführt: Getreide, Rindvieh und Industrieproducte. Sehr lucrativ ist der Transithandel. Auch in Beziehung der geistigen Cultur steht Dalmatien weit anderen Kronländern

---
¹) Carrara Frz., Dr., Topografia e scavi di Salona. Trieste 1850. 8. 172 S. 2 Karten.
²) Darstellung der bocche di Cattaro. 1808.
³) Lorenz, Skizzen üb. d. Landescultur Dalmatiens. Wien 1865. 8. 53 S.

zurück. Es besitzt 241 Volksschulen, welche im J. 1871 blos von 9815 Kindern besucht wurden, während 81.400 schulpflichtig waren. Für die höhere Bildung wirken gegenwärtig 3 vollständige und 1 Unter-Gymnasium, 1 Real-Ober-Gymnasium und 2 Real-Gymnasien, eine vollständige und eine Unter-Realschule, ferner je eine Bildungsanstalt für Lehrer und Lehrerinen und für die Ausbildung im Seewesen 4 nautische Schulen.

Die **Bevölkerung** besteht überwiegend (89 %) aus Serbo-Kroaten. Die Küste bewohnen Italiener (10%). Die Zahl der Deutschen ist sehr gering. Auf der tiefsten Bildungsstufe unter den Slaven stehen die Morlaken (die Gebirgsbewohner der Bezirke Zara und Spalato), deren Wohnungen aus Steinen lose zusammengefügte mit einem Schilf- oder Binsendache bedeckte Baracken sind. 81% der Bevölkerung sind katholisch, der Rest griechisch-nichtunirt.

Geschichtsbild. Dalmatien bildete, nachdem es vom Kaiser Augustus unterworfen war, einen Teil der römischen Provinz Illyricum. Die bedeutenderen Römerorte in demselben waren Scardo (Scardona), Salona (bei Spalato) Epidaurus (an der Bucht von Cattaro) und Budua. Diese Orte waren durch eine Strasse, welche sich über den Popinapass südwärts zog, unter einander verbunden. Die Hauptstadt war Salona. In der Nähe davon war Diocletian's Geburtsort Dioclea. Etwas südlich davon stand die prächtige Villa dieses Kaisers, in welcher er seine letzten Jahre verlebte. Nachdem Dalmatien vor dem Sturze des weströmischen Reiches von den Gothen und hierauf von den Avaren überschwemmt worden war, bildeten die Kroaten durch ihre bleibende Niederlassung um 620 aus demselben einen slavischen Staat. Dieser erfuhr, in der Mitte rivalisirender Mächte gelegen, vom 8. Jahrhdt. an ein sehr wechselvolles Schicksal, indem er unter Karl d. Gr. eine kurze Zeit unter fränkischer Herrschaft stand, dann unter byzantinische Hoheit kam, hierauf unter die Herrschaft des Königs von Kroatien fiel (wesshalb dieser den Titel König von Dalmatien annahm) und nach dem Tode des kroatischen Königs Zvonimir Demetrius teilweise von dem ungarischen Könige Koloman besetzt wurde, während die Venetianer sich in dem Besitze der Seestädte behaupteten. 1358 trat Venedig ganz Dalmatien an Ungarn ab, herrschte aber doch schon im 15. Jahrhdte. wieder über dasselbe, verlor es im 16. an die Türken, erhielt es aber in einzelnen Teilen zurück und behielt es bis 1797, in welchem Jahre es im Frieden zu Compo Formio an Oesterreich abgetreten wurde.

Die Länder der ungarischen Krone.

Közlemények, Hivatalos statistikai. kiadja az országos magyar Kir. stat. hivatal. Budapest 1868...8.
Evkönyv, Magyar statistikai szer. e. k. az országos magy. kir. statist. hivatal. Budapest 1872...8.

Bevölkerung.

Keleti K., Uebersicht der Bevölkerung des Staatsgebietes. Wohnverhältnisse und Hausthiere sämmtl. Länder d. ung. Krone. Auf Grund d. Volkszählung v. 1870 Pest 1871. 8. 40 S.
Ergebnisse, Die wichtigsten, der Volkszählung 1869 in den Länd. d. ung. Kr. Hermannstadt 1873. 8.

15,509.455 (mit Militär), 15,429.238 (ohne Militär), 2637 auf eine ☐Meile. Davon bilden:

die Magyaren (5,490.000) 35·6 % der Civilbevölkerung und somit die vorherrschende Nation;
die Ost-Romanen (2,673.000) 17·3 % der Civilbevölkerung
Kroaten u. Serben (2,430.000) 15·7 % „   „
die Slovaken (1,798.500) 11·7 % „   „
- Deutschen [1]) (1,770.000) 11·5 % „   „
- Israeliten (553.000) 3·6 % „   „
- Ruthenen (455.500) 3 % „   „
- Zigeuner (150.000) 1 % „   „
„ Slovenen (58.000) 0·3 % „   „

Römische Katholiken 7,558.000
Griechische   „ 1,599.000
Armenische   „ 5.000
Evangelische 3,144.000
Orientalische Griechen 2,589.000
Israeliten 553.000

Diese Bevölkerung bewohnt 189 Städte, 769 Märkte und 20.333 Dörfer.

Unterrichtswesen.

Das Volksschulwesen wurde durch den XXXVIII. Ges.-Art. v. J. 1868 reorganisirt. Die Schulpflicht beginnt mit dem zurückgelegten 6. und dauert bis zur Erreichung des 12., und in der Wiederholungsschule bis zum erfüllten 15. Lebensjahre. Die Volksschulen teilen sich in Elementar-Volksschulen, höhere Volksschulen und in Bürgerschulen. Ungarn

---

[1]) Lage des Deutschtums im ungarischen Staate (Jahrbücher, Preussische. Treitschke. V. Bd. 1874. S. 471).

hat gegenwärtig 106 Ober-Gymnasien und Lyceen, 40 Unter-Gymnasien, 11 Real - Gymnasien, 20 Ober- und 18 Unter - Realschulen, zusammen 176 Mittelschulen. Die Zahl der Präparendien (für Candidaten des Volksschullehrstandes) ist 52, wovon 48 für Lehrer und 4 für Lehrerinen errichtet sind. Die ungarischen Mittelschulen haben einen confessionellen Charakter und sind unter einander verschieden gestaltet, je nachdem ihre Instandhaltung und pädagogische Organisation vom Staate oder von einem katholischen Orden, oder einer protestantischen Repräsentation abhängen. Im Ganzen stehen sie in ihren Leistungen weit hinter den cisleithanischen. Besonders auffällig ist die geringe Zahl der Realschulen, welche sich in den letzten Jahren noch bedeutend verkleinert hat, während sie sich in der cisleithanischen Hälfte jährlich vergrössert.

Verfassung.

Klein Sam., Handbuch der Gesch. v. Ungarn u. s. Verfassung. Leipzig, Kaschau 1833. 8. 511 S.
Virozsil Ant., Dr., Das Staatsrecht des Kgr. Ungarn. Pest 1865—66. 8. 3 Bde.
Schuler Libloy, Das ungar. Staatsrecht. Wien 1870. 8. 159 S.
Janosy F., Magyarország alkotmánya. Budapest 1874. 8. 91 S.

Die Grundgesetze der ungarischen Verfassung sind: 1. die goldene Bulle Andreas II. v. J. 1222; 2. die pragmatische Sanction v. J. 1723; 3. die ungar. Ges.-Art. X u. XII v. J. 1790/1; 4. die ung. Ges.-Art. III, IV, V, VII u. IX v. J. 1847/8; 5. der ung. Ges.-Art. XII v. J. 1865/7; 6. die ung. Ges.-Art. XXX u. XLIII v. J. 1868; 7. die ung. Ges.-Art. XXXIV u. XXXVII v. J. 1873; ferner der II. u. III. kroat.-slavon. Ges.-Art. v. J. 1870 u. das kroat.-slavon. Gesetz vom 10. Jänner 1874.

Die Grundrechte der ungarischen Staatsbürger sind im Allgemeinen den cisleithanischen gleich.

Gemeinde- und Municipalverfassung. In jeder Gemeinde Ungarns und Siebenbürgens bestehen für die Wahrnehmung ihrer Interessen und Besorgung ihrer Angelegenheiten eine Repräsentanz und ein Vorstand (in den Städten ein Magistrat), welche zum Teile aus der Wahl der Gemeindewähler hervorgehen. Neben und über den Gemeinden stehen die Municipien, als welche die Comitate, freien Districte, Szeklerstühle, die mit Municipalrecht bekleideten Städte, die kgl. Freistädte und der siebenbürgische Königsboden betrachtet werden. Diese üben das Selbstverwaltungsrecht aus, vermitteln die Staatsverwaltung, und haben sogar das Recht sich mit allgemeinen Landesangelegenheiten zu beschäftigen. Die Vertretungskörper derselben sind die Municipal-Ausschüsse, welche in der Generalversammlung zusammentreten, in welcher die Municipalbeamten Sitz, teilweise auch Stimme haben. Kroatien und Slavonien hat eine eigene Gemeinde- und Comitatsverfassung.

Reichsvertretung[1]). Der ungarische Reichstag besteht aus der Magnaten- und der Repräsentantentafel. Die Magnatentafel[2]) zählt als Mitglieder die in Ungarn begüterten Erzherzoge, die katholischen und griechisch-orientalischen Erzbischöfe und Bischöfe, den Erzabt von Martinsberg, den Probst von Jászó, den Grossprobst des Agramer Domcapitels, die weltlichen Magnaten (die Reichsbarone, die ungarischen und siebenbürgischen Obergespäne, die Obercapitäne des Fogaraser und Naszoder Districtes, die Oberkönigsrichter der Szeklerstühle, den Comes des Sachsenlandes, den Gouverneur von Fiume und die nicht unter väterlicher Gewalt stehenden Fürsten, Grafen und Freiherren), die siebenbürgischen Regalisten und zwei Repräsentanten des kroatisch-slavonischen Landtages. Die Repräsentantentafel[3]) besteht aus 444 Abgeordneten, wovon 334 auf Ungarn, 1 auf Fiume, 75 auf Siebenbürgen und 34 auf Kroatien entfallen. Die letzten entsendet der kroatisch-slavonische Landtag, während die übrigen direct von den Municipien auf drei Jahre gewählt werden. Der Reichstag wird jährlich vom König nach Budapest einberufen. Die Präsidenten der Magnatentafel werden vom König, die der Repräsentantentafel von dieser ernannt. Die Verhandlungssprache ist die ungarische, doch können die kroatisch-slavonischen Abgeordneten sich der kroatischen bedienen.

Verwaltung.

Für die einzelnen Zweige der Staatsverwaltung bestehen als Centralstellen 8 Ministerien, deren Chefs mit dem kroatisch-slavonischen Minister, welcher kein Portefeuille hat, unter dem Vorsitze des Ministerpräsidenten den ungarischen Ministerrat bilden.

1. Das Ministerium am Hoflager Sr. Majestät des Königs hat seinen Sitz in Wien und unterbreitet Sr. Majestät alle Referate der übrigen (ungarischen) Ministerien.

2. Das Ministerium des Innern ist die oberste Behörde für die innere politische Verwaltung Ungarns und Siebenbürgens. Demselben unterstehen unmittelbar die Vorstände der ungarischen und siebenbürgischen Municipien (d. i. die Obergespäne der Comitate, königlichen Freistädte und mit Municipalrecht bekleideten Städte, dann die Capitäne der Districte, die Oberkönigsrichter der Szeklerstühle, der Gouverneur

---

[1]) Landesgesetzsammlung. Amtliche Ausgabe. Pest 1871. 8.
[2]) Jegyzőkönyvek. Felső házi országgyülési. Budapest. Fol.
[3]) Jegyzőkönyvek. Képviselőhaz. Budapest. Fol.

von Fiume und der Comes der sächsischen Nationsuniversität in Siebenbürgen). Den Vorständen der Comitate, Districte und Stühle untergeordnet sind die Stuhlrichter als Vorsteher der Bezirke, in welche die Comitate, Districte und Stühle politisch geteilt sind.

3. Das **Ministerium für Cultus und Unterricht**[1]) erstreckt seinen Wirkungskreis auf die Cultus- und Unterrichtsangelegenheiten Ungarns und Siebenbürgens. Demselben unterstehen die Districtual-Schulräte mit den Schuldistricts-Aufsehern, welchen die Schul-Commissionen der Gemeinden untergeordnet sind.

4. Das **Ministerium für Ackerbau, Gewerbe und Handel**[2]) besorgt die Angelegenheiten der Landwirtschaft und des Bergbaues, der Industrie und des Handels für alle Länder der ungarischen Krone, mit Ausnahme der Landescultur und des Gewerbewesens in Kroatien und Slavonien. Untergeordnet sind ihm die Seebehörde in Fiume, die Post- und Telegraphendirectionen, die Berghauptmannschaften und die Handels- und Gewerbekammern.

5. Dem **Ministerium für öffentliche Arbeiten und Communicationen**[3]) obliegen der Strassen-, Wasser- und Hochbau, das Eisenbahnwesen und die Schifffahrt.

6. Das **Ministerium für die Landesverteidigung**[4]) besorgt die Recrutirung und Heeresergänzung, die Dislocirung und Verpflegung des Heeres, der Landwehr und des Landsturmes.

7. Das **Justizministerium** besorgt die Administration des Gerichtswesens[5]). Demselben unterstehen als Gerichtsämter letzter Instanz die kgl. Curie in Budapest mit dem Cassationshofe und dem obersten Gerichtshofe; als Gerichtshöfe zweiter Instanz die kgl. Tafeln in Budapest (für Ungarn) und in Maros-Vásárhely (für Siebenbürgen); und als Gerichte erster Instanz die kgl. **Gerichtshöfe** mit den diesen untergeordneten **Bezirksgerichten**, sowie die **Geschworengerichte** (für Pressvergehen).

8. Dem **Finanzministerium**[6]) unmittelbar untergeordnet sind die Centralcasse, die Staatsschuldencasse, die Direction der ärarischen Rechtsangelegenheiten, die Lottodirection, die Tabakfabriken und Tabakeinlösungsämter, die Berg- und Forstakademie in Schemnitz und die

---

[1]) Rendeletek, Vallás- és közoktatásügyi ministerium. Budapest 8.
[2]) Rendeletek, Földmivelés ipar és Kereskedelmi m. Kir. ministerium Budapest. 8.
[3]) Rendeletek, Közmunka- és Közlekedésügyi ministerium. Budapest. 8.
[4]) Rendeletek, Honvédelmi ministerium. Budapest 8.
[5]) Putz K. und Morawitz V., Die Gerichtsorganisation in Ungarn. Wien 1872. 8. 460 S. — Rendeletek, Igazságügyi ministerium. Budapest. 8.
[6]) Rendeletek, Penzügyi ministerium. Budapest. 8.

Finanz-Directionen für die Einhebung der directen und indirecten Steuern, welch' letzteren die Steuer- und Gefällsämter, Zollämter etc. unterstehen.

Für die oberste Verwaltung der in die Autonomie Kroatiens und Slavoniens gehörigen Angelegenheiten besteht die **Landesregierung in Agram**. Das Vermittlungsorgan zwischen diesem Königreiche und der Krone ist der **kroatisch-slavonische Minister**.

Ungarn.
(4094·25 ☐Meil. = 225.441·55 ☐Kilom., 11,530.397 Einw.)

Nagy Ludw., Notitiae polit.-geogr.-statist. regni Hungariae. Budae 1828. 8. 2 Bde.
Thiele J. C., Das Königreich Ungarn. Top.-hist.-statist. Rundgemälde. Kaschau 1833. 8. 6 Bd.
Pardoe, Ungarn, seine Bewohner und Einrichtungen. Deutsch von Alvensleben. Leipzig 1842. 12. 31½ Bg.
Fenyes Alex., Statistik des Königreiches Ungarn. Pest 1843. 8. 3 Bd.
Paget John, Ungarn und Siebenbürgen. Aus dem Englischen. Leipzig 1845. 8. 2 Bd.
Jahre, Zehn, in Ungarn. Leipzig 1845. 8. 2 Bd.
Quitzmann E. A., Dr., Reisebriefe aus Ungarn, Banat, Siebenbürgen. Stuttgart 1848. 8. 576 S.
Fenyes E., Magyarország geogr. szotara. Pesten 1851. 8. 4 Bde.
Chownitz Jul. (Jos. Chowanetz), Handbuch zur Kenntniss Ungarns. Mit 1 Karte Bamberg 1851. 8. 374 S.
Ungarn und Siebenbürgen in Bildern. Red. Kubinyi und Vahot. Pest 1854. 4. 150 S. 9 Taf.
Ungarn und Siebenbürgen. Original-Ansichten. Aufgenommen von Lud. Rohbock. Mit Text von Joh. Hunfalvy. Darmstadt 1856/64. 8. 2 Sectionen.
Fenyes Alex., Ungarns Statistik. Pest 1860. 8. 1 Heft.
Horn Jul., Ungarns Geschichte, Verfassung, gegenwärtige Zustände. Pest 1864. 8. 458 S.
Visontay J. D., Geographie der Länder der ungarischen Krone. Pest 1864. 8. 180 S.
Hornyanszky Vict., Bilder aus Ungarn. Pest 1864. 4. 160 S.
Schwab Erasmus, Dr., Land und Leute in Ungarn. Leipzig 1865. 8. 560 S.
Maar P. T., A magyar birodalom földleirata különös tekintettel természeti. Pesten 1870. 8. 156 S.
Schwicker J. H., Geographie von Ungarn. Pest 1871. 8. 72 S.

Karten.

Aszalay de Szendrö, Mappa generalis top.-eccl.-ethn.-stat. Hungariae, Croatiae, Slavoniae, Transylvaniae. Vindob. 1825.
Fried Frz., Magyar Ország. Wien 1849. Fol.
Schedius Ludw. und Blaschnek Sam., Magyar ország. Pest 1849. Fol. 9 Blätt.
Lipszky Joh., Mappa generalis regni Hungarici. Posthini 1849. Fol. 9 Blätt.

Thot A. J. F., Schulkarte von Ungarn, Siebenbürgen, Dalmatien, Croatien, Slavonien. 1 : 697.000. Arad 1858. 4 Blätt.

Gönczy P. und Berghaus A., Magyar korona tartomanyai fali abrosza. 1 : 625.000. Gotha 1866. Fol. 9 Blätt.

Graef C., Ungarn mit seinen Nebenländern. 1 : 2,000.000. Weimar 1869. Fol.

Specialkarte von Ungarn, Kroatien und Slavonien, k. k. Militärgrenze und Siebenbürgen. Kupferst. 1 : 144.000. Vom k. k. mil.-geogr. Institute. Wien. (Bisher unvollständig.)

Generalkarte (Administrativkarte) von Ungarn. Lithogr. 1 : 288.000. Vom k. k. mil.-geogr. Institute. Wien. 17 Blätt.

Comitatskarten, Neue, von Ungarn. Umdruck von den Platten der Specialkarte. Mit Terrain. 1 : 144.000. Vom k. k. mil.-geogr. Institute. Davon sind bisher erschienen die Comitate: Abaujvar, Arva, Bars, Borsod, Gran, Honth, Komorn, Liptau, Neograd, Neutra, Oedenburg, Pressburg, Raab, Sohl, Turocz, Trencsin, Wieselburg; als Photolithographie, ohne Terrain: Kövar, Kraszna, Mittel-Szolnok und Zarand.

Physische Geographie[1]). In keinem österreichisch-ungarischen Kronlande erscheinen Hoch- und Tiefland in so grosser Ausdehnung nebeneinander, wie in Ungarn. Die Donau mit den von ihren Ufern sich ausbreitenden Ebenen bildet die natürliche Grenze zwischen den Abhängen und Ausläufern des Karpaten- und des Alpen-Hochlandes. Das ganze nördliche und östliche Terrain liegt im Karpaten-Gebiet [2]), so dass Ungarn vollständig von der Concave des Hauptkammes dieses Gebirges im NW., N. und O. begrenzt ist. Den nordwestlichen Teil des Landes, südlich zur Donau und zur kleinen und grossen ungarischen Tiefebene abfallend, östlich sich erstreckend bis zur Theiss, dem Bodrog, der Topla und dem Poprad-Durchbruche, erfüllen die **Nordwestkarpaten**, deren Haupterhebung in der Mitte ein mächtiger Urgebirgsstock (Tatra) ist, von dem in radialen Richtungen Sandstein und vulkanische Gebilde mit stets abnehmender Höhe auslaufen. Von der Pressburger Donauenge ziehen in nordöstlicher Richtung die kleinen Karpaten, mit einer Kammhöhe von über 300^m bis zur Skalitz—Tyrnauer Einsenkung und setzen sich mit stets zunehmender Höhe als weisses Gebirge, welches die Landesgrenze bildet und im Jaworina 967^m (3060') erreicht, bis zum Lissapasse [3]) geradlinig fort. Von nun an wird der Strich des Hauptkammes ein östlicher und erstreckt sich unter dem Namen Beskiden bis zum Dunajec. Diese entwickeln eine

---

[1]) Steinhauser A. und V., Hypsometrische Uebersichtskarte des Königreiches Ungarn. 1 : 886.000. Wien 1873. 4 Blätt.

[2]) Hauer Fr., Höhenmessungen im nordöstlichen Ungarn. Wien 1859. 8. 33 S. — Fuchs Friedr., Die Central-Karpaten. Handbuch für Reisende. Pest 1863. 8. 318 S.

[3]) welcher das obere Beĉwa- mit dem Kisucatale verbindet.

Kammhöhe von durchschnittlich 950ᵐ, steigen gleich anfangs zu bedeutender Höhe auf, haben ihren tiefsten Einschnitt im Jablunkapass, die höchste Erhebung in der Babia góra 1720ᵐ (5442′) und senken sich von da an im östlichen Verlaufe. Den Beskiden südlich ist die Magura vorgelagert, ein Gebirgszug mit östlicher Richtung, von der Arva, der Bistriza, Kisuca und der Waag eingeschlossen. Oestlich davon erhebt sich der Kernstock der Westkarpaten: die hohe Tatra, welche südlich in steilen Abstürzen, ohne Vorlagen zur Waag abfällt und östlich von dem Durchbruche des Poprad begrenzt ist. Die Kammhöhe sinkt nicht unter 1896ᵐ (6000′) herab; die höchsten Spitzen, die Gerlsdorfer und Lomnitzer Spitze [1]) erreichen 2647ᵐ (8374′) und 2632ᵐ (8328′). Innerhalb dieses von dem Hauptkamme der kleinen Karpaten, des weissen Gebirges, der Beskiden und der hohen Tatra gebildeten Quadranten erheben sich folgende Gebirgszüge und Gruppen: die Waag—Neutra-Gruppe von der Waag, der Turocz, der Neutra umflossen, nach Süden in die kleine ungarische Tiefebene sich senkend. Oestlich davon die Neutra—Gran-Gruppe oder das Kremnitzer Gebirge mit der Fatra zwischen der Neutra, Turocz, Waag, Revucza und der Gran. Die Gipfel dieses gold- und silberreichen Gebirges steigen über 1260ᵐ (4000′) und in der Fatra 1580ᵐ (5000′) auf. Die niedere Tatra oder das Liptauer Gebirge hat eine mit seinem nördlichen Nachbar parallele Richtung, ist von der Waag, dem Hernad, der Göllnitz, der Gran und der Revucza begrenzt, hat eine Kammhöhe von 950ᵐ und culminirt in Djumbier 2043ᵐ (6462′). Nordöstlich davon dehnt sich das Zipser Gebirgsland zwischen dem Poprad, der oberen Topla, der Strasse von Bartfeld nach Eperies, der Tarcza und dem Hernad, ein über 300ᵐ hohes Gebirgsterrain aus. Die Gran—Hernad-Gruppe oder das ungarische Erzgebirge hat, indem es von der Donau, Gran, der Göllnitz, dem Hernad umrandet ist, und südlich in die grosse ungarische Tiefebene sich senkt, unter den genannten Gebirgsgruppen die grösste Ausdehnung, besteht aus vulkanischen Gebilden (der höchste Gipfel der Matra ist ein ausgebrannter Vulkan) und zeichnet sich durch grossen Metallreichtum (Gold, Silber, Kupfer) aus. Eingeschnitten wird es durch die Eipel, Zagyva, Eger und den Sajo, zwischen welchen das Neograder (im von der Donau und der Eipelmündung gebildeten Winkel), das Czerhat- (zwischen der oberen Zagyva und der Eipel), das Matra- (zwischen der oberen Zagyva und oberen Erlau) und das Bikk-Gebirge (zwischen dem Eger und dem unteren Sajo) sich erheben. Die östlichste Gruppe der Westkarpaten ist die Hernad—Bodrog-

---

[1]) Pauliny Jak. Jos., Relief-Karte der Lomnitzer Spitze. 1:72.000. Wien 1861. 4. 2 Karten. 1 Blatt Text.

Gruppe (das Hegyallya-Gebirge), zwischen dem Hernad, Tarcza, der Strasse von Eperies nach Bartfeld, der Topla und dem Bodrog südlich von der Theiss bespült. Weltbekannt durch seinen Tokayer Wein[1]). Die nordöstliche Landesgrenze vom Poprad-Durchbruche bis zu der Quelle des Viso, bildet das **karpatische Waldgebirge** oder die Waldkarpaten, ein Sandsteingebirge mit vulkanischer Vorlage im Süden, dessen Erhebung in südöstlicher Richtung zunimmt und in Cserna Gora 6300' erreicht. Durch die Kammeinschnitte des Dukla- und Verecske-Passes zerfällt die Gebirgskette in die nordwestlichen, mittleren und südöstlichen Waldkarpaten. In den letzten vermittelt der historisch merkwürdige Delatynpass (Magyarenweg) den Uebergang vom Theiss- zum Pruthtale. Die Pässe haben eine durchschnittliche Höhe von 950^m. Vom **transilvanischen Hochlande** senken sich zwischen dem Viso, der Theiss und Kraszna die nördlichen Ausläufer des nordsiebenbürgischen Randgebirges nach Ungarn und fallen zwischen der Kraszna und der Maros die westlichen Abhänge des westsiebenbürgischen Randgebirges[2]) und südlich von der Maros die Ausläufer des siebenbürgisch-banater Randgebirges in die grosse ungarische Tiefebene ab. Am Alpenhochlande und zwar an der mittleren Zone hat in Ungarn blos der durch die Donau gebildete südwestliche Ausschnitt Anteil, welcher im östlichsten Alpenvorlande liegt. Vom **steirisch-ungarischen Urgebirge** ziehen 4 Ausläufer in nordöstlicher Richtung: das Leithagebirge, südlich davon der westungarische Landrücken, welcher östlich von der Raab begrenzt ist, und nördlich zur kleinen ungarischen Tiefebene sich senkt, der Bakonywald, zwischen der Raab und dem Plattensee bis zur Donau sich erstreckend, und in dem durch die untere Drau- und Donauebene und dem Plattensee gebildeten Dreiecke das Bergland von Baranya oder die Fünfkirchner Gruppe. — Etwas über die Hälfte des Areals (über 2100 [ ]Meil.) nimmt das **Tiefland** ein. Ungarn hat vom Wiener Becken einen kleinen Anteil an dem fruchtbaren Marchfelde (etwa 10 [ ]Meil.). Einen weit grösseren Raum aber erfüllt das kleine ungarische Tiefland (400 [ ]Meil. mit einer Bodenerhebung von 400'), welches durch die Donau in eine nördliche sehr fruchtbare Hälfte (Schüttinseln) und eine südliche, an dem Neusiedlersee die Hansag-Moräste bildende, also minder ergiebige Partie, geteilt wird. Unterhalb der Neograder Donauenge breitet sich die grosse ungarische Tiefebene auf einem Raume von 1700 [ ]Meil.,

---

[1]) Mohl J. und Laszgallner A. G., Das Tokayer Weingebirge. Kaschau 1828. 8. 106 S. — Nemety, Darstellung des Hegyallyaer Weingebirges. 1835. 8. 102 S.

[2]) Schmidl A., Das Bihargebirge. Wien 1863. 8. 442 S.

bei einer Erhebung von durchschnittlich 100ᵐ aus. Die oberste Schichte dieser grossen Ebene ist: Tegel, Lehm, Kies, Schlamm, Flugsand und Dammerde. Hier dehnen sich höchst fruchtbares Ackerland (Temeser Banat) und weite Steppen mit Graswuchs: die Pusztén, das Wahrzeichen Ungarns (Debreeziner und Kecskemeter Haide), wasserlose Gegenden. Sandsteppen und Sümpfe (an den Flüssen) nebeneinander aus. Beide Tiefebenen sind zwei ehemalige Seebecken. — Mit Ausnahme des kleinen Popradgebietes in Nordungarn, welches zum Stromgebiete der Ostsee gehört, liegt Ungarn im Flussgebiete des schwarzen Meeres. Die Donau[1]) tritt bei Pressburg in Ungarn ein, bildet hierauf die grosse und kleine Schüttinsel, ist von Gran bis Waitzen eingeengt, bildet dann die Andreasinsel, sowie in ihrem weiteren, nunmehr sehr trägen Laufe die Csepel- und die Margittainsel und verlässt bei Orsova das Land. Ihre Nebenflüsse sind links die March, Waag, rechts mit der Arva, Kisuca, links mit der Revucza und Turocz, die Neutra, Gran, Eipel, Theiss[2]) (diese rechts mit der Berzowa, dem Bodrog [dem Zusammenflusse der Topla, Ondava, Latorcza, Unghvar und Laborcza], dem Sajo mit dem Hernad und dieser mit der Göllnitz und der Tarcza, Eger und Zagyva links mit der Szamos [Kraszna], Körös [schnelle, schwarze, weisse] und Maros) und Temes; rechts die Leitha, Raab, Sárviz (von Stuhlweissenburg an zum Canale regulirt) und Drau. Seen: Der Platten- und der Neusiedlersee (zum Teile trocken) und die sogenannten Meeraugen in den Karpaten. Canäle: Der Franzens-, der Béga-, der Sárviz- und der Albrecht-Karasicza-Canal (dieser zur Entwässerung der Sümpfe in der Baranya). Die grosse Breitenausdehnung und die grossen Unterschiede in der Bodenerhebung haben einen ungleichen mittleren Stand des Thermometers in den einzelnen Teilen des Landes zur Folge. In Arva ist die mittlere Jahrestemperatur 6⁰ C., in Ofen 10·9⁰, in Szegedin 11·3⁰. Die Niederschlagsmenge ist im Gebirge grösser (Arva 88 Cent.) als in der flachen Mitte des Landes (Ofen 46, Szegedin 49 Cent.). Auf der grossen Ebene herrschen Ost- und Nordostwinde vor, der Scirocco macht nicht selten im Sommer die grosse Ebene zur dürren Wüste, während die Westwinde Regen und Gewitter bringen.

Politische Geographie[3]). Ungarn ist politisch in 50 Comi-

---

[1]) Klun V., Flusskarten der Donau und Theiss. Wien 1863. 4. 17 S.

[2]) Weiss Stefan, Uebersichtskarte des Theissflusses. Wien 1861. 1″:5000⁰.
— Pasetti Fl., Darstellung des Theissregulirungs-Unternehmens. Wien 1862. 4. 59 S.

[3]) Ortsverzeichniss der Länder der ungar. Krone. Pest 1873. 4. 500 S.

tate (mit Obergespänen als Vorständen), 5 Districte (mit Ober-Capitänen [der Zipser District mit dem Districtsgrafen] als Vorstehern) und 53 königl. Freistädte (mit Obergespänen) geteilt. Die Comitate und Districte sind in Bezirke abgeteilt, welchen in den Comitaten Stuhlrichter, im Hajduken-Districte Ober-Lieutenants, im Jaszkuner, Gross-Kikindaer Capitäne, im Kövarer Districte Stuhlrichter vorstehen. Ungarn entsendet in die Repräsentantentafel 334 Abgeordnete.

Budapest (Ofen-Pest 272.000 Einw.[1]) Landeshauptstadt, Sitz der ungar. Central-Verwaltungsbehörden, Akademie der Wissenschaften, Universität, Josefs-Polytechnicum, National-Museum, Landes-Bildergallerie, geolog. Reichsanstalt, central-meteorol. Institut, Thierarznei-Institut, Taubstummen- und Blinden-Institut, 5 G., 3 R., 1 UR., 2 Lp., Lip, Mittelschullehrer-Präparandie, Handels- und Gewerbekammer; Sitz der kgl. Curie mit dem Cassationshofe und dem obersten Gerichtshofe, königl. Gerichtstafel, Handels- und Wechselgericht.

1. **Posonyer Comitat**[2]). — Pressburg[3]) (Posony, 46.600 E.), ⚥*+, Rechtsakademie, Handels- und Gewerbekammer, 2 G., R., Lip., am Fusse des Schlossberges, auf welchem die Ruine des historischen merkwürdigen kgl. Schlosses steht. — Szempcz+. — Ober+- und Unter-Csallokör+. — Tyrnau ⚥*+, G., Lp., erzbischöfl. Generalvicar. — Malaczka‡. — Sommerein (Somorja)+. — Szérdahely+. — Bösing o+. — Galantha+. — Modern o, Lp. — St. Georgen, UG.

2. **Nyitraer C.** — Neutra ⚥+, G., röm.-kath. Bistum. — Vág-Ujhely+. — Galgócz+. — Szenicz‡. — Nagy-Tapolcsány‡. — Privigy (Priwitz) ‡, UG. mit 3 Classen. — Érsek-Ujvár ‡ (Neuhäusel), UG. — Miava‡. — Holics+. — Séllye‡. — Pöstyen+ (Pystjan), warme

---

[1] Schams Frz., Beschreibung der Freistadt Pest. Mit Kupfertafel und Plan. Pest 1821. 8. 500 S. — Schams Frz., Beschreibung von Ofen. Ofen 1822. 8. 672 S. 2 Lithogr. — Häufler J. V., Budapest. Pest 1854. 12. 538 S. — Feldmann, Wegweiser durch Pest und Ofen. Pest 1855. 8. 205 S. — Karte, Geolog., der Umgebung von Pest-Ofen. 1:144.000. Pest 1871. 2 Blätter. — Hevesi Ludw., Budapest und Umgebung. Pest 1873. 16. 293 S. — Hevesi Lajos, Budapest és környeke. Pesten 1874. 8. 268 S. — Romer Fl., A regi Pest. Budapest 1874. 8. 240 S. — Umgebungs-Karte von Ofen-Pest. Photolithogr. 1:28.800. Vom k. k. milit.-geogr. Institute. Wien. 4 Blätter.

[2] Kornhuber A., Karte des Pressburger Comitates, 1:160.000. Wien 1867.

[3] Ballus Paul, Pressburg und seine Umgebung. 1823. 8. 318 S. 1 Plan und Karte. — Pressburg und seine Umgebung. Pressburg 1865. 8. 353 S. Karte und Tafeln. — Führer durch Pressburg und Umgebung. Pressburg 1872. 16. 124 S. — Umgebungs-Karte von Pressburg. Vom k. k. milit.-geogr. Institute. Photolithogr. 1:14.400. Wien. 6 Blätter

Schwefelbäder¹). Zsambokreth⹋. – Neustadtl (Vág-Ujhely)⹋. – Skalitz°⹋.
3. **Trencsiner C.** – Trencsin°*⁺. G. (mit 6 Classen), in der Nähe Teplitz²) mit warmen Schwefelquellen. – Csatcza‡. – Kiszucza-Ujhely⹋. Zsolna (Sillein)*⁺, UG. – Bittse⹋ (Bicse). – Vág-Beszterczc⹋. – Pucho⹋. – Illava‡. – Baán⹋.
4. **Turoczer C.** – Turocz-Szt. Márton*⹋, UG. – Szt. Márton-Blatnicza⹋. Mossócz-Znió‡. – Znióvaralya, Lp.
5. **Árvaer C.** – Alsó-Kubin*⁺. – Vár⹋. – Trsztena‡, RG. – Námeszto⹋.
6. **Liptauer C.** – Liptó-Sz. Miklós*⹋. Hradek‡. – Rozsahegy⹋ (Rosenberg), UG.
7. **Zolyomer (Sohler) C.** – Besztercze-Bánya (Neusohl) °*⁺, G. G. (mit 5 Classen), Lp., röm.-kath. Bistum. – Nagy-Zalatna⹋. – Zolyom (Altsohl) °⁺. – Bries (Brezno-Bánya) °⁺. – Karpfen °⁺. – Libeth-Bánya (Libethen)°. – Szliács³), Badeort.
8. **Barser C.** – Aranyosmaróth*. Oszlany⹋. – Garam⹋. – Kis-Tapolcsány⹋. – Verebély⹋. – Leva‡, UG., Lp. – Kremnitz (Körmöcz-Bánya) °⹋, R., königl. Münzamt, Montan- und Hüttenamt, Gold- und Silberbergwerk. – Uj-Bánya (Königsberg)°.
9. **Esztergomer (Graner) C.** – Gran°*⹋, G., UR., Lp., Sitz des Primas von Ungarn. Geburtsort des h. Stephan. – Párkány⹋. – Muzsla⁺.
10. **Honter C.** – Ipolyság*⁺. – Nagy-Maros⹋. – Palást⹋. – Balog⹋. – Bozok⹋. – Lukanénye⹋. – Egeg⹋. – Németi⹋. – Szt. Antal⹋. – Szalka⹋. – Báth⹋. – Szánto⹋. – Vámos-Mikola⹋. – Baka-Bánya (Pukanz)°. – Schemnitz und Diln⁴)°. Montan- und Forstakademie und Oberberggrafenamt, G. G. (mit 6 Classen).
11. **Neograder C.** – Balassa-Gyarmat*⁺. – Rétság⹋. – Szirak‡. – Szécsény⹋. – Losoncz‡, UG., Lp. – Fülek⹋.
12 **Heveser und Külsö (Ausserer) Szolnoker C.** – Erlau (Eger, 19.200 E.)*⹋, bischöfl. Rechtsakademie, G., Lp., Sitz eines röm.-kath. Erzbischofes, Weinbau. – Tarna₃⹋. – Gyöngyös *⹋, G. (mit 6 Classen). – Tisza₃⹋. – Matra₂⹋. – Heves⁺. – Péter-Vásár⹋. – Hatvan⁺. – Szolnok*⹋, UG. – Mezö-Tur⁺, G. (mit 6 Classen). – Abad-Szalok⁺.

---
¹) Wagner Adalb., Dr., Heilquellen von Pystjan. Wien 1874. 8. 20 S.
²) Nagel Ed., Dr., Curort Trencsin-Teplitz. Wien 1874. 8. 90 S. Ventura, Trencsiner-Teplitzer Schwefel-Thermen. Wien 1874. 8. 33 S.
³) Hasenfeld Eman., Dr., Szliács nächst Neusohl in top.-hist.-phys.-chem. Hinsicht. Mit 3 Ansichten und 2 Karten. Wien 1872. 8. 105 S.
⁴) Kachelmann J., Geschichten der ung. Bergstädte. Schemnitz 1853. 8. 192 S.

13. **Borsoder C.** — Miskolcz *‡, Lyceum, 2 UG. — Szent-Peter ‡. — Szendrö ₂₊. — Edelény ⁺. — Mezökövesd ⁺. — Csath ⁺.
14. **Gömörer und Kis-Honter C.** — Rimaszombat ‡⁺, G. (mit 6 Classen). — Rosnyo ₊. — Nagy-Rőcze ₊, G., Lp. — Rimaszécs ‡. — Tornallya ₊. — Rosenau ⁺, G., römisch-kathol. Bischof. — Sajo-Gömör, UG. (mit 3 Classen).
15. **Tornaer C.** — Torna ²‡.
16. **Abaujer C.** — Kaschau ᵒ*⁺ ¹) (21.800 E.), Rechtsakademie, landwirtschaftliche höhere Lehranstalt, G., R., Lp., Handels- und Gewerbekammer, Sitz eines röm.-kath. Bischofs. — Cserehat ₊. — Szikszó ‡. — Göncz ₊. — Füzer ₊. — Zsadány ⁺. — Szántó ⁺. — Szepsi ⁺.
17. **Sároser C.** ²). — Eperies ᵒ*⁺ (10.800 E.), Rechtsakademie, 2 G., griech.-kath. Bischof. — Sovár ₊. — Lemes ₊. — Héthárs ₊. — Berzevicze ₊. — Gr.-Sáros ₊. — Szinye-Ujfalu ₊. — Hanusfalva ₊. — Girált ‡. — Raszlavicza ₊. — Gabolto ₊. — Zboro ₊. — Szvidnik ‡. — Siroka ⁺. — Kis-Szeben ᵒ⁺, UG. — Bartfeld ³) (Bártfa) ᵒ, UG.
18. **Szepeser (Zipser) C.** — Leutschau ᵒ*⁺, G., R. — Göllnitz-Bánya ⊕⁺, Eisenwerke. — Hernad-Völgy ₊. — Tatra ₊. — Poprad-Völgy ₊. — Magura ₊. — Szepes-Váralja (Kirchdrauf) ⁺, Lp., Sitz eines röm.-kath. Bischofs. — Kesmark ᵒ⁺, Lyceum (mit 7 Classen); in der Nähe das Bad Schmeks mit alkalischem Säuerling. — Szepes-Szombat ⁺. — Lubló ⁺. — Podolin, UG.
19. **Zempliner C.** ⁴). — Sátoralja-Ujhely ‡⁺ (10.000 E.), G. (mit 6 Class.) — Szerencs ‡. — Tokaj ‡, Weinbau. — K. Helmecz ‡. — Galszécs ‡. — N. Mihály ‡. — Homonna ‡⁺. — Sztropkó ‡. — Varannó ‡. — Sáros-Patak, Hauptschule der evangel.-reform. Confession, G., Lp.
20. **Unger C.** — Ungvár *⁺ (11.000 E.), G., Lp. — Darócz ₊. — Kapos ‡. — Zalacska ₊. — Szobráncz ‡. — Perecsény ₊. — Bereznay ‡.
21. **Bereger C.** — Beregszász *⁺, UG. — Ober-Tiszahat ₊. — Unter-Tiszahat ₂₊. — Kaszony ‡. — Felvidek ₊. — Munkács ‡, RG. Sitz eines griech.-kath. Bischofs; in der Nähe Eisengruben. — Vereczke ‡. — Ilosva ⁺.

---

¹) Plath J., Kaschauer Chronik. Kaschau 1860. 8. 320 S. 2 Lithogr.
²) Woldřich Joh., Beiträge zur Geographie des Saroser Comitates. Wien 1863. 8. 32 S.
³) Janota E., Hist.-topogr. Skizze von Bartfeld. Wien 1861. 8. 16 S.
⁴) Szirmay Ant., Notitia top.-pol. comitatus Zempleniensis. Ed. M. G. Kovachich. Budae 1703/4. 8. 2 Bde.

22. **Marmaroser C.** — Marmaros-Sziget ‡+, k. Montandirection, Lyceum der evang.-ref. Confession G., RG., Lp. — Ober-Viso‡. — Jzavölgy₊. — Tisza-Völgy₊. — Taraczviz₊. — Tecsö‡. — Dolha₊. — Kaszó₊. — Huszt*. — Ökörmezö‡. — Alsó-Rahó+.
23. **Ugocsaer C.** — Nagy-Szöllös ‡. — Halmi+.
24. **Szatmarer C.** Nagy-Károly ‡+ (12.800 E.), G. (mit 6 Class.), Schloss. — Maté-Szalka ‡. — Fehér-Gyarmat ‡. — Csenger₊. — Krassó₊. — Nagy-Bánya ♀*+, G. (mit 6 Class.) und Felsö-Bánya°, Gold-, Silber-, Kupfer- und Bleibergwerke. — Aranyos-Megyes₊. — Erdöd+, — Szathmár-Németi °*+ (18.400 E.), G. (mit 6 Class.), Lp., Sitz eines röm.-kath. Bischofs. — Szinyér-Várallya +.
25. **Szabolcser C.** — Nagy-Kálló +, UR. — Nádudvár ₃₊. — Dada ₃₊. — Kisvárda ‡. — Nyirbátor ‡. — Püspök-Ladány +. — Nyiregyháza *+ (21.900 E.), G. (mit 5 Class.), Lp.
26. **Biharer C.** — Grosswardein ☉*+ (28.700 E.), Rechtsakademie, G., R., Lp., Sitz eines röm.-kath. und eines griech.-kath. Bischofs. — Bihar₊, Schloss. — Szalárd₊. — Mezö-Telegd₊. — Elesd‡. — Mezö-Keresztes₊. — Barand₊. — Ujfalu‡. — Derecske‡. — Margitta‡. — Micske₊. — Ez. Mihályfalu₊. — Székelyhid‡. — Szalonta ‡ (12.400 E.), G. (mit 6 Class.) — Ugra₊. — Beél₊. — Tenke‡. — Vaskó‡. — Belenyes‡+, G. — Magyar-Cseke‡. — Robogány₊. — Debreczin °*+ (46.200 E.), landwirtschaftliche höhere Lehranstalt, Hauptschule der evang.-ref. Confession mit Gymnasial-Curs, UG., R., Handels- und Gewerbekammer, Jahrmärkte.
27. **Bekeser C.** — Gyula ‡÷ (18.500 E.). — Békés ‡ (22.600 E.), RG. — Csaba ‡ (30.100 E.), RG. — Szarvás ‡ (22.500 E.), G. — Oroshaza ‡ (14.600 E.), Dorf. — Széghalom ‡.
28. **Pest-Pilis-Solter C.** [1]). — (Sitz des Obergespan und zweier Stuhlrichter in Pest) — Kecskemét ‡)*+ (41.200 E.), Rechtsakademie der evang.-ref. Confession, 2 G., UR., Viehmärkte. — Pilis₊. — Solt ₃₊. — Waitzen ‡ (13.000 E.), Staatsgefangenhaus, G. (mit 6 Class.), Sitz eines röm.-kath. Bischofs. — Szt. André +, griech.-kath. Bischof. — Gödöllö ÷, kgl. Schloss und Park. — Nagy-Kota÷. — Monor+. — Ráczkeve+. — Ocsa +. — Kalocsa *+ (16.300 E.), G., Lp., Erzbischof. — Duna-Vecse+. — Kis-Körös+. — Nagy-Körös ÷ (20.000 E.), G., Lp. — Czegléd+ (22.200 E.).

---

[1]) Glatter Ed., Jahresbericht über die bio-stat. und Sanitätsverhältnisse des Pest-Piliser Com. Pest 1857—59.

29. **Bács-Bodrogher C.** — Zombor $^{O*+}_{7+}$ (24.300 E.), UG., Lp. — Felecska$_{2+}$. — Tisza$_{2+}$. — Josephsdorf ‡. — Titel ‡. — Baja *+ (18.200 E.), G., Lp. — Almás +. — Maria-Theresiopel (Szabadka) $^{O*+}$ (56.400 E.), G., Lip. — Topolya +. — Zenta + (20.000 E.), Eugen's Sieg 1697. — Neusatz $^{O*+}$ (19.200 E.), G., Sitz eines griech.-orient. Bischofs. — Palanka +. — Alt-Bécse +. — Kula+. — Apathin +. — Hódhság +. — Neu-Werbasz (Verbász), RG.
30. **Csongráder C.** — Szegvar$_{2+}$ — Szegedin $^{O*+}$ (70.200 E.), G., R., Lp., die zweitgrösste Stadt Ungarns. — Hód-Mezö-Vásárhely*+ (49.200 E.), Lyceum. — Szentes + (27.700 E.), G. (mit 5 Class.). — Csongrád + (17.400 E.), Lp.
31. **Csanader C.** — Makó * (27.500 E.). — Központ $_+$. — Nagylak ‡. — Bátonya ‡. — M. Kovácsház $_+$.
32. **Arader C.** — Arad $^{O*+}_+$ (32.800 E.), G., 2 Lp., Sitz eines griech.-orient.-romanischen Bischofs. — Racska $_+$. — Radna ‡. — Soborsin $_+$. — Világos ‡, Capitulation der ungarischen Armee 1849. Agris$_+$. — Borossebes $_+$. — Borosjenö ‡. — Bulyin ‡. — Kisjenö ‡. — Eleker $_+$. — Pécska + (14.300 E.).
33. **Temeser C.** [1]). — Temesvár [2] $^{O*+}_+$ (32.300 E.), G., Sitz eines kath. und griech.-orient. Bischofs, Festung. — Kubin ‡. — Karlsdorf ‡. — Neu-Arad ‡. — Vinga ‡. — Lippa ‡. — Rékás ‡. -- Buziás ‡. — Csákova $_+$. — Detta ‡. — Versecz ⚥*+ (21.100 E.), Lp., Sitz eines griech.-orient. Bischofs.
34. **Torontáler C.** — Gross-Becskerek ‡+ (19.700 E.), UG., Getreide- und Viehhandel. — Sz. György $_+$. — Párdány $_+$. — Török-Bécse ‡. — Zsombolya ‡. — Komlos $_+$. — Török-Kanizsa ‡. — O-Bessenyö $_+$. — Gr.-St. Miklos ‡. — Perjámos $_+$. — Billet ‡. — Modos ‡. — Zichy-Falva $_+$. — Csenye $_+$. — Pancsova [3] ⚥* (13.500 E.), R. — Neudorf ‡. — Antofalva ‡. — Perlasz $_+$. — Alibunar ‡.
35. **Krassóer C.** — Lugos ‡+ (11.700 E.), UG., Sitz eines griech.-kathol. Bischofs. — Bogsán ‡. — Szakul $_+$. — Maros $_+$. — Resicza $_+$. — Krassó $_+$. — Oravicza ‡+. — Anina, Kohlengruben. — Szaszka ‡. — Bega $_+$. — Facsét ‡. — Weisskirchen ⚥*.

---

[1] Dieses sowie das Torontáler und Krassóer Comitat zusammen bildeten bis 1860 die „Serbische Woiwodina" oder das Temeser Banat. — Uhl Frdrch., Aus dem Banate. Leipzig 1848. 8. 233 S. 1 Karte. — Handbuch der W. Serbien und d. Temeser Banates. Temesvar 1855. 8. 544 S. — Schwicker Joh. H., Gesch. d. Temeser Banates. Gr.-Becskerek 1861. 8. 470 S.

[2] Preyer, Monographie der Freistadt Temesvar. Temesvar 1853. 8. 186 S. 2 Kart. 1 Plan. — Umgebungskarte von Temesvár. Lith. 1:28.800. V. k. k. mil.-geogr. Inst. Wien. 4 Blätter.

[3] Ilić L., Historische Skizze von Pančova. Pančova 1855. 8. 54 S. 1 Karte.

36. **Szörenyer C.** — Karansebes ♀*⁻. Sitz eines griech.-orient. Bischofs. — Alt-Orsova ⊥. — Bosovic †. -- Teregova ⁻. — Mehadia ¹), mit warmen Schwefelbädern, welche seit den Römerzeiten unter dem Namen „Herkulesbäder" bekannt sind.
37. **Mosonyer (Wieselburger) C.** — Ungarisch-Altenburg ‡⁻, höhere landwirtschaftliche Lehranstalt, UG. — Wieselburg, Getreidehandel. Neusiedl am See ⊥. — Ragendorf ⊥.
38. **Györer (Raaber) C.** — Raab ⁰*† (20.100 E.), Rechtsakademie, G., UG., R., Lp., Sitz eines röm.-kath. Bischofs, Handels- und Fabriksort. — Tó-Sziget ⊥. -- Sokórs-Álja ⊥. — Puszta ⁻. — Téth †. — Martinsberg †, erzäbtliches Lyceum, Benediktiner-Erzabtei mit selbstständiger bischöflicher Jurisdiction. — Tornalylya †. — Nagy-Röcse †.
39. **Komáromer (Komorner) C.** — Komorn ⁰*† (13.000 E.), UG., Festung. — Csallóköz ⊥. — Udvard ⊥. — Gesztes ⊥. — Totis (Tata) ‡, UG. — Perbete ⁻. — Gr.-Igmánd †.
40. **Fehér (Stuhlweissenburger) C.** — Stuhlweissenburg ⁰*† (22.700 E.), G., R., Sitz eines röm.-kathol. Bischofs, ehemalige Krönungsstadt und Begräbnissort der ungarischen Könige. — Bodaik ₂⊥. — Csákvár ⊥. — Vaál ⊥. -- Sár-Keresztur ⊥. — Raczalmás ⊥. — Adony ⁻. — Sárbogárd ⁻. — Moór †.
41. **Weszprimer C.** — Weszprim *† (12.000 E.), G. (mit 6 Class.), Sitz eines kath. Bischofs. — Pápa *† (14.300 E.), Markt, Hauptschule der evang.-ref. Confession. G., UG. — Devecser ‡. — Zircz ⁻, Cisterciensérabtei. — Enying ‡. — Somlyó (Schomlau), Weinbau.
42. **Tolnaer C.** -- Szegszárd *⁻ (11.100 E.), Weinbau. — Völgység ⊥. — Duna-Földvár ⁻ (12.400 E.). — Simontornya ⊥. — Dombóvár ⊥. Bonyhád ⁻, UG. — Paks ⁻. — Tamási ⁻. — Gyönk ⁻, UG.
43. **Baranyer C.** — Fünfkirchen ²) (Pécs) ⁰*† (23.900 E.), bischöfliche Rechtsakademie, G., R., Lp., Sitz eines röm.-kathol. Bischofs. — Siklos ⊥. — Baranyavár ⊥. — Moháes ‡ (12.200 E.), Tod Ludwigs II. 1526, Sieg Karls von Lothringen 1687. — Pécsvárad ⊥. -- Hegyhát ⊥. — Szent-Lörincz ‡. — Sasd ⁻. — Dárda †.
44. **Somogyer C.** — Kaposvár *⁻, G. (mit 6 Cl.), Wein- und Tabakbau. Igal ⁻. — Marczal ‡. — Lengyeltót ‡. — Tab ⁻. — Csurgo ‡. G. (mit 6 Class.), Lp. — Nagyatad ‡. — Szigetvár ‡, Heldentod Niclas Zriny's 1566.
45. **Zalaer C.** — Zala-Egerszeg *⁻. — Tapolcza ⁻. — Sümeg ‡, UR. — Szentgróth ⊥. — Szt. Mihály ⊥. — Kanizsa ‡† (11.200 E.), G., Getreide- und Schweinhandel. — Keszthely ‡, UG. — Letenye ‡.

---

¹) Brandes H. G., Prof., Ausflug nach Mehadia. Lemgo. 1863. 8. 142 S.
²) Haas M., Gedenkbuch der Stadt Fürfkirchen. Fünfkirchen 1852. 8. 199 S.

— Baksa ₊. — Lendva ₊. — Csaktornya (Csakathurn) ‡⁺. — Kottori ₊. — Balaton-Füred ¹) ⁺, Badeort, Säuerling. — Kövago-Eörs, UG. (mit 2 Class.).
46. **Vas (Eisenburger) C.** — Steinamanger (Szombathely) ‡⁺, das römische Sabaria, G., Sitz eines röm.-kath. Bischofs. — Güns °‡, UG., historisch merkwürdig durch die Verteidigung gegen die Türken 1532. — Sárvár ‡. — Klein-Czell ‡. — Eisenburg (Vasvár) ‡. — Körmend ‡. — Mura-Szombat ‡. — St. Gotthard ‡⁺, Schlacht 1664. — Német-Ujvár ‡. — Felsö-Eör ‡. — Oberschützen, RG., Lp. — Tarcsa (Tatzmannsdorf) ²).
47. **Sopronyer (Oedenburger) C.** — Oedenburg ³) (Soprony) ⚲*⁺ (21.100 E.), Lyceum, G., R., Lp., Handels- und Gewerbekammer, Viehmärkte. — Mattersdorf ⁺. — Eisenstadt (Kis-Marton) ⚲⁺, Schloss und Park des Fürsten Eszterházy. — Felsö-Pulya (Pullendorf) ‡. — Sag ‡. — Kapuvár ‡. — Csorna ‡. — Ruszt °, Weinbau. — Nagy-Marton ₊. — Eszterházy, Schloss ⁴).
48. **Krasznaer C.** — Sz. Somlyó ‡⁺. — Kraszna ₊.
49. **Közep (Mittel) Szolnoker C.** — Ziláh (Zillenmarkt) ⊕*⁺, Lp. — Zsibe ₊. — Doisad ₊. — Sz. Cseh ‡. — Hadad ₊. — Tasnád ‡, Weinbau. — Ermellek ₊. — Schemnitz (Selmecz-Bánya) *⁺.
50. **Zarander C.** — Körös-Bánya ‡⁺, Goldbergwerk. — N.-Halmágy ‡. — Brád ₊.
1. **Hajduken District.** — Böszörmény ‡⁺ (19.200 E.), Sitz des Ober-Capitäns. — Nánás ‡ (13.200 E.). — Szoboszló ‡, UG. (mit 2 Classen). — Dorogh ₊. — Hadház ‡. — V.-Pércs ₊.
2. **Jaszkuner D.** — Jászberény ‡⁺ (20.300 E.), Sitz des Ober-Capitäns, G. — Kiskun ₊. — Jász-Apathi ⁺. Karczag * (14.500 E.), RG. — Kis-Ujszállás ⁺, G. (mit 6 Class.) — Kún-Sz. Miklós ⁺, G. (mit 6 Class.) — Félegyháza ⁺ (21.300 E.), UG. — Kis-Kun-Halas ⁺ (13.200 E.), G. — Kún-Sz. Márton ⁺.
3. **Gross-Kikindaer D.** — Gross-Kikinda ‡⁺ (18.900 E.), Sitz des Ober-Capitäns. — Mellencze ⁺. — Mokrin ⁺.
4. **Zipser D.** — Igló (Neudorf) ⁺ Sitz des Districtsgrafen, G., Lp.
5. **Kövarer D.** — Nagy-Somkut ‡, Sitz des Ober-Capitäns. — N. Nyires ₊. — K.-Nyires ₊. — K. Monostor ₊.

---

¹) Mangold Heinr., Dr., Füred. Wien 1866. 8. 104 S.
²) Thomas Ludw., Dr., Tatzmannsdorf. Wien 1870. 8. 68 S.
³) Umgebungskarte von Oedenburg. V. k. k. mil.-geogr. Inst. Photolith. 1:28.800. Wien. 4 Blätter.
⁴) Beschreibung d. Schlosses Eszterhazy's. Pressburg 1784. 4. 57 S. 8 Pläne.

Culturbild. Ungarn erzeugt in Fülle, mit Ausnahme von Reis, alle Arten Getreide [1] (wovon sich des besten Rufes der Banater Weizen erfreut), ferner Tabak (bei 700.000 Ctr.) und ausgezeichnete Weine (Tokai, Menes, Rust, Ofen, Szegszárd). Rindvieh, veredelte Schafe und Pferde werden erfolgreich in den grossen Ebenen gezogen, Borstenvieh gut in den Eichenwäldern gemästet. Der Stand der Rinder war 1870 4,496.000 St., der der Schafe 13 Mill. St. Es ist daher die Viehzucht seit 1857 im Rückgange [2]. Ungarn ist eines der erzreichsten Länder Europa's [3]. Gold (1210 Pf.), Silber (54.000 Pf., in Schemnitz, Kremnitz, Schmöllnitz), Kupfer (40.000 Z. Ctr., Schmöllnitz) und Eisen (über 1 Mill. Ctr., Sohl, Gömör, Zips) werden in grossen Mengen gewonnen. Salz (in einem Quantum von $1^1/_2$ Mill. Ct.), Stein- und Braunkohlen (über 14 Mill. Ct.). Ungarn ist heute noch, was es vor Jahrhunderten gewesen, ganz überwiegend ein rohproductiver Staat und die Industrie bildet nur einen sehr geringen Factor im volkswirtschaftlichen Leben des Landes. Der Mangel an intelligenten Arbeitskräften zeigt sich sowohl auf dem Gebiete der Landwirtschaft als der Industrie. Letztere beschränkt sich fast ganz auf das Kleingewerbe. Ungarn führt von Rohproducten hauptsächlich Getreide, Wein, Tabak, Wolle und Schlachtvieh aus und importirt Colonialwaaren und Industriegegenstände. Der Wert der Einfuhr überragt die Ausfuhr um circa 50 Mill. fl. Für die niedere Bildung bestehen 11.127 Volksschulen, welche schwach besucht werden, indem durchschnittlich von den schulpflichtigen Kindern nur die Hälfte ihrer Pflicht nachkommt. Für die höhere Bildung wirken 75 Ober-Gymnasien und Lyceen, 34 Unter-Gymnasien, 9 Real-Gymnasien, 16 Ober- und 6 Unter-Realschulen. Für die Heranbildung von Volksschullehrkräften bestehen 37 Präparandien und Seminarien für Lehrer, und 3 für Lehrerinen. Die Universität und das Josefs-Polytechnicum in Pest und mehrere höhere Specialschulen.

Bevölkerung [4]. Die Ungarn [5] bilden in ihrem Lande die relative Majorität mit 43 %. $16^1/_2$ % der Bevölkerung sind Slovaken, 13 % Deut-

---

[1] Weizen 38 Mill. Metzen, Roggen 25·5, Gerste 17, Hafer 24, Mais 31 Mill. Metzen.

[2] Galgoczi K., Landwirtschaftliche Statistik Ungarns. Pest 1855. — Dietz Heinr., Dr., Die ungarische Landwirtschaft. Leipzig 1867. 8. 470 S.

[3] Cotta Bernh. u. Fellenberg Edm., Erzlagerstätten Ungarns u. Siebenbürgens. Freiberg 1862. 8. 228 S.

[4] Pronay Gabr., Skizzen aus dem Volksleben in Ungarn. Pest 1855. Fol. 106 S. 25 Farbdrk. — Eötvös J., die Nationalitätenfrage. Pest 1865. 8. 192 S.

[5] Obermüller Wilh., Abstammung der Magyaren. Wien 1872. 8. 43 S. — Löher Frz., Magyaren u. andere Ungarn. Leipzig 1874. 8. 454 S.

sche ¹). 11¼ % Rumänen, 6½ % Serben, 4½ % Israeliten und 4¼ % Ruthenen ²). Der Religion nach gehört die absolute Mehrheit (53 %) der katholischen Kirche an ³). **Geschichtsbild** ⁴). Vom heutigen Königreiche Ungarn gehörte der durch die Donau gebildete südwestliche Ausschnitt zur römischen Provinz Pannonien, der durch die Theiss gebildete südöstliche zur Provinz Dacien. Zwischen der Donau und der unteren Theiss sassen die Jazygen. Pannonien war durch eine von der Raabmündung sich südlich ziehende Gerade in Ober- und Unter-Pannonien geteilt. Die römischen Hauptorte in Ober-Pannonien waren: Sabaria (Steinamanger) und Scarabantia (Oedenburg), und in Unter-Pannonien Aquincum (Ofen). Den Knoten des pannonischen Strassennetzes bildete Sabaria, welches mit Carnuntum, Arrabona (Raab), Aquincum, Mursa (Essegg) und Poetovium durch Strassen in Verbindung stand. In Pannonien erlosch die Römerherrschaft schon im Anfange des 5. Jahrhdts. Seit dieser Zeit war das ungarische Tiefland auf viele Jahre der Tummelplatz vieler Völker, welche auf ihren Zügen nach dem westlichen und südlichen Europa keinen besseren Weg als die Donaufurche wählen konnten. Die Hunnen errichteten von dem Theisslande aus eine von Attila gestiftete, aber auch mit ihm sich auflösende weit reichende Herrschaft. Hierauf tauchen Gepiden und Ostgothen als die Beherrscher des ungarischen Tieflandes auf. Der Abzug der Ostgothen nach Italien (489) gewährte den Langobarden neue Wohnplätze. Diese lagen in schweren Kämpfen mit den Gepiden und riefen um 560 die Avaren herbei, mit deren Hilfe jene geschlagen wurden. Nach dem Abzuge der Langobarden nach Italien (568) erstand ein neues Donaureich, die Herrschaft der Avaren. Dieser türkisch-finnische Stamm war nun durch mehr als zwei Jahrhunderte eine wahre Geissel seiner Nachbarn. Eine Niederlage, die sie von den Byzantinern 626 erlitten, führte den Verfall ihrer Macht herbei, welche Karl d. Gr. von 791 bis 796 vollständig auflöste. Auf der Stätte ihres alten Ringes leisteten der neue Chakan und seine Grossen dem Frankenkönige den Huldigungseid. Nach 822 verschwinden sie als tributpflichtige Bauern.

Hundert Jahre später, um 900, erscheint ein neues Volk, um sich bleibend im Theisslande niederzulassen, die Magyaren. An Rohheit glichen sie damals noch ihren asiatischen Brüdern und Vorläufern, den Avaren. „Sie bauten das Land nicht, sie assen Fleisch von Pferden, von

---

¹) Bidermann Herm. Ign., Deutsches Culturleben in Ungarn. Wien 1862. 8. 39 S.

²) Bidermann Herm., die ungarischen Ruthenen. Innsbruck 1863. 8. 2 Bde.

³) Borbis J., Die evang.-luther. Kirche in Ungarn. Nördlingen 1861. 8. 520 S.

⁴) Bedeus v. Scharberg Jos., Hist.-gen.-geogr. Atlas zur Geschichte des ungarischen Reiches. Hermannstadt 1844. Fol.

Wölfen und anderes derart, sie tranken Pferdemilch und Blut". Sie teilten sich in 7 Stämme. Ihr erster Fürst ist Árpád, Almus's Sohn, den sie auf ihren Schild hoben und zum Herzoge machten. Die Nachkommen desselben, die Arpaden, regieren bis 1301 über Ungarn. Wie die Avaren stellten auch die Magyaren sich ihren westlichen Nachbarn in furchtbaren Raubzügen vor. Seit sie 907 Liutbold, den bairischen Markgrafen, besiegt hatten, ergossen sich ihre Scharen alljährlich über Deutschland. Vor den Mauern Guyennes in W., Capuas und Benevents im S. erscholl der Hufschlag ihrer kleinen aber ausdauernden Pferde. Diesen Raubzügen setzte zuerst eine Schranke Heinrich I. durch den Sieg bei Riade; als sie aber unter Otto d. Gr. ihre Einfälle erneuerten, erlitten sie in der Schlacht am Lechfelde (955) einen derartigen Menschenverlust, dass sie sich genötigt sahen, eine ganz andere Lebensbahn einzuschlagen. Bis hieher sind sie ein asiatisches Volk, von nun europäisiren sie sich, indem sie die deutsch-christliche Cultur annehmen. Bereits unter

Géza (972—997) beginnt das Christentum in Ungarn Wurzeln zu fassen, befestigt aber wurde es erst von Géza's Sohne

Stephan dem Heiligen (997—1038) unter dem Einflusse seiner Gemahlin Gisela, der Schwester Kaiser Heinrichs II. Stephan ist der Gründer eines geordneten Kirchen- und Staatswesens in Ungarn. Er errichtet Bistümer und stiftet Klöster, wofür er vom Papste Sylvester II. (1000) die Königskrone und den Titel apostolicus erhielt. Land und Volk, welches bisher in mehrere Teilfürstentümer zerfiel, einigt er durch die Beseitigung der Teilfürsten und gibt demselben neue Gesetze nach fränkischem und bairischen Muster. Zu administrativen Zwecken führt er die Comitatseinteilung ein. Binnen 100 Jahren war Ungarn auf solche Weise durch Géza und noch mehr durch Stephan aus einem Nomadenreiche in ein festgegründetes mit den Anfängen germanisch-christlicher Cultur ausgestattetes Königreich umgewandelt worden. Auf ein reiches Leben, wie es den wenigsten Sterblichen gegönnt ist, konnte Stephan in seiner Todesstunde zurücksehen.

Der Mangel eines Tronfolgegesetzes, sowie das Aufstreben der Adelsgewalt brachten über Ungarn nach Stephans Tode traurige Zeiten. Aus der Reihe der folgenden Könige aus der arpadischen Dynastie leuchten hervor

Ladislaus I. (1077—1095) und Koloman (1095—1114). Sie erweiterten die Macht Ungarns, indem jener Kroatien und Slavonien (1089) erwarb, dieser 1102 Dalmatien gewann; beide suchten die innere Ordnung durch gute Gesetze zu sichern.

Andreas II. (1202—1235) stützte sich, um die stets mehr emporwachsende Adelsgewalt niederzudrücken, auf den Clerus und trat in freundliche Beziehung mit dem grossen Papste Innocenz III., wurde aber 1222 gezwungen, die goldene Bulle zu erlassen, in welcher er dem Adel die weitgehendsten Vorrechte einräumen musste. Unter seinem Nachfolger

Bela IV. (1235—1270), welcher sich gegen Adel und Clerus auf den Bürgerstand stützte und 1238 in sein Land die Kumanen aufnahm, wurden dem Reiche grosse Wunden durch die Mongolen geschlagen, welche 1241 das Land furchtbar verwüsteten und den geschlagenen König bis Dalmatien verfolgten. Mit

Andreas III. starb 1301 der Mannesstamm der Arpaden aus.

Auf den ungarischen Tron schwingt sich nun das Haus **Anjou**, unter dessen Herrschern Ungarn den Gipfel seiner Macht errreicht.

Karl Robert (1301—1342) zeigt die Kraft seiner Regierung durch die Zügel, die er dem Adel anlegt.

Ludwig d. Gr. (1342—1382) eroberte die Walachei, Bosnien, Serbien und die Bulgarei. 1370 kam er auch auf den Tron von Polen. Als Förderer der materiellen und der geistigen Interessen seiner Untertanen hob er die Industrie und den Handel und stiftete die Universität Fünfkirchen. Bei seinem Tode hinterliess er den polnischen Tron seiner jüngeren Tochter Hedwig, die mit dem Lithauerfürsten Jagełło vermählt war; den ungarischen aber der älteren Tochter Maria, der Gemahlin

Sigismunds (1382—1437) aus dem **luxemburgischen Hause**, dessen Haupttätigkeit als römisch-deutschen Kaisers und böhmischen Königs die Bekämpfung der Türken und der Hussiten im Anspruch nahm. Nach Sigmunds Tode kam die ungarische Krone zum ersten Male an das **habsburgische Haus** u. z. an

Albrecht (V. von Oesterreich) (1437—1439) als den Gemahl Elisabeths, der Tochter Sigmunds. Für Albrechts minderjährigen Sohn

Ladislaus Posthumus (—1457) führte die Regierung Johann Hunyady, welcher durch die Abwehr der Türken sich solche Verdienste um Ungarn erwarb, dass nach Ladislaus's Tode sein Sohn

Matthias Corvinus (1458—1490) zum Könige erwählt wurde. In gleichem Masse Feldherr, Staatsmann, Gönner der Wissenschaften (Gründer der Universität Pressburg 1467) und gerechter Richter, erwarb er sich die Liebe und das Vertrauen seiner Nation in solchem Grade, dass man nach seinem Tode sagte: „König Matthias ist todt, dahin ist die Gerechtigkeit". Ihm folgten zwei Jagellonen

Władysław II. (1490—1516) und dessen Sohn Ludwig II., (—1526) unter deren schwacher Regierung das Land durch äussere und innere Feinde, durch die Türken sowie durch den Ehrgeiz und die Habsucht der Grossen, an deren Spitze Johann Zápolya stand, in grosse Verwirrung geriet. Durch den kinderlosen Tod Ludwigs (welcher mit

Maria, der Schwester des römischen Kaisers Karl V. vermählt war) in der Schlacht bei Moháes 1526 kam die ungarische Krone bleibend an die Habsburger.

Siebenbürgen.

(997·9 ☐Meil. = 54.948·2 ☐Kilom., 2,122.458 Einw.)

Stotz J. L., Neueste stat.-top. Darstellung des Grossf. Siebenbürgen. Wien 1812. Fol. 43 S.
Leonhard Jos., Lehrbuch zur Kenntniss von Siebenbürgen. 1812. 8. 398 S. 1 K.
Marienburg Luc. Jos., Geographie von Siebenbürgen. 1813. 8. 392 S.
Mildenberg. Handbuch der Statistik von Siebenbürgen. 1837. 8. 3 Bde.
Lenk v. Treuenfeld Ign., Siebenbürgens geogr.-top.-stat.-hydrogr.-orogr. Lexicon. Wien 1839. 8. 4 Bde.
Archiv für die Kenntniss von Siebenbürgens Vorzeit und Gegenwart. Von Schuller. Hermannstadt 1840. 8.
Archiv des Vereines für Siebenbürgische Landeskunde. Hermannstadt 1845—67. 8.
Paget John. Ungarn und Siebenbürgen. Aus dem Engl. Leipzig 1845. 8. 2 Bde.
Kővary László. Erdélyország statistikája. Kolozsvártt 1847. 8. 296 S.
Magazin für Geschichte, Literatur und Merkwürdigkeiten Siebenbürgens. Kurz. Kronstadt 1847—48.
Jahresbericht des Vereines für Siebenbürgische Landeskunde. Hermannstadt 1854—56. 8.
Söllner J., Statistik des Grossf. Siebenbürgen. Hermannstadt 1856. 8. 408 S.
Bielz E. A., Erdbeschreibung von Siebenbürgen. Hermannstadt 1856. 8. 80 S.
— „ Handbuch der Landeskunde Siebenbürgens, phys.-stat.-topogr. Hermannstadt 1857. 8. 615 S.
Salzer Joh., Prof., Reisebilder aus Siebenbürgen. Hermannstadt 1860. 8. 392 S.
Transsilvania. Red. Bielz. Hermannstadt 1861—62. 8.
Boner Charl., Transsylvania; its products and its people. London 1865. 8. 642 S.
— Ferner die bei Ungarn angeführten Werke von Quitzmann und Visontay, sowie Ungarn und Siebenbürgen von Kubinyi Vahot und Rohbock.

Karten.

Karte des Grossf. Siebenbürgen. Hermannstadt 1861. Fol.
Obert Franz., Schul-Wandkarte von Siebenbürgen. Gotha 1861. Fol. 4 Blätter, Text 24 S.
Generalkarte des Grossf. Siebenbürgen. Wien 1874. 4 Blätter. 1:288.000. Hiezu: Thot, Graef. Specialkarte. Sieh Ungarn.

Physische Geographie[1]). Siebenbürgen ist ein von Randgebirgen begrenztes, trapezförmiges Plateau, ähnlich Böhmen, doch von

---

[1]) Binder G., Höhenverhältnisse Siebenbürgens. Wien 1852. 8. 55 S. (Sep.-Abdr. aus dem Sitzungsberichte der k. Akademie der Wissenschaften. 1851). — Hauer Frz., Höhenmessungen in Siebenbürgen. Wien 1860. 8. 32 S. Hauer Frz. und Stache G., Geologie Siebenbürgens. Wien 1863. 8. 637 S.

diesem dadurch abweichend, dass es sich in zweifacher Richtung, in westlicher und nördlicher, senkt und seine Flüsse 3 Randgebirge durchbrechen. Es erfüllt den Kessel des transsilvanischen Hochlandes, dessen Ränder am höchsten im Süden und Osten aufsteigen. Das ostsiebenbürgische Randgebirge, vom Rodna-[1]) bis zum Törzburger Pass[2]), präsentirt sich als eine über 1000^m hohe Felsenmauer, welche südlich in Buceci 2519^m (7969′) erreicht und durch 6 Einschnitte Uebergänge in die Bukowina, Moldau und Walachei gewährt. Diese Pässe sind der Tihutzapass[3]), der Tölgyes-[4]), Gyimes-[5]), Ojtos-[6]), der Bodzaer-[7]) und der Predjel- oder Tömöspass[8]). — Das südsiebenbürgische Randgebirge oder die transsilvanischen Alpen, wegen ihrer bedeutenden Kammerhebung (1600^m) so genannt, erstrecken sich vom Törzburger- bis zum Vulkanpass[9]) und werden durch den Rotenturmpass[10]) in das Fogaraser- (östlich)[11]) und das Cibingebirge (westlich) geteilt, von welchen jenes im Negoi 2543^m (8046′) culminirt. Der südwestliche Ausschnitt von Siebenbürgen, zwischen dem Vulkanpass und der Maros, gehört zum siebenbürgisch-banater Randgebirge, über welches zwei Pässe, das eiserne Tor[12]) und der Dobrapass[13]) führen. Das westsiebenbürgische Randgebirge oder das siebenbürgische Erzgebirge, von der Maros nördlich bis zur Szamos und Körös sich ausdehnend, ist unter den Randgebirgen das niedrigste, aber das an edlen Metallen (Gold, Silber) reichste. Das nordsiebenbürgische Randgebirge, den Raum Siebenbürgens nördlich von der kleinen und grossen Szamos ausfüllend, erreicht seine bedeutendste Höhe im Kuhhorn 2281^m (7218′). Im inneren siebenbürgischen Hochlande, zwischen der Maros, Aluta, dem Cibinflusse und der Hermannstadt-Karlsburger Strasse, streicht in südlicher Richtung das Hargittagebirge, von welchem die nach Westen ziehenden Gebirgsrücken mehr und mehr an Höhe abnehmen. In diesem ganzen Gebirgscomplex über-

---

[1]) Von dem grossen Szamostale zur goldenen Bistritza (in der Bukowina).
[2]) Aus dem Burzenland (dem erweiterten Alttale) zur Dimbowitza.
[3]) Von Borgo im Tisatale zum Tale der goldenen Bistritza in der Bukowina.
[4]) Aus dem Maros- in das Bistritzatal in der Moldau.
[5]) Aus dem Alttale in das Tatrostal (Nebental des Serettales).
[6]) Aus dem Alttal in das Bitosztal (Nebental des Serettales).
[7]) Aus dem Alttal in das walachische Bodzatal.
[8]) Von der Alt zur Prahowa.
[9]) Schiuldurchbruch.
[10]) Gebirgsdurchbruch der Aluta.
[11]) Samer J. W., Die Alpen des Altlandes. Hermannstadt 1865. 8. 74 S.
[12]) Aus dem Strehltal in das Temestal.
[13]) Aus dem Marostal in das obere Tal der Bega (nach Ungarn).

steigen nur wenige Gipfel die Höhe von 950ᵐ (3000ʹ). — Grössere Ebenen hat Siebenbürgen nicht. Die grössten Flusstäler sind das Marostal, das Szamos- und das Alutatal, von welchen sich dieses am bedeutendsten im südöstlichen Winkel des Landes erweitert. Sie haben an ihrem unteren Ende 190ᵐ (circa 600ʹ) und eine mittlere Höhe von 440ᵐ (1400ʹ), übersteigen also um 380ᵐ (1200ʹ) die ungarische und walachische Ebene. — Gewässer. Siebenbürgen liegt im Stromgebiete der Donau und ist nicht sehr reichlich bewässert. Der wasserreichste Fluss ist die Maros, rechts mit dem Aranyos, links mit dem aus der kleinen und grossen Kokel entstandenen Kokelflusse. Die Számos, durch die grosse und kleine Szamos gebildet, die Aluta (Alt) mit dem Burzenbache und die schnelle Körös. Das niedrige Hügelland in Siebenbürgen ist im allgemeinen wasserarm. Kleine Seen (Meeraugen) in der Höhe von 6000ʹ birgt der südliche Höhenzug. Die mittlere Jahrestemperatur in Hermannstadt ist 8·6⁰ C. und die durchschnittliche Niederschlagsmenge im Jahre 66 Centim.

Politische Geographie[1]). Siebenbürgen ist politisch in 8 ungarische Comitate, 2 ungarische Districte, 5 Szekler-Stühle[2]), 23 königliche und mit dem Municipalrecht bekleidete Städte und in den Königsboden, welcher aus 9 Stühlen und 2 Districten besteht, eingeteilt. Die Vorsteher der Comitate sind Obergespäne, die der ungarischen Districte Ober-Capitäne. Von den Szekler-Stühlen führen die Vorstände des Aranyoser, Maroser und Udvarhelyer Stuhles den Titel Ober-Königsrichter, die des Csiker und Haromer Stuhles Obergespan. Die Comitate und Districte der Ungarn, sowie die Szekler-Stühle sind in Bezirke abgeteilt, welchen Stuhlrichter vorstehen. Auf dem Königsboden oder im Sachsenlande[3]) besteht die Nations-Universität als Vertretungskörper und als Verwaltungsbehörde. Die Leitung der Administration besorgt der vom König ernannte sächsische Nations-Comes oder Graf, indem er die Stuhl- und Districtsbehörden, welchen Königs- oder Oberrichter und Bürgermeister vorstehen, beaufsichtigt.

---

[1]) Bedeus v. Scharberg. Verfassung d. G. Siebenbürgen. Wien 1844. 8. 106 S. — Verzeichniss der Ortschaften Siebenbürgens. Hermannstadt 1862. 8. 116 S. — Ortsverzeichniss der Länder der ungar. Krone. Pest 1873. 4. 500 S.

[2]) Kallay Fr., Historiai értekezés a nemes Szekely. N. Enyeden 1829. 8. 289 S. — Scheint, Land und Volk der Szekler. 1833. 8. 214 S. 1 Karte.

[3]) Grundverfassungen, die, der Sachsen in Siebenbürgen und ihre Schicksale. Hermannstadt 1839. 8. 220 S. - Schnell M., Sachsen in Siebenbürgen. Kronstadt 1844. 4. 196 S. Teutsch G., Die Geschichte der Siebenbürger Sachsen. Kronstadt 1858. 8. 807 S. — Schuller J. K., Zur Frage über die Herkunft der Sachsen. Prag 1856. 8. 37 S. Wattenbach W., Die Siebenbürger Sachsen. Heidelberg 1870. 8. 51 S.

α) **Ungarische Comitate und Districte.**

1. **Also-Fejérer (Nieder-Weissenburger) Comitat.** — Nagy-Enyed (Strassburg) ⁺⁺, G., Lehrerseminar. — Alvincz ₊. — Pokafalvi ₊. — Balázsfalva (Blasendorf) ‡, G., Lp., Sitz eines griech.-kathol. Erzbischofs. — S. Benedek ₊. — Maros-Ujvár ‡, Salzbergwerke. — Csombord ₊. — Karlsburg ⚪*⁺, G. (mit 6 Classen), röm.-kathol. Bischof, Festung. — Magyarigen ₊. — Zalathna ₊, Veres-Patak ₊ und Abrud-Bánya ⊕*⁺, königl. Bergamt, reiche Gold- und Silberbergwerke. — Topanfalu ‡. — Bolkács ⁺. — Vizakna (Salzburg) ⊕, Salzbergbauamt.
2. **Belsö-Szolnóker (Inner-Szolnoker) C.** — Deés ⁺⁺, Salzbergwerke. — Bálványos-Váralja ₊. — Alparét ₊. — Szurduk ₊. — Kaczkó ₊. — Retteg ₊. — Magyar-Lapos ‡, in der Nähe Oláh-Lapos-Bánya mit Silber- und Goldbergwerken. — Köfark ₊. — Bethlen ⁺.
3. **Felsö Fehérmegye (Ober-Weissenburger oder Ober-Albenser) C.** — Elisabethstadt ⚪⁺, UG. — Peselnek ₊. — Hidveg ₊. — Héviz ₊. — Keresd ₊. — Bürkös ₊. — Bolya ₊. — Elöpatak[1]), Sauerbrunnen.
4. **Hunyáder C.** — Déva ⁺⁺, UR., Lp. — Maros-Illye ‡. — Vajda-Hunyad[2]) ⊕⁺, alte Burg der Corvine. — Hatszeg ⊕*⁺. — Puj ⁺. — Algyógy ‡. — Guraszad ₊. — Lapusnyak ₊. — Maros-Solymos ₊. — Losad ₊. — Kitid ₊ — Demsus ₊. — Klopotva ₊. — Maeresd ₊. — Borbatviz ₊. — Zsily ₊. — Almás ₊.
5. **Koloser (Klausenburger) C.** — Klausenburg (Kolosvár) ⚪*⁺, (26.400 E.), Universität, 3 G., Lp., Lip., Handels- und Gewerbekammer. — Gyalú ₊. — B. Hunyad ‡. — Bikal ₊. — Almás ₊. — Nádas ₊. — Kolos ⁺. — Mors ‡. — Örmenyes ₊. — Nyulas ₊. — Teke (Teckendorf) ‡.
6. **Küküllöer (Kokelburger) C.** — Dicsö-Szent-Márton ‡. — Benye ₊. — Radnóth ₊. — Balavásár ₊.
7. **Tordaer C.** — Torda *⁺, G. (mit 5 Classen), Salzbergwerk. — Sz. László ₊ — Unter-Jára ‡. — Toroczkó ₊, UG. (mit 2 Classen). Mezöseg ₊. — Mezö-Kapus ₊. — Maros-Ludás ‡. — Magyaró ₊. — Vajda-Szentivány ₊. — Görgény-Szt. Imre ₊. — Maros-Jara ₊. — Szász-Regen ⊕⁺, R.G.
8. **Dobokaer C.** — Számos-Ujvár ⚪*⁺, UG., Lp., Sitz eines griech.-kath. Bischofs. — Egregy, Hid-Almás ‡. — Panczélcseh ‡. — Doboka ₊. Buza ₊. — Kerlesz ₊. — Sajó ₊. — Szek ⊕⁺.

---

[1]) Meyr Ign., Dr.. Elöpatak. Vienne 1862. 8. 72 S.
[2]) Schmidt W., Stammburg der Hunyade. Hermannstadt 1865. 8. 109 S.
2 Stahlstich.

1. **Fogaraser District.** — Fogaras ⁰*⁺. Törcsvár. — Venetz₊. — Bethlen. — Vist. — Sárkány. — Zernyest⁺.
2. **Nászoder D.** — Nászod⁺⁺. — Zagra₊. — St. Georg ₊. — Alt-Radna⁺. Borgó-Prund. — Monor.

β) Szekler-Stühle.

1. **Aranyoser Stuhl.** — Felvincz ⁺⁺.
2. **Maroser St.** — Maros-Vásárhely ⁰*⁺ (12.700 E.), königl. Gerichtstafel, 2 G. (ein vollständiges und eines mit 6 Classen). — Szovata₊. — Selye. — Jobbagyfalv₊. — Kaál ₊. — Nyárádgálfalva ₊. - Vaja. — Mezöbánd⁺. —Mezösamsond. —Nyárád-Szereda⁺.
3. **Udvárhelyer St.** — Székely-Udvárhely ⁺*⁺, 2 G., R. — Korond ₊. Etéd ⁺. - Keresztur ⁺. G. (mit 5 Classen), Lp. — Homorod ₊. — Olasztelek. — Oláhfalu ⊕.
4. **Csiker St.** — Csik-Szereda ⁺*, Lp. — Kaszon ₊. — Szt. Marton ⁺. — Szépviz ₊. — Karzfalva ₊. — Gyó-Szt. Miklos ⁺⁺. — Ditró. — Tölgyes ₊.
5. **Häromer St.** — Szt. György ⁰*⁺, UG. — Sepsier ₂₊. — Kézdi-Vásárhely ⁺*⁺. UG. — Orbai ₊. — Miklosvár ₊. — Kovászna ⁺. — Baróth ⁺. — Bereczk ⊕. — Illyefalva ⊕.

γ) Königsboden ¹).

1. **Stuhl Hermannstadt (Nagy-Szeben).** —Hermannstadt ²) ⁰*⁺ (19.000 E.), sächs. Nationsuniversität und Comitat, Rechtsakademie, 2 G., R., Lp. griech.-orient. Bischof. — Szelystie ⁺.
2. **St. Löschkirch (Ujegyház).** — Leschkirch ⁺.
3. **St. Mediasch (Medyes).** — Mediasch ⁰*⁺, G., UR. (mit 2 Class.), Lp.
4. **St. Reussmarkt (Szerdahely).** — Reussmarkt ⁺.
5. **St. Gross-Schenk (Nagy-Sink).** — Gr.-Schenk ⁺.
6. **St. Reps (Köhalom).** — Reps ⁺.
7. **St. Mühlenbach (Szászsebes).** — Mühlenbach ⁰⁺, UG.
8. **St. Schässburg (Segesvár).** Schässburg ⁰*⁺, G., UR., Lp.
9. **St. Broos (Szászváros).** — Broos ⁰⁺, G. (mit 6 Classen).
1. **District Bistricz (Besztercze, Nösnerland).** — Bistricz ⁰*, G.
2. **District Brassó (Kronstadt, Burzenland).** — Kronstadt ⁰*⁺ (27.800 E.). 3 G., 6classiges Lehrer-Seminar, 2 UR., Handels- und Gewerbekammer. — Langendorf (Hoszufalu) ⁺. — Szepsi-Sz. György ⊕.

Culturbild. Der Ackerbau beschränkt sich auf die Täler und deckt kaum die Bedürfnisse des Landes. Hervorzuheben sind der Mais-.

---
¹) Wellmann A., Reisebriefe aus dem Lande der Sachsen. Kronstadt 1843. 8. 127 S.
²) Seivert G., Stadt Hermannstadt 1859. 8. 103 S. Umgebungskarte von Hermannstadt. Lith. 1:28.800. V. k. k. mil.-geogr. Inst. Wien. 4 Blätter.

Wein-, Tabak-, Flachs- und Hanfbau. Die Resultate der **Viehzucht** sind erfreulicher. Die siebenbürgischen Pferde sind wegen ihrer Schönheit und Ausdauer sehr geschätzt, auch die Rindvieh-, Schaf- und Ziegenzucht stehen auf hoher Stufe. Siebenbürgen ist reich an edlen Metallen und das goldreichste Kronland Oesterreich-Ungarns [1]). Die mittlere Jahresmenge des in Hütten- und Waschwerken (Zalathna-Abrudbánya etc.) gewonnenen Goldes beträgt 1070 Kilogr. Auch der Gewinn von Silber, Kupfer, Blei ist nicht unbedeutend. Eisen wird in einer Menge von 110.000 Ctr. jährlich gewonnen. Die Salzbergwerke liefern jährlich nicht ganz 1 Mill. Ctr. Steinsalz. Die **Industrie** steht noch auf niedriger Stufe und beschränkt sich auf das Kleingewerbe, auch der Handel ist nicht bedeutend. Für die höhere geistige Bildung wirken die Universität in Klausenburg, 21 Ober-, 6 Unter- und 1 Real-Gymnasium, 2 vollständige und 5 Unterrealschulen, 10 Lehrer-Präparandien und Lehrer-Seminare und 1 Lehrerinen-Präparandie. Die Zahl der Volksschulen beträgt 2200, welche besonders von den rumänischen und ungarischen Kindern schwach besucht werden.

Bevölkerung. 60% sind Rumänen, 25% bilden die Magyaren und Szekler, 10% die Deutschen [2]) und 4% die Zigeuner. In confessioneller Beziehung sind die orientalischen Griechen vorherrschend.

Geschichtsbild.

I. Aelteste Geschichte (—1000).

Die ältesten Bewohner Siebenbürgens waren die Daken, welche 106 n. Chr. von Trajan unter die römische Herrschaft gebracht wurden. Ihr Land bildete nun einen Teil der römischen Provinz Dacien, deren Hauptort Sarmizegethusa war. Als aber Aurelian diese Provinz (273) preisgab, überzogen Gothen, Hunnen, Gepiden und Avaren hintereinander das Land, bis es bei dem Einfalle der Magyaren in Ungarn unter der Herrschaft der Petschenegen erscheint, welche der Befehlshaber Stephans von Ungarn bei Weissenburg schlug, worauf Karlsburg wahrscheinlich als Grenzfestung von den Ungarn angelegt wurde.

II. Siebenbürgen ein Bestandteil Ungarns (1000—1526).

Stephan verbreitete auch in Siebenbürgen das Christentum und gab dem Lande eigene Woiwoden (Statthalter). Im 12. Jahrhundert unter der Regierung Géza's II. kamen (1141—1161) deutsche Ansiedler aus Flandern und vom Niederrhein in die „Wüste jenseits des Waldes", welche ihnen als unbeschränktes Eigentum unter volkstümlicher Verwaltung und unter königlicher Unmittelbarkeit verliehen wurde. Die

---

[1]) Cotta Bernh. u. Fellenberg, Sieh Ungarn.
[2]) Schlözer A. L., Geschichte der Deutschen in Siebenbürgen. Göttingen 1795. 8. 712 S.

goldene Bulle Andreas II. (1222) bildet auch für die ungarischen Comitate Siebenbürgens die Grundlage der Verfassung. Den deutschen Einwanderern in Siebenbürgen (den sogenannten Sachsen) wurde 1224 das Andreanische Privilegium verliehen, dessen Wirksamkeit bis in die neueste Zeit dauert. Durch diesen Freibrief wurden ihnen ihre früheren Rechte bestätigt. Unter Andreas kamen (1211) neue deutsche Ansiedler in das Burzenland. — Ebenso waren im östlichen Siebenbürgen die Szekler, wahrscheinlich Nachkommen der Petschenegen, alle gleich frei und standen unter vom Könige eingesetzten Grafen. Im 3. Jahrzehnte des 13. Jahrhunderts, als die ungarische Regierung die Colonisirung Siebenbürgens in die höchsten, gebirgigsten Teile im Südosten des Landes ausdehnte, begegnen wir den bisher nirgends gefundenen Walachen südlich von Fogaras und Reussmarkt im Gebirge. Sie wurden Blaken genannt und drangen allmälig mehr und mehr von den Landstrichen südlich der Donau herauf.

Die Freiheit der Deutschen und Szekler kräftigte sich unter der Regierung Ludwigs des Grossen. Die fast anarchischen Zustände unter Sigmund in Ungarn und die Türkenkriege nötigten die Siebenbürger zur Selbsthilfe, wesshalb die Ungarn, Sachsen und Szekler die Union, als ein Schutz- und Trutzbündniss gegen innere und äussere Feinde schlossen (1437). Das 15. Jahrhundert ist erfüllt von Türkeneinfällen in Siebenbürgen, gegen welche sich die Sachsen in ihren festen Burgen und Städten schützten. Als Ludwig II. (1526) bei Mohács gefallen war, masste sich der Woiwode von Siebenbürgen Johann Zápolya die Regierung von Ungarn an, wurde aber von seinem Gegenkönig Ferdinand von Oesterreich geschlagen und erhielt 1538 im Vertrage zu Grosswardein Siebenbürgen und einen Teil von Ungarn mit der Bedingung, dass nach seinem Tode beides an Oesterreich fallen sollte.

III. unter eigenen Fürsten (1526—1691).

Der Grosswardeiner Vertrag wurde nicht gehalten, indem nach Johann Zapolya's Tode (1540) dessen Sohn Johann Sigmund (1540 bis 1571) zum Könige ausgerufen und von den drei ständischen Nationen von Siebenbürgen als Herrscher anerkannt wurde. Unter der Regierung dieser beiden Fürsten verbreitete sich rasch die Reformation, so dass es im Jahre 1571 vier recipirte Religionen im Lande (katholische, Augsburger, helvetische und die unitarische) gab. Nach Johann Sigmunds Tode wurde

Stephan Báthory von Somlyo (1571—1575) von den siebenbürgischen Ständen zum Fürsten erhoben, welcher bei seiner Erwählung zum Könige von Polen seine Würde an seinen Bruder

Christof Báthory (1575—1581) übertrug. Unter dessen Sohne und Nachfolger

Sigmund beginnen die vergeblichen Bemühungen des Hauses Habsburg unter Rudolf II., durch Verträge zum Besitze Siebenbürgens zu gelangen, welchen nach dem Tode

Andreas Báthory's blutige Kämpfe folgten, in welchen sowohl das Haus Habsburg als die Pforte um den Einfluss auf die Besetzung der siebenbürgischen Woiwodenstelle zunächst und um die spätere Herrschaft über Siebenbürgen sich stritten. In diesen Kämpfen hat besonders der kaiserliche Feldherr Basta durch grosse Grausamkeit den Hass Siebenbürgens gegen sich und die Sache seines Herrn erregt. Nachdem Moses Szekely, Stephan Bocskai und Sigmund Rakoczy zwischen (1603 und 1608) schnell einander in der Woiwodenwürde gefolgt waren, wählte das Land

Gabriel Báthory (1608—1613), welcher durch seine Grausamkeit sowohl die Adeligen, durch Rechtsverletzungen und Gewalttaten die Städte, und durch Entziehung des Zehents die Geistlichen beleidigte, daher 1613 abgesetzt und in Grosswardein ermordet wurde. Erfreulicher und wohltätiger für Siebenbürgen zeigte sich die Regierung des von der Pforte ernannten und von den Ständen anerkannten Grafen

Gabriel Bethlen (1613--1629), indem er das Land beruhigte, die Wissenschaft durch Gründung von Lehranstalten und Berufung deutscher Lehrer förderte und verbreitete.

Unter diesen und den folgenden Fürsten zeigte sich die Abhängigkeit Siebenbürgens von der Türkei, da

Stephan Bethlen, Georg Rakoczy I. und Georg Rakoczy II., Achatius Barcsai von der Pforte eingesetzt wurden. Als 1661

Johann Kemeny von den Ständen ohne Zustimmung der Türkei zur Regierung berufen worden war, behaupteten die Türken doch, trotz der Einwendung des Kaisers nach Kemeny's Tode ihren Prätendenten

Michael Apafi bis 1690 in Siebenbürgen. Nach den glücklichen Erfolgen der österreichischen Waffen unter Karl von Lothringen und Eugen von Savoyen gegen die Türken, sah sich Siebenbürgen genötigt, unter den Schutz Leopolds I. sich zu begeben, welcher nach Apafi's Tode (1690) und nach Ueberwindung der Gegenbemühungen Emmerich Tököly's am 4. December 1691 das sogenannte leopoldinische Diplom erliess, welches den Grundvertrag Siebenbürgens mit dem österreichisch-ungarischen Kaiserstaate bildet. In diesem wurde die Aufrechterhaltung der Rechte der 3 ständischen Nationen, der Ungarn, Szekler und Sachsen garantirt. Die Landesverwaltung leitete seit 1692 ein Gubernium, welches der siebenbürgischen Hofkanzlei in Wien unterstand. Nach Apafi's II.

Tode wurde im Karlowitzer Frieden (1699) auch von der Türkei der Anfall Siebenbürgens an Habsburg anerkannt.

Das ungarische Litorale.
(0·36 ☐Ml. = 19·57 Kilom.. 17.884 E.)

Topografie von Fiume und Umgebung. Wien 1869. 8. 173 S. 3 Karten.
Specialkarte und Generalkarte, Sieh Steiermark und Kärnten.

Dieses umfasst die Stadt Fiume mit einem kleinen Landgebiete am adriatischen Meere. Es ist in der Magnatentafel des ungarischen Reichstages durch seinen Gouverneur und in der Repräsentantentafel durch 1 Abgeordneten vertreten.

Fiume * (15.000 E.), Sitz des kgl. Guberniums und der ungarischen Seebehörde, Handels- und Gewerbekammer, 2 G., RG., R., Lp., Freihafen. Schiffswerfte.

Kroatien und Slavonien.
(789 ☐Ml. 43.441·67 ☐Kilom. 1,846.150 E.)

Hietzinger C. B.. Statistik der Militärgrenze: Wien 1817. 8. 3 Bde.
Csaplovics Joh.. Slavonien und zum Teile Kroatien. Pest 1819. 8. 2 Bde.
Pokorny W., Die k. k. Militärgrenze. Wien 1847. (Kartenwerk.) 6 Fol. Blätter mit statist. Text.

Karten.

Thot, Sieh Ungarn.
Graef. Sieh Ungarn.
Specialkarte, Sieh Ungarn.

Physische Geographie. Von Steiermark ziehen, das Rückgrat des Landes bildend, die **kroatisch-slavonischen Alpen** (die östliche Drau -Save-Gruppe) bis zur östlichen Landesgrenze. Durch zwei bedeutende Einsenkungen, über welche sich die Strassen Warasdin-Agram und Essek-Diakovar ziehen, lässt sich der ganze Höhenzug einteilen in das Matzel-Gebirge. Warasdiner Gebirge (mit dem Papuk G.) und die Syrmischen Hügeln (mit der Fruska Gora). Den durch die Save, Kulpa und Luisenstrasse (von Karlstadt nach Fiume) gebildeten Winkel erfüllen die Ausläufer des **Karst**. Das Gebiet südlich von diesem und der Save gehört bereits zum **illyrischen Gebirgssysteme** (kroatisch-dalmatisches Gebirge) und wird von der grossen und kleinen Kapella durchzogen und an der dalmatischen Grenze vom Velebit begrenzt. Längs des kroatisch-slavonischen Höhenzuges ziehen sich südlich und nördlich die beiden Flussebenen der Drau und Sau von der grossen ungarischen Tiefebene aufwärts. Sie haben eine durchschnittliche Höhe von 140ᵐ und sind stellenweise sumpfig. Als schöne und fruchtbare Täler sind die der Kulpa, der Krapina und der Orljawa hervorzuheben. Nur ein kleiner, der südwestlichste Teil des Landes dacht sich zum adriatischen Meere ab. Die Gewässer desselben verlieren sich meist, der Natur des Karstlandes gemäss in Trichter und Höhlen. Der übrige, grössere Landstrich gehört zum Gebiet des schwarzen Meeres. Der Donau fliessen zu: die Drau mit der Vuka und die Sau mit der Kulpa, Krapina und Orljava. In klimatischer Beziehung unterscheidet sich die Alpenlandschaft vom Karstlande. Die mittlere Jahrestemperatur in Agram stellt sich auf 11·3º C., bei Bihač auf 8·5º.

Politische Geographie [1]). Kroatien und Slavonien teilt sich gegenwärtig in das im ungarischen Reichstage vertretene und unter Civilverwaltung stehende Gebiet Civilkroatien und in die im Stadium der Einverleibung befindliche Militärgrenze. Das erstere gliedert sich politisch in Comitate und kgl. Freistädte, welche der Landesregierung unterstehen. Der kroatisch-slavonische Landtag besteht aus den Erzbischöfen von Agram und Karlowitz, den Diöcesanbischöfen der kath. und griech.-orient. Kirche, dem Agramer Grossprobst, den Obergespänen, dem Comes von Turopolje, den grossjährigen Magnaten und 77 auf 3 Jahre gewählten Abgeordneten. Letztere werden teilweise direct und indirect gewählt. Der Landtag wird jährlich nach Agram einberufen und wählt selbst seine Präsidenten. Die Militärgrenze gliedert sich derzeit in Districte mit Bezirken und in kgl. Freistädte.

α) Civilkroatien.

1. Agramer Comitat. — Agram [2]) ○*+ (20.000 E.), Sitz des Ban, welcher an der Spitze der k. kroat.-slavon.-dalmatischen Landesregierung steht, Septemviraltafel, Landes-General-Commando, südslavische Akademie, Rechtsakademie, G., R., Sitz eines Erzbischofs. — Karlstadt [3])○, G., griech.-orient. Bischof, Festung, Handelsplatz. — Stubica+, Badeort. — Sissek+ (das röm. Siscia), Getreidehandel. — Banija+. — Dugoselo+. — Velica Gorica+. — St. Ivan +. — Jaska+, — Modruspotok+. — Pokupsko+. — Samobor+. Severin+.

---

[1]) Ortsverzeichniss d. Länder d. ungar. Krone. Pest 1873. 4. 500 S. — Utiešenovic Og. M., Hauscommunionen der Südslaven. Wien 1859. 8. 278 S.

[2]) Umgebungskarte von Agram. Lith. 1:14.400. V. k. k. mil.-geogr. Inst. Wien. 8 Blätter.

[3]) Fras F. J., Topographie der Karlstädter Militärgrenze. Agram 1835. 8. 426 S. — Umgebungskarte von Karlstadt. Photo-lith. 1:144.000. V. k. k. mil.-geogr. Inst. Wien. 9 Blätter.

2. **Warasdiner C.** — Warasdin [1]⁰*⁺ (10.700 E.), G., UR., Weinbau. — Krapina⁺ und Toplice [2]), warme Schwefelbäder. — Ivanec⁺. — Sz. Kereszti (Kreutz)⁺. — Klanjec⁺. — Pregada⁺. — Vinica⁺. — Zlatar⁺.

3. **Köröser (Kreutzer) C.** — Körös (Kreutz) ⁰*⁺, Sitz eines gr.-kath. Bischofs. — Kopreinitz ⁰⁺. — Ludbreg⁺. — Moslavina⁺. — Novimaroff⁺. — Vrbovec⁺.

4. **Fiumaner C.** (Sitz des Obergespans in Fiume). — Grobnik⁺. — Čabar⁺. — Delnice⁺. — Vrbovsko⁺. — Vinodol⁺. — Buccari⁰, Freihafen, nautische Schule.

5. **Viroviticer C.** — Essek ⁰*⁺ (17.300 E.), G. UR., Festung, Handelsplatz. — Djakovo (Djakovar) ⁺, Bischofssitz. — Unter-Miholjac⁺. — Našic⁺. — Slatina⁺. — Valpovo⁺. — Virovitić⁺. — Vučin⁺.

6. **Požegaer C.** — Požega ⁰*⁺, G. — Pakrac⁺ gr.-orient. Bischof. — Bektež⁺. — Černik⁺. — Daruvar⁺. — Kutinja⁺. — Lipik [3]). Judbad..

7. **Syrmier C.** — Vukovar*⁻. — Erdevik⁺. — Irig⁺. — Ruma⁺. — Šid⁺. — Illok⁺.

8. **Belovarer C.** — Belovar⁰*⁺, UR. — Peteranec⁺. — Virje⁺. — St. Georgen⁺. — Grubinopole⁺. — Garešnica⁺. — Kloster Ivanic⁺. — St. Ivan⁺. — Pitomača⁺. — Novigrad⁺. — Kovačica⁺. — Časma⁺.

β) Militärgrenze [4]).

1. **Licca-Otocaner District.** — Gospic ‡⁺, UR. — Podlapac ⊥. — Gračac ⊥. — Udbina ‡. — Perušić ‡. — Korenica ‡. — Otočac ⊥. — Unterlapac⁺.

2. **Ogulin-Sluiner D.** — Ogulin ‡⁺. — Zengg⁰ [5]), G., Bischofssitz, Freihafen. — Karlopago ♀. — Plaški ⊥. — Rakovica ‡, R. — Bründl ⊥. — Sluny ‡ (Sluin). — Vojnic ⊥. — Barilovic ⊥. — Kostanjevac ⌐ (Sichelburger Bezirk). — Drežnik⁺. — Jezerane⁺. — Krnjak⁺.

3. **Banal D.** — Petrinia ♀*, UR., LB. — Dvor ⊥. — Dubica ⊥. — Glina ⊥. — Vrginmost ⊥. — Kostajnica ⁰⁺. — Čemernica⁺. — Rujevac⁻. — Topusco und Lasinja [6]), Curorte.

---

[1] Ebner Lad. Beschreibung der Stadt Warasdin. (1827). 8. 208 S.
[2] Bancalari D., Dr.. Krapina-Töplitz. Wien 1868. 8. 80 S.
[3] Kern Heinr., Dr.. Lipik und seine warme Quelle. Wien 1873. 8. 31 S.
[4] ... ⊥ Sitz eines Hauptmanns als Bezirksvorstehers.
[5] Sladovic Man., Pověsti biskupijah Senjske i Modruške. Trst 1856. 8. 452 S.
[6] Hinterberger Rud., Dr.. Die Thermal- und Schlammbäder in Topusco und der Natronsäuerling in Lasinja. Mit Ansicht und Plan. Wien 1864. 8. 228 S.

4. **Gradiskaner D.** — Neu-Gradiška ‡⁺, Festung. — Novska₊. — Oriovac₊. — Neukapela⁺. — Okučani⁺.
5. **Broder D.** — Vinkovce ‡⁺, G. — Garčin₊. — Županje₊. — Bošnjaki⁺. — Brod.⁰⁺₊, Festung.
6. **Peterwardeiner D.** — Mitrovic‡ (das römische Syrmium), UR. — Semlin⁰*⁺₊, UR., Handelsplatz. — Peterwardein¹)⁰, Festung. — Karlovic⁰*₊, Sitz eines griech.-orient. Erzbischofs, Weinbau. — Morovic₊. — Altpazua‡.

Culturbild ²). In Folge der verschiedenen Bodengestaltung erscheinen die Ergebnisse der Landwirtschaft im östlichen Teile des Landes günstiger als im westlichen. Uebrigens stehen weder Ackerbau noch Viehzucht auf einer hohen Stufe. Von Producten des Bergbaues sind Eisen bei Rude (Agramer C.) und Schwefel bei Radoboj erwähnenswert. Auf dem Gebiete der Industrie hat eine namhafte Ausdehnung die Spiritusfabrication. Das Land führt Eichenholz und Spirituosen aus. Auch in geistiger Beziehung steht die Bevölkerung noch auf einer verhältnissmässig niedrigen Stufe. Für die Elementarbildung bestehen 820 Volksschulen, welche im Durchschnitte von der Hälfte der schulpflichtigen Kinder besucht werden. Für die höhere Bildung sorgen 8 Gymnasien, 2 Ober- und 7 Unterrealschulen, die Rechtsakademie in Agram und eine Lehrerbildungsanstalt.

Bevölkerung ³). Die Majorität der Bevölkerung bilden die Kroaten mit 74%, welche sich dialektisch in die Sloveno- und Serbo-Kroaten scheiden. 23% bilden die Serben. Die übrigen 3% begreifen die Deutschen, Magyaren, Albanesen u. s. w. in sich. In confessioneller Beziehung sind die Anhänger der griechisch-nichtunirten Kirche überwiegend.

Geschichtsbild. Vom heutigen Kroatien-Slavonien war der grösste Teil des Landes seit der Eroberung Augustus' ein Bestandteil der Provinz Pannonien, nur der westlichste, vom adriatischen Meere bespülte, gehörte zu Illyrien. Der östlichste Teil Slavoniens hiess Syrmia; hier war Kaiser Probus geboren. Das ganze Gebiet stand durch drei Strassen mit Italien in Verbindung. Die Eine lief von Poetovium nach Mursa (Essek) und mündete in die grosse Donaustrasse, die andere zog sich von Aemona über Siscia (Sissek) zur Save nach Syrmium (Mitrovitz). Eine dritte Strasse verband die liburnische Landschaft mit Tarsaticum

---

¹) Schams F., Topogr. Beschreibung von Peterwardein. Pest 1820. 8. 171 S. — Umgebungskarte von Peterwardein. Vom k. k. mil.-geogr. Inst. 1:28.800. Photo-lith. Wien. 6 Blätter.

²) Krainz Leop. Mart., Militärgrenze. Culturhistorische Skizze. Wien 1866. 8. 256 S.

³) Jowitsch Sp., Ethnogr. Gemälde der slavon. Militärgrenze. Wien 1835. 8. 166 S.

(Fiume) und Aquileja. Nachdem zur Zeit des Unterganges und unmittelbar nach dem Sturze des weströmischen Reiches Pannonien von den vom Osten heranstürmenden Völkern öfter überflutet worden war, beginnt in dem östlichen und westlichen Teile der Drau — Save-Landschaft eine selbstständige geschichtliche Entwicklung.

Im früheren Syrmien liessen sich im 7. Jahrhunderte Slaven nieder, von welchen das Land den Namen Slavonien erhielt. Nach dem Sturze des Avarenreiches durch Karl d. Gr. verödete dieser Landstrich so sehr, dass der Kaiser einem slavischen, in Dalmatien hausenden Volksstamme erlaubte, sich dort anzusiedeln. Im 10. Jahrhundert wurde Slavonien von den Magyaren erobert, dann aber wieder von den oströmischen Kaisern besetzt. Nachdem es lange der Kampfplatz zwischen Byzanz und Ungarn gewesen, wurde es 1127 von diesem erobert.

Im westlichen Landstriche liessen sich um 640 die Chrowaten an der Drau und Save bleibend nieder und verliehen dem Lande ihren Namen. Im 8. und 9. Jahrhundert stehen sie abwechselnd unter fränkischer und byzantinischer Hoheit. 994 nimmt ihr Beherrscher den Titel eines Königs von Kroatien an (welcher später in den eines Königs von Dalmatien vertauscht wurde). Zwonimir Demetrius liess sich diesen Titel vom Papste Gregor VII. bestätigen, nachdem er sein Land von byzantinischer Hoheit in die Hände des Papstes übertragen hatte. Als mit Zwonimir's Tode (1089) die Dynastie ausgestorben war und anarchische Zustände Kroatien in die grösste Verwirrung gebracht hatten, begann König Ladislaus von Ungarn 1091 die Eroberung des Landes, welche von seinem Nachfolger Koloman 1102 vollendet wurde.

Das Verhältniss, in welchem diese drei Reiche von nun an zu Ungarn standen, ist das einer Personalunion, und der Vertrag, den Koloman mit diesen Reichen schloss, ist die Grundlage des staatsrechtlichen Verhältnisses der drei Reiche bis auf die neueste Zeit. Die Kroato-Slavonier sind demnach nicht ungarische Untertanen, sondern sie haben sich Ungarn „freiwillig angeschlossen", haben die freie Wahl ihrer kirchlichen und weltlichen Würdenträger und behalten ihre alten Gesetze. Der König hat persönlich in ihrem Landtage zu erscheinen. Dies ist im Auszug der Inhalt jenes Vertrages.

II.

GESCHICHTLICHER TEIL.

Aelteste Zeit.

Wenn uns auch über die Bodenbeschaffenheit, die Flora und Fauna der heutigen österreichischen Länder vor der historischen Zeit keine geschriebenen Zeugnisse Aufschluss geben, so beginnt doch auch nach dieser Richtung hin bereits sich unser Blick zu erweitern, seit die Naturwissenschaften im Allgemeinen und die Geologie im Besonderen in jüngster Zeit so riesige Fortschritte gemacht haben. Fossile Knochen- und Pflanzenreste, ausgegraben in allen Teilen der Monarchie aus tiefen Erdschichten, sind untrügliche Beweise, dass einst unsere Länder von einer anderen Tier- und Pflanzenwelt belebt wurden. Arten des Mastodon, Vorläufers des Elefanten, aber an Grösse diesen übertreffend, und des Elephas primigenius oder Mammuth, dessen Knochen zahlreich in Steiermark, Nieder-Oesterreich, in der kleinen und grossen ungarischen Tiefebene aufgefunden werden, lebten heerdenweise in sumpfigen Landstrichen in Gesellschaft des Hyotheriums, eines schweinähnlichen Tieres, dessen Knochenreste besonders häufig südlich vom Semmering, in Steiermark, ausgegraben werden. Zuweilen trabte ein schwerfälliges Rhinoceros durch die von Schildkröten bewohnten Sümpfe; Hyaemoschus und Palaeomeryx, unserem Hirsche ähnlich, und das Anchitherium, eine Mittelart zwischen Tapir und Pferd, suchten mehr die grasreichen Waldgründe und Ufer der Flüsse auf, und mögen meist die Beute des grossen Amphicyon geworden sein, eines Raubtieres, welches teilweise unserem Wolfe ähnlich, diesen aber an Grösse um die Hälfte übertraf. In Höhlen gewahren wir häufig noch die Reste des Höhlenbären (Ursus spelaeus). An mehreren Orten Steiermarks wurden auch Knochen des Dinotherium giganteum ausgegraben, eines 15—20′ langen, pflanzenfressenden Seeungeheuers, welches mit einem kurzen Halse, kräftigem spindelförmigen Rumpfe, nebst breiten, selbst zum Kriechen, wie beim Walrosse, tauglichen Flossenfüssen und zwei anderen grossen Hakenzähnen ausgestattet war, um dicke fleischige Wurzeln aus dem Boden zu reissen. Aber weder in unseren an Knochen diluvialer Säugetiere reichen Höhlen im Karst, in Mähren und Ungarn, noch aus den Lössablagerungen, den gewöhnlichen Fundorten der Mammuths- und Rhinoceroskochen, noch aus den diluvialen Sand- und Schotterablagerungen sind bisher Menschenknochen oder Erzeugnisse menschlicher Tätigkeit ausgegraben worden. Da aber in Frankreich, Deutschland, in Belgien und der Schweiz

Ueberreste menschlicher Tätigkeit und Menschenknochen neben Knochenresten diluvialer Tiere gefunden wurden, so scheint es nicht unwahrscheinlich, dass auch bei uns durch zahlreichere und sorgfältigere Nachforschungen die Existenz des Menschen in der ersten Zeit der Quartärperiode nachgewiesen werden wird.

Der berühmte Archäologe Lubbock teilt die prähistorische Zeit in Bezug auf das Auftreten des Menschen ein:

1. in die palaeolithische oder das ältere Steinzeitalter, in welcher der Mensch mit dem Mammuth, Höhlenbären, wollhaarigen Rhinoceros und anderen ausgestorbenen Tierarten die Erde bewohnte und sich noch sehr roh bearbeiteter Steinwerkzeuge bediente [1]);

2. in die neolithische oder das jüngere Steinzeitalter, in welchem die Steinwerkzeuge des Menschen bereits polirt und aus Feuersteinen oder anderen harten Steinarten feiner gearbeitet sind. Mit Ausnahme des Goldes, welches hie und da zu Zieraten verwendet erscheint, ist noch keine Spur von Metallwerkzeugen zu finden;

3. in das Broncezeitalter, in welchem man Bronce (eine Mischung von 90% Kupfer und 10% Zinn) zu Werkzeugen und Waffen benützte, und endlich

4. die Eisenzeit.

Auch in Oesterreich forscht man in der jüngsten Zeit mit grossem Eifer und Sorgfalt nach tierischen und menschlichen Ueberresten prähistorischer Zeit, und ist bereits durch die vielen Funde, die man in Grabhügeln und Pfahlbauten gemacht hat, von der Existenz des Menschen in unserem heutigen Kaiserstaate im neolithischen Zeitalter vollständig überzeugt. Diese Funde gestatten folgende Bilder des gesellschaftlichen Lebens der damaligen Menschen uns zusammenzustellen.

In der Steinzeit waren die Wohnungen des Menschen entweder Erdhöhlen [2]) oder Holzhütten, und diese entweder auf dem Lande oder in den Seen errichtet. Da letztere auf Pfählen ruhten, so werden sie Pfahlbauten genannt. Fast in allen österreichischen Alpenseen hat man Reste von Pfahlbauten entdeckt. Die Pfahlstellen befinden sich meist an sonni-

---

[1]) Es ist die älteste Steinzeit jedenfalls mit dem ersten Auftreten des Menschen im Zusammenhange. Der älteste Mensch zerschlug die Röhrenknochen und die Schädel der Tiere, um das Mark und Gehirn zu bekommen. (Büchner, Stellung d. Menschen in der Natur.)

[2]) „Aus den sich täglich mehrenden Entdeckungen geht hervor, dass die meisten der Grotten dem Menschen teils als Wohnungen und Zufluchtsstätten, teils als Grabgewölbe gedient haben, was durch die in denselben aufgefundenen menschlichen Knochen und durch die verschiedensten Kunstwerkzeuge der Stein- und Broncezeit seine Bestätigung findet." (Mittheilungen der anthropolog. Gesellschaft in Wien 1871. S. 266.)

gen Stellen, wo das Seeufer sich sanft abdacht, 100—300' vom Ufer entfernt. Die Pfähle, oft 30 bis 40.000 neben einander, wurden bisher in einer Tiefe von 3 bis 15' gefunden. Auf den Pfählen ruhten die Hütten, welche, aus Holzwerk bestehend, innen mit Lehm überzogen und deren Fugen wahrscheinlich mit Moos ausgestopft waren. Die Eindachung bestand aus Binsen- oder Strohflechtwerk, und in der Mitte der Hütte stand ein steinerner Herd. Diese Hütten, deren viele, nach der grossen Anzahl der Pfähle zu schliessen, neben einander standen, und so nicht unansehnliche Seedörfer bildeten, gingen meist durch Feuer zu Grunde. In dem Seegrunde hat man an solchen Pfahlbaustellen folgende Gegenstände aufgefunden: Feuersteingeräte, Speerspitzen, Keulen, Hämmer, Horngeräte, Töpfe aus grobem Ton und aus freier Hand gearbeitet, Knochen von Menschen, Kuh, Schaf, Schwein, Hirsch, Fuchs, Pferd etc. Die Pfahlbauern scheinen hauptsächlich von Jagd und Fischerei gelebt, und sich nebst dem Fleisch der genannten Tiere noch von Gerste und Weizen genährt zu haben. Ihre Kleider waren Tierfelle, doch hatten sie schon grob gewebte Flachszeuge. Die Bäume zu den Pfählen scheinen sie mittelst Feuer gefällt zu haben.

Auch im Broncezeitalter bestanden die Pfahldörfer. Die Stellen dieser sind aber leicht von jenen der Steinzeit zu erkennen, da sich unter den Funden neben Steinwerkzeugen auch Broncewerkzeuge finden. Von Broncegegenständen hat man bisher an Pfahlbaustellen oder Grabhügeln (tumulis) eine grosse Anzahl gefunden, so: Aexte oder Streitkeile, Schwerter, Dolche, Lanzenspitzen, Pfeilspitzen mit Widerhaken, sehr zierlich gearbeitete Streitäxte, selten Helme; verschiedene Rüstungsteile: Schilder, Messer, dann Sicheln, Nadeln, Fischangeln, Schmuckgegenstände: Arm-, Hals-, Fuss- und Fingerringe, Fibeln (Brochen), welche oft sehr schön gearbeitet sind. Ausser Bronce kommen Goldgegenstände, Glasperlen und Bernsteinsachen vor. Die Kleidungsstoffe dieser Periode sind aus Flachs und Schafwolle. Die Erzeugnisse der Broncezeit tragen einen südlichen Charakter und zeugen von grosser technischer Fertigkeit, woraus Manche den Schluss ziehen, dass die Broncecultur im Zusammenhange stehe mit der Einwanderung der Kelten, und dass diese in Handelsverbindung standen mit den Etruskern[1] und vielleicht auch den Phöniciern.

Die Eisenzeit fällt schon in die historische Zeit und haben wir bereits aus schriftlichen Zeugnissen Kenntniss von den Völkern, welche unseren Kaiserstaat unmittelbar vor dem Beginne des christlichen Zeitalters bewohnten.

---

[1] Genthe Herm. Ueber den etruskischen Tauschhandel nach dem Norden. Frankfurt a M. 1874. s. 176 s.

I. Vom keltischen Stamme sassen:
die Bojer im heutigen Böhmen,
die Räter im westlichen Tirol,
die Noriker oder Taurisker in Oberösterreich, Niederösterreich, Salzburg, Osttirol, Steiermark, Kärnten,
die Karner in Krain, Görz und Gradisca (Hauptorte: Aquileja, Tergeste),
die Japiden oder Japoden in Kroatien.

II. Vom illyrischen Volksstamme wohnten:
die Istrier auf der istrischen Halbinsel,
die Liburner in Norddalmatien,
die Dalmater in Süddalmatien, und
die Pannonier in dem durch die Donau und Save gebildeten Winkel [das südwestliche Ungarn und den östlichen Teil von Niederösterreich und Steiermark umfassend, mit dem Hauptorte Vindomina (Wien)].

III. Vom thrakischen Stamme bewohnten
die Daken den durch die Theiss gebildeten Ausschnitt des südöstlichen Ungarns und Siebenbürgen, und vom

IV. skytischen Stamme sassen
Jazygen zwischen der unteren Theiss und Donau.

V. Vom germanischen Stamme liessen sich, nach dem Abzuge der Bojer zu Cäsars Zeit nach Gallien, die Markomannen und Quaden auf dem hercynisch-sudetischen Hochlande nieder.

Zeit der Römerherrschaft.

Von den eben genannten Völkern kamen alle, welche südlich von der Donau sassen sowie die Daken unter die römische Herrschaft. Bereits Octavianus unterwarf die illyrischen Stämme (33), seine Söhne Tiberius und Drusus (15 und 14 v. Chr.) die Räter und Noriker und Kaiser Trajan (106) die Daken. Das eroberte Land wurde politisch eingeteilt in die Provinzen Rätien, Noricum, Pannonien und Dacien. Die Landstriche südlich von der Save und Kulpa gehörten zur Provinz Dalmatien, und Istrien zu Italia. Statthalter mit verschiedenem Range führten die Verwaltung und stehende Truppenkörper (60 bis 70.000 M.), sowie der Limes danubianus (eine Reihe von festen Orten am rechten Donauufer) beschützten das Land gegen die feindlichen Nachbarn im Norden. Zur Befestigung der Herrschaft im Innern wurden Militär-Colonien mit fester militärischer Organisation angelegt. So erstanden Emona (Laibach), Siscia (Sissek), Poetovio (Pettau), Mursa (Essek), Carnuntum (bei Hainburg), Ovilabae (Wels), Lauriacum (Lorch), und in Dacien Sarmizegethusa. Neben diesen blühten die alten keltischen Orte unter dem Einflusse der römischen Cultur als Municipien mit ihren früheren Stadtordnungen immer mehr empor. Virunum (nördlich von Klagenfurt), Juvavum (Salzburg), Vindobona u. s. f. Diese Provinzen mit ihren Hauptorten waren auf das innigste durch ein systematisch angelegtes Strassennetz mit Italien verbunden. Diese Strassen waren ausserordentlich solid gebaut, bestanden aus mehreren Steinschichten und waren fester als unsere Eisenbahnen. Ihre Länge war ersichtlich gemacht durch Meilensteine, und in bestimmten Entfernungen waren Mansionen und Mutationen, d. i. Stationen für die Nachtlager und Pferdewechsel der römischen Truppen. Diese Strassen sind insoferne von grosser politischer und zugleich culturhistorischer Bedeutung, als sie einerseits die Bande sind, durch welche die neuen Provinzen fest mit Italien verbunden waren, anderseits aber als die Pulsadern angesehen werden müssen, durch welche von Rom, dem Herzen des grossen römischen Reiches die höhere Cultur in die bisher barbarischen Länder einzog. — Der Ausgangspunkt der Strassen des östlichen Alpenhochlandes ist Aquileja. Fünf Strassen zogen von hier in östlicher, nördlicher und westlicher Richtung aus:

1. eine östliche führte zunächst nach Istrien und Dalmatien;
2. eine nordöstliche zog sich über Emona, Celeja, Poetovio, Sabaria, Scarabantia nach Carnuntum. Zweige dieser waren: 1. Von Emona über Siscia nach Sirmium. 2. Von Celeja nach Siscia. 3. Von Poetovio nach Mursa. Von Sabaria liefen drei Strassen aus u. z.: 4. nach Lugio. 5. Aquincum und 6. nach Arabo; 7. Von Scarabantia über Aquae (Baden) nach Vindobona;
3. eine nördliche zog nach Virunum, Noreja und über den Rottenmanner Tauern nach Ovilabae;
4. eine nordwestliche lief quer durch das Gailtal ins obere Drautal und Pustertal, um sich mit der folgenden zu verbinden;
5. eine westliche lief nach Verona und nordwärts über den Brenner nach Augusta Vindelicorum (Augsburg) und nach Regensburg.

Am rechten Donauufer lief die Donaustrasse von Regensburg bis zur Donaumündung. In Dacien zogen sich von der Donau zwei Strassen nach Sarmizegethusa und von hier lief eine nordwärts bis an die Grenze. Auf diesen Wegen zog nun rasch die römische Cultur in die neuen Provinzen. Der Ackerbau wurde besonders in der pannonischen Ebene gehoben und der Weinbau eingeführt. Als Monopol wurde von den Römern der Bergbau auf Gold, Eisen und Salz betrieben. Der Wohlstand hob sich zusehends. Bald vermischte sich die römische und keltische Bevölkerung und immer mehr verdrängte die römische Sprache die keltische. Die Religionsansichten der Römer und der von ihnen früher unterworfenen Völker verbanden sich mit dem keltischen Glauben, so dass sich bald die mannigfaltigsten Göttervorstellungen durchkreuzten, vor dem Christentum aber verschwanden sie nach und nach alle. Dieses war von Italien und der griechischen Halbinsel eingedrungen. Im zweiten Jahrhundert sind schon Legionen an der Donau stationirt, in welchen Christen sich befanden. In den Marmorbrüchen zu Sirmium waren die tüchtigsten Arbeiter Christen und starben den Martyrertod unter Diocletian. Auch der Bischof Quirinus von Pettau und der Hauptmann Florianus opferten das Leben ihrer religiösen Ueberzeugung. Nachdem im 4. Jahrhundert von Constantin das Christentum zur Staatsreligion erhoben worden war, erfreuten sich Noricum und Pannonien einer geordneten kirchlichen Diöcesaneinteilung. Die Metropole von Pannonien war Sirmium. Andere Bischofssitze waren Mursa, Siscia und Stridon; der Sitz des Bischofs im binnenländischen Noricum war Tiburnia, später Poetovio; im Ufer-Noricum Lauriacum. Nach dem Concil von Nicaea fand in Pannonien der Arianismus Eingang.

Völkerwanderung.

Während der Romanisirungsprocess der Kelten im Alpenhochlande und der Daken im Süden des Karpatenhochlandes sich vollzog und je mehr der Wohlstand in diesen neuen Provinzen wuchs, desto mehr näherte sich von Norden der grosse Völkersturm, welcher nicht bloss die römische Cultur in den Donauprovinzen hinwegfegte, sondern auch die Katastrophe des ganzen weströmischen Reiches herbeiführte.

Schon die Markomannen waren von ihrem Auftreten in Bojohemum (12 v. Chr.) bis zu ihrem Verschwinden in der Mitte des 5. Jhdts. den Römern gefürchtete Nachbarn. Ihr mächtiger König Marobod hatte die Nachbarstämme seiner Herrschaft unterworfen und ein Reich gegründet, das sich von der Donau bis zur Ostsee erstreckte. Um die römischen Waffen von sich abzulenken, erregte er den Römern den Aufstand der illyrischen und keltischen Völker in den Provinzen Dalmatien und Pannonien, welcher erst nach dreijährigem Kampfe (7—9 n. Chr.) unterdrückt werden konnte. Alle Versuche der Römer ihre Herrschaft nordwärts von der Donau auszudehnen, hatten nur einen vorübergehenden Erfolg und die Markomannen überschritten von Zeit zu Zeit die Donau und plünderten die römischen Provinzen. Besonders furchtbar wurde die Gefahr, als die Markomannen unter der Regierung des römischen Kaisers Marcus Aurelius einen Bund mit den benachbarten Deutschen und sogar mit den Jazygen und den sarmatischen Völkern schlossen und auf ihren Raubzügen durch Noricum und Pannonien sogar bis Aquileja vordrangen. Es waren diese Einfälle die Ursache des markomannischen Krieges, welcher 15 Jahre (165—180) währte und nach dem Tode des Kaisers bei Vindobona mit einem Frieden endete, dessen Bedingungen aber von den Markomannen nicht gehalten wurden. Um diese Zeit liessen sich im nördlichen Gebiete des heutigen Nieder- und Ober-Oesterreich die Vandalen nieder. Mit diesen verbanden sich die Markomannen, Quaden und Jazygen (210), um aufs Neue Einfälle in das römische Gebiet zu machen und diese fast alljährlich fortzusetzen. Indessen waren in der Mitte des 3. Jahrhunderts neue deutsche Stämme vom Norden von der Oder und Weichselgegend herangerückt. Die Gothen brachen in die römischen Landschaften der Balkan-Halbinsel ein, drangen raubend und plündernd bis nach Griechenland vor, setzten sogar nach Kleinasien über und liessen sich dann an der Nordwestküste des schwarzen Meeres in dem südöstlichen Dacien nieder. Die Gepiden schlugen ihre Wohnsitze im nordwestlichen Teile der Provinz Dacien zwischen der Maros und Theiss auf und Kaiser Aurelian sah sich genötigt die Provinz Dacien aufzugeben und die römische Bevölkerung auf das rechte Donauufer nach Mösien zurückzuziehen. In den nördlichen Teilen des karpatischen Hochlandes liessen sich damals die Herulen, Rugen, Scirren, Turcilingen und Langobarden nieder. So sassen also am ganzen linken Donauufer mit Ausnahme der Jazygen lauter deutsche Stämme, welche fortwährend mit ihren Raubzügen die römischen Donaulandschaften bedrohten. Um sich leichter dieser Gefahren erwehren zu können, nahmen die römischen Kaiser Regierungsteilungen vor, siedelten Deutsche in römischen Provinzen an und nahmen Deutsche in römische Heere auf. Doch erwiesen sich die letzten Massnahmen als verfehlt, indem die Deutschen keine ruhigen Untertanen der Römer wurden und bald die ganze Wehrkraft des Reiches in ihre Hände überging, da sie den Kern der römischen Armeen bildeten und nicht selten Männer aus ihrer Mitte die obersten Befehlshaberstellen bekleideten und sogar auf den kaiserlichen Tron erhoben wurden.

Während auf diese Weise der Auflösungsprocess des römischen Reiches langsam aber unaufhaltsam sich vollzog, kam ein neues beschleunigendes Moment durch die Ankunft der Hunnen (375) hinzu. Diese unterwarfen sich die Ostgothen und nötigten die Westgothen zur Flucht über die Donau ins römische Reich. Durch die verlassenen Landstriche von Dacien drangen sie nun bis an die Theiss und Donau vor und unterwarfen sich die Gepiden sowie die nördlichen deutschen Stämme. Mit der Ausbreitung ihrer Herrschaft steht im Zusammenhange der grosse Einbruch des Radagais an der Spitze von Markomannen, Quaden, Alemannen und Vandalen nach Italien im J. 405 und nach der grossen Niederlage desselben bei Florenz im folgenden Jahre der Abzug des ganzen Vandalenvolkes unter Godegisil nach Gallien und

Spanien. Zur höchsten Macht gelangte die Herrschaft der Hunnen aber erst unter Attila (433—453), in dessen Gefolge alle germanischen Völker des Ostens nach Gallien zogen. Bei Chalons (451) erlitt er die bekannte entscheidende Niederlage. Nach seinem Tode (453) löste sich in Folge der Uneinigkeit seiner Söhne rasch die Herrschaft der Hunnen, die durch rohe Waffengewalt gegründet und nur auf diese gestützt war, auf, und die unterworfenen deutschen Stämme machten sich wieder frei. Die Gepiden blieben im Theisslande, die Ostgothen liessen sich in Pannonien nieder. Damals waren die Markomannen wahrscheinlich noch in Böhmen, die Quaden aber verschwinden nun aus der Geschichte. In ihren bisherigen Wohnsitzen in Mähren liessen sich die Rugen nieder (deren Wohnsitze Rugiland genannt wurden), und östlich von diesen setzten sich die Herulen fest.

So war nun ausser Dacien auch Pannonien bereits von den Deutschen besetzt und die anderen Provinzen Noricum, Rätien und Vindelicien so gut wie verloren, da sie ohne Truppen waren und hilflos den Einfällen der Rugen, Herulen, Thüringer und Alemannen ausgesetzt waren. Das Los der Provinzialen war ein äusserst trauriges geworden. In Noricum zog damals Severin von Ort zu Ort, bemüht, den gesunkenen Mut seiner Mitbürger aufzurichten, indem er kluge Ratschläge und freundliche Trostsprüche erteilte, den feindlichen Scharen imponirte und nicht selten gefangenen Römern von den Rugen die Freiheit erwirkte. Die einzige Friedensgestalt in dieser Zeit des Kriegsgetümmels.

Es war um 470, als ein gemeinfreier Ruge mit Namen Odovakar aus seiner Heimat zog, um in römische Kriegsdienste zu treten. Auf seinem Wege nach Italien besuchte er Severin, den wunderbaren Mann Noricums, und liess sich von ihm segnen. Nachdem er mehrere Jahre in der kaiserlichen Leibwache ohne besondere Auszeichnung gedient, wurde er 476 im Söldneraufstande Befehlshaber und König der Soldtruppen, setzte Romulus Augustulus ab und machte sich zum Könige von Italien. So ward durch einen gemeinen Rugen ohne grossen Kriegslärm das weströmische Reich gestürzt, und an dessen Stelle in Italien Noricum und Rätien eine deutsche Herrschaft errichtet, die Odovakar's.

Die Unterwerfung der Rugen durch Odovakar veranlasste aber schon 489 den Zug der Ostgothen unter Theodorich nach Italien, den Sturz Odovakar's und die Errichtung der Ostgothenherrschaft, welche sich über Italien, Pannonien, Noricum und Rätien erstreckte. Bekanntlich ist aber schon mit ihres grossen Königs Theodorich Tode die Macht der Ostgothen dahin und 28 Jahre später (555) erlöscht ihre Herrschaft in Italien unter den Waffen des oströmischen Kaisers Justinian und dessen Feldherren Belisar und Narses.

Unterdessen hatten sich in den von den Ostgothen verlassenen Sitzen in Pannonien die Langobarden niedergelassen, welche in blutiger Feindschaft mit ihren östlichen Nachbarn den stärkeren Gepiden lebten. Nicht anders konnten sie diese bezwingen, als dass sie sich mit einem wilden, den Hunnen verwandten Volke verbanden, welches eben durch die karpatischen Pässe sich näherte, den Avaren. Kunimund, der Gepidenkönig, wurde von Alboin, dem Könige der Langobarden erschlagen, sein Volk vernichtet und von den Wohnsitzen, welche die Gepiden bisher inne gehabt, nahmen die Avaren Besitz. Als wenige Jahre später (568) die Langobarden mit Alboin an der Spitze nach Ober-Italien abzogen, breiteten die Avaren sich auch westwärts über Pannonien und Noricum aus.

So sind wir nun in der Mitte des 6. Jahrhunderts bei jenem wichtigen Abschnitte angelangt, welcher den Schluss der germanischen Völkerwanderung und den Beginn der slavischen Niederlassungen in den heutigen, österreichischen und ungarischen Ländern bildet und den Anfang bezeichnet zweier Reiche, eines finnischen und barbarischen im Osten: der Avaren, und eines deutschen, christlichen im Westen: des bajuvarischen.

Avarisches Zeitalter.
(560 – 800).

α) A v a r e n.

Die Avaren, ein türkisch-finnischer Stamm, treten zum erstenmale in der Geschichte um 460 am schwarzen Meere auf und erscheinen 100 Jahre später in den Elbgegenden. Im Einverständnisse mit den Langobarden liessen sie sich hierauf in den Theissgegenden nieder und besetzten nach dem Abzuge jener Pannonien und den östlichen Teil von Noricum. Hier gründeten sie eine Herrschaft, welche fast 2 Jahrhunderte währte und durch Raub und Mord sich charakterisirte. Das Ziel ihrer Raubzüge war bis 624 das oströmische Reich; dann aber durchzogen sie plündernd und verwüstend die westlichen Länder Europas. Sie waren ein wildes Reitervolk und keinerlei Strapazen scheuend, sowie jegliche List benützend, bekämpften sie ihre Gegner weniger in offenen Schlachten und mit concentrirten Massen als durch kleinere und fortdauernde Angriffe. Ihre Beute bargen sie in Ringen, welche durch Gräben, Verhaue und Hecken geschützt waren. Den oströmischen Kaiser zwangen sie zur jährlichen Zahlung von 80.000 Goldgulden. Sie drangen sogar bis Konstantinopel vor und ihr Chakan war (624) Beherrscher des oströmischen Reiches bis an die Tore jener Stadt.

Das Jahr 624 war der Wendepunkt ihrer Macht. Die Spaltung der einheitlichen Macht des Chakans in mehrere Gewalten schwächte ihre Kraft und äussere Feinde im Westen, die Slaven und Franken, brachen allmälig ihre Herrschaft. Sie hatten sich nämlich die benachbarten Slaven, darunter die Charautanen, Čechen, Moraver unterworfen, welche ihnen die Aecker bebauen, die Hausgeräthschaften und Waffen verfertigen und selbst Kriegsdienste leisten mussten, deren Los daher ein äusserst gedrücktes war. Diese concentrirten sich nun unter Samo von 623 an und machten sich von der Herrschaft der Avaren los und als auch die Bajuvaren die Waffen ergriffen, war der Ausbreitung der Avarenherrschaft im Westen Einhalt gethan. Vollständig aber wurde ihre Herrschaft erst gebrochen durch Karl den Grossen von 791—795. Ihre Schätze wurden eine Beute der Franken und waren so gross, dass der Goldwert um ein Drittel sank. Karl der Grosse hatte so ihr Schicksal, das sie sich selbst bereitet hatten, erfüllt. Ein Teil von ihnen wanderte aus und verband sich mit den Bulgaren, der andere blieb in Pannonien und kam unter fränkische Hoheit.

β) Slaven.

Im Zusammenhange mit der Ankunft der Avaren in der pannonischen Tiefebene ist die Niederlassung der Slaven in den westlichen Ländern des Kaiserstaates. Ende des 6. Jahrhunderts begannen sich die Slovenen in Nieder-Oesterreich, Steiermark, Krain und Kärnten bis an die obere Drau festzusetzen. Nach 600 drangen Serben und Chrovaten mit Zustimmung der Avaren in ihre heutigen Sitze und bevölkerten Dalmatien. Mit den Slovenen gemeinschaftlich verbreiteten sich die Chrovaten über Istrien. Wann die Čechen in Böhmen und die Moraver in Mähren und dem nordwestlichen Ungarn eingewandert sind, ist nicht genau bekannt. Jedenfalls aber spätestens gegen Ende des 6. Jahrhunderts. Die Slaven zerfielen wie die Deutschen in viele Stämme und diese in Župen (Gaugenossenschaften). Ihr Charakter war friedliebend. Die oben genannten Stämme kamen alle unter die Hoheit der Avaren, von welchen sie sehr gedrückt wurden. Sie erhoben sich unter eines Fremden Führung, des Franken Samo, gegen ihre Unterdrücker, schüttelten die avarische Herrschaft ab und wählten ihren Führer zum Könige. So hatte Samo eine weit ausgebreitete Herrschaft (nach 623) gegründet und es gelang ihm diese auch bis zu seinem Tode durch 35 Jahre zu erhalten. Nach ihm löste sich aber die einheitliche Gewalt wieder auf und in die Herrschaft der einzelnen Stämme und Župen teilten sich einzelne Fürsten und Häuptlinge. Am Ende des 8. Jahrhunderts kamen sie alle unter die Herrschaft Karls d. Gr. So hatten sie die avarische Knechtschaft durch gemeinschaftliche Erhebung abgeschüttelt, um geteilt und vereinzelt unter die fränkische Hoheit zu kommen.

γ) Bajovaren.

Die Bajovaren oder Baiern treten im Anfange des 6. Jahrhunderts in der Geschichte auf. Sie wohnten schon damals zwischen dem Lech und der Enns und vom Fichtelgebirge südwärts weit in die Alpen hinein. Ihre Herkunft ist unbekannt. Wahrscheinlich sind sie Nachkommen der Markomannen, welchen sich Reste anderer germanischer Stämme angeschlossen haben mögen. Sie erscheinen bald nach ihrem Auftreten in Abhängigkeit von den Franken; doch war dieses Verhältniss kein strenges und wurde in dem Masse loser als die Schwäche der merovingischen Könige zunahm. Die Cultur begann bei diesem Volke erst um 700 mit dem Christentum einzuziehen unter der Herrschaft des Herzogs Theodo aus dem agilulfingischen Geschlechte.

Wenn auch nicht jede Erinnerung an die einstige Herrschaft des Christentums in den Donaulandschaften während der Völkerwanderung erloschen war, so waren doch die christlichen Gründungen der Römer in dem blutigen Gewirre jener Tage untergegangen. Die **Wiedereinführung der Christilehre** in diesen Gegenden unternahmen nun die Söhne des h. Benedikt aus Irland. Theodo lud den Bischof von Worms **Rupert** ein, in Baiern das Evangelium zu verkündigen. Dieser verbreitete das Christentum die Donau hinab bis zu den Avaren, gründete über den Ruinen des alten Juvavums Kirche und Kloster zu Ehren des h. Petrus und kehrte nach zehnjähriger Tätigkeit wieder nach Worms zurück. Dies der Ursprung der Kirche Salzburg. Nach Rupert verkündeten das Evangelium in Baiern noch **Emmeram**, der Stifter der Regensburger Kirche und nach Theodo's Tode **Corbinian**, der Gründer der Freisinger Kirche. Doch wurde die kirchliche Organisation des Landes erst unter **Odilo** (737—748) vollzogen, indem **Bonifacius** Baiern in 4 Diöcesen: Salzburg, Regensburg, Freisingen und Passau einteilte. Zur weiteren Festigung des Christentums gründete Odilo viele Klöster, darunter Mondsee.

Das bisherige lockere Abhängigkeitsverhältniss der Baiern von den Franken, welches hauptsächlich nur in der Besetzung des Herzogsstuhles durch die fränkischen Könige sich äusserte, war unterdessen durch die kräftigen Majordome verstärkt worden und alle Bemühungen Odilo's und seines Sohnes **Tassilo** (748—788) dasselbe abzuschütteln, waren vergeblich. Tassilo tritt in die Fussstapfen seines Vaters, indem er die christliche Cultur in Baiern noch mehr zu befestigen sich bemüht. Wenigstens 37 Klöster sind unter ihm gestiftet worden, darunter Kremsmünster (778). So sehr er in seiner äusseren Politik den Slaven gegenüber vom Glücke begünstigt war, indem ihm innere Unruhen in Kärnten die Gelegenheit verschafften, sich die Oberherrschaft über dieses slavische Land anzueignen, so unglücklich war er in seiner fränkischen Politik, und seine Bestrebungen Baiern von den Franken unabhängig zu machen, scheiterten vollständig an der Macht seines gewaltigen Herrn und Gegners Karls des Grossen. Er führte dadurch nicht bloss seinen eigenen, sondern auch den Sturz seines Hauses herbei. Er verband sich mit dem langobardischen Exkönige Desiderius und dessen Sohne Adelchis und später sogar mit den Avaren gegen Karl den Grossen. Dieser setzte ihn nun ab und sperrte ihn und seine Familie in Klöster. Damit war das Volksherzogtum in Baiern gestürzt; das Land wurde der fränkischen Monarchie einverleibt (788).

Die südöstlichen Marken des fränkischen Reiches.

Wir haben im vorigen Abschnitte gesehen wie Karl der Grosse das Volksherzogtum in Baiern aufhob und dieses Land, sowie das der karantanischen Slaven unter seine Herrschaft brachte. Als er hierauf auch das Reich der Avaren aufgelöst hatte und die unter byzantinischer Oberherrschaft stehenden slavischen Bewohner von Liburnien, Dalmatien und die Kroaten (803) seiner Herrschaft unterworfen waren, dehnte sich das fränkische Reich im Südosten bis zur Donau, Save und dem adriatischen Meere aus. In diesen neu erworbenen Gebieten wurden zwei Markgrafschaften gebildet, von welchen die südliche „Friaul" und die nördliche „im Ostlande" genannt wurde. Jene begriff in sich das südliche Unterpannonien zwischen Drau und Save, das damalige Kärnten (welches den westlichen Teil von Steiermark, Krain und Osttirol umfasste), Liburnien, Istrien, Dalmatien und Friaul; die Markgrafschaft „im Ostlande" bestand aus Pannonien (mit Ausnahme des Drau—Save-Striches) und der Ostmark, welche vom Wiener-Walde westwärts bis über die Traun reichte. Die ersten Markgrafen waren: im Ostlande Gerold und in Friaul Erich. Beide starben 799.

In diesen so verwüsteten und entvölkerten Ländern machte die Verbreitung der fränkischen Cultur nur sehr langsame Fortschritte. Sachsen und Franken siedelten sich auf den herrenlosen Strecken, welche Eigentum des Königs geworden waren, an. Es erinnern uns daran die Namen Sachsenfeld, Sachsenburg, sowie jene Ortsnamen, welche mit „Franken" zusammengesetzt sind. Baiern liessen sich vornehmlich im Avarengebiete nieder. In das christliche Bekehrungswerk teilten sich zwei der bedeutendsten Gelehrten jener Zeit, der Patriarch Paulinus von Aquileja und Erzbischof Arno von Salzburg, von welchen jener in der Markgrafschaft Friaul und dieser im Ostlande wirkte. Paulinus war einer von den wenigen Männern jener Zeit, welche noch den Schatz römischer Gelehrsamkeit bewahrten und stand im regsten Verkehr mit Erich. Arno war in fortwährender Verbindung mit seinem Hofe und in wissenschaftlichem Verkehre mit Alcuin. So suchte Karl der Grosse in altrömischer Weise seine Herrschaft, die er in den südöstlichen Marken seines Reiches mit den Waffen gegründet, durch das Werk der Civilisation zu befestigen. Bald nach seinem Tode aber und unter seinen schwachen Nachfolgern gestalteten sich die Verhältnisse anders.

Schon mit dem Jahre 825 trat in unseren Marken eine wichtige Veränderung ein, indem Karls schwacher Sohn und unfähiger Nachfolger aus der Ostmark, Pannonien, Kärnten und dem ehemaligen Herzogtume Baiern ein Königreich Baiern bildete und dieses seinem Sohne Ludwig zur Verwaltung übergab. Dadurch wurden die Vorsteher der Ostmark, Pannoniens und Kärntens bairische Grafen. Diese Vereinigung der Marken mit Baiern tritt wieder ausser Kraft als im Jahre 856

Karlmann, Ludwigs Sohn, die Leitung der Ostmark erhielt und es hörte unter ihm die Trennung der Marken in eine nördliche und eine südliche Hälfte auf, indem deren Verwaltung vereinigt in seinen Händen ruhte. Als Ludwig der Deutsche 876 starb, folgte ihm im Königreiche Baiern Karlmann, und dessen Sohn

Arnulf erhielt Kärnten und Pannonien, ohne zugleich über die Ostmark zu gebieten. Nach Arnulfs Erhebung zum Könige erscheint in Oberpannonien sein Blutsverwandter Liutbold, während die Ostmark Aribo verwaltet.

Unter diesem Wechsel der Herrschaft war das 9. Jahrhundert entrollt und das neue erschienen, in welchem die Bewohner unserer Marken die alten hunnischen und avarischen Zeiten wiederkehren sehen sollten. Um 900 hatten nämlich die Magyaren von Unterpannonien Besitz genommen. Alsbald machten sie Einfälle in den Traungau und in Kärnten und nachdem sie das mährische Reich aufgelöst hatten, schlugen sie 907 das bairische Heer, wobei der bairische Adel vernichtet wurde und Markgraf Liutbold umkam. Hierauf überfluteten sie Baiern und im folgenden Jahre drangen sie bis Sachsen und Thüringen vor. Seit 907 waren die Bewohner der Ostmark und Kärntens ihnen schutzlos preisgegeben. Von schweren Leiden mögen diese unglücklichen Leute damals betroffen worden sein, denn der Feind, dessen Beute sie geworden, kannte keine Schonung; weder das ergraute Haar der Greise noch die zarte Unschuld der Kinder flössten ihm Mitleid ein. Ohne Unterschied wurden alle erbarmungslos niedergemetzelt und auf jedem

Zuge schleppten sie unermesslichen Raub heim. Graf Aribo von der Ostmark wird das letzte Mal (909) genannt. Das Land unter der Enns scheint nun nach der Auflösung aller geordneten Einrichtungen wie ein herrenloses Habe den Magyaren überlassen worden zu sein. Der Traungau aber mit der Enns wurde von den Deutschen behauptet, wenngleich ihn die Ungarn häufig durchzogen und verheerten.

Endlich wurde diesen furchtbaren Raub- und Plünderungszügen Einhalt getan, zuerst und vorübergehend durch Heinrich I. (933), dann aber für immer durch dessen grossen Sohn Otto I. (955). Als Folge des glorreichen Sieges am Lechfelde zeigen sich Markgrafen in Carantanien und einem Teile der Ostmark, dort Marchward, hier Burchard und allmälig kehren geordnete Zustände wieder zurück. Wann Burchard starb ist unbestimmt. Sein Nachfolger in der Ostmark ist Luitpold, dessen Abkunft von Adalbert von Babenberg hergeleitet wird. Er erhielt die Mark von Kaiser Otto II. zur Belohnung für geleistete Kriegsdienste, da er diesen im Kampfe mit Heinrich dem Zänker von Baiern unterstützt hatte. Die schöne Sage vom zerbrochenen Bogen ist die Allegorie dieser Tatsache.

Babenberger
(976—1246).

Luitpold I. oder Leopold der Erlauchte (976—994) stand wie die nachfolgenden Markgrafen bis Heinrich II. Jasomirgott unter dem Heerbann der Herzoge von Baiern. Er entriss den Ungarn Melk und schlug hier seine Residenz auf. Sein Sohn

Heinrich (994—1018) erweiterte sein Gebiet bis an den Wiener-Wald und nördlich von der Donau zwischen Kamp und March. Im Jahre 995 wurde der Name Oesterreich, wie ähnlichen anderen Ostmarken, der bairischen erteilt, auf das erweiterte Gebiet dieser ausgedehnt, und hierauf auch für die Bezeichnung des ganzen Landstriches ausschliesslich üblich, welchen die Babenberger ostwärts und nordöstlich von der Enns beherrschten. Nach Heinrichs Tode erhielt die Markgrafschaft sein Bruder

Adalbert der Siegreiche (1018—1055), welcher diesen Beinamen seinen glücklichen Kämpfen mit den Ungarn und der Erweiterung Oesterreichs bis an die Leitha und March verdankt. Er schlug seinen Sitz in Tulln auf. Sein Sohn

Ernst der Tapfere (1055—1075) erhielt von Heinrich IV. viele Schenkungen, wofür er den Kaiser in dessen Kämpfen mit den Sachsen unterstützte. Er fiel in der Schlacht an der Unstrut. Sein Sohn

Leopold II. (1075—1096) zeigte sich dem Kaiser Heinrich IV. in dessen Kampfe mit dem Papste Gregor VII. nicht so ergeben, als sein Vater, wesshalb Heinrich IV. die Markgrafschaft dem Herzoge Wratislaw von Böhmen verlieh, welcher sich aber nicht in den Besitz seines neuen Lehens setzen konnte, so dass nach Leopold II. Tode dessen Sohn

Leopold III. der Heilige (—1137) folgen konnte. Leopold verband sich ehelich mit Agnes, der Witwe des hohenstaufischen Herzogs Friedrich von Schwaben und Schwester Kaiser Heinrichs V., wodurch die babenbergische Familie in ein nahes verwandtschaftliches Verhältniss zum späteren Kaiserhause kam. Wie Leopold III. durch sein Ansehen seine Mark nach aussen gehoben, so suchte er auch das Wohl seines Landes durch die Hebung der Cultur zu fördern, indem er Klöster (Klosterneuburg, Heiligenkreuz) stiftete und reichlich beschenkte. Auf Leopold III. folgte

Leopold IV. (1137—1141), der in Folge der Achtserklärung Heinrichs des Stolzen von Baiern und Sachsen durch Kaiser Konrad III., seinen Stiefbruder, mit dem Herzogtum Baiern belehnt wurde; doch war diese Erwerbung nur eine vorübergehende, da nach vielen Kämpfen schon

Heinrich II. Jasomirgott (1141—1177) auf dem Reichstage zu Regensburg (1156) Baiern in die Hände des Kaisers Friedrich I. zurückgab, dafür aber von diesem ein Privilegium erhielt, nach welchem Oesterreich zu einem Herzogtum mit landesfürstlicher Jurisdiction und weiblicher Erbfolge erhoben wurde. Heinrich machte Wien zu seiner Residenz. Sein Sohn

Leopold V. der Tugendhafte (1177—1194) erweiterte seine Herrschaft durch die Erwerbung von Steiermark und Oberösterreich 1192 nach Ottokars VI. Tode. (Bereits 1186 hatte er mit Ottokar VI. einen Erbvertrag geschlossen, demgemäss Steiermark nach Ottokars Tode an Leopold fallen sollte; dieser Vertrag wurde von Friedrich I. genehmigt.) 1190, nach Friedrichs des Rotbart Tode, beteiligte sich Leopold auch am Kreuzzuge, und vereinigte seine Schaaren mit Richard Löwenherz von England vor Ptolomais, konnte aber nach der Eroberung dieser Veste nicht länger Richards Herrschaft ertragen und seinem planlosen Herumziehen vor Jerusalem zusehen, und kehrte daher nach einem Streite mit Richard (Ende 1191) in seine Heimat zurück. Als Richard Ende des folgenden Jahres auf dem Heimwege durch Oesterreich zog, wurde er von Leopold, der dadurch dem Kaiser Heinrich VI. einen Dienst erweisen wollte, in Erdberg bei Wien aufgegriffen, nach Dürrenstein gebracht und erst 1193 an den Kaiser gegen die Zahlungsverpflichtung des halben Lösegeldes von 150,000 Mark ausgeliefert, wesshalb er vom Papste in den Bann getan wurde. Auch sein Sohn

Friedrich I. der Katholische (1194—1198) folgte der Richtung seiner Zeit, indem er sich an einem Kreuzzuge beteiligte. Er starb auf der Rückkehr aus Palästina. Ihm folgte sein Bruder Leopold VI. der Glorreiche (1198—1230). Die 32 Jahre seiner Regententätigkeit sind der Glanzpunkt des babenbergischen Zeitalters. In den grossen Wahlkämpfen, welche nach Heinrichs VI. Tode Deutschland und Italien bewegten, stand er immer auf Seite der kräftigeren Partei. Zuerst ein Anhänger Philipps und Feind Otto's IV., reichte er nach Philipps Tode Otto die Hand, gab aber dessen Sache nach Friedrichs II. Erwählung wieder auf, um sich auf das engste an die Hohenstaufen anzuschliessen. Nachdem er für die Sache des Kreuzes 1212 nach Spanien und 1217 nach Ägypten gezogen war, gibt er uns den besten Beweis seines Ansehens beim Kaiser und Papste, als er beide mit einander zu S. Germagno (1230) versöhnte.

Noch dauernderen Ruhm als durch seine Waffentaten und seine äussere Politik erwarb er sich durch die innere Verwaltung seiner Herzogtümer. Indem er einerseits die materielle Cultur seines Landes zur höchsten Blüte brachte, durch die Verleihung von Stadtrechten (Enns 1212, Wien 1221), durch die Hebung des Handels die Interessen des Bürgerstandes förderte, zeigte er sich auch wie die Kaiser des verwandten Staufengeschlechtes als den eifrigsten Mäcen der Künste und Wissenschaften. Sein Hof war eine wahre Bildungsstätte der Hofischheit. Der Kampf zwischen der kaiserlichen und der päpstlichen Partei hatte eine fruchtbare Bewegung unter den Geistern in Deutschland hervorgebracht, die Kreuzzüge hatten die Phantasie belebt und den Gesichtskreis der Abendländer erweitert. Das Rittertum mit seiner edlen Aufgabe und seinen feinen Umgangsformen weckte und nährte den Sinn für das Edle und Schöne. So hatte mit den Hohenstaufen für die deutsche Nationalliteratur ein neues Zeitalter begonnen, in welchem die Poesie eine 100jährige Blüte entfaltete. In Oesterreich erscheint unter Leopold V. schon Dietmar von Aist, ein Ritter, welcher zu den ältesten Minnesängern zählt. Der Zeit Leopolds des Glorreichen aber gehören in Oesterreich ausser Leutold von Seven oder von Hagenau, welchen Gottfried von Strassburg den Chorführer aller Nachtigallen nennt, noch zwei der glänzendsten Zierden der ersten Blütezeit der deutschen Literatur an: Reimar der Alte, ein Freund Leopold V. und Friedrichs des Katholischen und sein noch grösserer Schüler: Walther von der Vogelweide, welcher um 1165 geboren wurde und in grossem Ansehen bei Friedrich dem Katholischen und Leopold IV. stand, der vollendetste Dichter jener Zeit. Am Hofe Heinrichs von Mödling, des Bruders Leopolds, lebte Ulrich von Lichtenstein, der Sänger des Frauendienstes und Verfasser des Frauenbuches. Auch

Reimar des Alten Sohn Reimar von Zweter, welcher in einem ritterlichen Dienstverhältnisse zum Stifte Zwettl stand, tat sich als Minnesänger hervor. Das Nibelungenlied erhielt seine gegenwärtige Form an Leopolds Hofe. Keinen bezeichnenderen Beinamen konnten diesem daher seine Zeitgenossen geben, als dass sie ihn den Glorreichen nannten, da seine Regierung nach aussen so glänzend und im Innern so beglückend war.

Friedrich II. der Streitbare (1230—1246), der jüngere Sohn Leopolds VI., war ganz das Gegenbild seines Vaters. Seine ganze Regierungszeit ist ein selten unterbrochener Kampf mit seinen Nachbarn, mit dem Kaiser, ja selbst mit seinen Untertanen. Nachdem er gleich nach seinem Regierungsantritte in den Kriegen mit Böhmen und Ungarn den Kürzeren gezogen, kam er in die heftigste Opposition zu Kaiser Friedrich II., indem er dessen Sohn Heinrich (seinen Schwager) in seinen Unternehmungen gegen den Vater unterstützte. Der Kaiser enthielt daher dem Herzog, welcher sich nach dem Aussterben des krainischen Markgrafengeschlechtes (1234) Herr von Krain nannte, die Belehnung dieses Landes nicht nur vor, sondern belegte ihn, nachdem sich über seine Bedrückung selbst die Untertanen beklagt hatten, mit der Reichsacht (1236), machte Wien zur Reichsstadt und ernannte für die Verwaltung Oesterreichs einen Statthalter. Doch war damit auch das Mass des Unglücks für Friedrich voll, es gelang ihm den grössten Teil seiner Länder zurück zu erobern, er söhnte sich (1240) mit dem Kaiser, da er seit 1239 auf's Neue im Banne war, aus und erhielt 1245 die Belehnung mit Krain, und sogar die königliche Würde in Aussicht. Wie Friedrichs Regierung begonnen, so endete sie auch in einem Kampfe mit den Böhmen und Ungarn. Im Kriege mit den letzten fand der Herzog den seinem streitlustigen Leben entsprechenden Tod (1246).

Oesterreichisches Interregnum.

Mit Friedrich II., dem Streitbaren, war das babenbergische Geschlecht im Mannesstamme ausgestorben. Indem den Babenbergern aber durch das sogenannte privilegium minus auch die weibliche Erbfolge zugestanden und Friedrich II. ohne männliche und weibliche Erben gestorben war, so machten sowohl seine Schwester Margaretha als auch seine Nichte Gertrude ihre Erbansprüche geltend.

Da in dem Privilegium die Erbfolge bloss den Söhnen und Töchtern der Herzoge zugesichert war, Friedrich aber weder Söhne noch Töchter hinterlassen hatte, so war das Recht der Erbfolge der Schwester des letzten Herzogs, Margaretha, sowie seiner Nichte Gertrude sehr fraglich und Friedrich II. zog Oesterreich und Steiermark als erledigte

Reichslehen ein. Mit der Verwaltung von Oesterreich betraute er Otto von Baiern, mit der von Steiermark Meinhard von Görz. Gertrude aber vom Papste, als des Kaisers Feinde, unterstützt, stand von ihrem Anspruche nicht ab, sondern übertrug diesen ihrem zweiten Gemahl Hermann von Baden. Die Verwirrung wurde aber am grössten, als 1250 sowohl der Kaiser als Hermann von Baden starben. Als nun der Herzog von Baiern und der Bischof von Salzburg diese Unordnung benützten, um sich einiger Teile Oberösterreichs zu bemächtigen, gewann Ottokar, der Markgraf von Mähren, den Adel und die Städte in Niederösterreich, ehelichte die alternde Margaretha (1252) und nahm mit Einwilligung des Papstes und des Gegenkönigs Wilhelm von Holland, Besitz von Oesterreich. Da sich Gertrude mit einem Enkel des ungarischen Königs Béla IV. vermählt hatte, so besetzte dieser Steiermark; doch gelang es schon 1260 Ottokar, der 1253 nach seines Vaters Tode auf den böhmischen Tron gelangt war, sich auch zum Herrn von Steiermark zu machen, nachdem er von den über die ungarische Herrschaft missvergnügten Steiermärkern ins Land gerufen worden war und Béla bei Kressenbrunn entscheidend geschlagen hatte. In Kürze hatte Ottokar seine Herrschaft in den neu erworbenen Ländern so befestigt, dass er seine Gemahlin Margareta (1261) verstossen konnte und (1262) vom Könige Richard von Cornwallis mit Oesterreich und Steiermark belehnt wurde. Doch begnügte sich Ottokar mit seinen bisherigen Erwerbungen noch nicht, sondern liess sich von seinem Vetter, dem kinderlosen Herzoge Ulrich von Kärnten zum Erben ernennen und brachte wirklich nach dessen Tode (1269) auf diese Weise Kärnten, den grössten Teil von Krain mit Friaul und Histerreich an sein Haus. Mit diesem Ehrgeize, der ihn antrieb, die Grenzen seiner Herrschaft bis an die Küste des adriatischen Meeres auszudehnen, verband er aber auch das edle Streben, das Wohl seiner Untertanen zu fördern: in materieller Beziehung, indem er den Ackerbau sowie durch die Begünstigung des Bürgerstandes die Industrie hob und in geistiger Beziehung, indem er die Kunst und Wissenschaft unterstützte. Ottokar war so der mächtigste Fürst Deutschlands geworden; sein Streben ging nun nach der höchsten Würde im Reiche; dem widersetzten sich aber die Kurfürsten, die im Interesse ihrer eigenen Gewalt einen minder mächtigen Herrn durch die Wahl des Grafen Rudolf von Habsburg zum Könige erhoben. Ottokar, im stolzen Gefühle seiner Macht erkannte diesen nicht an und leistete der Aufforderung desselben, „seine neuen Erwerbungen dem Reiche zurückzugeben und seine Erbländer vom König als Lehen zu nehmen" nicht Folge, daher zog Rudolf gegen ihn und nötigte ihn (1276) zur Verzichtleistung auf jene vier Landschaften. Doch Ottokar konnte diesen Verlust nicht ertragen, griff 1277 aufs Neue zu den

Waffen, verlor aber schon im folgenden Jahre bei Jedenspeugen (Dürnkrut) im Marchfelde Schlacht und Leben.

Die Einziehung der babenbergischen Lehen, welche bereits Friedrich II. ausgesprochen hatte, wurde von Rudolf nun verwirklicht. — Böhmen und Mähren aber erhielt Ottokars Sohn Wenzel, welcher mit einer Tochter Rudolfs (Jutta) später vermählt wurde.

Rudolf übertrug wohl die Verwaltung Oesterreichs dem Herzoge von Baiern. Durch seinen dreijährigen Aufenthalt aber in diesen Ländern nach Ottokars Besiegung und durch die Uebergabe der Verwaltung an seinen Sohn Albrecht im Jahre 1281 gab er seine Absicht zu erkennen, diese Länder an sein Haus zu bringen.

Doch tat er in dieser Beziehung nichts eigenmächtig. Erst als er die Willebriefe der Kurfürsten hatte, übergab er am 27. December 1282 feierlich zu Augsburg Oesterreich, Steiermark, Krain und die Windische Mark, wie sie Friedrich II., der letzte Babenberger, besessen sowie all das, was Ottokar hierauf innerhalb dieser Länder rechtmässig an sich gebracht hatte, also Kärnten, seinen Söhnen Albrecht und Rudolf. So waren die Habsburger in das Erbe der Babenberger getreten.

Habsburger.

Albrecht I. (1282—1308). Wir haben im vorhergehenden Abschnitte gesehen, dass Rudolf I. seine beiden Söhne Albrecht und Rudolf gemeinschaftlich mit den österreichischen Ländern belehnte. Im Sinne solcher Gesammtbelehnung sollten diese auch gemeinschaftlich regieren. Da durch diese Bestimmung Streitigkeiten unter den nicht immer gleich gesinnten Regenten und den von ihnen verwalteten Ländern unvermeidlich schienen, so erklärte König Rudolf am 1. Juni 1283 zu Rheinfelden, dass er die Herzogtümer Oesterreich, Steiermark, Krain und die Mark seinen Söhnen verliehen und dass es hiebei sein Verbleiben habe, doch sollte um die Uebelstande einer Doppelregierung zu vermeiden, die Herrschaft in den genannten Ländern Albrecht und dessen Nachkommen allein besitzen. Rudolf sollte aber entschädigt werden. 3 Jahre später traf Rudolf eine neue Verfügung, indem er Kärnten Meinhard von Tirol, welcher ihm grosse Dienste bei der Besiegung Ottokars erwiesen hatte, verlieh.

Da durch die Bestimmungen Rudolfs viele Vorrechte der Stände von Oesterreich und Steiermark sowie die Reichsunmittelbarkeit Wiens aufgehoben wurden, so erhob sich ein Aufstand gegen den neuen Herzog, welchen dieser mit Gewalt unterdrückte. Als der römische König Adolf von Nassau 1298 im Kampfe gefallen und hierauf Albrecht zu dessen Nachfolger im deutschen Reiche gewählt worden war, benützte er diese Stellung um seine Hausmacht zu vergrössern. Dies gelang ihm zuerst aber nur vorübergehend in Böhmen. Hier starb der přemislidische Mannesstamm im Jahre 1306 aus und Albrecht leitete die Wahl der böhmischen Stände so schlau ein, dass sein ältester Sohn Rudolf zum Könige erwählt wurde. Als aber dieser im nächsten Jahre starb, gingen die böhmischen Stände von der Wahl eines anderen Habsburgers ab und übertrugen die Krone dem Herzoge Heinrich von Kärnten. Noch vollständiger aber misslang Albrecht die Vermehrung seiner Hausmacht in der Schweiz. Das habsburgische Haus hatte hier ausser der Landgrafschaft im Aargau auch Landvogteien am Vierwaldstättersee. Kaum war Albrecht zum Besitze der römischen Königskrone gelangt, so suchte er durch List und Gewalt alles Land in jener Gegend mit seinen österreichischen Erbstaaten zu vereinigen. Die Schweizer begonnen nun seit dem Bunde am Vierwaldstättersee (1. Januar 1308) jenen ewig merkwürdigen Kampf für die Freiheit gegen die habsburgische Fremdherrschaft, der erst formell im westphälischen Frieden seinen vollständigen Abschluss fand. Die Sage von Tell, welche sich in die Geschichte dieses Unabhängigkeitskampfes einschlich, hat Albrecht als finsteren Tyrannen gemalt; die neue, kritische Geschichtschreibung aber hat die sagenhaften Entstellungen aus der Geschichte Albrechts entfernt und dargetan, dass dieser allerdings ein harter aber nicht ein grausamer Regent war.

Albrecht hinterliess nach seiner Ermordung durch Johann Parricida fünf Söhne, Friedrich, Leopold, Albrecht, Heinrich und Otto, von welchen nur die ersten zwei

Friedrich I. (der Schöne — 1330) und Leopold I. (der Glorreiche — 1326) erwachsen waren. Ohne eine Teilung vorzunehmen verwaltete jener die östlichen Erbländer, dieser die Vorlande. Da die Kurfürsten im Interesse ihres Wahlrechtes bei der deutschen Königswahl sich von dem Grundsatze leiten liessen, dem Vater nie den Sohn folgen zu lassen, wurde zum deutschen Könige Heinrich VII. von Luxemburg erhoben, welcher, nicht minder wie sein Vorgänger die Vermehrung seiner Hausmacht vergessend, seinen Sohn Johann mit Böhmen belehnte, die Belehnung aber der österreichische Herzoge aus dem rivalisirenden Hause der Habsburger bis 1309 hinausschob. Als auch nach Heinrichs Tode (1313) Friedrich nur von der Minorität zum deutschen Könige erwählt wurde, begann ein heftiger Kampf der Habsburger mit Ludwig dem Baier, welcher von den Luxemburgern und Schweizern unterstützt wurde. Die beiden Brüder wurden geschlagen, Leopold von den Schweizern bei Morgarten (1315); und Friedrich (1322) von Ludwig bei Mühlberg und sogar gefangen genommen. Fast drei Jahre sass Friedrich in Trausnitz in Haft; da aber unterdessen Leopold den Krieg gegen Ludwig glücklich fortsetzte und auch die Luxemburger und der Papst sich gegen Ludwig erhoben, schloss dieser mit Friedrich einen Vergleich, welcher diesem die Freiheit gegen Verzicht der deutschen Krone versprach, aber als unrühmlich von Leopold verworfen wurde. Nachdem sich Friedrich seinem Versprechen gemäss wieder Ludwig als Gefangener gestellt, kam es zum Münchner Vertrage, welcher Friedrich Teilnahme an der Reichsregierung zusicherte, aber ohne alle praktische Bedeutung blieb. Da vor Friedrichs Tode (1330) bereits Leopold (1326,) und Heinrich (1327), gestorben waren, so übernahmen die gemeinschaftliche Regierung nach Friedrichs Hingange

Albrecht II. (der Weise, oder Lahme 1330—1358) und **Otto der Fröhliche** (1330—1339). Beide schlossen noch im Jahre 1330 zu Hagenau Frieden mit Ludwig dem Baier und erhielten von diesem die Bestätigung ihrer ererbten Länder. Der Schlüssel zum Verständnisse ihrer politischen Tätigkeit ist die Rivalität der drei benachbarten Häuser Habsburg, Wittelsbach und Luxemburg in ihrem Streben nach Vermehrung ihrer Hausmacht. Zunächst war der gemeinschaftliche Gegenstand ihrer Politik die Erwerbung Kärntens und Tirols, über welche Heinrich herrschte, der bloss eine Tochter, Margaretha Maultasche, hatte. Ludwig von Baiern machte diese Länder zu Kunkellehen, in der Hoffnung sie durch die Vermählung der Margaretha mit seinem Sohne an sein Haus zu bringen. Seine Hoffnung wurde aber plötzlich vereitelt, als 1330 König Johann von Böhmen eine Vermählung Margarethas mit seinem erst achtjährigen Sohne Johann Heinrich zu Stande brachte. Ludwig der Baier schloss daher mit den österreichischen Herzogen noch im Jahre 1330 einen geheimen Vertrag, in welchem er diesen nach dem Tode Heinrichs von Kärnten die Belehnung mit Kärnten versprach, während er sich die Erwerbung Tirols vorbehielt. Als nun Heinrich von Kärnten 1335 starb, nahmen die österreichischen Herzoge von Kärnten Besitz; Tirol aber verblieb Margaretha. Doch der Kaiser wusste die Unzufriedenheit Margarethas mit ihrem jungen Gemahl für das Interesse seines Hauses zu benützen, indem er 1342 die Auflösung dieser Ehe gestattete, Margaretha seinen Sohn Ludwig von Brandenburg zum Gemahle gab und diesen mit Tirol belehnte. Alle luden dadurch den Bannfluch des Papstes auf sich und die Feindschaft Böhmens und des Kaisers brach vollends wieder aus. Albrecht, welcher seit dem Tode seines Bruders Otto (1339), allein regierte, verfolgte den Händeln seiner Nachbarn gegenüber die beste Politik, indem er sich möglichst neutral verhielt, sonst aber an der Seite des Kaisers stand. Als Ludwig der Baier gestorben und Karl von Böhmen zum deutschen Könige gewählt worden war, schloss er sich diesem an, und brachte eine Vermählung seines ältesten Sohnes Rudolf mit des Kaisers Tochter Katharina zu

Stande. Nachdem er 1355 eine **Hausordnung** gegeben und darin bestimmt hatte, dass seine Söhne gemeinschaftlich und brüderlich regieren sollten, starb er 1358. Seine Zeitgenossen nannten ihn wegen seiner damals aussergewöhnlichen Kenntnisse den Weisen und wegen der Lähmung seiner Glieder, die ihm als Folge einer Vergiftung geblieben war, den Lahmen. Sein Leichnam wurde beigesetzt in Karthäuserkloster zu Gaming, das er selbst gestiftet hatte. Da die jüngsten zwei Söhne Albrechts bei des Vaters Tode noch im zarten Alter standen, so führte **Rudolf IV. der Stifter** (1358—1365) die Alleinregierung. Sein Hauptstreben ist nicht minder wie das seiner Vorgänger auf die Vermehrung der Hausmacht gerichtet, wobei er vom Glücke ausserordentlich begünstigt wurde. Aus der Ehe Margarethas von Tirol und Ludwigs von Brandenburg war ein Sohn hervorgegangen, Meinhard war sein Name. Es gelang Rudolf diesen mit einer Habsburgerin zu vermählen (1359), wobei Margaretha Maultasch urkundlich Tirol an Habsburg verlieh, falls Meinhard kinderlos sterben sollte. Dieser Fall trat unerwartet schon Dec. 1363 ein und Rudolf eilte alsogleich nach Tirol, um in Botzen (Jänner 1364) die Huldigung der Stände entgegenzunehmen. So kam **Tirol an das Haus Habsburg**. Margaretha Maultasch verlebte den Rest ihrer Tage in Wien, wo noch heute der Bezirk Margarethen den Namen nach ihr führt. Rudolf leitete ferner noch den Anfall anderer Länder an sein Haus durch Erbverträge ein, die er mit den Königen von Ungarn und Böhmen und den Grafen von Görz schloss.

Innerhalb der wenigen Jahre seiner Regierung setzte sich dieser junge Fürst noch durch zwei Gründungen, zwei culturhistorische Denkmale, welche den Namen ihres Stifters noch den spätesten Geschlechtern verkünden, eines auf dem Gebiete der Kunst und das andere auf dem Felde der Wissenschaft. Am 7. April 1359 legte er den Grundstein zum Stefansdom, diesem herrlichen Meisterwerke gothischer Baukunst, dessen Plan G. Hauser, ein Bürger von Klosterneuburg verfertigt haben soll und 1365 gründete er die Universität zu Wien, die zweite Deutschlands. Ehrgeiz hatte ihn dazu bewogen, indem er nicht seinem kaiserlichen Schwiegervater nachstehen wollte.

Rudolf ist der erste Habsburger, welcher den Titel Erzherzog führte. Er legte sich diesen aus Eitelkeit widerrechtlich bei, indem er sich auf eine unechte Urkunde, das sogenannte privilegium majus, stützte. 1364 erliess er eine **Hausordnung**, das Senioriatsgesetz, in welchem er seine Brüder aufforderte, unverbrüchlich einig unter sich zu sein; doch habe der älteste die Lehen für alle zu empfangen und sich mit einem grösseren Hofstaate zu versehen.

Er starb 1365 im 26. Lebensjahre. Sein Leichnam ruht in Wien in der Stefanskirche an jenem Orte, den er sich selbst gewählt hatte.

Seine Zeitgenossen sagten von ihm, bei längerem Leben hätte er Oesterreich bis zum Himmel erhoben, oder in die höchste Gefahr gestürzt. Seine beiden Söhne **Albrecht III. mit dem Zopfe** und **Leopold III. der Fromme** regierten 14 Jahre gemeinschaftlich. Während dieser Zeit fielen ihnen in Folge des von ihrem Vater abgeschlossenen Erbvertrages Teile von Krain und Istrien zu. Die Angriffe Baierns wegen Tirol wehrten sie ab. Zu ungleich waren sie aber in ihrem Charakter. Albrecht liebte Ruhe und wissenschaftliche Beschäftigung, Leopold dagegen ritterliche Taten, daher teilten sie gegen den Sinn der Belehnungsurkunden und der Hausordnungen ihre Länder (1379). Albrecht behielt blos Oesterreich, alles Uebrige, Steiermark, Kärnten, Tirol und die Familienbesitzungen in Schwaben und Elsass übernahm Leopold. So trennte sich das habsburgische Haus in zwei Linien:

die Albertinische.

Albrecht III. (1379—1395) regierte friedlich und führte nach dem Tode seines Bruders die Vormundschaft über dessen Söhne. Sein Sohn **Albrecht IV.** (1395—1404) kam in Streit mit seinem Cousin und erhielt von diesem Krain. Er schloss sich den Luxemburgern an, und erhielt sowohl von Wenzel, als auch von Sigmund die Bestätigung der bestehenden Erbverträge. Als er mit Sigmund Znaim belagerte, wurde er vergiftet. Seine Zeitgenossen nannten ihn Mirabilia mundi, wegen der gefahrvollen Wallfahrt, die er nach Palästina unternommen hatte.

Albrecht V. (1404—1439, als römischer König Albrecht II.) war beim Tode seines Vaters

die Leopoldinische.

Leopold (1379—1386) vermehrte seinen Länderbestand durch Feldkirch, Bludenz, Hohenberg, Breisgau, erwarb Landvogteien in Schwaben und die Oberhoheit über Freiburg im Breisgau und Triest (1382). In Folge seiner Strenge in Schwaben verwickelte er sich in einen Kampf mit den Schweizern und fiel in der Schlacht bei Sempach (1386). Die Blüte der österreichischen Ritterschaft bedeckte mit ihm das Schlachtfeld. Da die vier Söhne Leopolds bei dessen Tode noch unmündig waren, so ergriff die vormundschaftliche Regierung ihr Oheim Albrecht III., welcher nach einer zweiten Niederlage der Oesterreicher bei Naefels (1388) einen Waffenstillstand auf 20 Jahre mit den Schweizern einging.

Nach ihres Oheims Tode regierten die vier Söhne Leopolds: **Wilhelm der Ehrgeizige** († 1406). **Leopold IV. der Dicke** († 1411). Ernst der Eiserne und Friedrich IV. mit der leeren Tasche gemeinschaftlich. Als aber Wilhelm und Leopold gestorben waren, teilten Ernst und Friedrich ihre Länder so, dass Ernst Steiermark, Kärnten und Krain, Friedrich aber Tirol und die Familienbesitzungen in Elsass, der Schweiz und in Schwaben erhalten sollte. Die Leopoldinische Linie zerfiel daher von 1411 an in die noch minderjährig, wesshalb die vormundschaftliche Regierung seine Oheime Wilhelm, und nach dessen Tode Leopold und Ernst führten. 1411 wurde er mündig erklärt. Eingedenk der Politik seines Vaters schloss er sich immer den Luxemburgern an, und unterstützte Sigmund in den hussitischen Kriegen. Durch seine Vermählung mit Elisabeth, der Tochter Sigmunds, erhielt er als Mitgift Mähren und die Aussicht auf den Tron von Böhmen und Ungarn. Als er nach Sigmunds Tode 1437 von den Ungarn zum Könige gewählt, und im folgenden Jahre auch von den Kurfürsten auf den deutschen Tron u. nach Ueberwindung mehrfacher Schwierigkeiten auch von den Böhmen zum Könige erhoben worden, war er der Macht und persönlichen Verdiensten nach der erste deutsche Fürst seiner Zeit, u. seine Weisheit, Milde und Umsicht berechtigten zu den schönsten Erwartungen. Doch ereilte ihn schon im October 1439 der Tod. Anfangs des nächsten Jahres gebar seine Witwe den Prinzen

Steirische Linie.
Ernst der Eiserne starb schon 1424 und hinterliess drei Söhne: **Friedrich V.** (als Kaiser der III.), **Albrecht VI.** und **Ernst**, welcher schon 1432 starb. Friedrich wurde 1440 einstimmig zum römischen Könige gewählt. Seine Regierung ist weder in Deutschland noch in Oesterreich kräftig und wohltätig. Mit Albrecht teilte er die ererbten Länder so, dass er für sich Steiermark, Kärnten u. Krain behielt, während Albrecht die vorderösterreichischen Länder erhielt. 1453 verlieh er den Fürsten seiner Linie und deren Nachkommen die erzherzogliche Würde. Das österreichische Erbe teilten Friedrich und Albrecht so, dass jener Unter- und Albrecht Ober-Oesterreich erhielt, wofür dieser an Sigmund von Tirol seine niederländischen Besitzungen abtrat. Als Albrecht ohne Erben (1463) starb, kam wieder Ober-Oesterreich an Friedrich. Nach Ladislaus Tode (1457) beanspruchte Friedrich die

Tirolische Linie.
Friedrich IV. mit der leeren Tasche (—1439) brachte sich fast um seine Besitzungen, als er als General-Procurator der römischen Kirche dem Papste Johannes XXIII. zur Flucht von Constanz verhalf, und sich dadurch von Kaiser Sigmund die Acht und vom Concil den Bannfluch zuzog. Der Aargau und Kyburg gingen ihm alsogleich verloren. Als er sich zu Constanz dem Kaiser als Gefangener stellte, versprach ihm dieser die Begnadigung unter der Bedingung, dass er seine Besitzungen in Tirol, Schwaben und Elsass dem Kaiser übergäbe; dagegen protestirte sein Bruder Ernst und liess sich in Tirol huldigen. Als Friedrich die Freiheit nicht erhielt, floh er von Constanz. Wohl empfing er (1418) durch Vermittlung Ernst's vom Kaiser wieder die Belehnung mit seinen Gütern, aber mit Ausnahme derjenigen, welche der geldbedürftige Kaiser bereits verkauft hatte; die verpfändeten musste er einlösen. Dies

Ladislaus (— 1457), welcher daher den Beinamen Posthumus führt. Die von den Türken bedrängten Ungarn wünschten, wie die Böhmen, für ihr von den hussitischen Unruhen zerrüttetes Land die kräftige Regierung eines Mannes und wollten Ladislaus nicht zu ihrem Könige erheben. Jene riefen Wladyslaw von Polen als König herbei, und als dieser bei Varna (1444) gegen die Türken gefallen war, trat Johann Corvinus Hunyady als Statthalter Ladislaus' in Ungarn auf und forderte von dessen Vormund Friedrich den jungen König und die ungarische Krone. Auch Böhmen wurde unterdessen von Statthaltern verwaltet, von welchen sich seit 1450 Georg von Podiebrad immer mehr Ansehen erwarb. Friedrich wurde 1452 gezwungen, Ladislaus aus der Vormundschaft zu entlassen. Dieser war schlecht erzogen worden und zeigte sich nun, so jung sich selbst überlassen, und übel geleitet von Ulrich von Cilly, ausserordentlich schwach und leidenschaftlich. Johann Corvinus war bei der helungarische Krone, doch wählten die Ungarn Matthias Corvinus zum Könige. Friedrich schloss mit diesem einen Vergleich zu Oedenburg, in welchem er Corvinus als König anerkannte, und für sich und seine Erben das Recht der Nachfolge vorbehielt, wenn das Geschlecht Matthias erlöschen sollte. Nicht weniger unglücklich war Friedrich in seinem Streben nach der böhmischen Krone; die Böhmen erhoben Georg Podiebrad (1458), und nach dessen Tode (1471) Wladyslaw von Polen zu ihren Königen.

Die böhmische Tronerledigung nach Podiebrad's Tode störte das gute Einvernehmen zwischen Friedrich u. Matthias Corvinus, da beide nach der böhmischen Krone strebten. Corvinus eroberte nach und nach ganz Niederoesterreich und behielt es bis zu seinem Tode (1490). Sein Nachfolger Wladislaw von Böhmen, welcher auf den ungarischen Tron erhoben wurde, anerkannte 1491 die Erbschaftsverträge des Hauses Habsgelang ihm im Laufe der Zeit durch seine Sparsamkeit, wesshalb er den Namen „Friedrich mit der leeren Tasche" erhielt. Sein Sohn

Sigismund (1439—1496) zerfiel, nachdem er Bregenz und andere Grafschaften erworben hatte, über die Wahl eines Bischofs von Brixen mit dem Papste, und als er den vom diesem begünstigten Bischof Nicolaus von Cusa nach Innsbruck gefangen weggeführt hatte, ward er vom Papste in den Bann getan und Tirol mit dem Interdicte belegt. Zugleich reizte der Papst die Schweizer zum Kriege gegen Sigismund auf und dieser verlor den Thurgau. Sigismund verband sich daher mit Karl von Burgund. Als durch des Kaisers Vermittlung der Bann vom Papste (1464) aufgehoben und (1477) Carl von Burgund gestorben war, söhnte sich Sigismund mit den Schweizern durch die ewige Vereinigung aus, in welcher die österreichischen Fürsten auf alles verzichteten, was die Schweizer von den habsburgischen Erbländern denmütigen Verteidigung burg. Von grösster politischer Bedeutung sowohl für das Haus Habsburg, als auch für das ganze europäische Staatensystem war die Erwerbung Burgunds durch die Vermählung Maximilians, des Sohnes Friedrichs, mit Maria von Burgund (1477). Ludwig XI., König von Frankreich, machte Ansprüche auf Burgund als heimfallendes Lehen und griff die niederländischen Besitzungen an, gab aber zu Arras (1482) seine Ansprüche unter der Bedingung auf, dass Max's und Marias Tochter Margaretha mit dem Dauphin Karl vermählt werde. In demselben Jahre starb Maria. Als nun Max zur zweiten Ehe schreiten und sich mit Anna, der Erbin von Bretagne, verbinden wollte, überredete der König Karl VIII. Anna, sich mit ihm zu vermählen, damit die Bretagne nicht einem fremden Fürsten zufalle. Seine bisherige Braut Margaretha schickte er Max zurück. Dieser konnte diese Schmach nicht rächen und schloss einen neuen Frieden zu Senlis (1493).

Belgrads (1456) gefallen und hinterliess zwei Söhne, Ladislaus und Matthias. Als Cilly auch auf diese die Feindschaft übertrug, von welcher er gegen ihren Vater erfüllt gewesen, wurde er von Ladislaus Corvinus und seiner Umgebung getödtet. Der König rächte den Tod seines Günstlings durch die Hinrichtung Ladislaus' und erbitterte dadurch nicht wenig die Ungarn. Schon im nächsten Jahre starb er in Prag im 18. Lebensjahre, der letzte männliche Sprosse der albertinischen Linie. Ungarn u. Böhmen gingen nun den Habsburgern verloren, u. über die österreichischen Länder stritten sich Friedrich, Albrecht u. Sigmund. Im Jahre 1458 einigten sich diese dahin, dass Friedrich Nieder-Oesterreich, Albrecht Ober-Oesterreich und Sigmund einen Teil der Vorlande mit einer Geldentschädigung erhielt.

an sich gebracht hatten. Sigmund adoptirte seinen Vetter Max (1489) und legte im folgenden Jahre die Regierung nieder.

Der Kaiser hatte unterdessen seine Erbländer von Linz aus regiert, und sich mit Gebet, Astrologie und Alchimie beschäftigt. Wien hatte er seit 1462, als man ihn in seiner eigenen Burg belagerte, nicht mehr betreten. Er starb 1493, 79 Jahre alt, im 54. Regierungsjahre. Er hatte ebenso lange als schwach regiert und seine Gegner nur dadurch besiegt, dass er sie alle überlebte. Sein Grabmal ist ein Kunstwerk und eine Zierde der Stefanskirche in Wien. Bekannt ist seine verschieden gedeutete Devise: A. E. I. O. U.

Maximilian I. (1493 — 1519). So sind wir nun angelangt bei jenem Regenten, welcher zugleich am Ausgange des Mittelalters und an der Schwelle der Neuzeit steht und unter welchem der Grund zu dem politischen Gewichte und der späteren Grösse der österreichischen Monarchie gelegt wurde. Als römischer Kaiser und als Beherrscher der österreichischen Länder stellte sich Max eine dreifache Aufgabe: die

Bekriegung der Türken, die Wiederherstellung des kaiserlichen Ansehens in Deutschland und in Italien und die Vermehrung der österreichischen Hausmacht. Bekanntlich wurde die Ausführung der ersten Aufgabe durch die Teilnahmslosigkeit des Reiches vereitelt und die Lösung der zweiten gelang nur teilweise. Wohl wurde die Ordnung in Deutschland wieder hergestellt durch die Aufhebung des Fehderechtes, die Einführung des ewigen Landfriedens, die Einsetzung des Reichskammergerichtes und die Einteilung Deutschlands in 10 Kreise, wonach der österreichische Kreis die habsburgischen Besitzungen in den österreichischen Ländern und der burgundische Kreis die niederländischen Besitzungen der Habsburger umfasste, dagegen gelang Max die Herstellung des kaiserlichen Ansehens in Italien nicht und er musste sich mit dem Titel eines erwählten römischen Kaisers begnügen, den sich seine Nachfolger unmittelbar nach der Krönung beilegten.

Am vollständigsten gelang Maximilian sein dritter Plan, die Vermehrung der österreichischen Hausmacht. Er vermählte seinen 18jährigen Sohn Philipp (1496) mit der spanischen Infantin Johanna, der Tochter Ferdinands von Aragonien und Isabellas von Castilien, aus welcher Ehe drei Kinder, Karl, Ferdinand und Maria hervorgingen. Als Isabella (1504) starb, ergriff die Regierung über Castilien Philipp, da seine Gemahlin wahnsinnig geworden war, und nach Philipps Tode (1506) führten für Karl die Regierung in Castilien Ferdinand von Aragonien und in Burgund Maximilian. Als Ferdinand von Aragonien (1516) starb, war Karl Beherrscher der Niederlande, Castiliens und Aragoniens und aller Nebenländer. So war in Folge der zufälligen grossen Sterblichkeit im spanischen Königshause Spanien an das Haus Habsburg gekommen. Einen neuen Zuwachs erhielten die Erbstaaten des Kaisers im Jahre 1500 durch den Anfall von Görz, Gradisca, Mitterburg und dem Pustertale nach dem Aussterben des görzischen Grafengeschlechtes. Sieben Jahre später erhielt Max als Entschädigung von Baiern für die Kriegskosten wegen seines Anteiles am bairisch-landshutischen Erbfolgekriege Ratenberg, Kufstein, Kitzbüchel und andere kleinere Landschaften. — Auch für die Zukunft war der Kaiser bedacht, indem er eine Wechselheirat zwischen seinen Enkeln Ferdinand und Maria einerseits und den Kindern Wladislaws, Ludwig und Anna anderseits einleitete und dadurch den Anfall der ungarischen und böhmischen Länder an sein Haus vorbereitete.

Max hatte nicht blos in Deutschland für die Herstellung der öffentlichen Sicherheit und Ordnung gesorgt, sondern auch in seinen Erbländern eine bessere Verwaltung eingeführt, indem er in Wien ein Regierungs-, ein Kammer- und ein Hofrathscollegium einsetzte.

Ein Freund ritterlicher Uebungen und kriegerischer Taten, war er auch ein Gönner der Wissenschaften. Er hob die Wiener Universität zu hoher Blüte, so dass die Zahl der Studenten auf 7000 stieg. Fremde aus aller Herren Ländern bezogen seine Universität; in der Liste derselben ist der Name Zwingli zu finden.

Auf dem Reichstage zu Augsburg (1518) wollte der Kaiser seinen Enkel Karl zum römischen Könige wählen lassen. Die Kurfürsten aber erfüllten seinen Wunsch nicht. Als er unwillig von Augsburg wegritt und über Innsbruck nach Wels kam, fühlte er seine Kräfte schwinden und den Tod nahen. Er verschied hier am 12. Jänner 1519. Sein Leichnam wurde in dem Sarge, welchen er vier Jahre auf seinen Reisen mitgeführt hatte, in Wiener-Neustadt beigesetzt. Auf Maximilian folgen seine Enkel

Karl und **Ferdinand**, welche bis 1522 gemeinschaftlich regieren. Kurz nach seiner Kaiserwahl vergrösserte Karl die österreichischen Erbländer durch den Kauf des Herzogtums Wirtemberg (1520). Da er als Beherrscher der Niederlande, König von Spanien und der Nebenländer, als römischer Kaiser und österreichischer Erzherzog über ein ungeheures Ländergebiet herrschte, in welchem in Wahrheit die Sonne nicht unterging, so teilte er schon 1521 und hierauf 1522 mit Ferdinand die österreichischen Staaten. In einem dritten Vertrage (1522) verzichtete er zu Gunsten Ferdinands auf sämmtliche deutsche Erbländer und es teilte sich demnach das habsburgische Haus in zwei Linien, in die spanische und österreichische.

Ferdinand I. (1522—64.) Die Regierung Ferdinands I. bildet aus mehrfachen Gründen den Beginn eines neuen Abschnittes in der österreichischen Geschichte. Denn als wenige Jahre nach seinem Regierungsantritte in den österreichischen Ländern ihm die Kronen von Böhmen und Ungarn zufielen, hatte der Umfang der von ihm beherrschten Länder so ziemlich die Grösse der heutigen Monarchie erreicht und die Hauptfactoren der späteren Grossmacht Oesterreich waren gegeben. Seitdem waren die österreichischen Herrscher bis in die neueste Zeit auch die Träger der römischen Kaiserwürde. Um den Besitz Ungarns begannen nun die barbarischen Türkenkriege, welche einen Zeitraum von mehr als 200 Jahren erfüllen und unsägliches Elend über Ungarn brachten. Unter Ferdinand zieht aber auch in den österreichischen, böhmischen und ungarischen Ländern die neue Zeit, die Tochter der Erfindungen und Entdeckungen im 15. und des geistigen Aufschwunges am Ende desselben Jahrhunderts ein, mit ihr die Reformation. Das Licht der Aufklärung, welches die Humanisten ihren Zeitgenossen angezündet, flammte auch in den Ländern der deutschen Habsburger auf, überstrahlte sie weithin und erweckte die Geister der Freiheit und Wahrheit, welche das Mittelalter so lange in Fesseln gehalten hatte. Die politische Tätigkeit Ferdinands wurde in dreifacher Richtung in vollem Masse in Anspruch genommen: α) gegen die Türken, β) in seinen Kronländern und γ) in Folge seiner Würde als römischer König und Kaiser in Deutschland.

Im Jahre 1521 war zwischen Ferdinand und Anna einerseits, Ludwig von Ungarn und Böhmen und Maria anderseits die bereits von Maximilian I. eingeleitete Doppelheirat geschlossen worden. Fünf Jahre darauf starb Ludwig nach der unglücklichen Schlacht bei Mohács kinderlos. Kraft der Erbverträge, welche die Habsburger mit den Königen von Ungarn und Böhmen mehrmals geschlossen, sollten diese Länder nun an Ferdinand fallen. Doch anerkannten die böhmischen Stände nicht die Rechtskraft jener Erbverträge und hoben Ferdinand blos kraft ihres Wahlrechtes auf den böhmischen Tron, während die ungarischen Stände sich in zwei Parteien teilten, von welchen die eine Ferdinand, die andere aber den Woiwoden von Siebenbürgen, Johann von Zapolya, zum Könige wählte. Dieser unheilvolle Zwiespalt der Magnaten machte Ungarn für viele Jahre zum Schauplatze blutiger Bürgerkriege und brachte, indem er die Türken herbeirief, einen grossen Teil dieses Landes unter die Herrschaft dieses Volkes. Die alten Zeiten asiatischer Rohheit, welche einst unter den Hunnen, Avaren und dann unter den ersten Magyaren das pannonische Tiefland und die benachbarten Culturländer gesehen, kehrten wieder zurück. Zapolya fühlte sich nämlich mit seinem Anhange zu schwach, um sich gegen Ferdinand behaupten zu können und wandte sich an Suleiman um Hilfe. Dieser zog 1529 mit über 200.000 Mann vor Wien und belagerte die Stadt über drei Wochen. Diese aber wurde heldenmütig vom Grafen Niklas Salm mit etwa 20.000 Mann verteidigt. Als alle Angriffe der Türken sich vergeblich erwiesen, die Lebensmittel ausgingen und die kalte Jahreszeit (October) immer näher rückte, beschloss Suleiman den Rückzug. Es war das erste Mal, dass die türkischen Eroberungen an den Mauern Wiens und den heldenmütigen Verteidigern dieser Stadt einen Damm fanden. Auf der Heimkehr schleppten die Türken über 80.000, von Pest allein 10.000 Gefangene mit, so dass sie, da die Stricke nicht mehr ausreichten, die Riemen von den Schildern abschneiden mussten, um die Unglücklichen aneinander koppeln zu können. Drei Jahre darauf (1532) rüstete Suleiman einen neuen Feldzug gegen Ferdinand, welcher zugleich wider Karl V. gerichtet war, wesshalb ihn die Türken den alemannischen nennen. 200.000 Mann setzten sich von der ungarischen Grenze in Bewegung. Widerstandslos fielen die festen Orte. Der Weg nach Wien schien den Türken schon offen. Da brach sich wider Vermuten ihre Macht an den

Mauern einer kleinen Stadt und dem Mute ihrer Besatzung: an Güns. Durch drei Wochen schlug ihr Commandant Niklas Jurisits alle Angriffe der Türken zurück. Mehrere Gründe, die vorgerückte Jahreszeit, der Mangel an Lebensmitteln, die Verluste während des Feldzuges und besonders vor Güns, sowie das schlagfertige Heer, welches unter Karl V. und Ferdinand bei Wien stand, bewogen den Sultan zur Rückkehr. Ueber 30.000 Christensklaven aber schleppte er wieder fort, Dörfer loderten in Flammen auf, Kinder und Greise bluteten unter den Säbeln dieser Barbaren, rauchende Brandstätten und Jammer und Elend bezeichneten den Weg, den sie genommen. Gegen solche Uebermacht des Sultans war Ferdinand zu schwach und Karl war in Schach gehalten durch die Kriege mit Frankreich, auf ausgiebigen Beistand der deutschen Fürsten war nicht zu rechnen, da ein grosser Teil derselben Protestanten und Gegner des Kaisers waren. Der Kaiser vermittelte daher zwischen Ferdinand einerseits und Suleiman und Johann Zapolya anderseits (1538) den Frieden zu Grosswardein, in welchem Ferdinand Zapolya als König von Ungarn in dem ihm zugetanen Teile dieses Reiches anerkannte, wogegen Zapolya zugestand, dass nach seinem Tode sein Land an Ferdinand fallen solle. Doch hatte dieser Friede keine lange Dauer. 1539 schritt Zapolya zur Ehe mit einer polnischen Prinzessin, Elisabeth, welche ihm im Juli des folgenden Jahres einen Sohn gebar, der den Namen Sigmund erhielt. Wenige Tage darauf starb Johann Zapolya. Nach der Bestimmung des Grosswardeiner Friedens hätte nun Johanns Teil von Ungarn an Ferdinand fallen sollen. Die Vormünder Sigmunds aber weigerten sich jenen Vertrag anzuerkennen, liessen ihren Schützling zum Könige ausrufen und übergaben ihn dem Schutze der Pforte. Suleiman aber überliess Sigmund blos das Land östlich von der Theiss und behielt für sich alles Land zwischen Donau und Theiss, so dass die türkische Herrschaft wie ein Keil in Ungarn vordrang (1541). Ofen wurde der Sitz des türkischen Pascha. Die Kriegsfurie wütete nun wieder im Lande bis 1547, Ungarn wurde furchtbar verheert und ein Teil seiner Einwohner als Sklaven fortgeführt. Nach fruchtlosem Kampfe sah sich Ferdinand genötigt, in einem auf 5 Jahre geschlossenen Waffenstillstande Suleiman alles Eroberte zu überlassen und ihm überdies einen jährlichen Tribut von 30.000 Dukaten zu zahlen. — Noch waren die 5 Jahre nicht abgelaufen, als Ferdinand, indem er seine Hand nach Siebenbürgen ausstreckte, auf's Neue die Türken zu einem Einfalle in Ungarn veranlasste (1551), wobei diese das Temeser Banat eroberten. Der Krieg dauerte fort bis zum Jahre 1562, in welchem Ferdinand einen neuen Frieden auf 8 Jahre schloss, sich wieder zu einem jährlichen Tribut von 30.000 Dukaten verpflichtete und Siebenbürgen mit einem Teile des

Theisslandes an Zapolya und den Türken ihre neuen Eroberungen überliess. So unglücklich und ohnmächtig erwies sich trotz alles Blutvergiessens Ferdinands Streben nach dem ungeteilten Besitze der ungarischen Krone. Während in den südöstlichen Ländern Ferdinands die Kriegsstürme tobten und Ungarn vom Waffenlärme und Jammer seiner gebrandschatzten und misshandelten Bewohner erfüllt war, wurden die österreichischen und böhmischen Kronländer von der geistigen Bewegung der **Reformation** ergriffen. Tief gefühlt waren die Uebelstände und das Verderbniss, welche in der christlichen Kirche sich eingenistet hatten, und beifälligen Anklang fanden allerorts in Deutschland die Lehren der Reformatoren. Bald bekannte sich in Oesterreich, Steiermark und Kärnten der grösste Teil des Adels zur neuen Lehre und die Untertanen folgten nach. In Wien verkündete **Paul Spretter** (1522) die neuen Religionsansichten. Die rasche Verbreitung des Luthertums erklärt sich leicht auf folgende Weise: Der Adel suchte Bildung auf den protestantischen Universitäten und ging meist nach Wittenberg. Hier hörte er Luthers Lehre, trat zu ihr über, brachte Theologen auf seine Güter als Hofmeister zurück und gab diesen dann Patronatspfarren. Bald traten auch viele katholische Geistliche aus irdischen Gründen zur neuen Lehre über. Besonders empfänglich aber für Luthers Ansichten war Böhmen, wo der Utraquismus gesetzlich anerkannt war. In Ungarn taten sich als Verbreiter der evangelischen Lehre hervor **Matthias Devay** und (im Burzenlande in Siebenbürgen besonders) **Johann Honter**. Während in Deutschland sich mehr das Luthertum verbreitete, neigten sich die Ungarn mehr dem Calvinismus zu. Die Ursachen der schnellen Verbreitung der Reformation in Ungarn sind der Tod vieler Bischöfe in der Schlacht bei Mohács und die Nichtbesetzung der dadurch erledigten Bistümer, die Flucht vieler Mönche und Geistlichen vor den Türken und die Kriegswirren im Lande. Ferdinand, welcher in Spanien erzogen war, nahm alsogleich Stellung gegen die neue Lehre und ging mit aller Strenge gegen die Verbreitung derselben in seinen Ländern vor. Er gebot die Verbrennung der lutherischen Schriften und erliess viele Gesetze gegen die neue Lehre, welche aber nicht befolgt wurden. Doch bald machte er die Erfahrung, dass er durch seine Strenge die Evangelischen immer mehr erbittere und reize und dass er den begonnenen Aufschwung des menschlichen Geistes niederzudrücken ausser Stande sei. Da die Adeligen seinen Gesetzen nicht gehorchten, so duldete er, was er nicht hindern konnte. Der Lehre aber, in welcher er erzogen worden war, blieb er bis zu seinem Lebensende treu und legte in Stille den festesten Grund zu der grossen bevorstehenden Restauration des Katholicismus in seinen Ländern durch die Aufnahme des Jesuitenordens, welcher bald die Universitäten zu Wien und Prag in seine Hände bekam und Collegien in allen bedeutenderen Orten errichtete. Zu energischem Einschreiten zwang Ferdinand die reformatorische Bewegung in Böhmen. Die Utraquisten verweigerten ihm nämlich im schmalkaldischen Kriege (1546) ihre Unterstützung, vereinigten sich mit dem Kurfürsten von Sachsen und beschlossen die Aufstellung eines Heeres für die protestantische Sache. Nach dem glänzenden Siege des Kaisers über die schmalkaldischen Fürsten bei Mühlberg (1547) entzog Ferdinand der Stadt Prag und anderen böhmischen Städten ihre Vorrechte und Besitzungen. — Der Länderbestand Ferdinands änderte sich im Laufe seiner Regierung, abgesehen von den türkischen Eroberungen, derart, dass Wirtemberg im Frieden zu Cadan (1534) an den Herzog Ulrich zurückgegeben wurde, Costnitz (1548) in eine österreichische Provinzialstadt verwandelt und durch Kauf die zweite Hälfte der Grafschaft Bregenz und die Grafschaft Thengen erworben wurden.

Einen bedeutenden Einfluss auf die politischen Verhältnisse in Deutschland übte Ferdinand nach seiner Erwählung zum römischen Könige in Folge der häufigen Abwesenheit seines Bruders vom Reiche aus. Die Verzichtleistung Karls V. (1556) auf die römische Kaiserwürde und dessen Tod (1558) brachten die Leitung der deutschen Reichsangelegenheiten vollends in seine Hände.

Da das Primogeniturgesetz in den österreichischen Ländern nicht eingeführt war, so nahm Ferdinand eine Teilung der österreichischen Länder unter seine drei Söhne vor, durch welche Maximilian, der von den Kurfürsten bereits zum römischen Könige und in Ungarn und Böhmen zum Nachfolger des Vaters gewählt war, Oesterreich erhielt, Tirol und Vorderösterreich an Ferdinand kamen, und Karl Steiermark, Kärnten, Krain und Görz zufielen. Dass Ferdinand die grosse Ländermasse, die er und seine Ahnen erworben oder durch glücklichen Zufall gewonnen hatten, durch Teilung wieder zersplitterte, war ein grosser Fehler.

Oeterreichische Linie.	Tirolische.	Steirische.
Maximilian II. (1564—1576). Der Regierungsantritt Maximilians war der Anfang neuer Kriege in Ungarn. Sigmund Zapolya suchte sich nämlich eines Teiles von Ungarn zu bemächtigen und von Maximilians Feldherren geschlagen, wandte er sich wieder um Hilfe an die Pforte. Der Sultan sagte ihm diese zu. Bereits ein Greis, altersschwach und krank, stellte sich Suleiman nochmals an die	**Ferdinand** (1564- 1590) hatte mit Philippine Welser, der Tochter eines augsburgischen Patriciers, ohne Wissen	**Karl** (1564 —1590) war mild und tolerant, obgleich er in Spanien einen Teil seiner Erziehung genossen

Spitze seiner Truppen: zum letzten Male. An einer kleinen Festung im südlichen Ungarn brach sich der Zug seines Heeres und ward seinem Leben das Ziel gesetzt. Szigeth bestand aus drei Teilen: der neuen, der alten Stadt und der Festung. Diese war eigentlich nur ein mit Mauern umgebener Turm. Hier, wenn Alles verloren war, konnten sich todesmutige Männer noch eine Zeit lang halten. Die Wälle aber bestanden nur aus Erde und Reisig und die Zahl der Streiter war nicht zureichend. Wie zum festlichen Empfange liess der Verteidiger dieser schwachen Festung, Niclas Zrinyi, die Wälle mit Tuch schmücken und als der Sultan erschien, donnerte ihm die grösste Kanone den Gruss entgegen. Zrinyi rief die Seinen zusammen, schwor, er wolle kämpfen bis zum letzten Hauche und hingerissen von seinem Heldenmute schworen sie Gleiches. Die Janitscharen glaubten, dieser aufgeworfene Erdhaufe, diese Handvoll Krieger könne ihnen nicht widerstehen und stürmten. Die neue und die alte Stadt gingen in Brand auf. Zrinyi zog sich in die Festung zurück. Sein Sohn war in die Hände der Türken geraten und der Sultan versuchte des Vaters Herz zu erschüttern. Doch das Pflichtgefühl Zrinyi's siegte über die Regungen der Vaterliebe. Als Suleiman noch vergeblich für die Uebergabe der Festung Kroatien angeboten hatte, liess er wieder stürmen. Feuer flog in die Festung, aber Zrinyi und die Seinen kämpften wie Löwen. „Ist dieser Rauchfang noch nicht ausgebrannt und tönt noch nicht die Pauke der Eroberung", schrieb der Sultan seinem Grossvezier; in derselben Nacht starb er und der Brand der Festung ward seine Todesfackel. Der Tod des Padischah wurde verheimlicht und die Belagerung fortgesetzt. Nach drei Tagen war die Not in der Festung auf das höchste gestiegen. Nun galt es mutig zu sterben und das tat die Besatzung. Zrinyi kleidete und Willen des Vaters eine morganatische Ehe geschlossen (1557). Später gab der Vater hiezu seine Zustimmung, doch wie sein Bruder sollten die Kinder dieser Ehe so lange von der Erbfolge in den österreichischen Ländern ausgeschlossen sein, bis alle übrigen Descendenten d. Hauses abgestorben wären. Der ältere Sohn aus dieser Ehe, Andreas, wurde Bischof u. starb 1600. Karl, welcher einige Grafschaften erhielt, starb 1618 ohne männliche Nachkommen. Nach dem Tode seiner ersten Gemahlin nahm hatte. Er wollte Niemand in seinem Gewissen beschweren. Er gewährte daher dem Herren- und Ritterstande, wie sein Bruder Max, Religionsfreiheit, nämlich den Adeligen auf ihren Landschlössern, u. überdies noch den Städten Graz, Klagenfurt, Laibach und Judenburg. Doch legte er bereits auch den Grund zur Gegenreformation in seinen Ländern, indem er die Jesuiten nach Graz berief. Um die Wissenschaft hat sich Karl ein bleibendes Verdienst erworben durch die Gründung d. Universität in Graz 1586. **Ferdinand II.** (1590 sich wie zu einem Feste und öffnete das Tor. Eben stürmten die Türken heran. Von zwei Kugeln und einem Pfeil getroffen, fiel er. Die Türken legten ihn noch lebend auf eine Kanone und schnitten ihm den Kopf ab. Alsbald flog der Turm in die Luft und begrub 3000 Türken unter seinen Trümmern. 20.000 Leichen lagen um die Wälle. In der Nähe von Raab stand Max mit einem grossen Heere, doch tat er zum Entsatze von Szigeth nichts. Suleimann's Nachfolger Selim ging mit seinem Heere zurück und zwei Jahre darauf schloss der Kaiser mit ihm einen Frieden auf 8 Jahre, in welchem er sich zu dem früheren Tribute verpflichtete und beide Teile ihren Besitz behielten (1568).

Maximilian war von Jugend auf dem Protestantismus, in welchem er von seinen Erziehern, welche heimlich Protestanten waren, unterrichtet worden war, zugetan, und bereitete dadurch seinem Vater viel Kummer. Als er die Regierung angetreten hatte, erwartete man seinen Uebertritt zum Protestantismus. Wenn er auch aus politischen Gründen diese Erwartung nicht erfüllte, so gab er aber keine Verordnung mehr gegen die Ausübung und Verbreitung der neuen Lehre, ja er begünstigte diese insoferne, als er dem Herren- und Ritterstande die freie Ausübung des evangelischen Religionsbekenntnisses auf ihren Gütern gestattete, doch mit der Klausel, dass sie ihre Untertanen zu ihrem Glauben nicht zwingen sollten, woran sich aber die wenigsten kehrten. Der Kaiser selbst hatte in Böhmen einen evangelischen Hofprediger, Johann Pfauser, welcher zugleich Vorstand der evangelischen Kirche bis an sein Ende (1569) war. Maximilian wurde von einem Teile des polnischen Adels (1575) für den polnischen Tron gewählt, starb aber, bevor diese Frage erledigt war, schon im folgenden Jahre. Er hinterliess sechs Söhne, von welchen ihm in der Regierung Deutschlands, wie in Oesterreich, Böhmen und Ungarn zunächst der älteste

Ferdinand die Prinzessin Anna Katharina von Mantua zur Ehe, welche ihm nur Töchter gebar. Ferdinand unterdrückte mit Gewalt den Protestantismus in seinen Ländern.

Nach seinem Tode brach ein Streit zwischen d. österreichischen u. steirischen Linie über die Erbfolge in Tirol aus, der dahin ausgeglichen wurde, dass Max die Verwaltung des Landes im Namen beider Linien übernahm.

1637) befand sich eben, als sein Vater starb, auf der Universität zu Ingolstadt, um von den Jesuiten den Schluss seiner Erziehung zu erhalten. Hier wurde er von jenem Feuereifer erfüllt, mit welchem er später die Restauration des Katholicismus u. die Verfolgung d. Protestantismus betrieb. Als er die Regierung in seinen Ländern (1596) angetreten u. sich für seinen Beruf durch eine Wallfahrt nach Loretto und Rom gestärkt hatte, begann er 1598 die Ausrottung des verhassten Luthertums. Die Ausübung der neuen Lehre wurde

Rudolf II. (1576—1608, 11. 12) folgte; die übrigen waren Ernst, Matthias, Max, Albrecht und Wenzel (welcher schon 1578 starb). Während diese Beweglichkeit und Teilname am politischen Leben charakterisirt (Matthias mischte sich in den Abfall der Niederlande, Ernst und Max bewarben sich um die polnische Krone, Albrecht erhielt die spanischen Niederlande als Mitgift seiner Gemahlin, einer span. Prinzessin), so beherrschte Rudolf eine so ausserordentliche Teilnahmslosigkeit und Gleichgiltigkeit an den politischen Interessen, sowohl Deutschlands wie auch seiner Erbstaaten, dass er wohl in dieser Beziehung als ein Muster hingestellt werden kann, wie ein Regent nicht sein soll. Seiner Erziehung in Spanien hatte er einige Kenntnisse in Mathematik, Alchymie und Astrologie zu verdanken und die Beschäftigung damit wurde ihm die Hauptsache, während die Politik, seine eigentliche Regentenaufgabe, ihm reine Nebensache blieb. Während er in Prag mit Tycho de Brahe und Kepler die Sterne studirte, aus ihnen die Geschicke der Menschen ablesen und in alchymistischen Retorten Schätze erzeugen wollte, vergass er ganz auf die Erde, seine Länder und seine Untertanen. Gesandte fremder Mächte mussten oft Monate lang auf eine Audienz warten, die dringendsten Gegenstände blieben ebenso lange ohne Entscheidung, die wichtigsten Aemter jahrelang unbesetzt: so musste daher bald überall in seinen Ländern der Gang des Verwaltungsmechanismus in's Stocken geraten und es ist nicht zu wundern, dass sowohl unter den Mitgliedern des kaiserlichen Hauses, als auch unter den Untertanen der Unwille gegen den Herrscher zum Ausbruche kam.

Zunächst brachen die Unruhen in Ungarn wegen der Bedrückung der Evangelischen durch den Kaiser aus. Dazu kam ein neuer Türkenkrieg. Der zwischen Maximilian II. und den Türken auf 8 Jahre abgeschlossene Waffenstillstand war bisher zweimal erneuert worden und lief 1592 ab. Im Verlaufe des folgenden Krieges spielte eine wichtige Rolle Siebenbürgen, dessen Fürst Sigmund Báthory (1602) sein Land an den Kaiser abtrat. Der kaiserliche Statthalter Basta aber drückte die Bevölkerung so sehr, dass sie sich erhob, und mit Unterstützung der Pforte Stephan Boeskai zum Fürsten wählte. Dieser führte nun in Verbindung mit der Pforte den Krieg gegen den Kaiser mit solchem Nachdrucke, dass Matthias es für geraten hielt, ganz abgeschafft, die protestantischen Schulen aufgehoben, die Pastoren mussten binnen 14 Tagen das Land, die Prädicanten aber binnen 24 Stunden Graz und binnen 8 Tagen das Land verlassen. Wer nicht zum Katholicismus zurückkehrte, konnte sein Eigentum verkaufen, u. durfte hierauf, wenn er von dem Erlöse den zehnten Teil dem Landesfürsten entrichtet hatte, sich eine neue Heimat suchen. Viele vornehme Geschlechter blieben der neuen Lehre treu u. wanderten aus. Der Protestantismus wurde auf

14 *

für den Kaiser (1606) in Wien einen Frieden zu schliessen, in welchem Bocskai und seinen männlichen Nachkommen der Besitz von Siebenbürgen und mehrerer ungarischer Districte und den Evangelischen in Ungarn völlige Religionsfreiheit, sowie die Ausschliessung aller Ausländer von öffentlichen Aemtern gewährt werden musste. Doch wählten die Siebenbürger nach Bocskai's Tode (1607) Rakoczy und nach dessen Resignation (1608) Gabriel Báthory. Mit den Türken wurde noch im selben Jahre der Friede zu Sitva-Torok (bei Gran) geschlossen, durch welchen der bisher gezahlte Tribut aufgehoben wurde, im Uebrigen die Türken in ihrem bisherigen Besitze blieben.

Nachdem so die Unruhen und Kriege in Ungarn beendigt waren, brachen in Folge der Untätigkeit und der verkehrten Massregeln des Kaisers die Wirren in Oesterreich und Böhmen sowie im kaiserlichen Hause selbst aus. Die Erzherzoge Matthias, Max, Ferdinand und Ernst waren nämlich schon im April 1606 zusammengetreten, hatten urkundlich den Kaiser als regierungsunfähig erkannt und Matthias im Interesse ihres Hauses zu ihrem Oberhaupte ernannt. Dieser nötigte den Kaiser (1608) ihm Oesterreich, Mähren und Ungarn abzutreten. Die Uneinigkeit zwischen Matthias und dem Kaiser benützten die evangelischen Stände in Oesterreich und Böhmen zur Erlangung des Ausübungsrechtes ihrer Religion. Matthias musste den Evangelischen in Oesterreich dieselben Rechte gewähren, welche den Ungarn zugestanden worden waren und Rudolf wurde gezwungen, den Majestätsbrief (1609) zu erlassen, in welchem den Protestanten in Böhmen freie Religionsübung und das Recht der Stiftung von Schulen und Kirchen gestattet, sowie die Universität und das Consistorium in Prag überlassen wurden. Als aber Rudolf sich an Matthias rächen wollte und die Nachfolge mit Uebergehung seiner Brüder, seinem Vetter Ferdinand in Steiermark zudachte, sowie den Böhmen den Majestätsbrief entreissen wollte, erschien Matthias (1611) von Neuem mit einem starken Heere in Böhmen und zwang den Kaiser auch zur Abtretung von Böhmen und dessen Nebenländern. Die Unterzeichnung der Abtretungsurkunde erregte Rudolfs Zorn in solchem Masse, dass er seinen Hut zur Erde warf und die Feder zerbiss. Als der Kaiser schon im folgenden Jahre starb, ersparte ihm der Tod noch weitere diese Weise vollständig ausgerottet. Da die österreichische Linie dem Erlöschen nahe war, wurde Ferdinand (1617) zum Könige von Böhmen und im folgenden Jahre zum Könige von Ungarn gekrönt, doch musste er früher alle bürgerlichen und kirchlichen Vorrechte der Stände und des Volkes beschwören. Nach dem Tode Kaiser Matthias' (1619) waren alle österreichischen Länder, sowie Böhmen und Ungarn in seiner Hand vereinigt, und da ihm die Kurfürsten auch die deutsche Kaiserwürde verliehen, so war

Matthias (1608. 11—1619) folgte seinem Bruder (1612) als römischer Kaiser. So tätig und entschieden früher Matthias in die Geschichte Ungarns, Oesterreichs und Böhmens eingriff, einer eben so grossen Ruhe und Unentschiedenheit gab er sich hin, nachdem er Kaiser geworden. In Allem liess er sich vom Cardinal Khlesel, dem Bischofe von Wr.-Neustadt und Wien leiten. Er war bereits alt und müde geworden und seine Kräfte waren erschöpft. Die Ruhe in Ungarn wurde dadurch aufrecht erhalten, dass er gegen die Erhebung Bethlen Gabors (1613) zum Fürsten von Siebenbürgen nichts Erhebliches tat und mit den Türken (1615) einen neuen Waffenstillstand auf 20 Jahre abschloss. Da er keine Kinder hatte, so ordnete er die Nachfolge in der Weise, dass er seine ebenfalls kinderlosen Brüder, Max und Albrecht, sowie den König von Spanien, Philipp III., zur Entsagung ihrer Ansprüche bewog und seinen Vetter Ferdinand von Steiermark adoptirte, welcher hierauf zum Könige von Böhmen und Ungarn gekrönt wurde.

Er erlebte noch den Ausbruch des dreissigjährigen Krieges. Die Protestanten in Böhmen stützten sich auf den Majestätsbrief und bauten in Klostergrab, welches dem Erzbischofe von Prag gehörte, und in Braunau Kirchen. Der Beschwerde des Erzbischofs und des Abtes von Braunau hierüber gab die Regierung in der Weise Folge, dass die eine Kirche niedergerissen und die andere geschlossen wurde. Als der Recurs der Protestanten dagegen zurückgewiesen war, warfen einige protestantische Adelige die königlichen Statthalter Martinitz und Slawata sowie ihren Geheimschreiber Fabricius zum Fenster des königl. Schlosses in Prag hinaus (23. Mai 1618). Wohl hatten sich diese nicht erheblich beschädigt, die Böhmen konnten nun aber nicht mehr auf halbem Wege stehen bleiben. Sie stellten ein nationales Heer unter der Führung des Grafen Thurn auf und riefen die Union um Hilfe an, welche ihnen ein Heer unter dem Grafen Mansfeld schickte. Die Regierung wurde 30 Directoren übertragen und die Jesuiten aus dem Lande gejagt. Bereits waren die kaiserlichen Feldherren Bouquoi und Dampierre aus Böhmen zurückgedrängt und die österreichische Grenze bedroht, als der 63jährige Kaiser starb (1619).

Ferdinand II. seine Macht der seines gleichnamigen Grossvaters gleich. Mit derselben Kraft, Festigkeit u. Entschiedenheit, welche seine frühere Tätigkeit charakterisirten, ging er nun gleichmässig als Kaiser in Deutschland, wie in seinen Erbstaaten vor. Als Zögling der Jesuiten u. fortwährend unter deren Einflusse stehend, liess er sich stets von dem Grundsatze leiten, dass durch die Ausrottung der evangelischen Lehre ein gottgefälliges Werk verrichtet u. dadurch am besten das Wohl seiner Staaten gefördert werde. Von grossem

Einflusse auf seine Handlungen und daher von grosser politischer Bedeutung war sein Beichtvater, der Jesuit Lämmermann (Lamormain). Die Lage Ferdinands bei seinem Regierungsantritte (1619) war eine sehr missliche. Böhmen war in vollem Aufstande, die österreichischen Stände schlossen sich den böhmischen an, die eine Hälfte Ungarns war im Besitze der Türken, in der anderen suchte sich Bethlen Gabor von Siebenbürgen festzusetzen, und vor den Mauern Wiens stand ein böhmisches Heer unter Thurn. Von den Protestanten Wiens in seiner eigenen Burg bedrängt, blieb er unbeugsam. Als das böhmische Herr, welches den günstigen Zeitpunkt des Angriffes versäumt hatte, von Wien abgezogen war, eilte er nach Frankfurt zur Kaiserwahl. Während er hier die Kaiserkrone erhielt, übertrugen die Böhmen ihr Reich **Friedrich V.** von der Pfalz. So wie sich die Union der böhmischen Sache annahm, so trat nun für das Interesse des Kaisers die Liga, an deren Spitze Maximilian von Baiern stand, ein. Durch den Sieg am **weissen Berge** bei Prag (1620), welchen Max errang, erhielt Ferdinand die böhmische Krone wieder. Schwer traf aber nun die Böhmen die strafende Hand ihres Königs. Ihr Majestätsbrief wurde zerschnitten, die Vorrechte der Stände aufgehoben, das Land zu einem Erbreich erklärt, die Jesuiten zurückgerufen und die Protestanten zur Rückkehr zum Katholicismus oder nach sechsmonatlicher Frist zur Auswanderung genötigt. Da der böhmische Adel in grossen Schaaren auswanderte, kam ein grosser Teil ihrer Besitzungen um geringen Preis in die Hände deutscher Adeligen. Von den Führern des Aufstandes wurden 27 in Prag hingerichtet, andere traf Gefängniss, Landesverweisung oder andere Strafen, jeden nach dem Masse seiner Schuld. In den königlichen Städten wurden Commissionen eingesetzt, um den Katholicismus zu restauriren. In einigen Ländern erhoben sich gegen die Massregeln der Regierung Aufstände, welche mit Gewalt unterdrückt wurden.

Bekanntlich ist der böhmische Krieg der erste Act jenes blutigen Kriegsschauspieles, dessen Bühne Deutschland durch 30 Jahre war. Es gehört dieser Krieg mehr der allgemeinen als der österreichischen Geschichte an und wir wollen uns hier blos auf die Betrachtung jener grösseren Episoden desselben, welche in unmittelbarem Zusammenhange mit Oesterreich stehen, beschränken. Nachdem Kaiser Ferdinand so siegreich aus dem böhmisch-pfälzischen Kriege hervorgegangen war, erhob sich gegen ihn ein neuer Feind, **Christian von Dänemark**. Den zwei Heeren, welche für die protestantische Sache kämpften, dem dänischen unter seines Königs Führung, und dem unionistischen unter Mansfeld, stand nur Ein katholisches, das ligistische unter Tilly gegenüber. Sehr erwünscht musste daher dem Kaiser das Anerbieten Wallenstein's sein, ein neues Heer, welches blos für die Sache des

Kaisers streiten sollte, unter der Bedingung aufzustellen, dass Wallenstein den unbeschränkten Oberbefehl über dasselbe erhalte. Wallenstein schlug Mansfeld bei Dessau (1626) und verfolgte denselben nach Ungarn, wo dieser sich mit Bethlen Gabor von Siebenbürgen verbinden wollte. Mansfeld aber verkaufte, da diese Verbindung nicht zu Stande kam, den Rest seiner Kriegsvorräte und floh nach Dalmatien, wo ihn der Tod bei Spalato ereilte. Wallenstein kehrte nun nach Deutschland zurück und durchzog nach dem Siege Tilly's über Christian bei Lutter am Barenberge die dänischen Länder, welche furchtbar verwüstet und ausgesogen wurden. Da die Waffen des Kaisers so siegreich waren, glaubte dieser in Deutschland ebenso wie in seinen Erbstaaten vorgehen zu können und erliess 1629, in demselben Jahre, in welchem der Friede mit Dänemark geschlossen wurde, das Restitutionsedict, nach welchem alle seit 1555 säcularisirten Länder von den Protestanten herausgegeben werden sollten. Die Erbitterung, von welcher darüber die protestantischen Fürsten gegen den Kaiser aufgeregt wurden, sowie der Hass und Neid, von welchen auch die katholischen Fürsten gegen den neu ernannten Herzog von Mecklenburg erfüllt waren, bewogen sowohl die katholischen als auch protestantischen Fürsten, gemeinsam auf dem Reichstage zu Regensburg (1630) gegen den Kaiser vorzugehen und von diesem die Entlassung Wallenstein's und die Beseitigung des Restitutionsedictes zu fordern. Der Kaiser gab nach, ohne dass die Fürsten seinem Wunsche, seinen Sohn Ferdinand zum römischen Könige zu wählen, entsprachen. Damals, als das Wallensteinische Heer sich auflöste und die Soldaten desselben sich nach allen Richtungen zerstreuten, um neue Dienste zu suchen, landete auf Rügen Gustav Adolf, der Held der schwedischen Periode des dreissigjährigen Krieges. Das ligistische Heer unter dem alten Tilly war ihm nicht gewachsen und wurde bei Breitenfeld 1631 geschlagen, worauf sich sächsische Truppen nach Böhmen ergossen, während der König den südwestlichen Teil Deutschlands durchzog. Als hierauf Tilly am Lech gefallen war, befand sich der Kaiser in grösster Verlegenheit und sah sich genötigt, jenen stolzen Mann, den er vor kurzer Zeit seiner Dienste entlassen, zu bitten, ein neues Heer aufzustellen und gegen den gefährlichen Feind zu führen. Nicht alsogleich liess sich Wallenstein hiezu bewegen. Wohl liess er alsbald die Werbetrommeln rühren, aber er übernahm erst das Commando über die 60,000 Mann, die sich in kürzester Zeit um ihn gesammelt hatten, nachdem der Kaiser alle Bedingungen (welche ausserordentlich weitgehend waren) angenommen hatte. Zunächst säuberte er nun Böhmen von den Sachsen; hierauf zog er gegen Gustav Adolf. Bei Nürnberg stiessen diese bedeutendsten Feldherren jener Zeit an einander. Beide schlugen Lager und verhielten in diesen sich neun

Wochen ruhig einander gegenüber, bis Gustav Adolf nach einem vergeblichen Angriffe auf Wallenstein's Lager in das südliche Baiern abzog. Wallenstein wendete sich nun nach Norden in die Länder des Kurfürsten von Sachsen um diese zu brandschatzen und ihren Gebieter dadurch zur Verbindung mit dem Kaiser zu bewegen. Gustav Adolf, welcher dieses verhindern wollte, eilte Wallenstein nach und besiegte ihn in der verhängnissvollen Schlacht bei Lützen (1632), um den Preis seines Lebens. Bernhard von Weimar übernahm nun den Oberbefehl über das schwedische Heer, von welchem ein Teil unter Thurn in Böhmen einfiel. Wallenstein trat in Unterhandlung mit Schweden und Frankreich, besiegte, nachdem diese sich zerschlagen hatten, Thurn und zog nordwärts in das Brandenburgische. Hier erhielt er den Befehl zurückzukehren, da Bernhard von Weimar in Baiern eingefallen war, um dieses zu schützen. Missmutig zog Wallenstein sehr langsam zurück, überwinterte in Pilsen und trat, als er die Nachricht erhielt, dass der Kaiser ihm das Obercommando nehmen wolle, wieder in Unterhandlungen mit Frankreich. Eben machte er sich auf den Weg, Böhmen zu verlassen, als er in Eger 1634 ermordet wurde. Diese Tat war durch Buttler, welcher der Regierung dadurch einen Dienst leisten wollte, auf eigene Verantwortung veranstaltet worden und wurde hierauf vom Kaiser durch die Ausstellung eines Urteils gerechtfertigt. Die Ermordung Wallenstein's bleibt immer ein schwarzes Blatt in der österreichischen Geschichte und wie sehr auch Manche sich bemühen, diesen Meuchelmord zu erklären, entschuldigen lässt er sich nie vor dem allgemeinen Moralgesetze der civilisirten Menschheit, welches den Satz, der Zweck heiligt das Mittel, nicht anerkennt. Den Oberbefehl des kaiserlichen Heeres übernahm hierauf der Sohn des Kaisers, der Erzherzog Ferdinand, an dessen Seite der erfahrene Gallas stand. Beiden gelang es in der Schlacht bei Nördlingen (1634) die Schweden vollständig zu schlagen. Die Folge dieses Sieges war der Prager Frieden (1635), in welchem der Kaiser das Restitutionsedict zurückzog, worauf der Kurfürst von Sachsen sich Oesterreich wieder anschloss. Nun trat aber Frankreich offen auf den Kampfplatz und der dreissigjährige Kampf tritt in sein letztes Stadium, den schwedisch-französischen Krieg, dessen Charakter rein politisch ist, indem es den Franzosen um die Erwerbung eines Rheinlandes, dem Herzoge Bernhard von Weimar um ein Fürstentum und den Schweden um einen deutschen Landstrich als Ersatz für die Kriegskosten zu tun ist. Der Kaiser starb bereits im zweiten Jahre nach dem Prager Frieden. Die Urteile über ihn lauten verschieden, aber meist ungünstig. Während ihn die Katholiken als den Restaurator des Katholicismus in den österreichischen Ländern hochhalten, nennen die protestantischen Schriftsteller ihn den Urheber des dreissigjährigen

Krieges, welcher Deutschland zu einem grossen Leichenfelde gemacht und den leiblichen und geistigen Wohlstand dieses früher so blühenden Landes völlig zerstört hat. Man muss den Menschen nach dem Geiste seiner Zeit und nach dem, was er für das Wohl der Menschheit geleistet hat, beurteilen. Ferdinand war von den Jesuiten erzogen worden und glaubte das Wohl seiner Untertanen am besten zu fördern, wenn er den Katholicismus restaurirte. Dass er in seinen Kämpfen für die katholische Kirche mehr für die Interessen Roms als für das Wohl seiner Untertanen wirkte und dieses geradezu schädigte, ahnte er nicht. Es mag daher all das Wehe, das er über seine Erbländer wie über Deutschland brachte, der jesuitischen Erziehung in das Schuldbuch geschrieben werden. Mit der ausserordentlichen Festigkeit, die seinen Charakter auszeichnet und jener vollen Hingebung und Ausdauer, die ihn in der Erledigung der Regierungsgeschäfte nie ermüden liess und bei den übrigen Fähigkeiten seines Geistes, die ihm auch seine Feinde nicht absprechen, hätte er, liberaler erzogen, Grosses für Oesterreich und Deutschland leisten können, jedenfalls wären von vielem unsäglichen Unglücke diese Länder verschont geblieben. Als

Ferdinand III. (1637—1657) die Regierung antrat, glaubte man nicht, dass der Krieg, welcher schon 20 Jahre wütete, noch zehn Jahre dauern werde. In dieser Kriegsperiode wurden die österreichischen Länder wieder schwer heimgesucht. Als Bernhard von Weimar 1639 gestorben war und Banner die Führung des schwedischen Heeres übernommen hatte, fiel dieser, nachdem er Gallas geschlagen hatte, in Böhmen ein und verwüstete dieses Land furchtbar (1639—1640). Nach ihm drang Torstenson 1642 nach Mähren und bis gegen Wien mordend und brennend vor und im folgenden Jahre rückte er abermals, nachdem er das kaiserliche Heer bei Breitenfeld geschlagen hatte, in Oesterreich ein. Der Krieg, welcher damals zwischen Schweden und Dänemark ausgebrochen war, nötigte ihn zur Rückkehr. Als aber dieser beendigt war, zog er 1645 zum dritten Male gegen Wien. Sein kranker körperlicher Zustand bewog ihn den Oberbefehl niederzulegen, welchen nun Wrangel übernahm. Eben war Königsmark mit einer schwedischen Heeresabtheilung wieder nach Prag vorgedrungen und bereits war ein Teil dieser Stadt erobert, als endlich die Nachricht von dem heissersehnten Frieden kam, welcher all dem Elende einmal ein Ende machen sollte. Bekanntlich verlor im westphälischen Frieden Oesterreich an Frankreich Elsass, den Sundgau und die Festung Breisach und der Krieg endigte ganz anders, als Ferdinand II. beim Beginne desselben erwartet hatte.

Das Unglück, welches die verflossenen dreissig Jahre über die österreichischen Länder gebracht hatten, ist im vollen Sinne des Wortes unbeschreiblich. Andere Länder, in welchen die Kriegsfurie nicht so lange gewütet, hatten 75% ihrer Bevölkerung verloren. Böhmen, welches vom Anfange bis zum Ende des Krieges mit nur kurzen Intervallen der Kampfplatz war und aus welchem noch durch die harten Massregeln des Kaisers die Protestanten zur Auswanderung genötigt worden waren, hat jedenfalls eine noch grössere Einbusse an seiner Bevölkerung erfahren. Der Schaden, welchen die betroffenen österreichischen Länder durch den Krieg erlitten, ist weit grösser als der anderer deutscher Territorien. Fast die gesammte nationale Bildung war verjagt. Gerade der intelligentere Teil der Bevölkerung, die wohlhabenden Gutsherren, die Gelehrten, die charakterfesten Seelsorger waren, weil protestantisch, ins Elend gestossen worden. Sicher geht ihre Gesammtzahl in die Hunderttausende. Die Zurückgebliebenen aber verloren ihr Selbstgefühl und ihren Idealismus und bildeten lange eine träge, geistig unbelebte und indifferente Masse. Daher die traurige Folge, dass, als im nächsten Jahrhunderte in Frankreich und Deutschland die Literatur in herrlichster Blüte sich entfaltete, Oesterreich eine dürre Wüste blieb, und dass Keiner aus der Reihe der deutschen Classiker jener Zeit dem Heimatslande Walthers von der Vogelweide angehört.

Ferdinand III. regierte ganz im Geiste seines Vaters. Die Religionsedicte seines Vaters wurden unter ihm erneuert und andere hinzugefügt, die Ausübung des Protestantismus streng untersagt und auf die genaue Befolgung der Satzungen der katholischen Kirche gesehen.

Leopold (1657 — 1705) genoss, so lange sein älterer Bruder Ferdinand, welcher für den Tron bestimmt war, lebte, eine geistliche Erziehung. Da dieser vor dem Tode seines Vaters starb, so gelangte Leopold zur Regierung über die österreichischen, ungarischen und böhmischen Länder und nach Ueberwindung einiger Schwierigkeiten auch auf den deutschen Tron. Seine Regierungstätigkeit war fortwährend in Anspruch genommen von Ludwig XIV., der seine Eroberungsgelüste im Osten seines Reiches auf Kosten Deutschlands befriedigte, wogegen Leopold wenig leisten konnte, da er im Osten von den Ungarn und Türken, welche von Frankreich aufgereizt und unterstützt waren, in Schach gehalten wurde.

Sechs Jahre nach seinem Regierungsantritte brach ein **Krieg** mit den **Türken** aus. Die Veranlassung hiezu war Siebenbürgen. Hier war nämlich Kemeny zum Grossfürsten gewählt worden, welcher sich an Leopold anschloss, während die Türken Apafi einsetzten. Da die diplomatischen Verhandlungen zwischen Leopold und der Pforte zu keinem Resultate führten, mussten die Waffen entscheiden. Der kaiserliche Feldherr Montecuccoli errang in diesem Kriege bei St. Gotthard (1664) den glänzendsten Sieg, welchen die christlichen Waffen bisher zu Lande über die Türken errungen hatten. Doch entsprachen die Friedensbedingungen zu Vasvar (Eisenburg) (1664) dem Waffenerfolge nicht, indem Apafi Grossfürst von Siebenbürgen blieb und sogar mehrere ungarische Festungen an die Türken abgetreten wurden. Diese ungünstigen Friedensbedingungen, sowie die Unterdrückung der Evangelischen erbitterten viele Ungarn, so dass sich eine Verschwörung bildete, deren Häupter Zriny, Frangepani, Nadasdy und Tattenbach (1671) hingerichtet wurden. Als die Regierung hierauf noch strenger gegen die Evangelischen auftrat und die höchsten Civil- und Militärämter mit Deutschen besetzte, an Stelle des Palatinus einen deutschen Statthalter einsetzte, lohte die Erbitterung, welche durch die deutschen Truppen stets genährt wurde, in hellen Flammen auf und verursachte zugleich einen **Türkenkrieg**, als Graf Emmerich Tököly den Schutz der Pforte anrief. Die Türken erschienen unter Kara Mustafa 1683 vor Wien und belagerten die Stadt mehrere Wochen hindurch. Wien hielt sich tapfer unter **Rüdiger von Starhemberg**, bis es von **Johann Sobieski** von Polen, dem Kurfürsten **Johann Georg** von Sachsen und dem Herzoge **Karl V.** von Lothringen im siegreichen Kampfe entsetzt wurde. Das kaiserliche Heer ging nun unter Karl von Lothringen zur Offensive über, verfolgte die Türken und eroberte Neuhäusel, Ofen und besetzte Slavonien. Bald war die Macht des Kaisers in Ungarn so hergestellt, dass dieses Land auf dem Reichstage zu Pressburg (1687) in ein habsburgisches Erbreich verwandelt werden konnte. Den siegreichen Feldzug, welchen Karl von Lothringen begonnen, setzte der **Markgraf Ludwig von Baden** fort, indem er die Türken (1691) vollständig bei Salankemen schlug, und vollendete der **Prinz Eugen von Savoyen** (1697) durch die Schlacht bei Zenta. Im Frieden zu Karlowitz (1699) erhielt Leopold von den Türken alles Gebiet nördlich von der Sau und Donau mit Ausnahme des Temeser Banates.

Bereits war das Ländergebiet Leopolds auch sonst noch bedeutend erweitert worden durch den Anfall der drei letzten piastischen Fürstentümer in Schlesien und 1691 durch den Anfall Siebenbürgens, welch letzterer von den Türken (1799) anerkannt wurde. Der letzte Grossfürst von Siebenbürgen, Michael II. Apafi, liess sich mit einem Jahresgehalte abfertigen, welchen er in Wien verzehrte.

Die letzten Lebensjahre Leopolds sind erfüllt vom **spanischen Erbfolgekriege**. Der letzte Habsburger der spanischen Linie Karl II. starb 1700 kinderlos. Erbansprüche auf Spanien hatten früher erhoben:
α) Kaiser Leopold für seinen zweiten Sohn Karl, als Habsburger und als Gemahl einer Schwester des Erblassers, der Margaretha Theresia, welche bei ihrer Vermählung auf Spanien nicht Verzicht geleistet hatte.
β) der Kurprinz von Baiern Josef Ferdinand, der Enkel jener Mar-

garetha Theresia, und γ) Ludwig XIV. für seinen Enkel Philipp, welcher von Maria Theresia, der älteren Schwester Karls II., die aber vor ihrer Vermählung mit Ludwig XIV. auf Spanien verzichtet hatte, abstammte. Als der Kurprinz von Baiern (1699) gestorben war, erklärte Karl II. testamentarisch Philipp von Anjou zum Tronfolger in Spanien. Da Leopold die Giltigkeit dieser Verfügung nicht anerkannte, mussten die Waffen entscheiden. Mit Frankreich verbanden sich Baiern und Köln, mit dem Kaiser England, die Niederlande und Preussen, dessen Kurfürsten Leopold den Königstitel verlieh. Der Krieg entbrannte in Spanien, Italien, Deutschland und in den Niederlanden. In Spanien behaupteten sich beide Prätendenten Karl und Philipp mit wechselndem Glücke. Mit grösserem Erfolge aber kämpften die kaiserlichen Waffen auf den übrigen Kriegsschauplätzen. Die Geschichte des ruhmvollen Feldzuges Eugens von Savoyen in Italien eröffnen dessen Siege bei Carpi und Chiari über die Franzosen. Als die Franzosen in Tirol eingedrungen und durch den heldenmütigen Patriotismus der tapferen und biederen Bewohner dieses Landes zurückgeworfen waren, verband sich Eugen mit Marlborough, dem Führer der englischen Armee, und beide errangen bei Hochstädt (1704) über ihren Gegner einen entscheidenden Sieg.

Im folgenden Jahre starb der Kaiser im 65. Lebensjahre. An Energie und an hervorragenden Regenteneigenschaften stand er seinem Vater und Grossvater nach, in seiner katholischen Ueberzeugung glich er ihnen, an Bücherweisheit übertraf er sie. Seine Regierung in Oesterreich ist eine glanzvolle in Folge der Waffentaten seiner ausgezeichneten Feldherren, von welchen der genialste Eugen von Savoyen war, der grösste Feldherr und Staatsmann, welchen Oesterreich je gehabt hat. Leopold folgte sein älterer Sohn

Joseph I. (1705—1711), dessen ganze Regierungszeit vom spanischen Erbfolgekriege und dem Kampfe mit den ungarischen Malcontenten erfüllt ist. In Ungarn war nämlich bereits in den letzten Jahren Leopolds aus denselben Ursachen wie früher, nämlich wegen Unfug der deutschen Soldaten, Steuerdruck, Verweigerung der Rechtspflege, Besetzung der Aemter durch Ausländer, Bedrückung der Evangelischen u. s. w. eine neue Empörung unter der Führung Franz Rakoczy's ausgebrochen, welche sich anfangs, so lange sie von Frankreich unterstützt wurde, von Jahr zu Jahr ausbreitete. Rakoczy verlangte die Aufhebung der habsburgischen Tronfolge in Ungarn und für sich Siebenbürgen. Als aber der Verlauf des spanischen Erbfolgekrieges für die Habsburger sich immer günstiger gestaltete und in demselben Masse das Uebergewicht Frankreichs abnahm, das Misstrauen der Evangelischen gegen den katholischen Rakoczy zunahm und der Papst mit dem Banne drohte, gewann des Kaisers schonendes Vorgehen die Unzufriedenen und Joseph beendete den Aufstand, indem er den Vertrag zu Szathmar (1711) vorbereitete, in welchem allgemeine Amnestie und den Protestanten kirchliche Freiheit verkündet, sowie die Besetzung der ungarischen Staatsämter mit Ungarn versprochen wurde.

Nach der Schlacht bei Hochstädt trennten sich die beiden Sieger, und nachdem Eugen nach Italien, Marlborough wieder in die Niederlande abgezogen waren, räumte jener Italien vom Feinde durch den Sieg bei Turin (1706), während Marlborough aufs Neue die Franzosen bei Ramillies schlug. Bereits knüpfte Ludwig XIV. Friedensverhandlungen an. Aber der Kaiser begnügte sich nicht mit den angebotenen Bedingungen. Eugen und Marlborough verbanden sich wieder und schlugen (1708) die Franzosen aufs Neue bei Oudenarde und (1709) bei Malplaquet. Ludwig gab nun seine Ansprüche auf Spanien ganz auf und bot sogar seine Hilfe zur Vertreibung seines Enkels aus Spanien, aber der Kaiser verlangte die Rückgabe alles dessen, was Ludwig in den früheren Raubkriegen erobert hatte. Darüber zerschlugen sich wieder die Verhandlungen und der Krieg wurde fortgesetzt. Die Lage Ludwigs und seines unglücklichen Reiches war schon eine verzweiflungsvolle geworden, als plötzlich eine totale Aenderung der Verhältnisse eintrat. Der Kaiser starb nämlich ganz unerwartet im kräftigsten Mannesalter, kaum 33 Jahre alt, an den Pocken. Sein früher Tod war ein grosser Verlust für Oesterreich. Mit vielen Kenntnissen ausgestattet, hatte er wie Keiner seiner unmittelbaren Vorgänger mit richtigem Tacte Willensfestigkeit und Nachsicht zur rechten Zeit und am rechten Orte zu verbinden verstanden. Da er nur Töchter hinterliess, so folgte ihm sein Bruder

Karl VI., der bisherige Karl III. von Spanien (1711—1740), welche Tronfolge der Politik eine neue Richtung gab. England, wo damals das Ministerium Marlborough gestürzt wurde, musste in der spanischen Succession Karls, des Beherrschers der österreichischen, ungarischen und böhmischen Länder und römischen Kaisers eine Störung des politischen Gleichgewichtes erkennen, und schloss daher um die Wiederkehr der Staatenverhältnisse Karls V. zu verhindern, mit Frankreich (1713) den Frieden zu Utrecht, welchem im folgenden Jahre auch der Kaiser zu Rastadt und zu Baden beitrat. Karl begnügte sich mit Neapel, Sardinien, Mailand und den spanischen Niederlanden. So war durch den spanischen Erbfolgekrieg die Herrschaft Oesterreichs bedeutend erweitert worden.

Kaum ruhten zwei Jahre die Waffen, als Oesterreich wieder in Krieg mit den Türken kam. Diese hatten den Venetianern Morea entrissen und die diplomatischen Schritte Oesterreichs für Venedig blieben von der Pforte unberücksichtigt. Der dadurch hervorgerufene Krieg war eben so kurz als für Oesterreich äusserst glorreich. Eugen, der den Osmanen bereits bekannte Held von Zenta, besiegte die Türken bei Peterwardein (1716), eroberte Belgrad (1717) und führte dadurch den Frieden von Passarovitz (1718) herbei, welcher der günstigste Vertrag ist, den Oesterreich mit der Pforte je geschlossen hat. Oesterreich gewann durch denselben das Temeser Banat, Bosnien südwärts bis an die Sau, ganz Serbien und die Walachei bis an die Aluta. In demselben Jahre schloss Oesterreich mit Frankreich, England und Holland die Quadrupelallianz gegen die Uebergriffe des spanischen Ministers Alberoni, welche für Spanien den Sturz Alberonis und für den Kaiser den Gewinn Siciliens gegen Ueberlassung Sardiniens an Savoyen zur Folge hatte.

Die Hauptidee, von welcher sich Karl in seiner inneren und äusseren Politik leiten liess, war die pragmatische Sanction, ein Hausgesetz, welches am 19. April 1713 bereits gegeben wurde. Nach den Bestimmungen derselben sollten die gesammten österreichischen Staaten ein unteilbares Ganzes bilden, über welches die Herrschaft die habsburgische Dynastie nach dem Rechte der Erstgeburt führen sollte u. z. so, dass die männlichen Descendenten den weiblichen vorangehen und diese nur zur Regierung gelangen, wenn der Mannesstamm erloschen ist. Sollte Karl ohne männliche Nachkommen sterben, so folgen zunächst seine Töchter oder deren Descendenten, und nach dem etwaigen Aussterben dieser die Töchter seines älteren verstorbenen Bruders Joseph. Nachdem sich der Kaiser die Zustimmung hierzu von sämmtlichen Mitgliedern seines Hauses und auch von den Landtagen seiner Erbstaaten erworben hatte, liess er dieses Gesetz feierlich zu Wien am 6. December 1724 verkündigen. Von nun an sucht er auch die Anerkennung dieses Tronfolgegesetzes von den übrigen europäischen Mächten zu erlangen, zu welchem Zwecke er sich viele Opfer kosten liess. So gab er die ost- und westindische Handelsgesellschaft, welche er zu Ostende 1722 gestiftet hatte, um den Preis der Anerkennung der pragmatischen Sanction von Seite der Seemächte, Dänemarks und des deutschen Reiches (1731) auf. Als nach der Erledigung des polnischen Trones durch den Tod August's II. und in Folge der Doppelwahl August's III. und Stanislaus Leszczynski's der polnische Erbfolgekrieg ausbrach, in welchem sich Karl August's III. annahm und dadurch in Krieg mit Frankreich, Spanien und Sardinien kam, gab er im Wiener Frieden (1735, definitiv 1738) gegen die Anerkennung der pragmatischen Sanction von Seite Frankreichs und Spaniens, Neapel und Sicilien an den spanischen Infanten Don Carlos gegen den verhältnissmässig geringen Ersatz von Parma und Piacenza hin und willigte in die Abtretung der Herzogtümer Lothringen und Bar an Stanislaus Leszczynski (eventuell an Frankreich) ein, wogegen der Herzog von Lothringen, Franz Stephan, der Gemahl seiner Tochter Maria Theresia, Toscana erhalten sollte.

Nachdem im J. 1736 der unersetzliche Prinz Eugen von Savoyen gestorben war, wurde Oesterreich in Folge des Bündnisses mit Russland (1737) wieder in einen **Türkenkrieg** verwickelt, welcher aber sehr unglücklich geführt wurde, so dass im Belgrader Frieden (1739), Serbien mit Belgrad und die österreichische Wallachei wieder an die Pforte zurückgegeben werden mussten. Von nun an bildeten die Südgrenze Ungarns bis heute die Sau und die Donau.

Nicht lange überlebte der Kaiser diesen ungünstigen Frieden. Er starb zu Wien in Folge einer Verkühlung auf der Jagd am 20. October 1740, der letzte Sprosse des berühmten habsburgischen Geschlechtes.

Maria Theresia (1740—1780).

α) **Aeussere Regierung.** Mit Karl VI. war die habsburgische Dynastie im Mannesstamme erloschen. Nach den Bes'immungen der pragmatischen Sanction, welche von allen europäischen Mächten (mit Ausnahme Baierns) anerkannt worden war, bestieg Maria Theresia den Tron ihres Vaters und ernannte ihren Gemahl Franz Stephan zum Mitregenten, ohne ihm je einen Anteil an der Regierung zu gestatten. So ausdrücklich die pragm. Sanction der jungen Regentin die Erbfolge zuerkannte, so musste sie doch erst durch einen langjährigen Krieg sich die Anerkennung ihres Rechtes erkämpfen. Karl Albrecht von Baiern, welcher sich auf seine Abstammung von Ferdinands I. ältester Tochter stützte und August III., der Kurfürst von Sachsen, traten als Schwiegersöhne Joseph I. mit Erbansprüchen auf die österreichischen Länder hervor, während der junge König von Preussen, Friedrich II., der auch eben die Regierung angetreten hatte, Brieg, Liegnitz, Wohlau und Jägerndorf forderte. Da Maria Theresia auf die Erfüllung der preussischen Forderung nicht einging, eröffnete Friedrich den **ersten schlesischen Krieg** (1740—1742), indem er in Schlesien eindrang und den österreichischen Feldherrn Neiperg bei Mollwitz (1741) schlug. Dieser glückliche Erfolg der preussischen Waffen war das Signal für Baiern, Frankreich und Spanien, sich im Bündniss zu Nymphenburg (1741) zu einer Teilung der österreichischen Länder zu vereinigen, welchem Projecte sich bald auch Sachsen, Preussen und Sardinien anschlossen. So wurde der erste schlesische Krieg das blutige Vorspiel des **österreichischen Erbfolgekrieges** (1741—48), in welchem sich Maria Theresia gegen Preussen, Sachsen, Baiern, Frankreich, Sardinien und Spanien zu wehren hatte, während für sie bloss England auf den Kampfplatz trat. Zu gleicher Zeit, als die Spanier in Italien siegreich vordrangen, zogen zwei französische

Heere über den Rhein, von welchen das eine den Kurfürsten Albrecht von Baiern durch Oesterreich nach Böhmen führte, wo dieser als König sich huldigen liess. Ohnmächtig gegen dieses Gewitter, das binnen wenigen Monaten über den südlichen, westlichen und nördlichen Horizont ihres Reiches aufgestiegen war, floh Maria Theresia hilfeflehend zu den Ungarn und erregte auf dem Reichstage zu Pressburg solche Teilnahme, dass diese in warmer Begeisterung für die gerechte Sache ihrer Königin rasch zwei Heere aufstellten. Nachdem Friedrich noch einen zweiten Sieg bei Chotusitz (1742) über Karl von Lothringen errungen hatte, befreite sich Maria Theresia durch den Frieden zu Berlin (1742) von diesem gefährlichsten Gegner, indem sie ihm Ober- und Nieder-Schlesien und die Grafschaft Glatz (mit Ausschluss von Teschen, Troppau und des Gebietes rechts von der Oppa) abtrat. Als hierauf die Franzosen aus Böhmen verdrängt worden waren, neigte sich das Kriegsglück so entschieden auf die Seite der jungen Herrscherin, dass ihr General Bärenklau an demselben Tage in München seinen Einzug halten konnte, an welchem Karl Albert als Kaiser Karl VII. in Frankfurt gekrönt wurde. Zugleich erkämpfte auch die durch Georg II. von England aus englischen, hannoverschen und hesselkasselschen Truppen zusammengesetzte „pragmatische Armee" einen vollständigen Sieg über die Franzosen bei Dettingen (1743). Mit Besorgniss hatte Friedrich diesen für Maria Theresia so unerwartet günstigen Kriegsverlauf verfolgt; ihm bangte um seine neue Erwerbung Schlesien; er griff daher aufs Neue zu den Waffen und begann durch einen Einfall in Böhmen den **zweiten schlesischen Krieg** (1744—1745), in welchem er den Ruhm seiner Taten durch die drei Siege bei Hohenfriedberg, Sorr und Kesselsdorf vergrösserte und im Frieden zu Dresden von der Kaiserin die erneuerte Anerkennung seines Besitzes von Schlesien erhielt. Unterdessen war Karl VII. gestorben und sein Sohn Maximilian Joseph hatte im Frieden zu Füssen (1745) auf seine Ansprüche verzichtet. Franz Stephan erhielt von Friedrich die Anerkennung seiner Kaiserwürde. In Italien aber und in den Niederlanden dauerte der Kampf fort und wurde erst nach der Erschöpfung der französischen Finanzen, nach der Tronbesteigung des spanischen Königs Ferdinand VI. und durch das Einschreiten der russischen Kaiserin Elisabeth im Frieden zu Aachen (1748) beendigt. Maria Theresia trat Parma, Piacenza und Guastalla an den spanischen Infanten Philipp ab. Schlesien blieb bei Preussen. So hatte sich Maria Theresia den Weg zu ihrem Trone mit den Waffen gegen unberechtigte Rivalen unter verhältnissmässig geringen Verlusten gebahnt.

Oesterreich hatte im Verlaufe dieses Krieges wieder die Erfahrung gemacht, dass die feindselige Gesinnung Frankreichs gegen Oesterreich noch nicht erkaltet sei und dass ihm gegen die französischen Angriffe die Bundesgenossenschaft Englands keine entsprechenden Vorteile bringe. Es kam ferner zur Erkenntniss, dass es in der äusseren Politik auf die Diplomatie bisher zu wenig Wert gelegt habe. Zugleich kam es zur Einsicht, dass es im Norden in der Person Friedrichs II. seinen gefährlichsten Feind habe. Dem jungen lebenskräftigen Preussen mit seinem ebenso weisen als schlauen und unermüdlichen Könige war der Umfang seiner Macht zu enge. Diese Umstände nötigten Maria Theresia mit den alten politischen Traditionen ihres Hauses zu brechen und ganz neue Beziehungen zu den übrigen europäischen Staaten einzugehen. Bereits 1746 (also noch vor dem Aachener Frieden) war ein Defensivvertrag zwischen Russland und Oesterreich für den Fall abgeschlossen worden, dass Friedrich II. Russland, Oesterreich oder Polen angreife. Einen vollständigen Umschwung aber in der politischen Constellation führte der Graf Kaunitz nach langem Sträuben des Kaisers und gegen dessen Willen durch den Versailler Vertrag (1. Mai 1756), ein Freundschaftsbündniss zwischen Frankreich und Oesterreich, herbei, welches einerseits auch die Allianz Oesterreichs und Schwedens, andererseits die Verbindung Englands, Hannovers und Preussens zur Folge hatte. So rasch und vollständig hatte sich das politische System innerhalb weniger Jahre geändert, dass jene Mächte, welche beim Ausbruche des österreichischen Erbfolgekrieges feindlich gegen Oesterreich zogen, nun ihre Politik gegen Preussen richteten. Da Oesterreich und Russland zu rüsten begannen, fiel Friedrich ohne Kriegserklärung, um die Vorteile des Angriffes für sich zu haben, noch im J. 1756 in Sachsen ein und begann damit den

Siebenjährigen oder dritten schlesischen Krieg (1756—63). Indem er so rasch und entschlossen den Fehdehandschuh hinwarf, gab er den grössten Beweis seines festesten Selbstvertrauens. Da sich drei Grossmächte, Oesterreich, Frankreich und Russland, und eine Macht zweiten Ranges, Schweden, gegen Preussen erhoben, war dieses auf allen Seiten von Feinden eingeschlossen. Die englischen, hannoverschen, hessischen und braunschweigischen Subsidien konnten für Preussen in nur verhältnissmässig geringen Anschlag gebracht werden. Aber Friedrich kam Manches wieder zu Gute. Während die Heere jener vier Mächte ohne festen Plan, eifersüchtig unter- und misstrauisch gegen einander vorgingen, hatte er den Vorteil des einheitlichen Planes und der pünktlichen Ausführung seiner Beschlüsse für sich. Er konnte in jedem Augenblicke, da er selbst an der Spitze seines Heeres stand, die günstige Gelegenheit zu neuen Operationen benützen, während die gegnerischen Feldherren bei veränderter Situation erst neue Befehle von ihren Höfen einholen mussten, und schliesslich kämpften die Preussen durchglüht von Patriotismus und siegesbewusst unter der Führung ihres ausgezeichneten Feldherrn und Königs für ihre heiligste Sache, für die Gegenwart und Zukunft ihres Vaterlandes, während die Russen, Franzosen und Schweden für fremde Interessen in den Kampf zogen. Durch seinen raschen Einfall in Sachsen hatte Friedrich nicht nur die Verbindung des österreichischen und sächsischen Heeres verhindert, sondern durch die Einreihung von 14.000 gefangenen Sachsen auch seine Macht verstärkt. Den österreichischen Feldherrn Braun, der zur Befreiung der Sachsen zu spät heranrückte, schlug er noch im selben Jahre bei Lobositz. Im folgenden Jahre stellten auch Russland und Frankreich ihre Armeen ins Feld, so dass Friedrich von drei Seiten, im W. von den Franzosen, im S. von den Oesterreichern und im O. von den Russen angegriffen wurde. Während der König selbst gegen seinen gefährlichsten Feind, die Oesterreicher unter Karl v. Lothringen und Braun, zog und bei Prag einen glänzenden Sieg erfocht, aber bei Kollin von Daun geschlagen wurde, überliess er die Abwehr der Franzosen dem Herzoge von Cumberland und die der Russen dem Feldmarschall Lehwald, welche beide, jener bei Hastenbeck dieser bei Grossjägerndorf besiegt wurden. Nachdem aber die Russen unerwartet Befehl zum Rückzuge erhalten hatten, gelang es Friedrich noch vor Ablauf des Jahres durch seinen Sieg über die Franzosen bei Rossbach und über die Oesterreicher bei Leuthen, sein Reich im Süden und Westen von den Feinden zu befreien. Auch das folgende Jahr (1758), war Friedrich günstig, indem sein Bundesgenosse Ferdinand von Braunschweig die Franzosen bei Crefeld und er selbst die Russen bei Zorndorf schlug. Wenn er auch von Daun (zum zweiten Male) bei Hochkirch geschlagen wurde, so blieb doch diese Niederlage ohne schwere Folgen. Das unglücklichste Jahr aber im ganzen Kriege war für den König 1759, indem es den Russen unter Soltikow gelang sich nach dem Siege über den preussischen General Wedell bei Kay, mit den Oesterreichern unter Laudon zu vereinigen und Friedrich bei Kunersdorf vollständig zu schlagen. Auch General Fink wurde bei Maxen von Daun eingeschlossen und gefangen genommen. Nur Ferdinand von Braunschweig war zuletzt in der Schlacht bei Minden siegreich aus dem Kampfe mit den Franzosen hervorgegangen. Doch neigte sich schon im nächsten Jahre (1760) das Kriegsglück wieder auf Friedrichs Seite, indem es ihm gelang, Laudon, welcher den General Fouqué bei Landshut geschlagen und gefangen genommen hatte, bei Liegnitz zurückzuwerfen und Daun bei Torgau zu besiegen. Noch dauerte der Kampf zwei Jahre fort. Erst der Regierungswechsel in Russland und zwei neue preussische Siege, Friedrichs bei Burkersdorf und der seines Bruders Heinrich bei Freiberg, führten den Frieden zu Hubertsburg am 15. Febr. 1763 herbei. Oesterreich hatte seinen Zweck, die Rückeroberung Schlesiens, nicht erreicht, Preussen aber sich seinen Rang als Grossmacht begründet.

In der darauffolgenden Friedenszeit ist von erwähnenswerter politischer Bedeutung die Gründung einer österreichischen Secundogenitur, (indem Franz, Maria Theresia's Gemahl (1763) Toscana seinem zweiten Sohne Leopold verlieh), sowie die Wahl des erstgebornen Sohnes Joseph (1764) zum römischen Könige, welcher schon im folgenden Jahre, nach seines Vaters Tode, diesem in der Kaiserwürde folgte, ferner die Verleihung der Anwartschaft auf Modena an den dritten Sohn Ferdinand (Tertiogenitur).

Von grosser Wichtigkeit für den Anwachs des österreichischen Kaiserstaates sind die letzten Regierungsjahre Maria Theresia's, indem sie durch die erste Teilung Polens, an welcher sie von Russland und Preussen genötigt teilnahm, Galizien und Lodomerien sowie die Zipser Gespanschaft erhielt (1772), und in einem Vertrage mit der Pforte die Abtretung der Bukowina, als ehemaligen Bestandteil Siebenbürgens, durchsetzte. Die ungegründeten Ansprüche aber, die sie nach dem Erlöschen der Kurlinie des wittelsbachschen Hauses auf Baiern erhob und die Convention, die sie mit dem nächsten Erben Baierns, dem kinderlosen Kurfürsten Karl Theodor von der Pfalz ohne Einwilligung Karls von Zweibrücken, des präsumtiven Erben der Pfalz, abschloss, verwickelte sie noch am Abende ihres tatenreichen Lebens in den bairischen Erbfolgekrieg mit Friedrich II. von Preussen, der eine solche Arrondirung und Vergrösserung der österreichischen Macht nicht zulassen wollte. Der Krieg aber blieb ohne Schlacht und beschränkte sich auf Heeresaufstellungen und Märsche. Gegen den Willen des Kaisers, ihres Sohnes, schloss sie mit Friedrich den Frieden zu Teschen (1779), in welchem sie ihre Ansprüche aufgab und sich mit dem Innviertel begnügte.

β) Innere Regierung. Nicht minder bewegt, als die Beziehungen Oesterreichs zu den Nachbarstaaten war das innere Leben in Oesterreich unter Maria Theresia. Mit dem Regierungsantritte dieser grossen Kaiserin beginnt für die innere Entwicklung Oesterreichs eine neue Zeit und viele der heutigen politischen, juristischen, kirchlichen und socialen Einrichtungen dieses Staates wurzeln in der Zeit Maria Theresia's. Während in den Nachbarstaaten seit dem dreissigjährigen Kriege sich die materiellen und geistigen Culturzustände bedeutend gehoben hatten, herrschte in Oesterreich bisher eine wahre Stagnation, während in Frankreich seit Ludwig XIII. sich die Staatsgewalt mehr und mehr centralisirte, so dass schon dessen Nachfolger sagen konnte, „der Staat bin ich" und während Russland und Preussen rasch und mächtig emporwuchsen, war Oesterreich noch immer ein Conglomerat von vielen Ländern, von welchen viele nur das gemeinsam hatten, dass sie unter Einem Herrscher standen, und die Staatsgewalt verteilte sich auf die Provinzen. Die Mängel und Versäumnisse der früheren Regierungen in dieser Beziehung hatten sich in dem österreichischen Erbfolgekriege sehr fühlbar gemacht. Wollte Oesterreich unter den Culturstaaten Europa's fortbestehen, so musste es seine mittelalterlichen Einrichtungen aufgeben und den Forderungen des neuen Zeitgeistes gerecht werden. Dieses grosse Reformwerk begann Maria Theresia und führte ihr grosser Sohn Kaiser Joseph fort, beide aber mit sehr verschiedener Energie. Maria Theresia, die Tochter einer früheren Zeit, rührte mit grosser Bedächtigkeit und Vorsicht, nicht selten mit Zaghaftigkeit und Befangenheit an den alten Einrichtungen ihres Reiches, während Joseph, der Sohn des neuen Zeitgeistes, mit den alten Verhältnissen rücksichtslos brach, um die modernen Ideen in seinem Staate zu verwirklichen.

Maria Theresia unternahm, was nie ein Fürst aus dem habsburgischen Hause versucht, eine in sich selbst starke, alle Provinzen zu einer wesentlichen Einheit zusammenfassende centrale Gewalt zu schaffen, und die bewaffnete Macht auf der sicheren Grundlage einer wohlgeordneten Administration zu befestigen. Um dieses Ziel zu erreichen, umgab sie sich mit ausgezeichneten Räten, von welchen der hervorragendste und die Seele der ganzen Reformtätigkeit der Graf (später Fürst) Anton Wenzel von Kaunitz-Rietberg war. Schon als österreichischer Bevollmächtigter auf dem Aachener Congresse hatte er den Plan gehegt, Oesterreich mit Frankreich zu verbünden; er war später als Botschafter in Paris tätig, und wurde 1753 Haus-Hof- und Staatskanzler (Minister für die auswärtigen Angelegenheiten). Ausser diesem verdienen noch besondere Erwähnung der Graf Haugwitz als oberster Kanzler der österr. Hofkanzlei (Chef für alle inneren politischen Angelegenheiten und das Finanzwesen), und Graf Chotek, als Bancopräsident (Chef des Berg- und Münzwesens, der Regalien und Gefälle).

Der oberste Rat der Kaiserin war die Conferenz, womit man das Ministerium bezeichnete, welches die allgemeinen Angelegenheiten zu behandeln hatte. Die eigentlichen Ministerien hiessen Hofstellen, von welchen anfangs folgende bestanden: 1. die Hof- und Staatskanzlei für die auswärtigen Geschäfte; 2. der Hofkriegsrat für die Leitung des Militärwesens; 3. die Hofkammer für die Finanzen; 4. die vier Hofkanzleien: die österreichische, böhmische, ungarische und siebenbürgische für die politischen und Justizgeschäfte; 5. der italienische und 6. der niederländische Rat. Als Maria Theresia 1749 die Trennung des Justizwesens von den anderen Landesangelegenheiten vornahm, bildete sie eine oberste Justizstelle und vereinigte die böhmische und österreichische Hofkanzlei in Eine Stelle: die böhmisch-österreichische Hofkanzlei.

Die Mängel in der militärischen Verwaltung hatten sich im Erbfolgekriege besonders fühlbar gemacht, weshalb die Reformen in diesem Verwaltungsgebiete als die dringendsten erschienen. Bisher hatte man das Heer auf zweifache Weise aufgestellt, einerseits durch Werbung, anderseits durch zwangsweise Stellung im Wege des Aufgebotes, oder durch Recrutirung. Im letzten Falle hing die Regierung von den Ständen ab, welche nicht immer auf ihre Forderungen eingingen. Um den Uebelständen, die sich daraus ergaben, abzuhelfen, führte Maria Theresia die Militärconscription ein. Die oberste Stelle aber für die Militärverwaltung, den Hofkriegsrat, an dessen Weisungen der Ober-Feldherr im Felde gebunden war, und welcher so häufig die Ursache der österreichischen Niederlagen war, indem er dem operirenden Feldherrn die Hände band und schwerfällig vom Bureau aus den Feldzug leitete, liess man leider mit seinem bisherigen Wirkungskreise fortbestehen. Weit durchgreifender aber und zweckmässiger waren die Reformen auf dem Gebiete der politischen Verwaltung. Es wurde bereits oben erwähnt, dass 1749 aus dem Ressort der Hofkanzleien, in welches bisher die eigentliche politische Verwaltung, das Finanz- und Justizwesen gehörten, letztere ausgeschieden, und die böhmische und österreichische Hofkanzlei zur vereinigten böhmisch-österreichischen Hofkanzlei zusammengezogen wurden. Um die Staatsgewalt zu centralisiren, musste man die Rechte der Stände, welche bisher die Provinzen regierten, verringern. Indem die Hofkanzlei nun die Regierungsgewalt der Stände in den Provinzen an sich riss, sanken die Landtage zu „Postulatslandtagen" herab, welche die Forderungen der Regierung nur zur Kenntniss zu nehmen und über die Art und Weise der Durchführung der Regierungsverordnungen zu beraten und zu beschliessen hatten. Als oberste Verwaltungsbehörden in den einzelnen Ländern wurden die Repräsentationen (Statthaltereien) eingeführt, welchen die Kreisämter subordinirt wurden. Da diese als Mittelbehörden zwischen den Repräsentationen einerseits und den Grund- und Ortsobrigkeiten anderseits zu fungiren, also die Einführung aller Regierungsverordnungen in ihren Kreisen zu vollziehen, über die Durchführung der Gesetze zu wachen und vorzüglich die Untertanen gegen ihre Herrschaften zu schützen hatten, wurde das Institut der Kreisämter das wichtigste in der ganzen Verwaltung und von besonders wohltätigem Einflusse auf die bäuerliche Bevölkerung. Die Landbevölkerung bestand aus den Herrschaftsbesitzern und den Bauern. Jene erfreuten sich bisher ausserordentlich vieler Vorrechte, indem sie einerseits die Landesverwaltung in den Händen hatten, anderseits die meisten Landbewohner ihnen unmittelbar unterstanden. Sie hatten folgende Rechte über ihre Untertanen: 1. die Verwaltung der Justiz und der Polizei nach Ortsgewohnheiten und Landesgesetzen, 2. das Collectirungsrecht oder die

Repartirung und Einsammlung der Landesabgaben, 3. die Verleihung von Bauerngründen als Eigentum oder zur Nutzniessung, 4. das Recht, sich Frohndienste leisten zu lassen, 5. Abgaben (meist in Naturalien) einzuheben, 6. wo die Leibeigenschaft noch bestand, das Personalrecht über ihre Leibeigenen, die an die Scholle gebunden ohne Zustimmung ihres Herrn ihren Herrschaftsbezirk nicht verlassen, nicht heiraten, kein Handwerk ergreifen durften und 7. hie und da die Criminaljustiz. Der Zustand der bäuerlichen Bevölkerung war also bisher, wenn nicht ein fast sklavischer, so mindestens ein sehr gedrückter. Hier waren also Reformen besonders angezeigt, im Interesse der centralen Staatsgewalt, um durch die Verminderung der gutsherrlichen Rechte den Einfluss der Regierung auf die untere Schichte der Bevölkerung zu erweitern, dann aus finanziellen Gründen, um durch die Hebung der materiellen Verhältnisse des Bauernstandes die Steuerkraft des Staates zu stärken und dann auch aus Humanitätsrücksichten. 1776 erfloss daher ein Patent, wodurch jedem herrschaftlichen Untertan freigestellt wurde, die **grundbücherliche Einkaufung** seiner Gründe gegen leidliche Fristzahlung bei seiner Obrigkeit zu verlangen, eine Verordnung, wodurch die Bauern erbberechtigte Eigentümer ihrer Gründe werden konnten. Das **Robotpatent** milderte die Frohndienstleistungen. Den Kreisämtern wurde insbesonders die Beschützung und Hebung des Bauernstandes zur Aufgabe gemacht.

Auch die **Finanzverwaltung** war eingreifender Reformen bedürftig. Die Hauptquelle des öffentlichen Einkommens bildeten bisher die Landtagsbewilligungen: die Contributionen. Die Landtage aber bewilligten nie das von der Regierung Begehrte, sondern mäkelten an den Forderungen, wesshalb die Regierung stets letztere höher stellte. Dazu kam der Uebelstand, dass die Bewilligungen an Geld oder Naturalien sehr langsam realisirt wurden. Adel und Geistlichkeit waren von der Steuerlast befreit. Die Regierung hob zunächst die Steuerfreiheit auf und verbesserte, um eine gerechte Verteilung der Grundsteuer zu erzielen, den Kataster. Die Contributionen wurden von nun an den Provinzen von Wien aus vorgeschrieben und sehr strenge eingehoben. Jeder Kreis erhielt einen Steuer-Einnehmer, jede Provinz eine Generalkasse.

In der **Justizverwaltung** waren die ersten Schritte zur Verbesserung die Trennung derselben von den politischen Angelegenheiten und demgemäss die Creirung einer **obersten Justizstelle**, welche für alle böhmischen und deutschen Länder die oberste Instanz bildete, ferner die Teilung der Landesstellen in zwei Senate, von welchen der Eine die Justizangelegenheiten zu verwalten hatte. Bisher gab es in Oesterreich von Stamm zu Stamm, von Landschaft zu Landschaft besondere Civil- und Strafrechte. Diese Rechte waren teils Provinzial- teils Ortsrechte, für städtische und bäuerliche Corporationen, sie waren niedergeschrieben oder beruhten auf Gewohnheit. Maria Theresia beschloss nun ein für alle österreichischen Staaten gemeinsames Recht aufzustellen. Die verschiedenen Provinzialrechte sollten in Uebereinstimmung gebracht und ein neues Gesetzbuch daraus compilirt werden. Schon 1767 kam das bürgerliche Gesetzbuch zu Stande, wurde aber, da es seinem Zwecke nicht entsprach, umgearbeitet und erschien erst nach dem Tode der Kaiserin (1786). Im J. 1768 erschien das Criminalgesetzbuch unter dem Namen Institutio criminalis Theresiana. Aber auch dieses Buch entsprach nicht den Anforderungen der Humanität und der modernen Wissenschaft noch den Wünschen der Kaiserin. Die Todesstrafe war in derselben beibehalten und in eine harte und milde geschieden. Zur ersten gehörte das Lebendigverbrennen, Lebendigpfählen, Vierteilen, Radbrechen von unten nach oben, Schleifen zur Richtstätte, Zwicken mit glühenden Zangen und das Riemenschneiden. Die gelinde Todesstrafe bestand im Enthaupten und Hängen. Auf Gotteslästerung waren der Feuertod und die Verstümmelung gesetzt, auf den Abfall vom Christentum der Tod durchs Schwert und auf Majestätsbeleidigung und Hochverrat lebendige Vierteilung. Auch die Tortur war beibehalten. Doch hob Maria Theresia diese auf besonderes Einschreiten des ebenso humanen wie gelehrten Professors der Staatswissenschaften zu Mailand, Joseph Sonnenfels (1776) auf. Den übrigen Inhalt dieses harten Gesetzbuches setzte erst Kaiser Joseph (1788) ausser Kraft.

Reformen auf dem Gebiete des Cultus und Unterrichtswesens. Die geistigen Culturzustände Oesterreichs waren beim Regierungsantritte Maria Theresia's äusserst traurige. Das Volk war ohne die geringste Bildung; eigentliche Volksschulen gab es nicht und den höheren Unterrichtsschulen war der Geist der Wissenschaft fern. Letztere waren im Dienste der Kirche und streng theologisch. Auf den Lehrstühlen sassen Jesuiten. Die auf die Reformen des österreichischen Unterrichtswesens einflussreichste Persönlichkeit wurde Gerard van Swieten, Professor der Medicin und Leibarzt der Kaiserin, ein Mann von gründlicher, klassischer Bildung, vertraut mit der neuen Philosophie, gelehrt, energisch und klug. Maria Theresia hielt ihn hoch in Ehren; er hatte sie (1770), als sie an den Blattern erkrankte, gerettet. Schonungslos deckte er der Kaiserin die Mängel des österreichischen Unterrichtswesens auf. Die Universitäten, welche sich bisher selbst verwaltet hatten, wurden nun Staatsanstalten. Alsbald zog auch der Geist der Wissenschaft wieder in ihre Räume ein. Als Zierden der Wiener Hochschule lehrten und wirkten nun im Geiste der neuen Zeit Riegger, Martini, Zeiller und der uns bereits bekannte Sonnenfels. Die Leitung der juristischen Studien lag in der Hand Schrötters, einer Autorität im österreichischen Staatsrechte. Die Aenderungen im Gymnasialwesen waren unwesentlich und beschränkten sich hauptsächlich nur auf einen Wechsel des Lehrpersonales, da die von den Jesuiten verlassenen Lehrstühle nun die Piaristen einnahmen. Durch die Schulordnung vom J. 1771 und 1773 ist Maria Theresia als die Gründerin des Volksschulunterrichtes anzusehen. — Da sich der Einfluss Roms in Oesterreich nicht blos auf geistliche, sondern auch auf rein weltliche Angelegenheiten erstreckte, so musste die Staatsgewalt, wenn sie nicht im eigenen Staate eine fremde Macht neben sich dulden wollte, die geistliche Gewalt einschränken. Der wichtigste Schritt hiezu war die Einführung des Placetum regium (1767), eine Bestimmung, nach welcher päpstliche Bullen ohne landesfürstliche Bewilligung nicht publicirt werden durften.

Alle diese Reformen, welche sich auf die Hauptgebiete der Staatsverwaltung erstreckten, wurden mit Bedacht und langsam, in einem Zeitraume von dreissig Jahren durchgeführt, daher konnten die neuen Einrichtungen auch feste Wurzeln fassen und lebenskräftig werden.

Maria Theresia war es nicht gegönnt, die Früchte ihrer politischen Tätigkeit zu erleben. 1780 warf die Brustwassersucht sie aufs Krankenlager, auf welchem sie am 29. November ihre grosse Seele aushauchte.

Der Sarg hat sich über ihre irdische Hülle geschlossen, aber ihr Andenken lebt in ihren Schöpfungen und in der Liebe des Volkes fort, dem sie die beste Landesmutter gewesen.

Habsburg-Lothringer.

Joseph II. (1780—1790). „Maria Theresia ist gestorben, eine neue Zeit beginnt jetzt" sagte Friedrich von Preussen, als er die Nachricht vom Tode der Kaiserin erhielt. Erfüllt von grossem Tatendrange bestieg Joseph, 39 Jahre alt, den Tron seiner Mutter. Die Reformen im Staate, die seine Vorgängerin begonnen, wollte er fortsetzen und vollenden. Nach seinen Anschauungen war in Oesterreich noch viel aufzuräumen und viel Neues zu schaffen. Er stellte sich keine geringere Aufgabe als die Beherrschung der österreichischen Länder nach den Principien der Philosophie des 18. Jahrhunderts, nach den neuen Forderungen der Humanität und nach dem physiokratischen System. In Oesterreich soll die Philosophie herrschen, schrieb er nach Rom. Kein anderes Recht als das Vernunftrecht sollte in seinen Staaten gelten. Alle österreichischen Länder sollten zu Einem Staate, unter gleicher Verfassung, gleichen Rechten, gleicher Sprache verbunden, die von seiner Mutter begonnene Centralisation sollte also vollendet werden. Eine Aufgabe, zu gross für einen Mann, dem die Natur nur mehr zehn Lebensjahre gewährte, und der zunächst keinen gleichgesinnten Nachfolger hatte.

Das Regierungsdecennium Josephs zerfällt in die Zeit der Reformen von 1780 bis 85, und der Reaction von 1785 bis 90.

α) Reformen.

Verwaltungseinteilung. Zunächst teilte Joseph seinen Staat in folgende 13 Regierungsbezirke oder Gubernien: 1. Galizien, 2. Böhmen, 3. Mähren und Schlesien, 4. Unter-Oesterreich, 5. Inner-Oesterreich (Steiermark und Illyrien), 6. Tirol, 7. Vorder-Oesterreich (oder die schwäbischen Besitzungen, 8. Siebenbürgen, 9. Ungarn und das Temeser Banat, 10. Kroatien, 11. die Lombardei, 12. die Niederlande und 13. die Grafschaft Görz und Gradisca mit Triest. Jedes dieser Gubernien zerfiel in Kreise. Die Regierung bildeten vier Centralstaatsbehörden, die der Polizei, der Civilverwaltung, der Justiz und des Kriegswesens. Von der Residenz des Kaisers, Wien, sollte der ganze Staat regiert werden.

Reformen auf dem Cultusgebiete. Maria Theresia hatte in vielen Zweigen der Staatswirtschaft das Alte beseitigt und Neues an dessen Stelle gesetzt; an dem bisherigen Verhältnisse zwischen Kirche und Staat wollte sie nicht rütteln. Indem Joseph aber das bisherige Verhältniss zwischen Rom und Oesterreich rücksichtslos durchschnitt, liess er sich vorzüglich von zwei Gründen, vom monarchischen und vom humanen leiten: er wollte die Gewalt der römischen Hierarchie in Oesterreich einschränken, um dem entsprechend die Staatsgewalt zu erweitern und seine Untertanen zu einem religiös freien Volke machen. Er verbot daher zuerst den unmittelbaren Verkehr zwischen den österreichischen Bischöfen und Rom. 1781 erschien eine Verordnung, dass in Zukunft alle päpstlichen Breven, Bullen und andere Verordnungen vor ihrer Kundmachung der betreffenden politischen Landesstelle zur Genehmigung vorgelegt werden sollen. Jeder neu erwählte Bischof sollte vor der päpstlichen Bestätigung oder Einweihung den Eid der Treue als Staatsbeamter leisten. Wenn Joseph aus autokratischem Interesse den Einfluss Roms auf seine Untertanen verminderte, so sah er sich aus staatsökonomischen Gründen zur Aufhebung einer anderen alten kirchlichen Institution: der Klöster genötigt. Die Zahl der Klöster betrug bei dem Regierungsantritte Josephs 2069, die von nicht weniger als 63,000 Ordenspersonen bewohnt waren. Im Jahre 1781 erliess der Kaiser daher die Verordnung, dass diejenigen geistlichen Orden, welche ein blos beschauliches Leben führen und zum Besten des Nächsten und der bürgerlichen Gesellschaft nichts Sichtbares beitragen, weder Schulen besorgen, noch Kranke bedienen, nicht predigen, nicht den Beichtstuhl versehen, nicht Sterbenden beistehen und durch Studien sich nicht hervortun, wie die Carthäuser, Camaldulenser, Eremiten u. s. w. aufzuheben seien. Später aber wurde auch noch die Zahl der übrigen Klöster gelichtet. so dass nach acht Jahren 700 Klöster aufgehoben und 36.000 Ordensleute aus denselben befreit waren. Aus dem Vermögen der aufgelassenen Klöster wurde der Religionsfond zur Deckung der Staatsauslagen für Religion und Schulinteressen sowie für die Humanitätsanstalten gebildet. Von grösster Tragweite und die Emancipation des Staates von der Kirche vollendend war die Errichtung von Generalseminarien, in welchen künftig alle Candidaten des katholischen Priesterstandes ihre theologische Bildung derart erhalten sollten, dass sie nicht blos als im Sinne des neuen Zeitgeistes gebildete Organe der Kirche, sondern auch als treue und verlässliche Diener des Staates zur Hoffnung einer allseitig erspriesslichen Lebenstätigkeit berechtigten. Josephs Liebe erfreuten sich nicht blos die Anhänger jener Kirche, in welche er durch die Taufe aufgenommen war, sondern auch die Bekenner aller übrigen christlichen Confessionen, die Protestanten, Reformirten und Griechen, welchen bisher nicht in allen Kronländern die Ausübung ihrer Religion gestattet war. Ueberzeugt von der Schädlichkeit des Gewissenszwanges erliess er daher 1781 das Toleranzpatent, in welchem er den Bekennern der augsburgischen und helvetischen Confession sowie den nicht unirten Griechen das Privatexercitium ihrer Religion allenthalben gestattete, während der katholischen Religion doch der Vorzug der öffentlichen Ausübung verbleiben sollte. Weitere Reformen auf dem religiösen Gebiete bezogen sich noch auf gottesdienstliche Handlungen in und ausserhalb der Kirche und auf die Beseitigung der Missbräuche und des Aberglaubens.

Es ist leicht einzusehen, dass derlei Verordnungen, wenn sie auch von der Vernunft und dem Geiste der Humanität dictirt waren, eine ungeheure Aufregung in geistlichen Kreisen, deren Privilegien sie vernichteten, hervorrufen mussten. Pius VI. reiste sogar 1782 nach Wien, um den Kaiser zum Halt oder zur Rückkehr auf der betretenen Bahn zu bewegen. Der Kaiser aber und sein Minister Kaunitz blieben unerschütterlich in jenen Ansichten, die sie als die besten kannten und liessen sich nicht abhalten, schon im nächsten Jahre (1783) die Ehe als einen rein bürgerlichen Vertrag zu erklären und in ihrem Reformwerke fortzufahren.

Ein wahrhaft unvergängliches Verdienst hat sich Kaiser Joseph um die Hebung der geistigen Cultur durch die Verbesserung des öffentlichen Unterrichtes und durch die Pressfreiheit erworben. Maria Theresia ist wohl die Gründerin der österreichischen Volksschule, doch die grosse Idee der Verallgemeinerung der Bildung auch in den unteren Volksschichten hat sie nicht vollständig realisirt. Joseph erliess daher zunächst an die reichen Klöster die Verordnung Normalschulen zu errichten und liess überhaupt an solchen Orten, wo im Umkreise von einer halben Stunde 100 schulfähige Kinder waren, Gemeinschulen anlegen. In den Umfang des Gymnasialunterrichtes, welcher in einem 9jährigen Cursus bisher in der verkehrtesten Weise sich blos mit dem Studium der alten Sprachen befasste, wurden nun auch andere Wissenschaften, die zur allgemeinen Bildung nicht minder notwendig sind, als Geographie, Geschichte, Naturgeschichte, Mathematik eingeführt. An den **Universitäten** erstreckten sich die josephinischen Reformen hauptsächlich auf das theologische und medicinisch-chirurgische Studium. Die Fesseln, in welche bisher der literarische Verkehr durch die Büchercensur geschlossen war, sprengte der Kaiser durch den Erlass der **Pressfreiheit** vom Jahre 1781, dessen dritter Absatz folgender Weise lautet: „Kritiken, sie mögen treffen, wenn sie wollen, vom Landesfürsten bis zum Untersten, sollen, besonders wenn der Verfasser seinen Namen dazu drucken lässt und sich also für die Wahrheit der Sache als Bürgen darstellt, nicht verboten werden, da es jedem Wahrheitsliebenden eine Freude sein muss, wenn ihm solche auf diesem Wege zukommt."

Sociales Gebiet. Mit den Lehren der neuen Philosophie vertrugen sich nicht die alten, inhumanen Feudalverhältnisse. Noch bestand in Böhmen, Mähren, Ungarn, Krain, in Galizien und im Breisgau die Leibeigenschaft, eine Form der weissen Sklaverei. Joseph hielt als Anhänger des physiokratischen Systems, nach welchem Grund und Boden die Quelle des Nationalreichtums ist, für den nützlichsten Stand im Staate den Bauernstand, und diesen sah er bei seinem Regierungsantritte in harter Knechtschaft. Indem der Kaiser nicht blos über ein geistig, sondern auch bürgerlich freies Geschlecht herrschen wollte, erliess er 1781 und 82 jene wichtigen Patente, durch welche die **Leibeigenschaft aufgehoben**, dafür eine gemässigte **Untertänigkeit** eingeführt und die Freizügigkeit gestattet wurde. Der Robotdienst wurde gemildert.

Bei seinen Reformen im Justizwesen liess sich der Kaiser von dem Grundsatze leiten: „Alle Menschen sind gleich vor dem Gesetze." In diesem Geiste war das neue bürgerliche Gesetzbuch verfasst, welches 1787 in Wirksamkeit trat. In demselben Jahre erschien auch das allgemeine **Strafgesetzbuch**, durch welches die drakonischen Gesetze der Theresiana ausser Kraft gesetzt wurden. Die **Todesstrafe** war in demselben, ausser im standrechtlichen Verfahren, beseitigt. Den Schlussstein der josephinischen Justizgesetzgebung bildet die allgemeine **Gerichtsordnung**, durch welche ein humaner und rascher Gerichtsgang eingeführt wurde.

In den Reformen auf dem Gebiete des **Steuerwesens** war des Kaisers Streben vor Allem darauf gerichtet, eine gleichmässige, doch nur nach dem Grund und Boden zu bestimmende Verteilung der Steuern vorzunehmen. Von 1784 an wurden daher zu diesem Zwecke die fruchtbringenden Gründe und Realitäten aufgezeichnet und vermessen. Die allgemeine Einführung des neuen Steuersystems verzögerte sich aber bis 1789.

Wenn auch Joseph, als Physiokrat, den Grund und Boden, von welchem alles kommt und zu welchem alles zurückkehrt, als die Hauptquelle des Nationalreichtums ansah, so verkannte er doch nicht die Wichtigkeit des Handels und der Industrie. Nach der Richtung des Handels liessen sich die Länder Josephs in zwei Gruppen teilen, in die Niederlande und die Donauländer. Die österreichischen Niederlande waren gedrückt durch den Barrieretractat (1715 zwischen Holland und Oesterreich abgeschlossen), zu Folge dessen die Holländer das Recht hatten, in verschiedenen österreichisch-niederländischen Festungen Besatzungen zu halten, wozu Oesterreich jährlich eine halbe Million Thaler zahlen musste. Ferner war dem Handel die Scheldemündung verschlossen und der Verkehr nach Ostindien untersagt. Joseph ging darüber einfach hinweg und erklärte bei seiner Anwesenheit in Belgien (1781) Ostende für einen Freihafen und hob noch im selben Jahre den Barrieretractat auf, worauf die meisten Festungen geschleift wurden. Sein Versuch aber, die Schelde dem Handel zu öffnen, scheiterte an dem energischen Widerspruche der interessirten Mächte Holland, England und Frankreich. Besser gelang ihm die Belebung des Handels in den Donauländern. Hier legte er Kanäle und Strassen an und trat in Verbindung mit der Türkei, Moldau, Walachei und Russland, selbst mit Marokko. Durch die Errichtung von Consulaten erreichte der Seehandel bald einen bedeutenden Aufschwung. Minder glücklich war der Kaiser in seiner Bemühung, die Industrie zu heben. Das 1784 erlassene Schutzzollpatent erfüllte seinen Zweck nicht.

β) **Reaction.** Die Reformen des Kaisers griffen tief in alle Verhältnisse des Staates ein. Indem der Kaiser das historische Recht ignorirte und sich blos von den Principien des Naturrechtes leiten liess, wurden die Interessen einzelner Individuen und Stände sehr verletzt. Am meisten waren die bisher privilegirten Stände, der Adel und die Geistlichkeit getroffen worden. So hatte sich der Kaiser bei seinem redlichsten Willen durch sein gemeinnütziges Wirken eine mächtige Opposition geschaffen, die sich wohl in allen Provinzen äusserte, in Ungarn und Belgien aber die Höhe der Revolution erreichte.

Die Ungarn hatten nämlich eine selbständige Verfassung, und es gehörten Reformen, wie sie der Kaiser vorgenommen, in den Wirkungskreis ihres Landtages. Indem Joseph die Staatsgewalt centralisiren wollte, riss er die Rechte des Landtags an sich. Er unterliess daher die Krönung, um den Krönungseid nicht leisten zu müssen. Am meisten aber empörte die Ungarn die Germanisirung ihres Landes und die Einführung des neuen Steuersystems. Da den meisten Widerstand gegen die Neuerungen des Kaisers die Comitate leisteten, hob Joseph die Comitatseinteilung auf, wodurch die Erbitterung noch höher stieg. Die Ungarn verlangten nun mit Ungestüm einen Landtag und der Kaiser sah sich genötigt, nachzugeben.

Die **Niederlande** brachte der Kaiser zuerst durch sein Tauschproject im Jahre 1784 gegen sich auf. Er hatte nämlich mit Karl Theodor von Baiern einen Vertrag über den Eintausch von Baiern gegen die Niederlande geschlossen, wodurch er seine Länder allerdings gut arrondirt hätte. Dem widersetzten sich zunächst der mutmassliche Erbe Karl Theodors, Karl von Zweibrücken, und hierauf der König von Preussen, Friedrich, der dagegen ein Bündniss fast sämmtlicher deutscher Fürsten unter dem Namen des **deutschen Fürstenbundes** zu Stande brachte. Der Kaiser musste seinen Plan aufgeben, hatte aber durch sein Project die Sympathien der Niederländer, die wie eine Waare vertauscht werden sollten, verloren. Als er nun seine Reformen auch in den Niederlanden durchführen wollte, widersetzten sich diese, indem sie sich auf ihre alten Rechte beriefen. Der Kaiser hob nun diese auf und suchte sie durch Gewalt zum Gehorsam zu bringen, dagegen aber erhoben die Stände einen bewaffneten Aufstand, trieben das kaiserliche Militär aus dem Lande und erklärten sich unabhängig.

In Folge der innigen Verbindung Russlands und Oesterreichs wurde Joseph damals in einen **Krieg mit den Türken** verwickelt. 1786 waren Katharina II. und Joseph zu Cherson zusammengekommen, wo vielleicht das Project der Wiederherstellung des oströmischen Kaiserreiches zur Sprache gekommen war. Da die Pforte im nächsten Jahre Russland den Krieg erklärte, so griff auch Josef als Russlands Verbündeter (1788) zu den Waffen und stellte sich selbst mit Lascy an die Spitze des Heeres. Die ersten Kriegsoperationen fielen aber nicht glücklich aus. Zugleich rafften Krankheiten Tausende dahin. Auch den Kaiser ergriff das Fieber. Mit dem Todeskeime im Körper kehrte er nach Wien zurück. Das Commando übergab er Laudon, der die Türken zurücktrieb, Belgrad eroberte (1789) und in das feindliche Gebiet vordrang.

Unterdessen weilte der Kaiser, gequält von den bittersten Lebenserfahrungen und der Disharmonie zwischen dem besten Willen und dem schlechtesten Erfolge in seiner Residenz. Den grossen Plan, an dem er zehn Jahre unermüdlich gearbeitet, die Unificirung seiner Länder zu einem **kräftigen und weise geordneten Grossstaate**, sah er am Abende seines Lebens am wenigsten verwirklicht. Belgien hatte seine Herrschaft abgeschüttelt und das Beispiel der Niederlande drohte auch in Ungarn

Nachahmung zu finden. Die mächtigsten Stände des Staates, Adel und Geistlichkeit, waren seine unversöhnlichen Feinde geworden. Im Süden seines Reiches sah er sich in einen faulen Krieg verwickelt und bereits rüstete sich Preussen zu einem Einfalle in Oesterreich zu Gunsten der Pforte. Unter diesen schrecklichen Wehen und Martern gebar seine Seele den Entschluss, der nicht mehr seinem Geiste, sondern dem durch Krankheit gebrochenen Körper angehört, mit einem Federstriche alle Neuerungen, die zu den Beschwerden in Ungarn Anlass gegeben hatten, mit Ausnahme des Toleranz- und Untertanpatentes, aufzuheben. Seinen edlen Charakter und den Geist seiner Geschichte zeichnete er selbst vor seinem Tode mit den Worten: „Ich wünschte, man schriebe auf mein Grab: Hier ruht ein Fürst, dessen Absichten rein waren, der aber das Unglück hatte, alle seine Entwürfe scheitern zu sehen." In der Capucinergruft zu Wien, neben dem grossen und prächtigen Sarge Maria Theresia's, steht ein kleiner Sarg, schlicht, wie die Person Kaiser Josephs war, dessen irdische Reste er birgt.

Leopold II. (1790—1792). Da Kaiser Joseph ohne Descendenz starb, so folgte ihm in der Regierung in Oesterreich, sowie auch ohne Schwierigkeit in Deutschland sein ältester Bruder, der bisherige Grossherzog von Toscana, Leopold. Dieser gab seinen Erbländern wieder die äussere und innere Ruhe, indem er mit den Türken den Frieden zu Szistowa schloss, die Ungarn durch die Erneuerung ihrer Landrechte befriedigte und die Niederlande, nachdem er auch ihnen ihre alte Verfassung bestätigt hatte, sie aber nicht dadurch besänftigen konnte, mit Gewalt zum Gehorsam brachte. Als Leopold schon im dritten Jahre seiner Regierung starb, folgte ihm sein ältester Sohn

Franz I. (II.) (1792—1835) sowohl auf den österreichischen Tron als auch in Deutschland. Die lange Regierung dieses Herrschers, welcher von seinem Onkel, Kaiser Joseph, erzogen worden war, teilt sich in zwei Abschnitte, wovon der erste die Kriegszeit von 1792—1815, der zweite die Friedenszeit von 1815—1835 umfasst.

α) **Kriegszeit.**

I. Coalitionskrieg (1792—1797). Kurz nach seinem Regierungsantritte wurde Franz gezwungen, gegen Frankreich die Waffen zu ergreifen. Hier war 1789 die Revolution ausgebrochen, und in dem Masse als die Wogen derselben immer höher gingen, stieg auch die Gefahr für König Ludwig XVI., den Schwager Leopold I. Im Interesse des französischen Königs war schon 1791 zwischen Oesterreich und Preussen eine Convention abgeschlossen worden, und an diesem Bündnisse hielt auch Kaiser Franz fest. Unberücksichtigte Beschwerden deutscher Fürsten, als Herren französischer Besitzungen über Besitzstörungen einerseits, Beschwerden der französischen Nationalversammlung über die

Aufnahme französischer Emigranten auf deutschem Boden anderseits, veranlassten die Nationalversammlung und das girondistische Ministerium, den König Ludwig XVI. zu zwingen, dem Könige von Ungarn und Böhmen den Krieg zu erklären. Dies der Anfang jener heftigen Kämpfe, welche mit geringen Pausen durch 23 Jahre fast ganz Europa bewegten. Oesterreich fiel in denselben, da sein Beherrscher die deutsche Krone trug, die Rolle des Vorkämpfers in der Reihe der Verbündeten zu.

Franz überliess die Führung des Krieges seinem Verbündeten Wilhelm II. von Preussen; das österreichische Heer sollte die preussischen Unternehmungen unter Ferdinand von Braunschweig unterstützen. Wohl gelang es anfangs den Preussen bis in die Champagne vorzudringen, als aber Dumouriez den Oberbefehl über das französische Heer erhalten hatte, wurden sie über den Rhein zurückgeworfen, und die Oesterreicher in den Niederlanden bei Jemappes so entscheidend geschlagen, dass Frankreich sich in den Besitz der Niederlande setzen konnte.

Im Anfange 1793 war die grosse Katastrophe in der Geschichte des französischen Königtums eingetreten. Die Hinrichtung Ludwig XVI. und seiner Gemahlin Antonia hatte fast alle europäischen Mächte (ausser Schweden, Dänemark, der Türkei und der Schweiz) zu Feinden Frankreichs und zu Bundesgenossen Oesterreichs und Preussens gemacht. Doch entsprachen auch diesmal die schliesslichen Erfolge der numerischen Uebermacht der Verbündeten nicht, da ihnen in ihren Operationen die notwendige Eintracht fehlte. Die Oesterreicher schlugen allerdings bei Neerwinden (März 1793) Dumouriez und setzten sich dadurch wieder in den Besitz der Niederlande, wurden aber noch im selben Jahre von Jourdan bei Fleury (Luftballon) geschlagen und über den Rhein zurückgeworfen. Mit ebenso geringem Erfolge kämpften die Preussen und Oesterreicher zusammen am Ober- und Mittel-Rhein, wesshalb Preussen vom Kriegsschauplatze abzog, den Frieden zu Basel (1795) schloss und die weitere Führung des Landkrieges Oesterreich und dem deutschen Reiche überliess.

Unterdessen war in Frankreich der National-Convent gestürzt worden und an seine Stelle die Directorialregierung getreten. Diese stellte im Jahre 1796 drei Armeen gegen Oesterreich und Deutshland in's Feld: die eine unter Jourdan sollte vom Nieder-Rhein in Franken, die zweite unter Moreau vom Ober-Rhein nach Baiern, und die dritte unter dem 27jährigen Napoleon Bonaparte durch Ober-Italien in Oesterreich eindringen. Gegen Jourdan und Moreau in Deutschland kämpfte der junge Erzherzog Karl, des Kaisers Bruder, sehr glücklich, indem er das Heer des ersteren durch die Siege bei Amberg und Würzburg in volle Flucht auflöste und auch Moreau über den Rhein zurückdrängte. Dagegen erfuhren die österreichischen Waffen das erstemal in Italien ihre Ohnmacht gegen das überlegene strategische Genie Napoleons. Dieser betrat damals seine Siegeslaufbahn durch den Sieg bei Millesimo über den 72jährigen österreichischen Feldherrn Beaulieu, trennte dadurch die sardinische Armee von der österreichischen, zwang den sardinischen König Victor Amadeus durch den Sieg bei Mondovi zum Frieden, und drängte die Oesterreicher, indem er sie unaufhaltsam über den Po verfolgte, in die Festung Mantua. Die blutigsten Bemühungen der bewährtesten österreichischen Feldherrn, Wurmser und Alvinzy, Mantua zu entsetzen, misslangen, und Wurmser, welcher in Mantua eingeschlossen wurde, konnte sein tapferes Heer nicht anders retten, als dass er durch eine ehrenvolle Capitulation die ausgehungerte Festung übergab. Noch einmal stellte sich dem jungen Corsen ein österreichisches Heer entgegen, diesmal unter der Führung des Erzherzogs Karl, welcher kurz vorher so glänzende Beweise seines Feldherrntalentes in Deutschland gegeben hatte. Aber auch er war nicht Napoleon gewachsen. Nach dem Siege am Tagliamento konnte dieser ohne Hinderniss gegen Wien vorrücken. Bereits waren die Franzosen durch Kärnten nach Steiermark bis Judenburg vorgedrungen. Doch wenn auch die österreichischen Heere bisher stets von Napoleon geschlagen und nun aufgerieben waren, eine unmessbare Widerstandskraft lag noch im Volke. Je näher Napoleon gegen Wien kam, desto mehr überzeugte er sich von der Gefahr, die ihm drohte. Die Bevölkerung war in Böhmen und Tirol zum Kampfe aufgeboten worden, Ungarn erhob sich in Waffen und die Venetianer drohten den Franzosen die Rückkehr abzuschneiden. Napoleon ging daher zuerst den Waffenstillstand zu Leoben und hierauf den Frieden zu Campo Formio (1797) ein. Oesterreich verlor die Niederlande an Frankreich und die Lombardei an die von Napoleon neu gegründete cisalpinische Republik und erhielt dafür Venedig mit Gebiet bis zur Etsch, Istrien und Dalmatien.

Während dieses Krieges wurde von Preussen und Russland die zweite Teilung Polens vorgenommen (1793) und als diese einen Aufstand der nationalen Partei unter Kościuszko zur Folge hatte, im Jahre 1795 die dritte Teilung und völlige Auflösung vollzogen, durch welche Oesterreich den Rest der Woiwodschaft Krakau mit der Hauptstadt Krakau, die Woiwodschaft Sandomirz und Lublin, die Landschaft Chelm und Teile von Lithauen, Podlachien und Mazowien bis an den Bug erhielt. Diese ansehnliche Erwerbung wurde unter dem Namen Westgalizien zu dem bisherigen Galizien geschlagen. So hatte der österreichische Länderbestand zwischen 1795 und 1797 wesentliche Aenderungen erfahren und der Verlust der reichen Niederlande wurde aufgewogen durch die Arrondirung des österreichischen Ländercomplexes im Süden und Osten sowie durch die Gründung einer Seemacht in Folge des Besitzes der nordadriatischen Länder.

II. Coalitionskrieg. (1799 — 1801). Die junge französische Republik hatte sich viele Gewalttätigkeiten erlaubt. Sie hatte den Papst Pius VI. gefangen genommen und den Kirchenstaat, die Schweiz und Neapel als Republiken erklärt und durch Napoleon Aegypten erobert. Gegen diese Uebergriffe verbündeten sich Grossbritannien, Russland und die Pforte gegen Frankreich und Kaiser Franz schloss sich dieser Coalition an.

Am 31. Jänner 1799 erklärte das Directorium dem Könige von Ungarn und Böhmen den Krieg und stellte drei Armeen, unter Scherer in Italien, Massena in der Schweiz, und unter Jourdan in Süddeutschland auf. In Italien eröffnete die österreichische Armee glücklich den Feldzug unter Kray und Melas durch die Siege über Scherer und Moreau und vollendete die Niederlage der Franzosen nach der Ankunft der Russen unter Suwarow durch den Sieg über Macdonald an der Trebia. Auch Jourdan hatte wieder in Erzherzog Karl in der Schlacht bei Ostrach und Stokach einen siegreichen Gegner gefunden und sich zurückziehen müssen. Massena hatte bei Zürich eine entscheidende Niederlage von Erzherzog Karl erlitten.

Diese Misserfolge der französischen Republik im Felde, sowie die inneren Unruhen, waren Napoleon eine erwünschte Gelegenheit aus Aegypten nach Frankreich zurückzukehren, das Directorium zu stürzen und sich als erster Consul an die Spitze der Regierung zu stellen. Nachdem er selbst durch die einzige Schlacht bei Marengo den Verbündeten alle Vorteile, welche sie durch mehrere glückliche Schlachten errungen, entrissen hatte, nötigten die Siege Moreau's über Kray sowie über den Erzherzog Johann bei Hohenlinden und das Vordringen des französischen Heeres bis an die Enns den bereits von Russland verlassenen Kaiser Franz zum Frieden von Luneville (1801). Der Grossherzog von Toscana musste sein Land an den Herzog von Parma abtreten und dafür sich mit dem zu einem Fürstentum säcularisirten Erzbistum Salzburg begnügen. Oesterreich trat ferner an den Herzog von Modena den Breisgau ab und erhielt dafür die Gebiete der Bischöfe von Brixen und Trient. So war Oesterreich aus diesem Kampfe fast ungeschädigt hervorgegangen.

Wichtig in den Annalen der österreichischen Geschichte ist das Jahr 1804. Da Napoleon im Mai zum Erbkaiser der Franzosen erhoben worden war, nahm Franz am 11. August die Würde eines Kaisers von Oesterreich an und legte 2 Jahre später, nachdem seine Macht als römisch-deutscher Kaiser seit dem Aufblühen des preussischen Staates und noch mehr seit der Stiftung des Rheinbundes nur mehr der Schatten der einstigen kaiserlichen Gewalt war, am 6. August 1806 die **deutsche Kaiserwürde nieder**.

III. Coalitionskrieg gegen Frankreich (1805). Da Napoleon als Kaiser sich ähnliche Gewaltschritte erlaubte wie die französische Republik vor Ausbruch des zweiten Coalitionskrieges, nur mit dem Unterschiede, dass diese aus Erbreichen Republiken machte, während Napoleon diese jetzt in Teile seines Reiches verwandelte (italienisches Königreich), schlossen **England, Russland** und **Oesterreich** ein Schutz- und Trutzbündniss gegen Napoleon. Oesterreich stellte zwei Armeen ins Feld, die schwächere unter **Mack** nahm bei Ulm ihre Aufstellung, während die stärkere (120.000) unter dem Commando des Erzherzogs **Karl** in Italien stand, da man hier Napoleon erwartete. Dieser aber erfüllte die Erwartungen seiner Gegner nicht, sondern erschien mit concentrirter Macht vor Ulm, überraschte Mack so, dass dieser die Festung übergab und 23.000 Mann die Gewehre strecken liess. Ohne bedeutende Hindernisse rückte nun Napoleon nach Wien und überschritt die Donau, um die Reste der österreichischen Armee, welche sich unterdessen mit dem russischen Heere unter Kaiser Alexander vereinigt hatten, aufzusuchen. Er traf sie bei **Austerlitz**. Der Sieg in dieser Dreikaiserschlacht verherrlichte den Jahrestag seiner Krönung zum Kaiser (2. December), nötigte aber Kaiser Franz mit schwerem Herzen den Pressburger Frieden zu unterzeichnen, in welchem er **Venedig** und **Dalmatien** an das Königreich Italien, **Tirol** an Baiern und die **Vorlande** an Baden, Württemberg und Baiern abtreten musste, wofür Salzburg, dessen bisheriger Besitzer Würzburg erhielt, eine geringe Entschädigung war.

Der Sieg bei Austerlitz ist der Grundstein der Grösse Napoleons aber auch der Beginn der tiefsten Erniedrigung Oesterreichs. Die Stiftung des Rheinbundes und der unglückliche vierte Coalitionskrieg, der Preussen die Hälfte seines Gebietes kostete, machten Napoleon zum Herrn von fast ganz Deutschland. Als er aber auch noch seine Hand nach Portugal und Spanien ausstreckte, glaubte Oesterreich die Verwicklung, die sich Napoleon dadurch zuzog, benützen zu können, um mit Hilfe des von Erzherzog Karl reorganisirten Heerwesens seinen früheren Länderbesitz und damit sein politisches Ansehen wiederherzustellen und griff **allein zu den Waffen** (1809). Doch war der Erfolg dieses Krieges für Oesterreich ungünstiger als je. Der Erzherzog Karl wurde von Napoleon bei **Eckmühl** geschlagen und nach Böhmen zurückgedrängt. Napoleon zog zum zweiten Male als Sieger in Wien ein. Wenn auch Erzherzog Karl bei **Aspern** sich den Ruhm erwarb, zum ersten Male Napoleon geschlagen zu haben, so blieb doch dieser Sieg ohne Vorteil, da schon wenige Wochen darauf Napoleon durch den Sieg bei **Wagram** sich wieder zum Herrn der Situation machte. Den ungünstigsten Frieden, den Oesterreich je eingegangen, musste damals Franz zu **Wien** (Schönbrunn) schliessen. Oesterreich verlor nicht weniger als 2000 ☐Meilen und 3½ Mill. Menschen. Es trat ab: **Salzburg** sowie das **Inn- und Hausruckviertel** von Ober-Oesterreich an Baiern, ferner **Westgalizien** an das neu errichtete Herzogtum Warschau, den **Tarnopoler Kreis** von Ostgalizien an Russland, ganz **Krain**, sowie alles **Land südlich von der Sau und den Villacher Kreis** von Kärnten an das Königreich Italien.

In diesem Kriege hatten die Tiroler ihrem Patriotismus ein schönes historisches Denkmal gesetzt. Stets treu dem Hause Habsburg wollten sie die bairische Herrschaft, welcher sie Napoleons Machtspruch (1805) zuerkannt hatte, im Jahre 1809, als Oesterreich sich gegen Frankreich erhob, abschütteln. Wie Ein Mann erhob sich ganz Tirol unter der Führung des Sandwirts **Andreas Hofer**, **Spekbacher's** und des Capuciners **Haspinger**; die Baiern wurden aus dem Lande verdrängt, die Franzosen am Berge Isel (bei Innsbruck) geschlagen und über die Grenze geworfen. Die Gebirgsnatur des Landes und die Tapferkeit seiner biederen Bewohner schlug alle bairischen und französischen Angriffe zurück. Da kam die Nachricht von dem unglücklichen Wiener Frieden. Das Volk fügte sich in seine unvermeidliche Lage — wurde amnestirt, Spekbacher und Haspinger flohen aus dem Lande, Hofer aber wurde verraten und auf Napoleons Befehl in Mantua erschossen (1810).

Oesterreich lag am Ende des Jahres 1809 in tiefster Erniedrigung. Die Staatsschuld hatte eine riesige Höhe erreicht und die Steuerkraft war durch die grossen Territorialverluste vermindert worden. Nach seinem Flächenraume war Oesterreich nur mehr eine Macht zweiten Ranges. Franz glaubte sich und sein Reich nicht besser vor Napoleon schützen zu können, als wenn er sich diesen dadurch zum Freunde machte, dass er ihm seine Tochter **Maria Louise** zur Gemahlin gab.

Napoleon war auf der Höhe seines Ruhmes angelangt; den Sturz bereitete er sich selbst durch seine Unternehmung gegen Russland im Jahre 1812. Von der halben Million Streiter, die er nach Russland geführt, sahen nur wenige ihre Heimat wieder. Incognito und in Hast war er nach Paris zurückgeeilt.

Nun erliess der König von Preussen Friedrich Wilhelm III. von Breslau aus das bekannte Manifest: „An mein Volk", in welchem er dieses aufforderte, die französische Zwingherrschaft abzuwerfen und verband sich zur Herstellung der politischen Unabhängigkeit und des politischen Gleichgewichtes in Europa mit **Alexander I. von Russland**, welchem Bunde sich auch nach einigem Zögern Franz I. anschloss. Gegen die Uebermacht der Verbündeten war Napoleon zu schwach. In der Völkerschlacht bei Leipzig (1813), in welcher die österreichischen, preussischen und russischen Heere vereinigt unter dem kais. Feldmarschall Karl von Schwarzenberg für Europa's Freiheit von französischer Tyrannei kämpften, brach Napoleons Macht zusammen. Im folgenden Jahre wurde er durch den Einmarsch der Verbündeten in Paris genötigt die Kaiserwürde niederzulegen und sich mit Elba zu begnügen, worauf mit Ludwig XVIII. das Königtum wiederhergestellt wurde. Der Wiener Congress (1814 und 1815) restituirte Oesterreich wieder die verlorenen Länder und verlieh ihm das Präsidium der deutschen Bundesversammlung zu Frankfurt a/M.; der Grossherzog Ferdinand trat wieder in den Besitz von Toscana, während die Herzogtümer Modena, Reggio und Mirandola der Erzherzog Franz von Oesterr. Este erhielt.

β) Friedenszeit.

Die Seele der österreichischen Regierung von 1815 bis 1848 war der Fürst Metternich, welcher die Stelle des Haus-, Hof- und Staats-Kanzlers, sowie des Präsidenten der Ministerconferenz bekleidete. Als Gründer der „Erhaltungspolitik" liess er sowohl in seiner äusseren als auch seiner inneren Politik sich stets von den Grundsätzen der Legitimität und Stabilität leiten. Im Jahre 1815 schloss er zwischen Oesterreich, Russland und Preussen die heilige Allianz, in welcher diese drei Mächte sich einigten nach den Grundsätzen des Christentums gerecht und milde zu regieren. Sowie Metternich in seiner äusseren Politik den Revolutionsgeist, der sich in den benachbarten Staaten von Zeit zu Zeit rührte, mit all' seinem diplomatischen Einflusse und auch mit Waffengewalt bekämpfte, so war er nicht minder in den österreichischen Staaten bestrebt, jede zu freie Regung des Geistes durch Polizei und Presscensur im Keime zu ersticken. Die Cultur sollte nur im Sinne der bevormundenden Regierung sich entwickeln.

Zunächst wurde die Verwaltung in den neu erworbenen Ländern organisirt. Aus den österreichischen Besitzungen in Italien wurde das „lombardo-venetianische Königreich" mit zwei Gubernien, in Mailand und Venedig gebildet. Dalmatien und Ragusa erhielten den Titel eines Königreiches „Dalmatien." Kärnten, Krain, das Küstenland und das ungarische Litorale (später 1822 Ungarn einverleibt) erhielten den Titel „Königreich Illyrien" mit zwei Gubernien in Laibach und Triest.

Wenn auch Industrie und Handel durch ein Absperrungs- und Zollsystem eingeschränkt wurden, so ist anderseits die Beförderung derselben durch die Anlage guter und oft sehr kostspieliger Strassen (Splügen, Stilfser Joch), durch Flussregulirungen und Kanalanlagen (Franzenskanal, Wr.-Neustädter Kanal), durch die Einführung der Dampfschifffahrt und durch Gründung grosser Geldinstitute (der Nationalbank und der Wiener Sparkasse 1819) nicht zu verkennen. Die Gründung der ungarischen Akademie der Wissenschaften, die Vervollständigung der Universitäten Graz, Olmütz, Lemberg und die Erneuerung der innsbrucker, die Gründung der Conservatorien in Prag und Wien, sowie die Creirung vieler Gymnasien trugen aber nicht die der Neuzeit entsprechenden Früchte, da der Geist der neuen Forschung, des freien Strebens, die Lern- und Lehrfreiheit in sie nicht eingeführt wurden. Einen Fortschritt in der Gesetzgebung beweisen wohl das **Criminalgesetzbuch** von 1803 und das **bürgerliche Gesetzbuch** von 1812. Einen bleibenden Beweis seiner Menschenliebe hatte der Kaiser im Jahre 1802 durch die Aufhebung der lebenslänglichen Militärpflicht und Herabsetzung dieser auf 14 Jahre gegeben. (Kaiser Ferdinand setzte sie auf 8 Jahre herab). Trotz aller Bevormundung aber lebten in jener Zeit Männer in Oesterreich, welche durch ihre Werke immer eine Zierde ihres Vaterlandes bleiben werden. Die Dichter Zedlitz, Lenau, Anastasius Grün, Halm, Grillparzer, Joh. Gabriel Seidl, die Geschichtschreiber Hammer, Hormayr, Chmel, Kurz, Muchar, Mailath, Palacky und die Künstler Canova (Theseus, Christine) und Zauner (Josephsstatue) sind erfreuliche Lichtpunkte in jener geistig unbewegten Zeit. Franz starb 1835. Sein Nachfolger

Ferdinand I. (1835—1848) versprach bei seinem Regierungsantritte im Geiste seines Vaters fortregieren zu wollen. Mit Metternich blieb auch das alte Regierungssystem im Amte. Während einerseits mit der Hebung der physischen Cultur fortgefahren wurde, blieb der **Druck auf den geistigen Bestrebungen** lasten. Wenn auch (1846) die Akademie der Wissenschaften in Wien gegründet und 1845 mit der öffentlichen Ausgabe der Tafeln zur Statistik der österreichischen Monarchie begonnen wurde, so tat anderseits das Schulwesen keinen Schritt vorwärts, indem es seine veralteten Studienpläne beibehielt. Die Censur arbeitete mit eiserner Strenge fort, dagegen hob sich einigermassen die physische Cultur durch den Beginn der **Eisenbahnbauten** (1836 begannen die Vorarbeiten für die Nordbahn und Südbahn) und in Folge dessen durch den eifrigeren Betrieb des Kohlenbergbaues.

Das Jahr 1846 vermehrte das Gebiet des österreichischen Kaiserstaates um 210 ☐ Ml. **Krakau** war seit 1815 ein Freistaat, aber auch der Brennpunkt der polnischen Bestrebungen nach der alten politischen Selbständigkeit. Nach mehreren vereitelten Versuchen hatte sich der alte Nationalgeist wieder (1843) geregt, aber die Unabhängigkeitsbestrebungen der polnischen Edelleute in Galizien scheiterten an dem vereinigten Vorgehen der Regierung und der ruthenischen Bauern. Im Einverständnisse Preussens, Russlands und Oesterreichs wurde die Unabhängigkeit Krakau's aufgehoben und dieses Oesterreich 16. November 1846 einverleibt.

Dieser innere und äussere Friede, den Oesterreich seit 1815 genoss, fand sein Ende im J. 1848 mit dem Ausbruch der Revolution. Die Ursachen dieser waren: 1. die Mündigkeit des Volkes und daher die Unzufriedenheit mit dem Absolutismus und der Bevormundung nach dem Metternich'schen Regierungssystem, welches alle Selbständigkeit des Volkes unterdrückte, und 2. die Bestrebungen der Ungarn und der Italiener sich von Oesterreich zu trennen. Den Anlass zum Ausbruche der Revolution in Wien bildete der Sturz des Königs Ludwig Philipp in Paris am 24. Februar und die Wiederherstellung der Republik Frankreich.

Am 12. März wandten sich die Studenten der Wiener Universität unmittelbar und am folgenden Tage mittelst des niederösterreichischen Landtages an den Kaiser um die Veröffentlichung des Staatshaushaltes, zeitweise Berufung einer, alle Länder der Monarchie sowie alle Classen und Angelegenheiten der Bevölkerung vertretenden ständischen Versammlung mit dem Rechte der Steuerbewilligung, Teilname an der Gesetzgebung, Pressfreiheit, Oeffentlichkeit der Gerichtsverhandlungen, der gesammten Staatsverwaltung und um die Entlassung des Repräsentanten des verhassten Regierungssystems, Metternich. Der Kaiser entliess Metternich, gewährte den Ungarn ein selbstständiges, dem Landtag verantwortliches Ministerium, den deutsch-slavischen Ländern am 25. April eine constitutionelle Verfassung. Mit dieser octroirten Verfassung nicht zufrieden, vereinigten sich Studenten, Nationalgarde und Arbeiter und übermachten am 15. Mai dem gütigen Kaiser die Sturmpetition, in welcher die Einberufung eines constituirenden Reichsrates verlangt wurde. Auch diese Forderung erfüllte der Kaiser. Schon am 22. Juli trat der constituirende Reichsrat zusammen und begann seine Arbeiten. Unter den Beschlüssen desselben ist von grösster Bedeutung und der humanste die Annahme des Antrages Hanns Kudlich's über die Aufhebung des Untertanenverhältnisses am 7. Sept. 1848, wodurch der Bauer erst ein freier Mann wurde.

Doch war die Unzufriedenheit noch nicht behoben und das Ministerium, welches von einem Sicherheitsausschusse, in welchem die Studenten grossen Einfluss hatten, abhing, war zu ohnmächtig, um die Unruhen zu unterdrücken. Die Anhänger der Bewegung sahen ihr Interesse auf das innigste mit dem ungarischen verflochten, als daher das Ministerium in Wien Truppen zur Bewältigung der ungarischen Erhebung absandte, erhob sich 6. October ein furchtbarer Aufstand, der mit dem Siege über die kaiserlichen Truppen, der Erstürmung und Entwaffnung des Zeughauses und der Ermordung des Kriegsministers Latour endete. Der Fürst Windischgrätz, welcher aus Böhmen und Mähren herbeieilte, erklärte Wien, welches die Leitung der Verteidigungsanstalten General Bem übergeben hatte, in Belagerungszustand, begann den Kampf am 29. October und unterwarf die Hauptstadt am 31. Oct. Die Führer der Bewegung wurden strenge durch Hinrichtung oder Einkerkerung bestraft und der constituirende Reichsrat nach Kremsier verlegt. Während die Revolution in Wien diesen Verlauf nahm, hatten sich auch die Italiener und Ungarn mit zunächst ungleichen Erfolgen gegen die Regierung erhoben.

Das so vielfach zerstückelte Italien strebte nach Einigung und die Lombardo-Venetianer benützten die Märzunruhen in Wien, um mit Hilfe des Königs Karl Albert von Sardinien die österreichische Herrschaft abzuschütteln. Die kaiserlichen Truppen sahen sich genötigt, Venedig zu räumen und Radetzky musste Mailand verlassen, um eine festere Stellung in Verona zu nehmen. Nachdem er sich aber hier hinreichend verstärkt, trieb er durch mehrere siegreiche Kämpfe (Sommacampagna, Custozza) die Italiener so schnell zurück, dass er schon am 6. August seinen Einzug in Mailand halten konnte. Damit war die Lombardei wieder erobert und Karl Albert wurde zu einem Waffenstillstande genötigt.

Unterdessen hatte sich auch das ungarische Ministerium unter dem Präsidium Bathyani's constituirt, Deak war für Justiz-, Kossuth für Finanzverwaltung, Eötvös für Cultus und Unterricht ernannt. Landtag und Ministerium führten die freisinnigsten Institutionen (Pressfreiheit, Lehr- und Redefreiheit) ein, entfremdeten sich aber bald durch ihre masslosen Magyarisirungsversuche die Kroaten und Serben sowie die Rumänen und die Deutschen Siebenbürgens, welche sich so wenig magyarisiren lassen wollten, als früher die Ungarn sich germanisiren liessen. Der Banus von Kroatien, Jellačić, verweigerte daher dem ungarischen Ministerium den Gehorsam. Als der Palatin, Erzherzog Stephan, Ungarn verlassen hatte, rief die kaiserliche Ernennung des Grafen Lamberg zum Commissär und Obercommandanten aller Truppen in Ungarn eine grosse Erbitterung im Lande hervor, welcher der grausamste Ausdruck durch die Ermordung Lamberg's auf der Pester Brücke gegeben wurde (28. September). — Nun ernannte der Kaiser zum Obercommandanten in Ungarn Jellačić und löste den Landtag auf; dieser aber ging nicht auseinander und wählte Kossuth zum Präsidenten des Landesverteidigungsausschusses, welcher die Absendung eines kaiserlichen Heeres nach Ungarn durch die oberwähnte Erhebung in Wien am 6. October vereitelte.

Ungarn stellte sich nun in bewaffnete Opposition gegen seine Dynastie, als Kaiser Ferdinand am 2. December 1848 die Regierung

niederlegte, welche nach der Verzichtleistung seines Bruders Franz Karl dessen Sohn
Franz Joseph antrat.

Bekämpfung der Revolution. Zum Oberfeldherrn über die kaiserlichen Heere im Kampfe mit den Ungarn wurde Windischgrätz ernannt, welcher, nachdem er bei Waitzen von den Ungarn geschlagen worden, von Welden abgelöst wurde. Aber auch unter diesem gestaltete sich die Sache der Dynastie in Ungarn nicht besser. Ja am 14. April sprach sogar der Reichstag in Debreczin die Absetzung des Hauses Habsburg aus, und bald hatten sich auch die Ungarn wieder in den Besitz von Pest und Ofen gesetzt. Nun wurde Welden abberufen und durch Haynau ersetzt. Erst als der Kaiser von Russland Hilfe leistete und Paskiewitsch in Ungarn eingerückt war, übertrug Kossuth die Dictatur an Görgey; und als dieser die Waffen bei Vilagos gestreckt (13. August 1849) und Klapka (im September) in Komorn capitulirt hatte, war der Aufstand beendet. Ungarn wurde wie ein erobertes Land behandelt, das seine Rechte verwirkt hatte.

Inzwischen war auch der Kampf in Italien auf's Neue ausgebrochen. Karl Albert war von seiner Partei genötigt worden (im März 1849), den Waffenstillstand zu kündigen. Nicht minder aber als im verflossenen Jahre waren auch diesmal die Waffen Radetzky's glücklich. Durch den Verlust der Schlacht bei Novara sah sich Karl Albert sogar gezwungen, die Regierung zu Gunsten seines Sohnes Victor Emanuel niederzulegen und mit Oesterreich Frieden (6. August) zu schliessen. Nachdem auch Venedig (24. August) sich ergeben hatte, war die österreichische Herrschaft in der Lombardei und Venedig wieder hergestellt, und die vertriebenen Erzherzoge konnten wieder von Toscana und Modena Besitz nehmen.

So war noch im Jahre 1849 die Revolution, welche den Connex Ungarns und Italiens mit den übrigen österreichischen Ländern sehr fraglich gemacht hatte, im nächsten Jahre nach ihrem Ausbruche vollständig unterdrückt worden. Als eine Errungenschaft der Wiener Revolution bestand der constituirende Reichsrat zu Kremsier noch bis zum 4. März 1849. Da zwischen ihm und der Regierung kein Einverständniss erzielt wurde, löste ihn letztere auf, und der Kaiser erliess für die ganze Monarchie die sogenannte Märzverfassung, nach welcher die Krone die gesetzgebende Gewalt mit dem jährlich zu berufenden aus Ober- und Unterhaus bestehenden Reichsrate und mit den Landtagen zu teilen versprach. Den Forderungen des neuen Zeitgeistes sollte Rechnung getragen werden durch Religionsfreiheit, Freiheit der Wissenschaft und der Lehre, Pressfreiheit, Petitionsrecht, Vereinsrecht, Schutz der persönlichen Freiheit, Schutz des Briefgeheimnisses, Herstellung von

Schwurgerichten, durch Einführung des obersten Reichsgerichtes und die allgemeine Wehrpflicht. Doch diese Verfassung kam nie zur Ausführung.

Absolutismus (1851—1859). Durch die Unterdrückung der Revolution fühlte sich die Krone, und besonders noch nach der Beseitigung eines drohenden Zerwürfnisses mit Preussen im Jahre 1850 (welches in seinem Streben nach der Hegemonie in Deutschland gegen das Interesse Oesterreichs einen Bundesstaat zu gründen suchte). bald so erstarkt, dass sie bereits im Jahre 1851 mit der Restaurationspolitik, nämlich allmäliger Rückkehr zum Absolutismus beginnen konnte. Aus dem Ministerium schieden daher Schmerling und Bruck, die einzigen liberalen Elemente desselben. Noch im selben Jahre wurde das Ministerverantwortlichkeitsgesetz zurückgezogen, der Reichstag in einen Rat der Krone verwandelt, und im Jahre 1852 die Verfassung aufgehoben und die Schwurgerichte beseitigt. Damit war der Absolutismus wieder hergestellt. Als einzige Frucht der Revolution blieb die Entlastung des Grund und Bodens bestehen. alle übrigen Concessionen wurden vernichtet. Der Repräsentant dieser Politik war Minister Dr. Bach (von 1852—1859). Von grosser politischer Tragweite war das Concordat, welches er 1855 mit dem Papste schloss, wodurch der katholischen Kirche grosse Vorrechte eingeräumt wurden.

In dem Kriege, in welchen sich Russland wegen der Türkei mit den europäischen Westmächten verwickelte, blieb Oesterreich neutral. Es zwang Russland, seine Truppen aus den Donaufürstentümern zu ziehen und hielt diese bis zum Pariser Frieden (1856) besetzt. Oesterreich hatte durch diese halbe Teilname am Kriege seine Schuldenlast ausserordentlich vermehrt und Russland sich zum Feinde gemacht. Dieser Periode des politischen, geistigen und materiellen Rückschrittes Oesterreichs machte das Jahr 1859 ein Ende.

Die feindselige Stimmung der lombardo-venetianischen Bevölkerung gegen Oesterreich, und der Wunsch, mit dem übrigen Italien vereint zu werden, war durch den Druck der Waffengewalt, mit welchem Oesterreich seine Herrschaft erhielt, gesteigert und von Sardinien eifrig genährt worden. Das politische Verhältniss zwischen Sardinien und Oesterreich war daher kein freundliches, und gestaltete sich immer gespannter, je übermütiger Sardinien, auf Frankreich sich stützend, auftrat. Am 1. Jänner 1859 drückte Napoleon in seiner Neujahrsrede dem österreichischen Botschafter in Paris. Hübner, sein Bedauern aus, dass die Beziehungen zwischen Oesterreich und Frankreich nicht so günstig seien, als früher. Bereits im April brach der Krieg zwischen Oesterreich und Sardinien aus. Sardinien wurde von Frankreich unterstützt; Oesterreich, welches sich 1850 Preussen und 1854 Russland zu Feinden gemacht.

stand isolirt da. Der Kriegsverlauf war für Oesterreich unglücklich, die Hauptschlachten bei Magenta (4. Juni) und Solferino (24. Juni) wurden verloren. In den Friedenspräliminarien zu Villafranca (11. Juli) trat Oesterreich die Lombardei ab, wogegen die österreichischen Nebenlinien in Toscana und Modena wieder eingesetzt werden sollten; beide Bedingungen wurden auch im Züricher Frieden angenommen, letztere aber nicht erfüllt.

Föderalismus (1860). Dieser unglückliche Feldzug hatte eine Aenderung des Regierungssystems und demgemäss einen Ministerwechsel zur Folge. Die Krone verzichtete auf den Absolutismus und erliess auf Antrag des neuen Ministeriums Gołuchowski am 20. October das sogenannte Octoberdiplom, in welchem die Bildung eines Reichsrates in Aussicht gestellt wurde. Da aber die meisten und wichtigsten Gegenstände der Competenz den Landtagen zugewiesen wurden, und dem Reichstage nur in Finanzsachen das „Zustimmungsrecht" und in Verkehrsangelegenheiten blos eine Mitwirkung zuerkannt war, also das Schwergewicht der legislativen Verhandlungen in den Landtagen lag, so war die Freude über diese föderalistische Errungenschaft eine sehr geringe. Die Deutschen klagten über den geringen Liberalismus in den Landtagsstatuten, und die Ungarn bestanden in gewohnter Consequenz auf ihrem Landrechte. Auch die Polen und Čechen waren nicht befriedigt. Gołuchowski wurde am 31. December 1860 entlassen und Schmerling in's Ministerium berufen.

Centralismus (1861—1865). Als liberaler Anhänger des Centralismus bewirkte Schmerling den kaiserlichen Erlass vom 26. Februar 1861 oder das sogenannte Februarpatent, in welchem eine neue Reichsverfassung für den Gesammtstaat und neue Landtagsstatuten für die deutsch-slavischen Länder gegeben wurden. Der Reichsrat sollte aus 2 Kammern bestehen, dem Herrenhaus und dem Abgeordnetenhaus und die Vertretung aus allen österreichischen Kronländern aufnehmen. Neben diesem weiteren Reichsrat wurde noch ein engerer Reichsrat für die parlamentarische Behandlung der Gesammtinteressen der deutsch-slavischen Länder eingesetzt.

Durch diese Verfassung war also die Competenz der Landtage beschränkt. Vom Reichsrate hielten sich aber die Ungarn, Kroaten, Siebenbürger und Venetianer fern. Es konnte daher blos der engere Reichsrat zusammentreten. Die Ungarn wichen unter Deak's Führung von ihren alten Landrechtsforderungen nicht ab und leisteten mit den Kroaten und Venetianern durch Nichtbeschickung fortwährend passiven Widerstand. Der engere Reichsrat erweiterte sich erst 1863 durch den Eintritt der Siebenbürger zum weiteren, was die Čechen zum Austritte veranlasste. Inzwischen war trotz der parlamentarischen Behandlung des

Staatshaushalts das jährliche Deficit stets grösser geworden, Budgetübertretungen, zu welchen sich die Regierung gedrängt sah, brachten diese in Conflict mit der Reichsvertretung und führte, mit den resultatlosen Bemühungen, die Ungarn zum Eintritt in den Reichsrat zu bewegen, den Sturz Schmerling's und seines Regierungssystems im Juli 1865 herbei.

Sistirung der Verfassung. Das neue Ministerium unter Belcredi bewirkte, da die Ungarn und die Čechen mit der Februarverfassung unzufrieden waren, die Sistirung derselben (20. September), welche wohl die Čechen, Polen und Tiroler befriedigte, aber den Ungarn nicht genügte. Die deutschen Landtage sprachen sich auf das entschiedenste gegen diese Massregel aus. Das Ende dieser Sistirungsperiode wurde wie das des Absolutismus vor 7 Jahren durch einen unglücklichen Krieg herbeigeführt. Den Anlass zum österreichisch-preussischen Kriege im Jahre 1866 bot die Schleswig-Holsteinische Successionsfrage im Jahre 1863.

Oesterreich und Preussen zwangen nach kurzem Kampfe Dänemark im Frieden zu Wien (1864) zur Abtretung Schleswigs und Holsteins, in welche nun Oesterreich den Herzog von Augustenburg einsetzen wollte, aber von Preussen heftigen Widerspruch erfuhr. Im Gasteiner Vertrage einigten sich die beiden Mächte dahin, dass Oesterreich Holstein, Preussen Schleswig verwalten sollte. Da Preussen sich Schleswig als Provinz einrichtete, brach der Krieg aus (1866). Preussen hatte sich mit Italien verbunden und Oesterreich war nun genötigt, 2 Heere, eine Nord- und eine Südarmee aufzustellen. Jene wurde unter Benedek vollständig bei Königgrätz von den Preussen geschlagen, diese aber errang einen glänzenden Sieg unter dem Erzherzog Albrecht bei Custozza. Zu hoher Ehre hatte Tegetthoff die österreichische Flotte durch den Seesieg bei Lissa gebracht.

Das Kriegsglück im Süden wog aber nicht die Misserfolge im Norden auf. Im Prager Frieden schied Oesterreich aus Deutschland, überliess Holstein Preussen, anerkannte alle Aenderungen, welche Preussen in Norddeutschland vornehmen werde und zahlte 30 Millionen Gulden. Schon früher im Waffenstillstande zu Nikolsburg hatte es Venetien an Napoleon abgetreten, welcher dieses an Italien überliess. Die Lage des Reiches war eine fast trostlose. Die Verfassung sistirt, die Nationalitäten vom bittersten Hasse gegeneinander erfüllt, die Armee geschlagen, ein Kronland verloren und die Schuldenlast vermehrt. Mensdorff, der Leiter der äusseren Politik seit 1864, trat ab und an seine Stelle wurde der bisherige sächsische Minister Freiherr von Beust berufen. Dieser hatte keine geringere Aufgabe zu lösen, als dem durch die Verfassungswirren und Nationalitätsstreitigkeiten zerrütteten Reiche den inneren Frieden zu geben und das durch unglückliche Politik und die letzten Kriege geschmälerte Ansehen desselben nach aussen wieder herzustellen.

Dualismus. Den Ungarn wurde im Jahre 1867 ihre Verfassung gegeben und auch in den deutsch-slavischen Ländern der Parlamentarismus restaurirt. Gesammt-Oesterreich ist seitdem ein Doppelstaat, welcher aus den deutsch-slavischen Kronländern einerseits und den Ländern der ungarischen Krone anderseits besteht. Sowohl Cis- als Transleithanien sind in Verfassung, Gesetzgebung und Verwaltung getrennt. Beide aber bilden dem Auslande gegenüber Einen Staat: die österreichisch-ungarische Monarchie und stehen unter der Leitung Eines Herrschers, des Kaisers und Königs Franz Joseph.

Register.

	Seite
Abad-Szalok	151
Abrud-Bánya	164
Abtenau	71
Achenpass	98
Achensee	18, 98
Achental	97
Adamellogruppe	97
Adamsthal	120
Ade·sberg	68
Adelsberger Grotte	86, 88
Adler	106
Adlergebirge	105, 119
Admont	77
Adony	155
Adriatisches Meer	18
Aegyd. St.	58, 60
Aemona	88
Adenz	77
Ager	65
Aggstein	58
Agram	170
Agris	154
Aicha, Böhmisch	108
Aigen	67
Aist	65
Ala	100
Albona	92
Albrecht-Sarasicza-Kanal 22,	149
Algyögy	164
Alja, Sokors-	155
Albunar	154
Allentsteig	59
Alm	65
Almás (Bács-Bodr. C.)	154
Almás (Hunyad. C.)	164
Almás (Kolosv. C.)	164
Almas, Hid-	164
Almissa	139
Almsee	19, 65
Alm, Uebergossene	70
Alparet	164
Alpen	8
Alpen, Algauer	11, 96
Alpen, Brocker	82
Alpen, Cadorische	11, 97
Alpen, Cetische	75
Alpen, Dinarische	137
Alpen Duxer	96
Alpen, Fas-aner	11
Alpen, Fischbacher	75
Alpen, Gailtaler	82
Alpen, Ischler	63
Alpen, Judenburger	75
Alpen, Julische	11, 82, 83, 90
Alpen, Karnische	82
Alpen, Kitzbüchler	68, 98
Alpen, Kroatisch-slavonische 11, 75, 169	
Alpen, Lessinische	97
Alpen, Lombardo-tirolische 11,	96
Alpen, Niederosterreichische 11, 53, 63,	75
Alpen, Pollaer	81
Alpen, Oetztaler	10, 95
Alpen, Ostjulische	66

	Seite
Alpen, Ostkarnische 11, 75, 82,	86
Alpen, Rhätische	10, 95
Alpen, Salzburg-Oberösterreichische	11, 63, 69, 75
Alpen, Sarntaler	96
Alpen, Seckauer	74
Alpen, Stainzer	75, 82
Alpen, Steierische	74
Alpen, Steiner	75, 82, 86
Alpen, Stubaier	96
Alpen, Tirol-bairische 11, 69,	96
Alpen, Tirol-salzburgische 11, 69,	96
Alpen, Tirol-venezianische 11,	97
Alpen, Westjulische	90
Alpen, Westkarnische 11, 82,	97
Alpen, Wölzer	74
Alpen, Zillertaler	10, 96
Alsó-Kubin	151
Alsó-Ranó	153
Alt	163
Altausseersee	19
Alt-Becse	154
Altenburg (N.-Oe.)	59
Altenburg, Ungari·ch	155
Althofen	84
Altpazua	172
Alt-Radna	165
Altsohl	151
Altstadt	121
Altvater	119
Aluta	163
Alvincz	164
Ambras	99
Ampezzo	100
Amstetten	59
Andre, Szt.	153
Andreas-Insel	149
Andrzychow	131
Anina	154
Ankogel	69, 80
Annaberg	54
Annaberg, Ortschaft	58
Antal, Szt.	151
Antofalva	154
Apathi, Jász-	155
Apathin	154
Aquileja	92
Aquincum	158
Arad	154
Arad, Neu-	154
Aranyos	163
Aranyosmaroth	151
Aranyos-Megyes	153
Arbe	137, 136
Arco	101
Arlbach	71
Arlberg	98
Arl Klamm	70
Arnau	108
Arnfels	77
Arnoldstein	84
Arrabona	158
Arsa	91
Arva	149
Asch	110

	Seite
Aschach	66
Aschbachtal	74
Aspang	58
Aspern	60
Attersee	19, 65
Atzenbrugg	58
Auersperg	88
Aupa	106
Auscha	107
Auschwitz	131
Auspitz	121
Aussee	77
Ausseer See	76
Au-sig	109
Austerlitz	121
A visio	98
Baán	151
Babia góra	147
Bachergebirge	75
Baden	57
Babża	91
Baja	154
Baka-Banya	151
Bakonywald	148
Baksa	156
Balaton-Füred	156
Balatonsee = Plattensee 19,	149
Balavásár	164
Balassa-Gyarmat	151
Balazsfalva	164
Baligrod	132
Balog	151
Bálványos-Varalja	164
Banat, Temeser	154
Banija	170
Banken	32
Bánya, Abrud-	164
Bánya, Baka-	151
Bánya, Besztercze-	151
Bánya, Breznó-	151
Bánya, Felsö-	153
Bánya, Göllnitz-	152
Bánya, Körmöcz-	151
Bánya, Körös-	156
Bánya, Lapos-	164
Bánya Libeth-	151
Bánya, Nagy-	153
Bánya Selmecz-	156
Bánya, Uj-	151
Barand	153
Baranyavár	156
Barilovic	171
Baroth	165
Bartfa	152
Bartfeld	152
Bath	151
Batonya	154
Bechin	112
Becse, Alt-	154
Becse, Török-	154
Becskerek, Gross-	154
Bečwa	120
Beél	153
Begakanal	22, 149
Bega (Ort)	154

Register.

	Seite		Seite		Seite
Békés	153	Bolya	164	Ćemernica	171
Boktež	171	Bonyhád	155	Centralkarpaten	15
Belouyes	153	Borbatviz	164	Cepich, See	91
Belovar	171	Borgo	100	Černik	171
Belz	130	Borgo Erizzo	138	Černosek	112
Benatek, Neu-	107	Borgo-Prund	165	Cervignano	92
Benedek, S.	164	Borosjenő	154	Cettina	21, 138
Beneschau	112	Borossebes	154	Cevedale	97
Benkovac	138	Borszczow	131	Cherso	90, 93
Bennisch	126	Borynia	132	Chiese	98
Bensen	107	Boskovic	121	Chlumec	108
Benye	164	Bošnjaki	172	Chodorów	132
Beraun	110	Bosovic	155	Chrudim	111
Bereczk	165	Bozen	100	Chrudimka	106
Beregszász	152	Bozok	151	Chrzanów	131
Bereznay	162	Brad	156	Cibingebirge	17, 162
Bergerbach	74, 75	Bradlanka	106	Cieczkowice	131
Bergland von Baranya	148	Brandeis	107	Cidlina	106
Bergland von Cilli	75	Brassó	165	Cieszanów	132
Bergland von Idria	86	Braunau	67, 109	Cilli	78
Berounka	106	Brazza	137, 139	Citta vecchia	139
Berzevicze	152	Bregenz	101	Civezzano	100
Beskiden. 15, 119, 126, 128,	146	Brenner	98	Cles	101
Bessenyő, O-	154	Brenta	98	Comen	92
Besztercze	165	Březnitz	111	Condino	101
Besztercze-Bánya	151	Brezno-Bánya	151	Cormons	92
Besztercze, Vág-	151	Brios	151	Csaba	153
Bethlen	164, 165	Brixen	100	Csakathurn	156
Bevölkerung	22	Brod	172	Csákova	154
Bezan	101	Brod, Ungarisch	122	Csaktornya	156
Biala	126, 129	Brody	130	Csákvár	155
Biala	131	Broos	165	Csallokör, Ober-	150
Bibliotheken	41	Bruck a./d. Leitha	58	Csallokör, Unter-	150
Bicse	151	Bruck a./d. Mur	77	Csallokőz	155
Biela	106	Bründl	171	Csatcza	151
Bielach	55	Brünn	120	Csath	151
Bielitz	126	Brüx	109	Cseh, Sz.	156
Bienenzucht	28	Brundunum	67	Cseke, Magyar-	153
Bierproduction	30	Bruneck	100	Csenger	153
Bihar	153	Brzesko	131	Csenye	154
Bihargebirge	148	Brzeżany	130	Csepel, Insel	149
Bikal	164	Brzostek	132	Cserehat	152
Bikk-Gebirge	147	Brzozów	132	Cserna Gora	148
Bilin	109	Buccari	171	Csik-Szereda	165
Billet	154	Bucecí	162	Csombord	164
Bircza	132	Buchau	110	Csongrád	154
Birkfeld	77	Buchenstein	100	Csorna	156
Birnbaumer Wald	86	Buchstein	75	Csurgo	155
Birnlöcke	96	Bucklige Welt	54	Curzola	137, 139
Bisamberg	59	Buczacz	131	Czaslau	111
Bischofteinitz	111	Budapest	150	Czegléd	153
Bistrica, goldene	135	Budua	139	Czell, Klein-	156
Bistřico	122	Budweis	111	Czerhat-Gebirge	147
Bistricz	165	Budwitz	120	Czernowitz	135
Bistritz, Neu-	112	Budzanów	131	Czortków	131
Bittse	151	Burgas, Hoher	64		
B. Hunyad	164	Bürkös	164		
Blansko	121	Bug	129	Dąbrowa	131
Blasendorf	164	Bujc	92	Dachstein	65, 75
Blatna	111	Bukowsko	132	Dačic	120
Blatnicza, Szt. Marton-	151	Bulyin	154	Dada	153
Bleiberg	84	Bursztyn	130	Dárda	155
Bleiburg	83	Burzenbach	163	Daröcz	152
Blowitz	111	Burzenland	165	Daruvar	171
Bludenz	101	Busk	130	Dauba	107
Bober	106	Butschowitz	121	Debreczin	153
Bobrka	132	Buza	164	Dees	164
Bochnia	131	Buziás	154	Defereggger Gebirge	96
Bodaik	155	Bystric	121	Delatyn	130
Bodensee	18, 98	Bystrzyca	129	Delatynpass	129, 148
Bodzaerpass	162			Delnice	171
Böhmerwald	13, 104			Dembica	132
Böhmisch-mährischer Höhen-		Cabar	171	Demsus	164
zug	13	Caldonazzo, See von	98	Derecske	153
Börsen	32	Canale	92	Dernis	138, 139
Bösing	150	Canin	90	Detta	154
Böszörmény	156	Capo d'Istria	92	Deutschbrod	111
Bogsán	154	Casma	171	Déva	164
Bohorodczany	130	Castelnuovo (Küstld.)	92	Devecser	155
Bojken	133	Castelnuovo (Dalmat.)	139	Djakovar	171
Boitatal	98	Cattaro	139	Djakovo	171
Bolechow	132	Cavalese	100	Dicsö-Szent-Márton	164
Bolkacs	164	Cembra	100	Dientener Berge	70

Register. 255

	Seite
Dignano	92
Dilo	151
Dinara	137
Ditro	165
Djumbier	147
Dniester	20, 129, 135
Dobczyce	131
Dobersberg	69
Doboka	164
Dobrapass	162
Dobratsch	82
Dobřiš	110
Dobromil	132
Doissad	156
Dolha	153
Dolina	132
Dolomitalpen	97
Dombovár	155
Donau	20, 21, 54, 64, 149
Donauberge	64
Donnersberg	105
Dorna Watra	135
Dornbirn	101
Dorogh	156
Drachenburg	78
Drau	75, 83, 98, 149, 170
Dreieckmark	64
Dreiherrnspitze	69
Dreisesselberg	104
Drežnik	171
Drohobycz	132
Duare	138
Dubica	171
Dubiecko	132
Dürnkrut	60
Dürrenstein (Alpengipfel)	53
Dürrenstein (Stadt)	59
Dugoselo	170
Dukla	132
Duklapass	148
Duna-Földvár	155
Dunajec	129
Dona Vecse	153
Duppau	109
Dux	109
Dvor	171

	Seite
Ebendorf	83
Ebenfurt	55
Ebensee	66
Eberstein	84
Ebreichsdorf	55
Edelény	152
Efferding	66
Eger (Erlau, Fluss)	149
Eger (Erlau, Stadt)	151
Eger (Fluss)	106
Eger (Stadt, Böhm.)	110
Egez	151
Egerszeg, Zala-	155
Egg	88
Eggenburg	59
Egyd == St. Egyd	58
Ecrgy	164
Eibenschitz	120
Eibiswald	77
Eipe	149
Eisack	96
Eiscoau	135
Eisenbahnen	32
Eisenbrod	108
Eisenburg	156
Eisenerz	77
Eisenhut	75
Eisenstadt	156
Eiszrub	121
Elbe	21, 106
Elbogen	110
Eloker	154
Elesd	153
Elisabethstadt	164
Elöpatak	164

	Seite
Elster, weisse	106
Engelszell	68
Ennsberg	100
Enns (Fluss)	54, 65, 71, 76
Enns (Stadt)	66
Enyed, Nagy-	164
Enying	155
Enzersdorf, Gross- (Stadt-)	60
Eör, Felsö-	156
Eörs, Kövago-	156
Eperies	152
Erdevik	171
Erdöd	153
Erlachstein	78
Erlaf	55
Erlafsee	19, 55, 76
Erlau	151
Ermellek	156
Ernstbrunner Wald	54
Ersek-Ujvar	150
Erzbach	74
Erzberg	74
Erzgebirge	14, 105
Erzgebirge, Ungarisches	16, 147
Erzgebirge, Westsiebenbürg.	16
Essek	171, 172
Eszterházy	156
Eted	165
Etsch	21, 98
Etschklause	98
Eule	107
Ez.-Mihályfalu	153

Fachschulen ... 41
Facset ... 154
Falkenau ... 110
Falva, Zichy- ... 154
Fassatal ... 98
Fatra ... 16, 147
Fehring ... 77
Feistritz, Fluss (Krain) ... 87
Feistritz, Fluss (Steierm.) ... 75
Feistritz (Krain) ... 88
Feistritz, Windisch- ... 78
Feldbach ... 77
Feldkirch ... 101
Feldkirchen ... 83
Feldsberg ... 60, 121
Felecska ... 154
Félegyhaza ... 156
Fella ... 83
Felsö-Banya ... 153
Felsö-Eör ... 156
Felsö-Pulya ... 156
Felvidek ... 152
Felvincz ... 165
Ferlach ... 83
Ferleiten ... 69
Forn ... 98
Ferner ... 96
Fichtelgebirge ... 105
Fiertermünzpass ... 98
Fischa ... 55
Fischerei ... 28
Fischsee ... 129
Fiume ... 169
Flemserial ... 98
Flitsch ... 92
Flitscher Klause ... 82
Flöhe ... 106
Florian, St. ... 65
Földvár, Duna- ... 155
F garas ... 165
Fogarater Gebirge ... 17, 162
Fondo ... 101
Frain ... 120
Frankenmarkt ... 66
Frankstadt ... 122
Franz ... 78
Franzensbad ... 110
Franzens este ... 100
Franzenskanal ... 22, 149

	Seite
Frauenberg	111
Freiberg	122
Freistadt (Ob.-Oest.)	67
Freistadt (Schles.)	126
Freiwaldau	126
Freudenthal	126
Friedau	78
Friedberg	77
Friedek	126
Friedland	108
Friesach	84
Fritzbach	71
Frohsdorf	58
Fronleiten	76
Fruska Gora	169
Frystak	132
Fügen	99
Fülek	151
Fünfkirchen	155
Fünfkirchner Gebirgsgruppe	148
Füred, Balaton-	156
Fürstenfeld	77
Füzer	152
Fulnek	122
Fuschelsee	19, 71
Fuscher Ache	71

Gabel ... 108
Gablonz ... 108
Gabolto ... 152
Gail ... 83
Galantha ... 150
Galgócz ... 150
Gallen, St. ... 77
Galszécs ... 152
Gaming ... 59
Garam ... 151
Garcin ... 172
Gardasee ... 19, 98
Garesnica ... 171
Garsten ... 66
Gastein ... 72
Gasteiner Ache ... 71
Gaya ... 121
Gebirge, Kroatisch-dalmatisches ... 169
Gebirge, weisses ... 15, 119, 146
Gebirgssystem, illyrisches ... 169
Geisbach ... 72
Geldinstitute ... 32
Georg, St. ... 165
Georgen, St. (Ung.) ... 150
Georgen, St. (kroat.) ... 171
Geras ... 60
Gerlitzer Alpe ... 81
Gerlospass ... 71
Gerlsdorfer Spitze ... 147
Gerungs, Gross- ... 59
Gesenke, mährisch-schlesisches ... 13, 126
Gesztes ... 156
Gewitsch ... 121
Gföhl ... 59
Gilgen St. ... 71
Giralt ... 152
Glan ... 83
Glatzergebirge ... 13, 119, 126
Gleichenberg ... 77
Gleisdorf ... 77
Glina ... 171
Gliniany ... 130
Glognitz ... 58
Glozow ... 132
Glurns ... 100
Gmünd (Kärnt.) ... 84
Gmünd (N.-Oe.) ... 59
Gmunden ... 66
Gmundnersee ... 19, 65
Göding ... 121
Gödöllö ... 153
Göll, Hoher ... 70
Göller ... 53

Register.

	Seite
Göllnitz	149
Göllnitz-Bánya	152
Gömör, Sajo-	152
Göncz	152
Görgény-Szt.-Imre	164
Görkau	109
Görtschitz	83
Görz	92
Göstling	59
Göttweih	59
Golling	71
Gonobitz	78
Goralen	133
Gorica, Velica	170
Gorlice	132
Gosau	66
Gosauseen	65
Gospic	171
Gothard-Höhe	54
Gotschee	88
Gotthard, St.	156
Gračac	171
Gradisca	92
Gradiška, Neu-	172
Gräfenberg	126
Grätz oder Graz	76
Gran (Fluss)	149
Gran (Stadt)	151
Gran-Hernad-Gebirgsgruppe	16, 147
Granitplateau, Oesterreichisches	13, 54, 104
Graslitz	110
Gratzen	112
Gravosa	139
Graz oder Grätz	76
Greifenburg	84
Grein	67
Greinerwald	64
Grieskirchen	66
Gr. Igmánd	155
Grintouc	82
Grobnik	171
Gródek	130
Gröbming	77
Grödnertal	97
Gross-Becskerek	154
Grossglockner	80, 81
Gross-Kikinda	156
Gr.-St.-Miklos	154
Grosswardein	153
Grubinopole	171
Grünberg	66
Grulich	109
Grundel-See	19, 76
Grybów	131
Grzymałów	131
Gschüttpass	71
Güns	156
Gumpoldskirchen	57
Gura Humora	135
Guraszad	164
Gurgl	100
Gurgltal	97
Gurk (Fluss in Kärnten)	83
Gurk (Fluss in Krain)	87
Gurk (Stadt in Kärnten)	84
Gurkfeld	88
Gutenstein	58
Gwoździec	130
Gyalu	164
Gyarmat, Balassa-	151
Gyarmat, Fehér-	153
Gyimespass	162
Gyöngyös	151
Gyönk	155
György, Sz. (Ungar.)	154
György, Sz. (Siebg.)	165
Györy, Szepsi-Sz.	165
Gyó-Szt. Miklos	165
Gyula	153

	Seite
Haag (N.-Oest.	59
Haag (Ob.-Oest.)	66
Habern	111
Hadad	156
Hadház	156
Hafnereck	69, 74
Hafnerspitz od. Hafnereck 69,	74
Hagen-Gebirge	70
Haidn	108
Haidenschaft	92
Hainburg	58
Hainfeld	58
Hainsbach	108
Halas, Kis-Kun-	156
Halicz	130
Hall (O.-Oest.)	66
Hall (Tirol)	99
Hallein	71
Hallstadt	66
Hallstädter See	19, 65
Halmágy, N.-	156
Halmi	153
Hena	119
Hanaken	123
Hanusfalva	152
Hargittagebirge	162
Hartberg	77
Hartmanitz	111
Haslach	67
Hatszeg	164
Hatvan	151
Haugsdorf	59
Hausruck	63
Hegyallya-Gebirge	148
Hegyhát	155
Heiligenkreuz	57
Helmecz, K.-	152
Heonersdorf	126
Herculesbäder	155
Hercynisch-sudetisches Hochland	12, 64
Hermagor	84
Hermannshöhle	58
Hermannstadt	165
Hernad	149
Hernad - Bodrog - Gebirgsgruppe	16, 147
Hernad-Völgy	152
Hernals	57
Herrnskretschen	106
Herzogenburg	58
Héthárs	152
Heves	151
Heviz	164
Hid-Almás	164
Hidweg	164
Hieflau	77
Hietzing	57
Histri	93
Hlinsko	111
Hochalmspitz	80
Hochfeiler	96
Hochgolling	69
Hochkor	53
Hochschulen	40
Hochschwab	10, 74
Hoch-Sengsengebirge	64
Ródhság	154
Hód-Mező-Vásárhely	154
Höhenzug, Böhmisch-mährischer	13
Höllengebirge	63
Höllensteinpass	98
Hof	121
Hohenelbe	109
Hohenems	101
Hohenfurt	112
Hohenmauth	109
Hohenstadt	121
Holics	150
Holitz	109
Holleschau	122

	Seite
Homonna	152
Homorod	165
Hopfgarten	99
Horaken	123
Horażdiowic	111
Hořic	109
Horn	59
Horodenka	130
Hołowitz	110
Hostau	111
Roszufalu	165
Hotzenplotz	126
Hradek	151
Hradisch, ung.	122
Hrotowitz	120
Hügel, die Svrmischen	169
Hüttenberg (Berg)	81
Hüttenberg (Ortsch.)	84
Humpolec	111
Hunyad, B.	164
Hunyad, Vajda-	164
Husiatyn	131
Huszt	153
Huzulen	133
Jablunkapass	126, 147
Jablunkau	126
Jägerndorf	126
Jagd	28
Jakobeny	135
Jamnitz	120
Janów	130
Jara, Maros-	164
Jára, Unter-	164
Jaromèř	108
Jarosław	132
Jasiel	129
Jaska	170
Jasło	132
Jász-Apathi	156
Jászberény	156
Jaufen	96
Jaworina	119, 146
Jaworów	132
Jazłowiec	131
Idria (Fluss)	87
Idria, Ober-	88
Jičin	108
Ill	98
Illawa	151
Iller	20, 98
Illok	171
Illyefalva	165
Iolye, Maros-	164
Ilosva	152
Imoski	171
Imre, Görgény-Szt.	164
Imst	100
Incoronata	137
Inn	65, 98
Innsbruck	99
Inseln, Quarnerische	90
Joachimsthal	110
Joanneum	76
Jobbagyfalv	165
Jenbach	99
Jerusalemer Wein	78
Jeschken	105
Jezerane	171
Igal	155
Iglau	121
Iglawa	106, 120
Igló	156
Igmánd, Gr.-	155
Johann, St. (Tirol)	99
Johann, St. (Salzburg)	72
Jordanów	131
Josefsberg	58
Josefstadt	113
Josephsdorf	154

Register. 257

	Seite		Seite		Seite
Joslowitz	120	Katharinaberg	109	Központ	154
Ipolyság	151	Katschtauern . . . 69,	81	Kohlenbergbau	29
Ips	54	Kaufim	108	Kojetein	121
Irig	171	Kecskemet	158	Kokeldus	163
Irning	77	Keilberg	105	Kolbuszowa	132
Isar	98	Kenty	131	Kolin	108
Ischl	66	Keresd	164	Kolomyja	130
Ischl (Fluss)	65	Keresztes, Mezö-	153	Kolos	164
Iser	106	Kereszti, Sz.	171	Kolosvár	164
Isergebirge 13,	105	Keresztur	165	Komarno	132
Iserjoch	105	Keresztur, Sár-	155	Komlos	154
Isola, grossa	137	Kerka	21	Komorn	155
Isonzo 21,	91	Kerlesz	164	Komotau	109
Istri	93	Kerschbacher Wein	78	Konitz	121
Judenburg	77	Kesmark	152	Kopreinitz	171
Jedicarien	98	Keszthely	155	Kopyczynce	131
Jodrio	81	Kezdi-Vasárhely	165	Kor-Alpe 75,	82
Jungbunzlau	107	Kikinda, Gross-	156	Korenica	171
Juvavum	72	Kimpolung	135	Korneuburg	59
Ivan, St. (Agram, C.)	170	Kindberg	77	Korond	165
Ivan, St. (Belovar, C.)	171	Kirchbach	77	Kosow	130
Ivanec	171	Kirchberg a. Bielach	58	Kostajnica	170
Ivanic, Kloster	171	Kirchberg a. Wagram	59	Kostanjevac	171
Izavölgy	153	Kirchberg a. Wechsel	58	Kostelec, Adler-	109
		Kirchdorf	66	Kosteletz, Schwarz-	111
Kaaden	109	Kirchdrauf	152	Kota, Nagy-	153
Kaal	165	Kirchheim	92	Kottes	59
Kaczkó	164	Kirchschlag	58	Kottori	156
Kamme, böhmische	105	Kirlibaba	135	Kotzmann	135
Kaiserwald (Böhm.)	104	Kisjenö	154	Kovačica	171
Kaiserwald (Oesterr.)	54	Kis-Körös	153	Kovácsház, M.-	154
Kallo, Nagy	153	Kiskun	156	Kovászna	165
Kalocsa	153	Kis-Kun-Halas	156	Kozowa	130
Kalsching	111	Kis-Marton	156	Krainburg	88
Kaltern	100	Kis-Szeben	152	Krakau	131
Kalusz	130	Kistagne	138	Krakowiec	132
Kalwarya	131	Kis-Tapolcsany	151	Krakusen	133
Kamenitz a. d. Linde	112	Kisuca (Fluss)	149	Kralowic, Unter-	111
Kamionka strumilowa	130	Kis-Ujszallas	156	Kralowitz	109
Kammer- oder Atter-See	65	Kisvárda	153	Kranabithsattel	63
Kammer-See (Steirisch)	76	Kiszucza-Ujhely	151	Krapina (Fluss)	170
Kamnitz, Böhmisch-	107	Kitid	164	Krapina (Bad)	171
Kamnitzbach	106	Kitzbüchel	99	Krasso (Szatm. C.)	153
Kamp	55	Kladno	112	Krassó	154
Kanizsa	155	Klagenfurt	83	Kraszna (Fluss)	149
Kanizsa, Török-	154	Klagenfurter See . . . 19,	83	Kraszna	156
Kanker	87	Klamm	58	Kratzau	108
Kankerpass 82,	86	Klanjec	171	Kreibitz	108
Kapella, Grosse	169	Klattau	111	Kremnitz	151
Kapella, Kleine	169	Klausen	100	Kremnitzer Gebirge . . 16,	147
Kaplitz	112	Klausenburg	164	Krems (Fluss in N.-Oe.)	55
Kapos	152	Klein-Czell	156	Krems (Fluss in O.-Oe.)	65
Kaposvár	155	Klima	22	Krems (Stadt)	59
Käppel	83	Klopotva	164	Kremsier	121
Kapus, Mezö-	164	Klobouk 121,	122	Kremsmünster	66
Kapuvár	156	Kloster Ivanic	171	Kreutz (Körös)	171
Karansebes	155	Klosterneuburg	57	Kreutz (Sz. Kereszti)	171
Karawanken 82,	86	Klostertal		Kreuzeck 81,	96
Karbitz	109	K.-Monostor	156	Kreuzen	67
Karczag	156	Knin	138	Krimler Ache	71
Karlopago	171	Knittelfeld	77	Krka	138
Karlovic	172	K.-Nyires	156	Krnjak	171
Karlsbad	119	Kobernauserwald	63	Kroatisch - dalmatisches Ge-	
Karlsberge	64	Köfark	164	birgsland . . . 12, 137,	169
Karlsburg	163	Köflach	76	Kromau	120
Karlsdorf	154	Köhalom	165	Kronau	88
Karlstadt	170	Königgrätz	108	Kronstadt	165
Karlstein	110	Königinhof	108	Kroscienko	131
Karolinenthal	107	Königsaal	109	Krosno	132
Karoly, Nagy-	153	Königsberg 126,	151	Krumau	111
Karpaten	14	Königspitze	97	Krynica	131
Karpaten, kleine . . . 15,	146	Königsstadtl	108	Krzoszowice	131
Karpatisch-uralscher Landrücken	17	Königsstuhl	75	Kubin	154
		Königswart	110	Kubin, Alsó-	151
Karpfen	151	Kormend	156	Kufstein	99
Karst 12, 84,	91	Körmöcz-Bánya	151	Kuhalpe 75,	81
Karzfalva	165	Koros (Fluss) . . . 149,	163	Kuhhorn	162
Kaschau	152	Koros (Kreutz)	171	Kuhländchen	120
Kastelruth	101	Körös-Banya	156	Kula	154
Kaszo	153	Körös, Kis-	153	Kulikow	130
Kaszon	165	Körös, Nagy-	154	Kulpa 87,	170
Kaszony	152	Kotschach	84	Kunstadt	121
		Kövago-Eörs	156	Kun-Sz. Marton	156

Dr. Grassauer, Oesterreich-Ungarn. 17

	Seite
Kun-St. Miklós	156
Kutinja	171
Kuttenberg	111
Kuty	130
Laa	60
Laak	88
Laas	88
Laaser Mulde	87
Laborcza	140
Ladány, Püspök-	153
Limmerbach	71
Lagertal	97
Lagosta	137
Laibach	88
Laibach (Fluss)	87
Laibacher Moor	87
Laibach, Ober-	88
Lainsitz	54, 106
Łąka	132
Lambach	66
Lambrecht, St.	77
Lana	100
Łańcut	132
Landeck	100
Landhöhe, Ural-Karpatische	128
Landrücken, westungarischer	148
Landsberg	77
Landskron	109
Landstrass	88
Langbath	66
Langendorf	165
Langenlois	59
Lapos-Bánya	164
Lapos, Magyar-	164
Lapusnyak	164
Laschitz, Gross-	88
Lasinja	171
László, Sz.	164
Latorcza	149
Laučna	106
Laun	109
Lauriacum	67
Lausitzer Bergland	105
Lausitzer Neisse	106
Lausitzer Plateau	105
Lavant	83
Lavis	100
Laxenburg	57
Lech	98
Ledeč	111
Leibnitz	77
Leineuindustrie	30
Leipa, Böhmisch-	108
Leipnik	122
Leitha (Fluss)	55, 149
Leitha-Gebirge	54, 148
Leitmeritz	107
Leltomischl	109
Lembach	67
Lemberg	130
Lemes	152
Lendva	156
Lengyeltót	155
Lentia	67
Leoben	77
Leonfelden	67
Leonhard, St. (Kärnt.)	84
Leonhard, St. (Steierm.)	78
Leopoldsberg	53
Leopoldsteiner See	76
Leschkirch	165
Lesina	137, 139
Letenye	155
Leutschau	152
Leva	151
Levico	100
Leżajsk	132
Libáň	108
Libeth-Bánya	151
Libethen	151
Libochowice	109

	Seite
Liebau	121
Liebauer Pass	105
Liebwerda	108
Liechtenwald	78
Lienz	100
Lieser	83
Liesingbach	75
Liesingtal	74
Liezeu	77
Lilienfeld	58
Limanowa	131
Linz	65
Lipik	171
Lippa	154
Liptauer Gebirge	16, 147
Liptó-Sz. Miklós	151
Lischau	111
Lisko	132
Lissa	137, 139
Lissapass	146
Liszki	131
Litschau	59
Littai	88
Littau	121
Lloyd	92
Lobositz	107
Lörincz, Szent-	155
Lofer	72
Loibl	82, 86
Loitsch	88
Łomnica	129
Lomnitz (Bez. Semil)	108
Lomnitz (Bez. Wittingau)	112
Lomnitzer Spitze	147
Loncium	102
Łopatyn	130
Lorch	67
Losad	164
Losoncz	151
Louisenthal	135
Lubaczów	132
Lubló	152
Ludás, Maros-	164
Ludbreg	171
Luditz	110
Luegpass	71
Lugos	154
Luhačovic	122
Lukanénye	151
Lundenburg	121
Lungau	70
Lunz	59
Lunzerseen	19, 55
Lussin	90
Lussin piccolo	93
Lutowisko	132
Luttenberg	78
Lużnice	106
Lysa-gora	126
Macocha	121
Maeresd	164
Magdalenen-Grotte	86, 88
Magura (Gebirgszug)	15, 147
Magura (Ort)	152
Magyar-Cseke	153
Magyarenweg	129, 148
Magyarigen	164
Magyar-Lapos	164
Magyaró	164
Mahrenberg	78
Majae	102
Makarska	139
Makó	154
Maków	131
Malaczka	150
Malborghet	82
Male	101
Mals	100
Malserhaide	95, 98
Malta	83
Mandlingpass	71

	Seite
Manetin	109
Mangart	86, 90
Manhartsberg	54
Mank	59
Marburg	78
March	55, 120
Marchegg	60
Marchfeld	17
Marczal	155
Marein, St.	78
Margitta (Ort)	153
Margitta-Insel	149
Mariabrunn	57
Maria-Saal	83
Maria-Taferl	59
Maria-Theresiopel	154
Marin-Zell	77
Marienbad	110
Mariensee	136
Marmaros-Szigeth	153
Marmolata	97
Maros	154
Maros (Fluss)	149, 163
Maros-Jara	164
Maros-Illye	164
Maros-Ludás	164
Maros, Nagy-	151
Maros-Solymos	164
Maros-Ujvar	164
Maros-Vásárhely	165
Marschendorf	108
Marsgebirge	119
Martinsberg	155
Márton, Dicsö-Sz.	164
Márton, Kis-	156
Márton, Kún-Sz.	156
Marton, Nagy-	156
Márton, Szt.	165
Márton, Turocz-Szt.	151
Matra	147
Matra (Ort)	151
Matrei, Windisch-	100
Mattersdorf	156
Mattighofen	67
Mattsee	19, 71
Matzel-Gebirge	75, 169
Matzen	60
Mauerkirchen	67
Mautern (Nied.-Oest.)	59
Mautern (Steir.)	77
Mauthausen	67
Mazuren	133
Medenice	132
Mediasch	165
Medyes	165
Meer, Steinernes	70
Meeraugen	20
Megyes, Aranyos-	153
Mehadía	155
Melada	137
Meleda	137
Melk	58
Mellencze	156
Melnik	107
Meran	100
Meseritsch, Gross-	122
Meseritsch, Wall.-	122
Metau	106
Metkovic	139
Metnitz	83
Metz, Wälsch-	100
Mezöbánd	165
Mezö-Kapus	164
Mezökövesd	152
Mezösamsond	165
Mezöseg	164
Mezö-Tur	151
Miava	150
Michael, St.	72
Micske	153
Mieders	99
Mielec	132
Mielnica	131

Register. 259

	Seite
Mics (Fluss)	168
Mies	110
Mihaly, Nagy-	152
Mihaly, Szt.-	155
Mihalyfalu, Fz.-	153
Miholjac, Unter-	171
Miklos, Gr.-St.	154
Miklos, Gyo-Szt.	165
Miklos, Kun-Sz.	166
Miklos, Lipto-Sz.	151
Miklosvar	165
Mikola, Vamos	151
Mikulajow	152
Mikuluce	130
Mileschauer	105
Milevsko	112
Mülstadt	84
Militstadter Alpe	81
M. l'stadter See 19.	83
Milowka	131
Mir-vic	111
Miskolcz	152
Mistek	122
Mistelbach	60
Mitrovic	172
Matrovitz	172
Mittelgebirge, Nord-Böhmisches	14
Mittelschulwesen	40
Mitterourg	92
Mittersill	72
M. Kovacshaz	154
Molern	160
Modos	154
Modruspotok	170
Möl-ing	58
Möl	83
Mörtling	88
Mohacs	155
Mohra	126
Mokrin	156
Moldau	106
Moidautheim	112
Moldawa	135
Mosasterzyska	131
Mondsee 19.	65
Mondsee (Ort)	66
Monfalesne	92
Monfalcone, Bucht	91
Monor (Ungarn)	153
Monor (Nesenbg.)	15
Monos o: K.-	156
Mo'rafonerral	58
Mostqua	92
Moor	155
Mori	100
Moriaken	140
Morovic	172
Mors	164
Moorisha	159
M-lavina	171
Mosecz Zoin-	151
Moss er-ter b ege	157
Mozsitz	121
M b'bacs = Michelba-s.	34
Mährisnach	165
Mühlhausen	112
Münchengrotz	108
Marz	75
Mörzzuschlag	77
Melde Freiberger	109
Munkacs	152
Mur 71	75
M -n- Szombath	150
Morau	77
Mureck	77
Muresa 128.	172
Muzsla	151
Myslen-ce	131

	Seite
Nadas	164
Nadudvar	153
Nadworna	130
Nagyatad	155
Nagy-Banya	153
Nagy-Enyed	164
Nagy-Karoly	153
Nagy-Körös	153
Nagy-Kata	153
Nagylak	154
Nagy-Maros	151
Nagy-Marton	156
Nagy-Röcse (Raaber C.)	155
Nagy-Röcze (Gömör. C.)	152
Nagy-Sink	165
Nagy-Somkut	156
Nagy-Szeben	165
Nagy-Szöllös	153
Nagy-Tapolcsany	150
Nagy-Zalatna	151
Nameszto	151
Namiest	121
Nanas	166
Nanos	86
Napajedl	122
Narenta 21.	138
Nasic	171
Nassaberg	111
Nassenfuss	88
Naszod	165
Nauders	100
Nechanitz	149
Negoi	162
Nemeti	151
Nemeti. Szathmar-	153
Nemet-Ujvar	156
Neograder-Gebirge	147
Nepomuk	111
Netolitz	111
Neuberg	77
Neuhydzow	108
Neudeck	110
Neudorf 154.	156
Neuern	111
Neufelden	67
Neugedein	111
Neuhäusel	150
Neulaus (Böhm)	112
Neulaus (Steir.)	78
Neuhofen	66
Neukapela	172
Neulenzbach	58
Neumarkt (Salzburg)	71
Neumarkt (Steierm.)	77
Neumarkt (Tirol)	100
Neumarster Einsattlung	75
Neumarktl	89
Neunkirchen	58
Neusatz	154
N-us edl am See	155
Neusiedler-ee 19.	143
Neu-oll	151
Neustadt a. d. Metta-	166
Neustadt. Mahrisch-	121
N-stadt Wr.-	58
N-u-s-dtl (Krain)	88
Neustdtl (Mähr)	121
Neuvastl (Ungarn)	151
Neut-schein	122
Neutra (Fluss)	149
Neutra	150
Neu ra-Grav-Gebirgsgruppe	147
Niweklau	112
N.-Halmery	156
N-eut-b-rg	120
Niederal-el	74
Niemes	108
Niem r-w	132
Niepolomice	131
Nimbar	108
Niso	132
Nisankow	142

	Seite
N.-Nyires	156
Noee	98
Nösnerland	165
Nogaredo	100
Nonsberg	98
Nordwestkarpaten	15
Novigrad	171
Novimar- ff	171
Noviodunum	88
Novska	172
Nowosielo	131
Nyaradgalfalva	165
Nyarád-Szereda	165
Nyirbator	153
Nyiregyhaza	153
Nyires, Kis-	156
Nyires, Nagy-	156
Nyitra	150
Nyulas	164

Obdach 77
Obdacher Einsattlung . . 76
Oberburg 78
Oberhollabrunn 59
Obernberg 66
Oberndorf 71
Oberplan 111
Oberschützen 156
Obertyn 130
Obrovazzo 139
Ocsa 153
Oder 21, 120, 126
Oderberg 126
Odergebirge 119
Odrau 126
Oedenburg 156
Oefen 71
Ökörmezö 153
Olbersdorf 126
Olesko 130
Olsa 126
Oppa 126
Opus (Fort) 139
Orjen 137
Örmenyes 164
Oetscher 53
Oetztal 97
Ofen-Pest 150
Oguin 171
Oistritza 75
Ojtospass 162
Okučani 172
Olah 164
Oláhfalu 165
Olasztelek 165
Olmütz 121
Ondava 149
Oporno 169
Oravicza 154
Orbai 165
Oriovac 172
Orljava 170
Oroshaza 153
Or-ova, Alt- 155
Ort er Alpen 96, 97
Oslavan 122
Oslawa 120
Osserberg 104
Ossiacher See . . . 19, 83
Ostra, Ung.- 122
Ostrau, Mahrisch- . . . 122
Ostrau, Polnisch- . . . 127
Ostravica 126
Oswiecim 131
Oszlany 151
Otocac 171
Ottenschlag 59
Ottenheim 66
Ovilabae 67

Pack Alpe 75, 82
Pago 137, 138

17*

Register.

	Seite
Paka, Neu-	108
Pakrac	171
Paks	155
Palanka	154
Palást	151
Paltental	74
Pancsova	154
Panczélcseh	164
Papa	155
Papuk G.-	169
Pardány	154
Pardubitz	109
Parenzo	92
Parkány	151
Parseierspitze	96
Pasman	137
Passeier	100
Passeiertal	97
Passer	98
Pasterze	81
Patak, Sáros-	152
Patak, Veres-	164
Paternion	84
Patzau	112
Patznaunertal	97
Paul. St.	84
Pechlarn, Gross-	58
Pécs	155
Pécska	154
Pécsvárad	155
Peczenizyn	130
Perbete	155
Percs, V.-	156
Perecsény	152
Perg	67
Pergine	100
Perjamos	154
Perlasz	154
Persenbeug	59
Pertisau	98
Perušić	171
Peselnek	164
Peter, St. in der Au	59
Peter, Szent-	151
Peteranec	171
Péter-Vásár	151
Peterwardein	172
Petrinia	171
Petronell	58
Petschau	110
Pettau	78
Petzek	81
Peuerbach	66
Pfitscherjoch	96
Pfitschtal	96
Pfraumberg	110
Pfreimt	106
Pielach oder Bielach	55
Pietas Julia	92
Pietro, S	139
Pilgram	112
Pilis	153
Pilsen	111
Pilzno	132
Pinquente	92, 93
Pinzgau	70
Pirano	92
Pisek	111
Pisino	92
Pitomača	171
Plan	110
Planina	88
Planitz	111
Plaški	171
Platte, galizische	129
Platte, Tarnowitzer	129
Platte, volhynische	129
Platten	110
Plattensee	10, 149
Plaunisch	90
Plöckenstein	104
Plöckensteiner See	106
Plowice	111

	Seite
Plumenau	121
Počatek	112
Podbuž	132
Poděbrad	108
Podersam	109
Podgorze	131
Podhajce	130
Podhorze	129
Podhrad	111
Podlnpac	171
Podolin	152
Pod Petsch	88
Pölsbach	75
Pölten, St.	58
Pöstyen	150
Pojana-Negri	135
Poik	87
Pokafalvi	164
Pokupsko	170
Pola	92
Polička	111
Politz	109
Pollau	77
Polna	111
Polzen	106
Pongau	70
Punteba	82
Popina-Pass	137
Poprad	129, 149
Poprad-Völgy	152
Posony	150
Posruck	75
Postelberg	109
Postwesen	38
Pottenstein	57
Požega	171
Požorita	135
Prachatitz	111
Praegarten	67
Prag	107
Prebühl	74
Predjel	162
Predil	90
Přelouč	109
Prerau	121
Presaneila	97
Pressburg	150
Pressnitz	109
Prestic	111
Přibislau	111
Přibram	110
Priel	64
Pregada	171
Primiero	100
Primör	100
Privigy	150
Priwitz	150
Prossnitz	121
Proteus anquineus	86
Prund, Borgo-	165
Pruth	129, 135
Przemyśl	132
Przemyślany	130
Przeworsk	132
Pucho	151
Pürglitz	109
Püspök-Ladány	153
Puj	164
Pukanz	151
Pullendorf	166
Pulya, Felsö-	156
Purkersdorf	57
Pustertal	98
Puszta	155
Putilla	135
Pyhrn	64
Pyrawarth	60
Pyrgas oder Bürgas	64, 75
Pystjan	150

	Seite
Quarnero	91
Quieto	21, 91

	Seite
Raab (O.-Oe.)	66
Raab (Ung.)	155
Raab (Fluss)	75, 149
Raabs	59
Raba	129
Racska	154
Raczalmás	155
Ráczkeve	153
Radautz	135
Radbusa	106
Radegund, St.	77
Radkersburg, Ober-	78
Radkersburg	77
Radłow	131
Radmannsdorf	88
Radna	154
Radna, Alt-	165
Radnóth	164
Radoboj	172
Radstadt	72
Radstädter Tauern (Pass)	69
Radymno	132
Radziechów	130
Ragendorf	155
Ragusa	139
Ragusa vecchia	139
Rahó, Alsó-	153
Raigern	121
Rakonitz	109
Rakovica	171
Raming, Gross-	66
Raming, Reich-	66
Rann	78
Raszlavicza	152
Ratschach	88
Rattenberg	99
Raucheck	70
Raudnitz	109
Rauris	72
Ravelsbach	59
Rawa Ruska	132
Raxalpe	53, 75
Raygern	121
Recca	87. 91
Regen, Szász-	164
Reichenau (Oesterr.)	58
Reichenau (Böhm.)	109
Reichenberg	108
Reichensteingebirge	74
Reifnitz	88
Reiskofel	82
Rékas	154
Reps	165
Reschenscheideck	95, 98
Reschenseen	98
Resicza	154
Rétság	151
Retteg	164
Retz (Rötz)	59
Reussmarkt	165
Reutte	100
Revucza	149
Rhätikon	95
Rhein	21, 98
Rićan	111
Ried (Ob.-Oe.)	66
Ried (Tirol)	100
Rienz	98
Riesengebirge	13, 105
Rimaszécs	152
Rimaszombat	152
Risano	139
Riva	101
Rogány	153
Rochlitz	108
Rodnapass	162
Röcse, Nagy-	152, 155
Römerbad	78
Römerstadt	121
Rötz	59
Rohatyn	130
Rohitsch	78

Register. 261

	Seite
Rohrau	58
Rohrbach	67
Rokitnitz	109
Rokycan	111
Ronsberg	111
Ropczyce	132
Roseck	84
Rosenau	152
Rosenberg	151
Rosenburg	59
Rosnyo	152
Rossitz	122
Rotenturmpass	162
Rottenmann	77
Roveredo	100
Rovigno	92
Roznau	122
Rozniatow	132
Rozsahegy	151
Rozwadow	132
Rude	172
Rudki	132
Rübenzuckerfabrication	30
Rujevac	171
Ruma	171
Romburg	108
Russen, Klein-	133
Ruszt	156
Rymanow	132
Rzeszow	132

S

	Seite
Saale (Saalach)	71
Saalfelden	72
Saaz (Böhm.)	109
Saaz (Mahr.)	121
Sabaria	156, 158
Sabioncello	139
Sadagora	135
Sadowa-Wisznia	132
Sag	156
Saidschitz	109
Sajo (Fluss)	149
Sajo	164
Sajo-Gömör	152
Salona	139
Salve, Hohe	96
Salzach (Salzburg)	65, 71
Salzach (Steirische)	76
Salzachgau	70
Salzburg	71
Sambor	132
Sammlungen, Wissenschaftl.	41
Samo	85
San	129
Sandec, Alt-	131
Sandec, Neu-	131
Sandsteingebirge, böhmisches	105
Sann	75
Sanna	98
Sanok	132
Sansego	90
Sarbogard	155
Sarca	98
Sarkany	165
Sar-Keresztur	155
Sarmingsteen	65
Sarmizegetusa	166
Sarntal	97
Sarntheim	100
Saros, Gr.-	152
Saros-Patak	152
Sarvar	158
Sarviz (Fluss)	149
Sárvizkanal	22, 149
Sasd	155
Satoralja-Ujhely	152
Sau	173
Saualpe	81
Save	75, 87
Sazbosch	141
Sazawa	106, 120
S. Benedek	164

	Seite
Scarabantia	158
Scardona	138
Schaerding	66
Schässburg	165
Scharnitzpass	98
Schatzlar	108
Scheibbs	59
Scheiterlgraben	74
Schemnitz (Hont. C.)	151
Schemnitz (M. Szolnok. C.)	156
Schenk, Gr.-	165
Schiffahrt	37
Schildberg	121
Schlackenwert	110
Schladming	77
Schlan	109
Schlanders	100
Schleru	97
Schlierbach	66
Schlögl	67
Schlöglmühle	58, 60
Schluckenau	108
Schneeberg (Krain)	86
Schneeberg (N.-Oe.)	53
Schneeberg, Ewiger	70
Schneeberg, Spieglitzer-	119
Schnee-Koppe	105
Schober	96
Schöckel	75
Schönberg	121
Schönbrunn	33
Schönbrunn (Lustschloss)	57
Schönstein	78
Schomlau	155
Schottwien	58
Schrems	59
Schruns	101
Schüttenhofen	111
Schwaben	133
Schwanenstadt	66
Schwarzawa	106, 120
Schwarzwasser	126
Schwaz	99
Schwechat	58
Schwechat (Fluss)	55
Schweinitz	111
Schweiz, böhmische	106
Sebenico	137
Sdobba	91
Sebastiansberg	109
Sebenico	138
Sebenstein	58
Sechshaus	57
Seckau	77
Sedlec	112
See, der schwarze	129
Seeberzpass	82
Seefeld	18
Seewiesner Joch	74
Segesvár	165
Seifnitzer Wasserscheide	82
Seisenberg	88
Seitenstetten	59
Selran	112
Sellye	150
Selmecz-Banya	156
Selowitz	121
Selye	165
Semil	108
Semlin	172
Semmering	54
Senftenberg	109
Senosetsch	88
Sepsier	165
Sessana	92
Severin	170
Seypusch	131
Sid	171
Siegharts, Gross-	59
Sieniawa	132
Sigu	139
Siklos	155
Silian	100

	Seite
Sill	98
Sillein	151
Silz	100
Similaun	96
Simontornya	155
Sinj	139
Sink Nagy-	165
Sinyér-Varallya	153
Sirokа	152
Siscia	172
Sissek	170, 172
Sittich	88
Skalat	131
Skalitz	161
Skawa	129
Skawina	131
Skole	132
Skotschau	126
Skuć	109
Slatina	171
Slemień	131
Sloup	121
Sluin	171
Sluny	171
Smichow	109
Śniatyn	130
Sobéslau	112
Soborsin	154
Sobotka	108
Sokal	130
Sokołów	132
Sokórs-Álja	155
Sola	129
Solka	135
Sollstein	96
Solotwina	130
Solt	153
Solta	137
Solymos, Maros-	164
Somkut, Nagy-	156
Somlyó	155
Somlyó, Sz.	156
Sommerein	150
Somobor	170
Somorja	150
Soprony	156
Sovár	152
Spalato	138
Sparkassen	32
Spielberg	120
Spital	84
Spitz	59
Spornhauer Pass	119
Staab	110
Stagno	109
Stainz	77
Stanestie	135
Stangalpe	75, 82
Stanisławów	130
Stanzertal	97
Stare Miasto	132
Starhemberg	66
Starkenbach	108
Starosól	132
Steier (Fluss)	65
Steier (Stadt)	66
Stein (Krain)	88
Stein (N.-Oe.)	59
Steinach	99
Steinamanger	156
Steine	106
Steinitz	121
Stenico	101
Sternberg	121
Sterzing	100
St. Georg	165
St. Georgen	171
St. Gotthard	156
Stillserjoch	98
St. Ivan (Agram. C.)	170
St. Ivan (Belovar C.)	171
Stockerau	59
Storozynetz	135

… Register.

	Seite
Stou Vrch	82
Strakonitz	111
Straschitz, Neu-	109
Strassburg	104
Strassen	32
Strażnic	121
Strigno	100
Strubpass	60, 98
Stryj (Fluss)	129
Stryj	132
Strzyżow	132
Stubica	170
Stuhlweissenburg	155
Styr	129
Suczawa (Fluss)	135
Suczawa	135
Sudeten	13
Südslaven	26
Sümeg	155
Sulzbacher Venediger	69
Sulzberg	98
Šumava	104
Syrmia	172
Syrmium	172
Szabadka	154
Szakul	154
Szalárd	153
Szalka	151
Szálka, Maté-	153
Szalok, Abad-	151
Szalonta	153
Szamos	149, 163
Szamos-Ujvár	164
Szánto (Hont. C.)	151
Szánto (Abauja. C.)	152
Szarvas	153
Szaszka	154
Szász-Regen	164
Szászsebes	165
Szászváros	165
Szathmár-Németi	163
Szczerzec	130
Szeben, Kis-	152
Szeben, Nagy-	165
Szécsény	151
Szegedin	154
Szeghalom	153
Szegszárd	155
Szegvár	154
Szek	164
Székelyhíd	153
Székely-Udvárhely	165
Szelystie	165
Szempcz	150
Szendrö	152
Szenicz	150
Szentes	154
Szentgróth	155
Szentivány, Vajda-	164
Szepes-Szombat	152
Szepes-Váralja	152
Szepsi	152
Szepsi-Sz.-György	165
Szépviz	165
Szerdahely (Ungar.)	150
Szerdahely (Siebenbg.)	165
Szereda, Csik-	165
Szereda, Nyarad-	165
Szerencs	152
Szereth (Fluss)	129, 135
Szereth	135
Szigeth, Marmaros-	155
Szigeth, Tó-	155
Szigotvár	155
Szikszó	152
Szinye-Ujfalu	152
Szirak	151
Szliács	151
Szoboszló	156
Szobráncz	152
Szöllös, Nagy-	153
Szolnok	156
Szombath, Mura-	156

	Seite
Szombathely	156
Szombat, Szepes-	152
Szovata	165
Sztropkó	152
Szurduk	164
Szvidnik	152
Tab	155
Tabor	112
Tachau a. d. Mies	110
Tännengebirge	70
Tafelfichte	105
Tafelland, Lausitzer	13
Tamási	155
Tamsweg	72
Tanenbach	72
Tannwald	108
Tapolcsany, Kis-	151
Tapolcsány, Nagy-	150
Tapolcza	155
Taraczviz	153
Tarcsa	156
Tarcza	149
Tarna	151
Tarnobrzeg	132
Tarnopol	130
Tarnów	132
Tarnowaner Wald	90
Tartaro-Gebirge	137
Tarvis	84
Tasnád	156
Tata	155
Tatra, Hohe	16, 128, 147
Tatra, Niedere	16, 147
Tatra (Ort)	152
Tatzmannsdorf	156
Tauern, Hohe	10, 69, 80
Tauern, Niedere	10, 69, 74
Tauern, Radstädter	10, 69, 74
Tauern, Rottenmanner	10, 74
Taufers	100
Taus	111
Teckendorf	164
Tecsö	153
Teke	164
Telegd, Mezö-	153
Telegraphenwesen	38
Telfs	99
Temes	149
Temesvár	154
Tenke	153
Tepl	110
Tepl, die	106
Teplitz (Böhm.)	109
Teplitz (Ungar.)	151
Teregova	155
Terglou	86, 90
Teschen	126
Tóth	155
Tetschen	107
Thalgau	71
Thaya	55, 120
Theiss	144
Theresienstadt	107
Theresiopel, Maria-	154
Thomasroith	66
Thurnpass	69, 98
Tiefebene, Grosse ungar.	148
Tiefebene, sarmatische	128
Tiefland, kleines ungarisches	148
Tihutzapass	129
Tione	101
Tisza (Heves. C.)	151
Tisza (Bacs-Bodrogh. C.)	154
Tiszahat, Ober-	152
Tiszahat, Unter-	152
Titel	154
Tłumacz	130
Tobelbad	76
Todte Gebirge	64
Tölgyes	165
Tölgyespass	162

	Seite
Tömöspass	162
Töplitz (Krain)	88
Töplitz (Kroat.)	171
Török-Bécse	154
Török-Kanizsa	154
Törzburger Pass	162
Törcsvár	165
Tokay	152
Tolmein	92
Tolmino	92
Tonalpass	98
Topanfalu	164
Topla	149
Toplice	171
Toplitz-See	19, 76
Topolya	154
Topusco	171
Tor, eisernes	162
Torda	164
Torfmoore	27
Torna	152
Tornallya	152
Tornalylya	155
Toroczkó	164
Torre	91
Tó-Szigeth	156
Totis	155
Traisen	55
Traisengebirge	53
Trau	139
Traun	65, 76
Traunsee	19, 65
Traunstein	64
Trautenau	108
Trebitsch	121
Treffen	88
Trembowla	131
Trencsin	151
Tridentum	102
Trient	100
Triest	92
Trojanapass	86
Troppau	126
Trsztena	151
Trübau, Mährisch-	121
Trumerseen	71
Tschernembl	88
Tschitschen-Boden	91
Tuchów	132
Tüffer	78
Tulln	57
Turka	132
Tur, Mezö-	151
Turnau	108
Turocz (Fluss)	149
Tuschkau	110
Tyczyn	132
Tyrnau	150
Tysmienica	130
Udbina	171
Udvard	155
Udvárhely, Szekely-	165
Ugljan	137
Ugra	153
Uhnow	132
Uj-Bánya	151
Ujegyház	165
Ujfalu	153
Ujfalu, Szinye-	152
Uhely, Kiszucza-	151
Uhely, Sátoralja-	152
Ujhely, Vág-	150
Ujszallas, Kis-	156
Ujvar, Érsek-	150
Ujvar, Maros-	164
Ujvár, Német-	156
Ujvár, Szamos-	164
Ułanow	132
Ullersdorf	122
Umbrailgruppe	95

Register. 263

	Seite
Ungar. Tiefland, grosses 17,	148
Ungar. Tiefland, kleines 17,	148
Unghvar (Fluss)	149
Unghvar	152
Unhošt	109
Unie	90
Unter-Jara	164
Unterlapac	171
Unter-Miholjac	171
Untersberg	70
Unz	87
Urfahr	65
Urgebirge, Karntner-steirisches . . . 10, 69, 74,	81
Urgeb rge. Steirisch-ungarisches . . . 10, 54, 75,	148
Uscireczko	131
Uskoke igebirge	87
Ustrzyki	132
Vaal	155
Vag-Besztercze	151
Vag-Ujhely	150
Vaja	165
Vajda-Hunyad	164
Vajda-Szentivany	164
Valpovo	171
Valugana	98
Vamos-Mikola	151
Var	151
Varalja, Balvanyos-	164
Varalja, Szepes-	152
Vara'lya, Sz nyer-	153
Varanso	152
Vasarhely, Hod-Mezö	154
Vasarhely, Kezdi-	165
Vasarhely, Maros-	165
Vasar, Peter-	151
Vasko	153
Vasvar	156
Vecse. Duna-	153
Vegla	90, 93
Veit. St.	84
Veitsch-Alpe	74
Velles	88
Velles-See	19
Veldelena	102
Vel 'ich oder Velebit . 157,	169
Velica Gorica	170
Vellach, Ober-	84
Venediger, Sulzbacher	69
Venerz	165
Vent	100
Verbasz	153
Verebely	151
Vereczke	152
Vereczkepass	129, 148
Veres Patak	164
Vergorna	120
Veri cca	139
Vernaziferner	95
Verseez	154
Verwallgruppe	95
Vezzano	100
Vgo	101
Vilagos	154
Vilach	84
Villacher Alpe	82
Vinga	154
Vinica	171
Vinkovce	172
Vinolot	171
Vintschgau	97
Virje	171
Vir - vitié	122
Virunum	87, 102
Viso. Ober-	123
Visovie	122
Vist	125
Vizakna	104
Volgy, Herna'-	152
Volgy, Popra'-	152

	Seite
Völgy, Tisza-	153
Völgyseg	165
Völkermarkt	83
Vöslau	57
Voitsberg	76
Volksschulwesen	39
Voloscа	92
Vojnic	171
Voralpe	76
Vorau	77
Vorderuberg	77
V. Peres	156
Vrana-See	91, 138
Vrbovec	171
Vrbovsko	171
Vrginmost	171
Vsetin	122
Vucin	171
Vuka	170
Vukovar	171
Vulkanpass	162
Waag-Neutra-Geb.-Gruppe	147
Wadowice	131
Wagram. Deutsch-	59
Wagram-Tullner Becken 17,	54
Wagstadt	126
Waidhofen a./d. Thaya	59
Wnidhofen a./d. Y.	59
Waitzen	153
Waizenkirchen	66
Walachen	123
Wald, böhmischer	104
Waldgebirge, Karpatisches15,	128
	148
Waldkarpaten . . . 15, 128,	148
Wallersee	19, 71
Warasdin	171
Warasdiner Gebirge	169
Warnsdorf	108
Waskautz	135
Wasser-Polen	123
Wechsel	54, 75
Wegstädtl	107
Weichsel	21, 126, 129
Weidenau	126
Weilburg	57
Weinbau	27
Weissenbach	67
Weissenfelser Pass	82
Weissen See	19, 83
Weisskirchen (Mahr.)	122
Weisskirchen (Ungar.)	154
Weisskugel	90
Weisswasser	108
Weitra	59
Weixelburg	88
Weiz	77
Wels	66
Welsberg	100
Welserhaide	64
Welwarn	109
Werbasz, Neu-	154
Werfen	72
Weseli	112
Weseritz (Fluss)	106
Weseritz	110
Wesprim	155
Weyer	66
Wiegstadtl	126
Wichczka	131
Wielkie Mosty	130
Wien	55
Wiener Becken . . . 17,	54
Wiener-Wald 53,	61
Wien-Wr.-Neustadter Kanal	22
Wiesbach born	69
Wieselburg	155
Wiesenberg	121
Willenschwert	109
Wil Jon	77
Wudshot	67

	Seite
Wildspitze	96
Wildstein	110
Wilhering	65
Wilten	99
Windisch-Feistritz	78
Windischgarsten	66
Windisch-Grätz	78
Winklern	84
Winniki	130
Winterberg	111
Wippach	88
Wippach (Fluss) . . . 87,	91
Wipptal	97
Wischau	121
Wislok	129
Wisloka	129
Wisnicz	131
Wiśniowczyk	130
Wittingau	112
Wiźnitz	135
Wlasim	112
Wocheiner See	19
Wojnicz	131
Wojnilow	130
Woiwodina, Serbische	154
Woduian	111
Wölz, Ober-	77
Wörglertal	97
Wörther-See 19,	83
Wolfgang, St.	66
Wolfgangsee 19,	65
Wolfsberg	84
Wolfsegg	66
Wolin	111
Wolkersdorf	59
Wotawa	106
Wotic	112
Wożice, Jung-	112
Würbental	126
Wurzner Pass 82,	86
Ybbs	59
Zabłotów	130
Zagra	165
Zagyva	149
Zalacska	152
Zala-Egerszeg	155
Zalathna	164
Zalatna, Nagy-	151
Zaleszczyki	131
Załoźce	130
Zara	108
Zasow	132
Zastawna	135
Zbaraź	131
Zbirow	110
Zboro	152
Zborow	130
Zdaunek	121
Zebru, Grosser	97
Zeiring, Ober-	77
Zell am See	72
Zell a. Ziller	99
Zellersee, (Ober-Oest.)	65
Zellersee (Salzburg) . . 19,	71
Zemtal	96
Zengg	171
Zenta	154
Zermagna 21,	138
Zernyest	165
Zeyer	87
Zichy-Falva	154
Z lah	156
Zollenmarkt	156
Ziller	98
Zimmertal	98
Zipser Gebirgsland . . 16,	147
Zirez	155
Zirija	137
Zirknitz	88

	Seite		Seite	
Zirkuitzer Muldo	87	Żołkiew	130	Zuckmantel
Zirknitzer See	19, 87	Zollausschlüsse	31	Zufallspitze
Zirl	99	Zollgebiet	31	Zupanje
Zistersdorf	60	Zolyom	151	Żurawno
Zlatar	171	Zombor	154	Zwettl (Nied.-Oe
Złoczów	130	Zsadány	152	Zwickau
Żmigrod	132	Zsambokreth	151	Zwittau
Znaim	120	Zsibe	156	Zwittawa
Znio-Mossócz	151	Zsily	164	Żydaczów
Zniównrallya	151	Zsolna	151	Zywiec
Zöptau	122	Zsombolya	154	

Nachträge und Berichtigungen.

S. 7, nach Z. 13 v. u. soll folgen: Mittheilungen aus d. Jahrb
ungar. geolog. Anstalt. Pest 1871... 8.

S. 14, nach Z. 12 v. o. soll folgen: Évkönyve, Magyarországi Kár
(Jahrbuch des ungar. Karpathen-Vereines). Kassa 1874. 8.

S. 92, Z. 16 v. u., soll Pisino statt Pisano stehen.

S. 109, zu Libochowice: Koubek Ar., Děje města Libochovic nad Ořhi.
1874. 8., als Note zu setzen.

S. 150, Z. 19 v. u. ist Vág-Ujhely+ wegzulassen.

S. 151, Z. 1 v. o. soll statt Neustadtl (Vág-Ujhely)+ stehen: Neustad
Ujhely) +.

S. 156, Z. 14 v. u. soll zwischen Jász Apathi+ und Karczag* der Trennu
stehen.

S. 193, Z. 18 v. u. soll der stehen statt da er.

S. 239, Z. 8 v. u. soll Deutschland statt Deutshland stehen.